중증·중복 발달장애인의
시설 수용 끝내기

어려운 꿈

Dorothy Griffiths · Frances Owen · Rosemary A. Condillac 편저
전현일 · 남병준 공역

A Difficult Dream
Ending Institutionalization for Persons
with Intellectual Disabilities with Complex Needs

학지사

🌱 역자 서문

이 책은 캐나다 온타리오주에서 '탈시설 이니셔티브(facilities initiative)'란 이름으로 진행된 시설 폐쇄 과정에 대한 보고서들과 현장 사례들을 종합적으로 정리하고 분석한 연구서이다. 온타리오주의 탈시설 이니셔티브에 대하여는 이 책 제6장에 그 역사적 배경과 과정이 잘 기술되어 있다. 요약하자면, 19세기에 장애인에 대한 시설 수용이 시작된 이래 제2차 세계대전 이후까지 시설은 한계 상황에 이를 만큼 확대되었고, 1950년대부터 부모단체와 권리옹호자들의 문제 제기와 노력들로 인해 시설에 대한 인식과 지역사회에 변화가 생기기 시작한 결과, 1970년대부터 주정부가 탈시설화에 초점을 둔 정책들을 시행하였고, 1980년대부터는 본격적으로 시설 폐쇄 다개년 계획을 수립하고 다소 느리게 탈시설화를 진행하다 2004년에 발표된 탈시설 이니셔티브를 통해 마지막 남은 3개의 정부 운영 시설을 2009년까지 모두 폐쇄하고 마지막까지 시설에 남아 있던 약 1,000명이 지역사회로 '전환'되었다는 내용이다. 즉, 탈시설 이니셔티브는 그동안 발표되고 실행된 시설 폐쇄 다개년 계획의 연장선에서 가장 마지막에 위치한 최종 시설 폐쇄 프로젝트이며, 그동안 탈시설이 어렵다거나 불가능하다고까지 간주되어 왔던 소위 '중증·중복 또는 최중증 발달장애인'에 대한 탈시설 전환 프로젝트라 정의할 수 있다.

번역에 관하여 독자들의 양해 또는 질타를 바라는 부분들이 있다. 우리는 이 책을 소위 '중증·중복 발달장애인'의 탈시설에 관한 내용이라 소개하고 있고 당분간 이 표현을 사용하게 될 것이다. 그러나 원문 어디에도 '중증·중복' 또는 '최중증' 따위의 어휘는 등장하지 않는다. 사실 고유명사나 인용문을 제외하면 이 책의 저자들이 직접 어떤 이들을 '장애인'이라고 지칭한 일도 없다. 대신 지적장애나 발달장애 등 어떤 장애를 가진 사람, 어떤 장애 진단을 받은 사람, 신체적/정신적 건강에 관한 서비스의 욕구를 가진 혹은 그런 서비스를 요하는 당사자, 도전적 행동을 나타내는 또는 그런 이력을 가진 사람, 장애인 시설에서 거주하는 또는 거주했던 사람, (주거 및/또는 신체적/정신적 지원이나 케어 등) 서비스의 이용자 등과 같은 방식으로 내용에 따라 대상을 정확하고 타당한 방식으로 지칭하고 있다. 그럼에도 불구하고 우리는 이 책의 목적이 무엇보다 이들의 탈시설 경험을 통해 얻어 낸 사실들을 널리 알리는 것이라 판단하여 오랜 논의 끝에 저자들이 가장 싫어할 법한 '중증·중복 발달장애인'이라는 표현을 부제로 사용하기로 한 것이다. 여기에서 이렇게나마 언급함으로써 독자들에게 우리의 고민을 전달했다는 점과 이후 본문에는 최대한 원문의 느낌을 살리고 저자들의 문체를 닮고자 노력했다는 것으로 위안을 삼고자 한다.

'탈시설 이니셔티브'라는 용어 역시 오랜 논의의 결과물이다. '이니셔티브(initiative)'의 적당한 번역도 쉽지 않을뿐더러 무려 30여 년의 탈시설화 여정과 130여 년 동안 이어져 오던 수용시설(또는 시설 수용)의 역사에 마침표를 찍은 의미의 무게감을 감당해 낼 어휘가 있을 것 같지 않았다. 또한 우리 사회에도 '탈시설 이니셔티브'라는 용어가 흔하게 이야기되고 같은 이름을 가진 정부 정책과 계획이 만들어져 그 역사와 정신이 이어지기를 바라는 마음도 숨기지 않겠다.

등장하는 용어들에 관해서는 원문을 최대한 직역하거나 그대로 사용하면서 역자 주석으로 독자의 이해를 돕고자 하였는데, 거의 유일하면서 가장 중대한 차이는 제목에서부터 이 책 전반에 걸쳐 수없이 등장하는 '발달장애' 또는 '발달장애인'이라는 단어이다. 원문에서는 대부분 '지적장애(intellectual disability)'로 표기되어 있지만 한국의 장애유형 분류 기준에 따른 협의의 '지적장애'보다는 지적장애와 자폐성장애를 함께 포괄하는 중분류 개념인 '발달장애'로 지칭하는 것이 타당하다고 판단되었기 때문이다. '도전적 행동'이라는 용어를 보다 적극적으로 사용할 수 있었음에도 불구하고 문맥상의 이유 등으로 '문제행동' 또는 '행동문제'와 혼용한 것도 쉽지 않은 결정이었다.

표현에 있어서는 원문의 느낌을 그대로 전달하고자 노력하였다. 다소 투박하고 같은 구조의 문장이 계속 반복되는 문제점에도 불구하고 연구 논문이라는 책의 본질을 훼손하고 싶지 않았다. 탈시설의 당위성을 주장하는 열정적 문구나 탈시설 경험에서 얻어 낸 값진 성과들을 강조하기 위한 수식어가 없어도, 이 책에서 제시하고 해석하고 입증한 사실들은 충분히 감동적이고 위력적일 것이라 확신한다.

물론 이 책에는 탈시설에 대해 비판적 견해들도 소개되어 있고 부정적으로 해석될 여지가 있는 사례와 데이터도 등장하여 저자들과 우리의 의도와 반대되는 목적으로 사용될 우려가 없는 건 아니지만 이마저 이 책이 가진 매력의 한 요소일 것이다.

책이 만들어진 과정을 들려주는 것은 아마도 이 책을 소개하는 최선의 방법 중 하나일 것이다. 어느 날 전현일 님이 『A Difficult Dream』 책을 '장애와인권발바닥행동'이라는 단체에 소개하면서 이 이야기는 시작된다. 전현일 님으로 말하자면 외국에 살면서도 항상 대단한 열정으로 한국의 탈시설 운동을 응원하고 지원하는 분으로 세간에 알려져 있으며, 웬만한 사람들로부터는 '선생님'이라 불리는 인물이다. '장애와인권발바닥행동'은 명칭에서 알 수 있듯이 장애인과 인권에 관한 많은 사안에 대해 현장에서 궂은 일을 마다 않고 활동하는 인권 운동 단체이다. 장애와 인권은 필연적으로 수용시설의 문제를 만났고 현장에 기반한 탈시설 운동에 매진했는데, 20년에 가까운 시간 동안 이들의 활동이 인권과 탈시설에 기여한 바는 참으로 대단하다.

　전현일 님은 직접 이 책의 초벌 번역을 해서 발바닥행동 활동가들에게 읽도록 권하고는 모든 지원을 아끼지 않겠다는 의심의 여지없는 약속과 함께 한국어 번역서 출판을 제안했다. 항상 바쁘다는 칭찬 같은 오명을 달고 사는 발바닥행동이 책 출판을 추진하기로 한 것을 보면 이들의 감동과 기대 또한 전현일 님의 그것과 다르지 않았음이 분명하다. 그 후 어찌하다 나에게까지 작업의 기회가 연결되었고 적지 않은 우여곡절 끝에 『A Difficult Dream』의 한국어판이 탄생하기에 이른 것이다.

　이 책이 나오기까지 힘써 준 모든 분에게 미안함을 동반한 고마움을 밝히고 싶다. 나의 빈약한 외국어 능력, 문장력, 상상력, 공감 능력으로 인해 원문의 감동이 반감되지 않았기를 바라며, 탈시설화라는 어려운 꿈을 실현해 낸 경험과 성과들을 나누려는 저자들의 소망이 이제 새로운 글자들에 담겨 우리 사회에서도 탈시설화를 꿈꾸는 이들이 늘어나 '탈시설 이니셔티브'를 계획하고 실행하는 날이 하루 빨리 오기를 바란다.

2024년 10월

먼 곳에서 같은 곳을 바라보며

남병준

〈일러두기〉

本문의 참고문헌은 학지사 홈페이지에 pdf 파일로 제시되어 있다. 학지사 사이트에 접속하여 『어려운 꿈』의 상세 페이지로 가면 참고문헌 pdf를 다운로드받을 수 있다.

🌱 이 책을 번역 · 출판하며

최근 한국의 장애인 정책에서의 핫이슈는 '탈시설(화)'이다. 장애인의 사회 통합과 자립생활을 영위할 권리에 대해서는 논쟁의 여지가 없으면서도 장애인의 탈시설(화)는 많은 이유로 인해 마치 이념 논쟁의 대명사가 된 듯하다. '시설'이란 공간이 장애인에게 안전과 보호의 '집'이 될 수도 있다는 주장과 여러 사람이 일정 규모의 구획된 공간 안에서 개별적인 지원을 받지 못한 상태로 살아가게 되는 거주시설은 장애인에겐 '차별의 공간'이라는 주장, 이미 UN에서 장애인의 시설 수용은 장애인권리협약 위반이라는 점을 수차례 지적하였지만 이 또한 UN 장애인권리협약의 해석을 달리해야 한다는 주장도 있다. 이렇게 탈시설(화)에 대한 논쟁이 수년째 이어지면서, 한편으로는 시설 강화와 시설 입소 확대를 주장하여 정부지원금이 늘어나는가 하면, 다른 한편으로는 탈시설 정책의 입법 노력과 정부의 자립지원 시범사업이 동시대에 일어나고 있다. 이렇게 서로가 한창 홍역을 치르고 있던 2019년 어느 날에 우리는 이 책을 처음 소개받았다.

이 책은 캐나다의 마지막 남은 3개의 정부 운영 장애인 거주시설에서 2004년부터 2009년까지 중증 · 중복 발달장애를 가진 941명이 탈시설한 과정을 정리한 책이다. 캐나다 정부의 발달장애인에 대한 탈시설 국가 계획의 내용과 실천 전략, 구체적 사례까지 꼼꼼히 담은 이 책은, 그 제목만큼이나 강렬하고 역설적이었다. 탈시설로 왜 가야 하는지를 설명하는 제1부는 이 책을 접하는 모든 이에게 쉽게 읽힐 것이다. 장애인의 자립지원에 관하여 일하는 사람이라면 제2부의 전략이 마음에 쏙 들어올 것이다. 특히 장애인 당사자와 가족, 관련된 모든 이들은 제3부의 매력에 강하게 매료될 것이다. 제3부의 이야기는 누군가의 탈시설이 성공했느냐 실패했느냐의 이야기가 아닌, 한 사람 한 사람의 인생 스토리와 이들의 삶에 대한 지원 방식과 그에 관한 관점이 담겨 있어, 모두의 마음을 흔들어 놓을 것임이 분명하다. 제3부의 이야기만 읽어도 이 책의 주제를 이해하는 데 손색이 없다. 탈시설 개념에서 실현까지, 개개인의 사례와 지원자의 이야기까지 하나의 책 안에 이토록 실증적이면서도 감동적으로 풀어 낸 책은 이 책이 처음이다.

다만, 애초 기획자들이 우려했던 점은 타국의 이야기와 우리 사회의 차이를 구구절절 설명하기 어렵다는 점이었다. 특히나 장애, 장애 정책을 설명하는 데 있어 법률적·정책적·문화적·인식적 차이를 감안한 글 읽기가 쉽지 않을 것이라 생각되었다. 더불어 이 책은 2004년부터 2009년의 이야기를 담고 있으니, 무려 15년 전의 이야기라는 것도 마음에 걸렸다. 이 책이 쓰일 당시 캐나다의 주류 대안 모델이 그룹홈이었기에 탈시설 이후의 지원이 그룹홈을 중심으로 이뤄졌다는 점은, 지금 한국의 상황에서는 재해석할 필요가 있다. 캐나다와 한국의 그룹홈은 지원 수준에 있어 상당한 차이가 있는 데다, 소규모 시설과 같이 운영되고 있는 한국 그룹홈의 현실을 감안한다면, 개별주거와 서비스의 결합 형태인 장애인 지원주택을 대안 모델로 제시할 수 있을 것이다. 그런 점들을 감안하더라도 이 책에 담긴 메시지는 2024년의 한국의 상황을 돌아보기에 충분하리라 믿어 의심치 않는다.

이 책이 나오기까지 국제발달장애인협회(International Friends for the Developmentally Disabled: IFDD)의 전현일 선생님께 깊은 감사를 드린다. 소중한 책을 소개해 주신 데다 번역 및 출판 과정과 비용 지원까지 아끼지 않으셨다. 먼 타지에서 방대한 책을 번역해 준 남병준 님에게도 너무 고맙다고 말하고 싶다. 남병준 님이 계셨기에 현장 활동가의 감성과 철저한 분석력이 더해진 번역서가 완성될 수 있었다. 책의 내용을 함께 읽고 감수해 준 김치훈, 정창조, 최한별, 최용걸 님에게도 깊은 연대의 인사를 드린다. 마지막으로 좋은 책을 한국에 소개할 수 있도록 허락해 주신 캐나다 전국중복장애협회(National Association for the Dually Diagnosed: NADD)[1]와 도로시 그리피스(Dorothy Griffiths) 박사를 비롯한 원작자들께 깊은 감사를 드린다.

우리가 포기하지 않는다면 우리도 어려운 꿈을 이룰 수 있다.

2024년 10월
장애와인권발바닥행동 활동가 일동

---

1 역자 주: NADD는 발달장애와 정신적 장애가 있는 사람의 지역사회 삶의 질을 증진하기 위해 활동하는 단체로, 중복장애 분야의 지방정부 계획을 주도하였음. 관련 사이트는 https://thenadd.org/ 참조.

🌱 편저자 서문[1]

1970년대 초반, 나는 학부 과정을 졸업하고 대학원 학비를 벌기 위해 곧 개관할 예정이던 발달장애인 지역사회 그룹홈에서 일하게 되었다. 당시 발달장애 분야에서는 제1차 「유엔 정신지체인 권리선언」[2, 3]이 채택되면서 장애인들의 권리가 인식되기 시작했다. 거의 1세기 전 발달장애인에 대한 정부의 대규모 시설 보호 정책을 이끌었던 연구에는 비극적이고 치명적인 결함이 있으며, 이제는 이미 낡은 방식이 되었다는 인식이 확산되고 있었던 것이다.

그룹홈에서 나의 업무 중 하나는 정부가 운영하는 대형 시설에 거주하던 몇몇 장애인을 출신 지역사회로 전환 이주하도록 지원하는 것이었다. 1970년대 초반의 그룹홈은 오늘날의 기준으로는 매우 큰 것이었는데, 우리 그룹홈은 20명 이상을 수용했다. 오늘날의 기준으로 보면 소규모 시설이겠지만 당시에는 그 기관이 그룹홈으로 간주되었고, 서비스 제공에 있어 큰 변화를 대표하는 것이었다.

나는 몇 명의 장애인이 지역사회 생활로 성공적으로 전환하기 위한 계획을 세워야 했다. 내가 최초로 계획을 수립한 사람은 27세의 남자였는데, 아주 어렸을 때 어머니를 여읜 이후 시설에서 줄곧 살아온 사람이었다. 어머니가 살았던 곳이라는 이유로 그를 우리 지역으로

---

1 저자 주: 「발달장애의 역사적 및 현재적 조건에 대한 고찰(Reflections on Historical and Present Conditions in Developmental Disabilities)」(Griffiths, 1995)에서 발췌(Network North의 발달 클리닉 서비스에서 발행한 소식지 Dialogue에서 재인용).

2 저자 주: 「United Nations Convention on the Rights of Mentally Retarded Persons」, 1971년 12월 20일 총회 결의 2856호(XXVI)에 의해 선언된 정신지체인의 권리에 관한 선언.

3 역자 주: '정신지체'는 오늘날 '지적장애'로 대체되기 전까지 널리 사용되던 용어임. 부정적이고 차별적인 함의로 인해 현대에는 더 이상 사용하지 않고 있으나, 이 책에서는 역사적 과정을 기술하기 위해 당시의 용어를 그대로 사용하고 있음.

돌려보내기로 결정되었다. 그 지역에 그의 가족은 이미 아무도 없었고, 사실 내가 기억하기론 아무도 나타나지 않았다. 나의 계획은 그와 친해지고, 필요한 것들이 구비된 집을 장만하고, 직장에 정착할 수 있도록 돕고, 즐길 거리들을 갖도록 해 주는 것이었다.

이 일에서 나의 첫 번째 과제 중 하나는 함께 쇼핑을 가서 그의 방에 필요한 물건들과 새 옷들을 장만하는 것이었다. 살림을 시작하는 데 필요한 기본적인 것들을 구해 준 것이었는데, 함께 있는 시간은 개인적으로 그에 대해 조금 더 알 수 있는 기회가 되었다. 시설 직원 중 1명이 야간 근무를 할 때면 라디오로 클래식 음악을 틀었고 그가 함께 듣곤 했다는 사실도 알게 되었는데, 여기에 착안하여 그에게 클래식 음악과 관련된 취미를 여가로 소개해 보면 어떨까 하는 아이디어를 내게 되었다. 우리 지역사회에서는 매우 합리적인 가격으로 로컬 오케스트라 입장권을 구할 수 있었는데, 그리 훌륭하진 않았지만 어쨌건 그가 감당할 수 있는 가격이어서 우리는 두 장의 티켓을 사서 몇 차례 콘서트에 갔다.

다음 단계는 그가 직장 환경에 적응하도록 돕는 것이었다. 그는 매우 유능한 사람이었다. 처음에는 격리된 보호작업장에 다녔지만, 기능이 매우 우수하여 일반 경쟁 노동시장에서 일할 수 있는 잠재력을 가지고 있었다. 하지만 그는 직장에서 타인들과 어떻게 관계를 맺어야 하는지 전혀 아는 바가 없었고, 그가 고용될 만한 근무 환경에서 있을 법한 뻔한 농담들은 그의 기분을 상하게 할 것 같았다. 그래서 우리는 그가 동료들과 효과적으로 일하는 법을 배울 수 있도록 프로그램을 마련했다. 우리는 그가 전형적인 직장 내 상호작용에 대처하는 데 필요한 사회적 기술을 터득했다고 생각될 때까지 정기적으로 만나 다양한 상황에 대한 역할극을 했다.

몇 달 후, 나는 기쁜 마음으로 팀장에게 그가 잘 적응하고 있고 지역사회 생활로 성공적 전환을 했다고 보고했다. 일이 끝나고 다음으로 넘어가는 것은 사회복지 영역에서 으레 있는 일이다. 내 일은 끝났고 나는 점차 그의 삶에서 벗어나기 시작했다. 더 드물게 만나고 더 짧게 머물렀고 다른 장애인들과 더 많은 시간을 보내기 시작했다.

그러던 어느 날, 밤을 새워 쓴 마지막 논문을 제출하기 위해 대학교에 가는 길에 그를 보러 잠깐 들렀는데, 그가 내게 얘기를 좀 할 수 있냐고 묻는 것이었다. 논문 제출 마감 시간에 늦을 것 같아서 내일까지 기다려 줄 수 있냐고 되묻자 그가 말했다. "괜찮아요, 난 그냥 당신이랑 결혼하고 싶어서요." 나는 재빨리 "아, 네, 우리 내일 얘기해요." 하고 얼버무렸는데, 틀림없이 놀란 표정이었을 것이다.

어떻게 이런 일이 일어날 수 있단 말인가? 어떻게 이 사람은 내가 자신을 그런 식으로 좋아한다고 생각했을까? 한 인간으로서 그를 매우 좋아했지만 사적인 감정은 아니었다.

그날 밤 나는 잠을 이룰 수 없었다. 몇 달 동안의 모든 만남을 되뇌면서 그가 어떻게 오해했을지 생각해 보았고 밤이 늦어서야 깨닫게 되었다. 발달장애인을 위한 돌봄 제공자로서 우리는 그들의 삶에 매우 특별한 위치를 차지하고 있다. 우리가 그들에게 하는 행동들은 연인들을 위해 하는 일들과 비슷하다. 아플 때 돌보고, 문제가 있을 때 함께 있으면서 들어주고 지지해 주고, 함께 사회 활동과 여가 활동을 한다. 게다가 이 젊은이는 이런 일들을 함께 할 사람이 평생 아무도 없었던 것이다.

탈시설 전환 시스템이 이 젊은이에게 한 일은, 여러 해 동안 살아온 환경에서 새로운 장소로 이주하도록 한 것이었다. 그곳에서 그가 아는 사람이라고는 그의 지역사회 전환을 돕고 모든 지원 활동을 하도록 배정된 23세의 작고 활달한 여성인 나 이외에는 없었던 것이다. 확실히 그는 자신의 집에 정착했고, 직업을 유지할 수 있는 기능을 가지고 있었고, 좋아하는 여가 활동도 있었지만, 새로운 세상 속에서 혼자였다.

그의 탈시설 전환에 있어 가장 중요한 것은, 나의 지원 업무가 끝나고 오랜 뒤에도 그의 삶에 함께 있을 사람들과 진실로 의미 있는 관계를 맺도록 돕는 것이라는 사실을 나는 미처 깨닫지 못했었다. 그에게 필요한 대인관계란 누군가의 직업이나 고용 조건의 일부로서가 아니라 서로의 관심과 진정한 보살핌에 기반한 것이었다. 그 순간 나는 깨달았다. 누군가 시설에서 지역사회로 전환할 때 나의 가장 중요한 책임은 그들이 단순히 지역사회 속에 있도록 하는 것이 아니라 지역사회의 분명한 일원이 되도록 하는 것임을.

그 후 나는 어느 사립 장애아동 보육시설을 방문할 기회가 있었는데, 그곳은 출생 직후 중증 장애를 진단받고 병원에서 보내진 아이들이 있는 곳이었다. 이 아이들 대부분은 병원에서 곧바로 보내져서 집에 가 본 적이 없었다.

그 한 번의 방문은 내 삶을 바꾸는 계기가 되었다. 나는 아직도 어린이용 침대들이 고작 몇 십 센티미터 간격으로 늘어선 그 보육원 병동을 걸어가던 때를 잊을 수가 없다. 그 침대에는 어린이만 있었던 것이 아니라 18세까지의 10대들도 있었다. 그 아이들의 눈을 들여다보았을 때 나를 바라보던 텅 빈 시선들을 지금도 기억한다. 이들이 평생 어떠한 자극이나 진정한 인간적 상호작용이 없이 살아왔음을 추정할 수 있었다.

침대는 아이들이 나올 수 없도록 그물로 둘러쳐 묶여 있었다. 그 아이들 모두 발달장애와 더불어 신체적 장애도 가지고 있었다. 그토록 비좁은 공간에 누워 있는 데다 운동 결핍으로 인해 다리가 극도로 수축되고 뒤틀어져 펼 수 없게 된 경우도 있었다.

한 10대 소년은 커다란 장롱 속에 있었는데, 문 윗부분이 제거되어 있어서 밖에선 안을 볼 수 있지만 그는 밖을 내다볼 수 없었다. 직원이 말하길, 그 소년이 어찌어찌해서 침대에서 나와 탈출을 시도했기 때문에 그의 탈출 충동을 제어하기 위해 이런 감금장치를 고안해 냈다는 것이었다. 나는 그 소년을 보면서 우리의 맘이 서로 통하고 있음을 느꼈다. 왜냐하면 그 순간 내가 가장 원했던 것은 그 환경에서 도망치는 것이었기 때문이었다.

그리곤 내 눈 한 켠으로 언뜻 정상에 가까운 모습이 보였다. 바닥에 앉아 기저귀를 바꿔 주기를 기다리고 있는 한 아이를 보며 나는 잠시 미소를 지어 보였다. 그는 방을 가로질러 공을 집어 던지고 엉덩이로 기어가 그것을 잡고는 또다시 던졌다. 그 공이 대변 덩어리인 것을 알게 된 순간 나의 미소는 눈물로 바뀌었다.

나는 그를 번쩍 안아 그곳으로부터 뛰쳐나오고 싶었지만, 불행히도 여러 해가 지난 후에야 그런 장애를 가진 아이들이 지역사회에서 살 수 있게 되었다.

첫 번째 탈시설화 물결 속에서, 처음에 지역사회로 전환한 사람들은 경도 혹은 중등도 수준의 장애를 가지고 있었고, 서비스 욕구는 상대적으로 덜 복잡한 것이었다. 사실, 최초로 탈시설을 했던 장애인들 중 몇몇은 지역사회의 다른 사람들과 거의 구별이 되지 않았다. 신체적 장애, 난치병, 정신 건강 문제 또는 심각한 행동문제 등과 같은 복잡한 욕구를 가진 사람들은 더 기다려야 했다. 가족, 직원, 관료들 중 일부는 이 사람들이 지역사회에서 결코 지원을 받을 수 없을 것이라 믿었다.

장애아동 보육시설 방문은 지역사회로의 전환에 있어 또 다른 중요 요소에 대한 경각심을 일깨워 주었다. 그것은 바로 장애인 개개인의 질 높은 삶을 위한 적합한 환경의 중요성이다.

이 글의 마지막 이야기는 대형 시설에서 지역사회로 전환한 19세의 젊은 남자에 관한 내용이다. 동료들과 나는 그의 기록을 검토하고 그와 함께 시설에서 시간을 보냈으며 그에게 잘 맞는 그리고 지역사회로의 성공적 전환을 보장해 줄 것으로 기대되는 매우 개별화된 계획을 고안했다. 그는 활기찬 사람이었고 야외 활동 및 사람들과 어울리기를 좋아했다. 우리는 그가 자신과 비슷한 생각을 가진 젊은이들 및 스포츠와 레크리에이션 활동을 함께 할 직원과 함께 널찍한 소규모 그룹홈에 살도록 할 것을 제안했다. 또한 사람들과 교류하면서 활발하게 살아갈 수 있도록 의미 있는 일자리가 필요하다고 제안했다. 이전에 그는 지역사회로 보내졌다가 소위 '전환 실패'로 되돌아온 이력이 있었는데, 그 이유는 그가 파괴적이고 공격적이 되었다는 것이었다. 하지만 이번에는 우리의 계획이 성공할 것이라는 확신이 있었다.

지역사회로 전환한 지 몇 달 뒤, 우리는 그가 다시 시설로 돌아올 것이라는 통보를 받았다. 망연자실한 우리들은 그가 사는 집을 방문했고 우리가 제안한 개인별 권고 사항이 하나도 이행되지 않았다는 것을 확인했다. 그는 작은 그룹홈에서 다른 세 사람과 살도록 배정되었는데, 제일 막내가 58세였다. 그 집은 번화가에 위치해 있었는데, 거리에 적응하지 못한 탓에 그는 약 10평 남짓한 뒷마당을 제외하고는 집 밖을 혼자 나설 수 없었다. 직원들은 우리가 제안했던 것보다 나이가 더 많았고, 저녁에 집에서 하는 활동들은 그의 욕구에 비해 덜 활동적이었다. 주로 카드놀이를 하거나 텔레비전으로 오락 프로그램을 시청하는 것이 고작이었던 것이다. 그 집에서 살고 일하는 다른 모든 사람은 이 생활방식에 만족했지만 이 활동적인 19세 젊은이는 예외였다.

우리는 또한 그가 보호작업장의 조립 라인에서 일하고 있다는 사실도 알게 되었는데, 작업장 직원은 그가 일어나서 돌아다닌다는 이유로 '행동문제'가 있다고 말했다.

다른 사람들 모두 현재 상태에 만족하는 가운데 그 혼자만 자신이 바라는 것을 고집하였고, 두 달에 걸친 기간 동안 상황은 서서히 악화되었다. 다른 이들이 게임이나 텔레비전 보는 것을 방해했을 때 그는 방으로 보내졌고 올바로 행동할 수 있을 때까지 나오지 말라는 지시를 받았다. 그가 음악을 틀면 너무 시끄럽다고 야단을 맞았다. 결국 어느 순간 그는 '통제 불능'이 되어 라디오를 침실 창문 밖으로 던졌고 유리창이 부서졌다.

또다시 그는 '전환 실패' 판정을 받았다. 하지만 그가 실패한 것일까? 아니면 우리 시스템이 실패한 것일까? 그에 대한 개인별 지원 계획은 무시되었다. 그는 우연히 빈 침대가 있는 주거 공간에 '편의상' 배치되었다. 그것은 재정적·관료적 결정이었을 뿐 훌륭한 전환 계획에 근거한 것이 아니었다.

이 마지막 상황은 성공적인 지역사회 전환을 위한 세 번째 요소, 즉 개별적 욕구에 대해 종합적으로 사정하고, 그 욕구를 주거환경 및 그 속에서 살며 일하고 있는 다른 사람들과 맞추는 것이 필요하다는 사실을 깨닫게 해 주었다. 이 젊은이와 같은 사람들에겐 소위 '행동문제'라는 꼬리표가 붙게 되는데, 설사 그의 행위가 부적절한 것이라 할지라도 대부분의 행위는 사실 그가 처한 상황에 기인한 것이다. 분명히 그는 자신의 분노를 다른 방식으로 다루는 법을 배울 필요가 있지만 그가 처한 환경의 불일치는 그의 분노 조절 능력의 중요한 시험도구가 된 것이었다. 이토록 자신의 욕구에 부합하지 않는 환경에선 누구라도 오래 견디기 어려울 것이다.

시설 내에서의 경험, 그리고 탈시설화의 초기 경험들을 통해 나는 성공적인 전환 과정을 구성하는 데 있어 몇 가지 통찰을 얻을 수 있었다. 그 이후로 나는 40년 동안 온타리오주뿐만 아니라 캐나다의 다른 지역과 미국의 여러 주에서 탈시설화에 관여할 기회를 가졌다. 오늘날 우리는 가장 복잡한 욕구를 가진 중증·중복 장애인들을 지역사회로 복귀시키는 일에 도전하고 있다. 중복 내지 복합장애 진단을 받은 사람들은 탈시설 전환의 마지막 그룹이다. 이 책은 그러한 사람들의 성공적인 탈시설 전환을 지지하기 위한 것이다.

나의 오랜 경력을 통해 배운 가장 중요한 교훈은, 탈시설이란 사람들을 지역사회 내의 비교적 작은 집으로 옮기는 것이 아니라는 것이다. 대신에 그것은 지역사회 사람들과 진정한 의미에서의 상호교류에 대한 약속에 관한 것이고, 그의 장애 정도와 상관없이 그에게 자극을 주고 적합한 가활(habilitation)[4] 및 재활(rehabilitation)을 제공하는 환경에서 살아가는 것에 관한 것이다. 또한 그것은 그가 사는 집의 환경, 일상의 활동, 그가 매일 접하는 사람들이 장애인 당사자의 관심과 생활방식에 최대한 잘 어우러지게 하는 것이며, 당사자의 정신적 행복에 도움을 주는 환경을 확실하게 제공하는 것이다.

나의 동료 편집자인 프랜시스 오웬(Frances Owen)과 로즈마리 콘딜락(Rosemary A. Condillac)은 나와 비슷하게 장애인들을 시설에서 지역사회로 전환하는 일과 그 주제에 관한 광범위한 연구에 종사해 왔다. 우리의 저술이 시설을 종식시키고자 하는 정책 입안자들, 이후 탈시설 전환 계획에 있어 최선의 실천 방안을 조사하는 연구자들, 그리고 발달장애가 있는 사람들의 탈시설화라는 '어려운 꿈'을 실현하고자 하는 모든 사람에게 유용한 것이 되기를 바란다.

앞에서 언급한 사람들뿐만 아니라 이 '어려운 꿈'의 실현을 위해 함께 일하는 즐거움을 우리에게 안겨 준 모든 사람에게, 당신들의 삶의 질 향상에 관해 우리에게 가르쳐 준 교훈에 감사를 드린다. 이 책은 아직 지역사회로 나오지 못한 수천 명의 장애인 당사자와 그들의 보다 나은 미래를 위한 것이다.

도로시 그리피스(Dorothy Griffiths) 박사

---

4 역자 주: 가활이란 재활 패러다임에 대한 비판적 인식에서 등장한 개념으로, 장애인에 대한 재활이 치료와 훈련 등을 통하여 '정상성'을 '회복'하거나 잔존 기능을 활용하여 사회에 복귀한다는 의미를 가진 것에 대하여, 중도 신체기능 장애 이외의 장애를 가진 사람에 대하여는 적합하지 않을 뿐만 아니라 그 근저에 의료적 패러다임과 장애에 대한 부정적 인식이 있다는 비판적 인식으로 rehabilitation에서 re를 뺀 habilitation이라는 개념이 제시됨. 개인에 대한 훈련보다 개인의 신체적·정신적 고유성에 대한 존중을 바탕으로 환경과 구조에 대한 적응과 개선에 초점을 둠. 2006년 유엔 장애인권리협약(제26조) 등에서도 '가활과 재활(habilitation and rehabilitation)'로 표현하고 있음.

🌱 저자 서문

무엇이 어려운 꿈인가?

한 세기가 넘도록 북미 전역에서 발달장애가 있는 사람들을 수용하기 위한 대형 시설이 성장하고 확산되었다. 1970년대에 들어 소위 '지역사회에 살 준비가 된' 또는 지역사회로 '전환하기 쉬울' 것으로 여겨지는 사람들을 대상으로 탈시설화가 시작되었다. 지난 40여 년 동안 북미 전역에서 시설을 폐쇄하려는 운동이 느리지만 꾸준하게 있어 왔다. 오늘날, 시설에 남아 있는 장애인 대부분은 의료, 신체 및/또는 정신 건강/행동문제 등을 포함한 복잡한 욕구[1]를 가지고 있다. 이러한 부류의 사람들, 특히 정신 건강 및 행동문제와 관련된 중복장애를 가진 사람들은 지역사회로의 복귀가 가장 어려운 것으로 여겨져 왔다.

지금 현실이 되고 있는 시설의 완전한 폐쇄는, 탈시설 옹호자들 입장에선 이미 오래전에 실현되었어야 할 꿈이다. 하지만 다른 많은 사람에게 그것은 여전히 '어려운 꿈'이다. 장기간 거주시설에 살던 중증·중복 장애인들의 지역사회 복귀에 당면했을 때 일반적으로 그 가족들은 시설이 축소되거나 폐쇄된다는 생각으로 스트레스, 두려움, 심지어 죄책감을 경험하게 된다. 가족을 시설로 보내는 것은 대개 극도로 어려운 결정이었고, 시설 입소는 영구적인 결정이라 생각했을 것이기 때문에 탈시설화 과정은 그 고통스런 감정을 다시 불러일으킬지도 모른다. 장애인의 지역사회 생활에 대한 약속은 그들의 가족들에겐 때로는 꿈이라기보다 악몽으로 여겨질 수도 있다.

시설에 살고 있는 장애인들의 가족은 최근 수년간 일어난 지역사회의 발전에 대해 알지 못하거나 자신의 가족과 비슷한 정도의 장애를 가진 사람들이 지역사회에서 지원을 받으며

---

1 역자 주: 이 책에서 무수히 등장하는 '욕구'라는 표현은 원문의 'needs'라는 용어에 대한 번역으로서 '기본적인 생존과 사회 참여에 필요한 자원, 복지 서비스, 지원 등에 대한 필요와 욕구'를 의미함.

성공적으로 살고 있다는 사실을 모르는 경우가 많다. 그들의 두려움은 종종 시설 종사자들에 의해 부추겨지는데, 서비스 대상자인 시설 거주인을 잃는 것에 대한 상심 때문일 수도 있고 혹은 종사자들 역시도 지역사회가 장애인들을 자신들만큼 잘 보살필 수 없을 것이라 믿고 있을 수도 있다. 하지만 연구를 통해, 대부분의 가족이 탈시설 전환 이후 지역사회 생활에 대해 매우 긍정적인 견해를 갖게 되었다는 것이 입증되었다. 이러한 극적인 변화는 오직 가족을 안심시키며 정보를 제공하고, 장애인에게 필요한 지원을 위한 재정이 보장될 때 비로소 가능하게 된다.

가족들이 자녀를 시설에 보낼 때에는 그것이 최선의 선택이라고 믿었기 때문이라는 것을 인정하는 것이 중요하다. 시설에서 일하는 종사자들은 그들이 제공한 서비스가 지역사회가 제공할 수 있는 그것보다 월등하다는 확신을 굳게 고수해 왔다. 우리가 흔히 떠올리는 집과는 달리 넓은 방에 침대가 여럿 있는 시설이지만, 그곳에서 보살핌을 받고 종종 인간관계가 만들어지기도 하는 이유로 장애인 당사자들은 그곳을 집이라 생각해 왔다. 시설 폐쇄가 시작됨에 따라 일부 정책 입안자와 지역사회 서비스 제공자조차 모든 발달장애인이 지역사회로 이주하는 것이 가능한지에 대해 의심하기도 했고, 서비스의 연속성 차원에서 시설들의 역할이 있지 않을까 하는 의문을 제기했다. 이렇게 완전한 탈시설화라는 개념은 앞에 언급한 많은 주요 이해 관계자들에게는 매우 어려운 꿈에 해당된다. 그러나 모든 발달장애인의 지역사회 생활로의 완전한 전환이 가능하다는 것을 입증하는 연구와 실천이 등장하기 시작했다. 이 책을 쓴 이유가 바로 그러한 꿈을 추구하기 위해서이다.

탈시설화 계획 과정은 복잡하다. 신중한 계획 없이 효과적인 탈시설화는 이루어질 수 없다. 계획의 궁극적인 목표는 시설의 침대를 없애고 지역사회에 침대를 마련하는 것이 아니라(그것이 실제 결과가 되기는 하지만), 장애인 당사자와 함께 새롭고 더 나은 삶을 위한 계획을 세우는 것이다. 성공적인 탈시설화 과정을 실행하기 위해서는, 단지 시설의 폐쇄를 위해서가 아니라 해당 시설의 각 거주인에 대한 삶의 질 향상을 위한 계획을 수립해야 한다.[2] 이 분야를 연구한 학자들이 만장일치로 동의하는 내용은, 지역사회로의 효과적인 전환의 핵심은 장애인 당사자를 위한 계획 과정에 있다는 것이다.

이 책은 역사, 연구, 실행 등 3부로 이루어져 있다. 제1부에서는 탈시설화의 역사와 그것

---

2 원문에서 강조됨.

이 발달장애인과 그 가족의 삶에 끼친 영향을 고찰한다. 또한 현장에서 나타난 실천과 정책의 변화와 그 방향에 대한 증거 문헌들을 제시한다. 제2부는 캐나다 온타리오주 사회복지부가 실시한 탈시설 이니셔티브(facilities initiative)에서 얻은 교훈과 이에 관한 최근의 연구를 검토한다. 탈시설 이니셔티브 프로젝트는 지역에서 지난 35년간의 시설 폐쇄 과정에 종지부를 찍고 마침내 정부가 운영하는 마지막 남은 3개소의 발달장애인 생활시설을 폐쇄하는 과감한 조치를 취한 것이었다. 이 사업을 통해, 정신 건강 및/또는 신체적으로 각별한 케어를 필요로 한다는 이유로 이전에 탈시설 전환을 할 수 없었던 941명의 장애인이 지역사회로 돌아오게 되었다. 이 과정은 개별화된 계획에 대한 정부의 약속으로 행해졌으며, 행동과 의료 양면에서 매우 높은 수준의 케어를 요하는 장애인들의 거주 이전을 계획함에 있어 당사자의 선택에 초점을 두고 수행되었다(Griffiths et al., 2012). 또한 사회복지부의 연구 부처는 연구팀과 계약을 맺어 탈시설화 계획의 과정과 결과를 검토하고, 유사하게 탈시설 전환을 계획하고 있을 다른 지역에 그 내용을 알릴 수 있도록 제2부에 보고된 연구를 수행하도록 하였다. 이 책에 이 부분을 넣은 이유는 탈시설화와 정부 운영 시설의 폐쇄가 지역사회에 살 수 없을 것이라 간주되던 사람들의 삶에 어떤 영향을 주는가에 대한 구체적인 사례를 제시하고자 함이다. 마지막으로 제3부에서는 아직 남아 있는 시설을 폐쇄하고자 하는 다른 지역들을 위해 연구 및 실행 과정에서 얻은 교훈을 바탕으로 실천 지침서를 제공한다. 또한 탈시설 이니셔티브에서의 사례와 함께 독자들에게 가치 중심적이고 개별화된 계획에 관한 지침을 제공함과 동시에 탈시설이라는 어려운 꿈을 달성하는 데 걸림돌이 될 수 있는 함정에 대한 주의 사항을 제시하고자 한다.

🪴 감사의 말

더 효과적인 방법으로 당신들을 지원하는 방법에 대해 귀중한 교훈을 준 발달장애인들, 자신들의 가족 구성원과 관련된 정책과 관행의 전환 및 그것이 가족에게 미칠 영향에 대해 두려움과 걱정을 겪었을 당사자의 가족들, 오랜 세월 동안 시설 내에서 자신들이 보살펴 온 사람들에 대한 지식을 공유해 주고 탈시설 전환을 가능하게끔 도와준 시설 직원들, 탈시설이라는 어려운 꿈을 실현하기 위해 우리와 함께 일했던 지역사회 서비스 종사자들, 그리고 어려운 꿈을 현실로 만들 비전과 용기를 가진 정책 입안자들과 정치인들에게 감사를 드린다.

이 책은 우리의 집단적 경험의 반영이며 우리의 작업에 도움을 준 많은 프로젝트의 집대성이다. 『파인리지: 1년 후 후속 연구(Pine Ridge: A Follow-Up Study—One Year Later)』(Griffith, D., 1985), 『어려운 꿈: 발달장애인을 위한 생활방식 전환 계획(A Difficult Dream: Transitional Lifestyle Planning for Persons Who Have Developmental Disabilities)』(Griffiths, D., Beland, I., McCarthy, S., Rowen, M. K., Odoardi-Pollard, L., Briand, G., & Jensen, G., 1997), 『온타리오주 정신장애인의 탈시설화—성공적인 지역사회 전환—다지역 접근법(Deinstitutionalization of People with Mental Handicaps in Ontario: Perceptions of Successful Community Placement-A Multi-Constituency Approach)』(Owen, F. A., 1986), 「심각한 도전적 행동을 보이는 사람들의 탈시설 전환에 대한 패널 리뷰(Review Panel for Persons with Severe Challenging Behavior in Transition)」(Griffiths, D. M., Morris, S., & Rao, J., 2006), 「탈시설 이니셔티브에 관한 문헌 검토: 온타리오주에서 발달장애인에 대한 지방정부 운영 시설 시대의 종말(A Literature Review of the Facilities Initiative: The End of the Era of Provincially Operated Facilities for Persons with Intellectual Disabilities in Ontario)」(Griffiths, D., Owen, F., Hamelin, J., Feldman, M., Condillac, R. A., & Frijters, J., 2009), 『포커스 그룹 조사 및 인터뷰 연구의 최종 보고서: 탈시설 이니셔티브 평가(Final Report of Focus Group and Interview Study. Evaluation of the Facilities Initiative)』(Owen, F., Griffiths, D., Condillac, R. A., Robinson, J., & Hamelin, J., 2011), 『기관 및 가족 조사 최종 보고서: 탈시설 이니셔티브 평가(Final Report of Agency and Family Surveys: Evaluation of the Facilities Initiative)』(Griffiths, D., Owen, F., Condillac, R. A., Hamelin, J., & Robinson, J., 2010), 『탈시설 이니셔티브: 최종 사례 연구 보고서(Facilities Initiative: Final Case Study Report)』(Griffiths, D., Condillac, R. A., & Owen, F., 2012), 『탈시설 이니셔티브의 준종단적 연구 최종 보고서(Final Report of the Quasi-Longitudinal Study of the Facilities Initiative)』(Condillac, R. A., Frijters, J., Martin, L., & Ireland, L., 2012)

이 책의 대부분은 제2부에 기술된 탈시설 이니셔티브에 관한 연구에 자금을 지원한 온타리오주 사회복지부[1]와 사회복지 연구 부처의 지원을 기반으로 한 것이다. 사회복지부에 제출된 발표되지 않은 보고서들이 이 작업의 밑받침이 되었다. 이 연구가 완료되고 많은 사람과 공유될 수 있게 해 준 정부의 지원에 감사한다.

이 원고를 세심하게 검토해 준 로렌 아일랜드(Lauren Ireland)에게 특별한 감사를 표한다.

이 책을 최근에 세상을 떠난 2명의 훌륭한 동료와 친구에게 헌정하고자 한다. 윌리엄 가드너(William I. Gardner) 박사는 우리에게 생물심리사회학적(biopsychosocial: BPS) 관점에서 중복장애를 가진 사람들의 복잡성을 이해하는 것의 중요성에 대해 가르쳐 주었다. 학생이었던 제프리 하멜린(Jeffery Hamelin)은 너무 이른 죽음을 맞기 전까지 이 책에 헌신적으로 기여했다. 그들의 죽음은 우리 분야와 우리 마음에 커다란 빈자리를 남겼다.

이 책의 수익금은 캐나다 온타리오주 세인트 캐서린스의 브록 대학교 응용장애연구센터의 대학원생들을 위해 제프리 하멜린 장학금과 윌리엄 가드너 장학금으로 기부될 예정이다.

---

1 역자 주: 온타리오주 사회복지부. 원 명칭은 온타리오주 지역사회와 사회서비스부(Ministry of Community and Social Services: MCSS)이나, 이 책에서는 편의상 사회복지부로 변역함.

🪴 차례

제1부
역사: 탈시설화

제**2**부

온타리오주 탈시설 이니셔티브 연구 분석: 한 시대의 종말

제**3**부

실행: 중증 · 중복 발달장애인의 성공적 전환을 위한 전략의 적용

제 **1** 부

역사: 탈시설화

시설화의 역사: 일반적 배경[1]

도로시 그리피스(Dorothy Griffiths), 프랜시스 오웬(Frances Owen), 제프리 하멜린(Jeffery Hamelin),
모리스 펠드먼(Maurice Feldman), 로즈마리 콘딜락(Rosemary A. Condillac), 얀 프리지터스(Jan Frijters)

탈시설화는 사회에 남겨진 주요 과제들 중 하나이며, 우리가 인간적 삶의 가치를 얼마나 소중
히 여기는지 아니면 얼마나 덜 소중하게 여기는지를 묻는 중대한 시험일 것이다(de Haan, 1981;
Institution Watch, 2007에서 인용).

서구 국가들에서는 발달장애를 가진 사람에 대한 시설 보호의 오랜 역사가 있다(Johnson
& Traustadottir, 2006). 현재 국제적으로 탈시설화에 대한 관심이 확대되고 있다. 시설의 성장
과 그 영향력의 궁극적인 쇠락을 이해하려면 그 분야의 역사를 살펴봐야 한다.

20세기 이전

역사 전반에 걸쳐, 이전에 정신지체인이라고 불리던 발달장애를 가진 사람들은 고대 스

---

1 저자 주: 「탈시설 이니셔티브에 대한 문헌 연구: 온타리오주에서 발달장애인에 대한 지방정부 운영 시설 시대
의 종말(Literature Review for the Facilities Initiative: The End of the Era of Provincially Operated Facilities
for Persons with Intellectual Disabilities in Ontario)」(Dorothy Griffiths, Frances Owen, Jeffery Hamelin,
Maurice Feldman, Rosemary A. Condillac, & Jan Frijters, 2009, 미출간 원고, 온타리오주 세인트 캐서린스, 브
록 대학교)에 기초함.

파르타의 유아 살해에서부터 중세시대 감금과 노예화, 19세기와 20세기 수용시설의 성장에 이르기까지 배제와 잔혹한 행위의 대상이었다. 이 분야의 역사에 대한 그의 종합적인 연구에서, 쉬렌버거(Scheerenberger, 1983)는 이러한 '자선 시설'의 초기 구성이 서기 97년으로 거슬러 올라가는 것으로 확인했다(p. 19). 처음에는 발달장애와 같은 장애 상태와 정신질환 사이에 구분이 없었지만, 19세기에 프랑스의 피넬(Pinel), 세긴(Seguin) 등의 작업으로 인해 다양한 장애를 가진 사람들을 위해 특별히 고안된 분류 체계와 프로그램들이 등장했다. 브루닝스 등(Bruininks, Meyers, Sigford, & Lakin, 1981)은 미국 최초의 시설을 다음과 같이 묘사했다. "1848년에 매사추세츠주의 시각장애인 시설의 한 동(棟)이 발달장애인들의 케어를 위해 쓰이게 되었다."

1850년대에 미국에 도착했을 때 세긴은 발달장애를 가진 사람들에게 훈련을 제공해야 한다는 강력한 메시지를 가지고 있었다. 불행하게도 발달장애인의 훈련에 대한 유럽의 열정이 북미에서는 의료적 관점으로 대체되었고, 그 결과 1860년대 들어 많은 시설이 성장하게 되었다(Scheerenberger, 1983).

20세기

비록 시설들이 주로 '훈련 가능한 정신지체인을 위한 학교'라는 이름으로 개설되었고 일정한 교육적 목적을 가지고 있었지만, 트렌트(Trent)가 지적한 것처럼 "한번 시설에 들어오면 정신박약 아동과 학생들은 결국 정신박약 성인 노동자가 되었다"(Trent, 1994, p. 23). 시설의 존재는 격리라는 또 다른 목적에 기여했다. 웜슬리(Walmsley, 2006)가 설명했듯이, 20세기 전반기에는 발달장애인의 부정적인 영향으로부터 사회를 보호하고 동시에 사회의 병폐로부터 발달장애인을 보호하기 위해 시설들이 성장하였다. 1913년 영국의 「정신이상자법」[2]은 표면적으로는 '도덕적 결함이 있는 자(moral defective)'에 대해 이러한 두 가지 보호의 목적

---

2 역자 주: 「정신이상자법(Mental Deficiency Bill)」. 1913년 영국 의회에서 제정된 법률로, 1886년의 「백치법 (Idiots Act)」을 폐지하고, 정신이상관리위원회를 설립하여 정신적 결함의 정도에 따라 4단계로 분류하고 보호와 관리를 감독하도록 한 법. 정신적·도덕적 결함이 있는 사람을 구빈시설로부터 분리하여 새로운 수용시설에서 보호하고, 정신적 장애를 가진 아동을 격리기숙학교에 보내도록 하는 내용 등을 골자로 함.

으로 고안된 것이었는데, 이 용어는 당시 발달장애인뿐만 아니라 다양한 범주의 문제행동을 일컫는 말이었다.

> '결함이 있는 자'는 부모가 청원을 한 경우 또는 방치 · 유기 · 잔혹한 대우를 받고 가시적 지원 수단이 없는 경우, 형사범죄 재소자, 소년원 · 직업훈련원 · 정신병원 · 알코올중독 재활시설에 있는 자, 특수학교를 다녀도 도움이 안 되는 경우, 빈곤 구호를 받는 상태에서 사생아를 임신 또는 출산한 여성 등은 시설에 보내지거나 후견인에게 맡겨질 수 있다(Walmsley, 2006, pp. 56–57).

웜슬리(2006)는 이 법률에 지정된 시설들이 주로 이러한 범주에 있는 사람들의 번식을 줄이고 범죄 행위에 관여하는 것을 방지하기 위해 고안되었다고 주장했다. 그러나 이들 시설은 스스로 살아갈 수 없는 사람들을 보호하는 역할도 했다. 그는 시설화의 지지자들을 악마화하는 것은 문제의 복잡성을 간과하는 것이라고 주장했다. 그는 자금과 '의지가 부족한' 시설들의 부정적인 영향을 인정하면서도 "모든 세대는 스스로를 돌볼 수 없는 성인들에 대한 해결책을 찾아야 하며, 어떤 이들은 시설이 방임보다 바람직한 대안이라고 진정으로 믿었다"라고 기술했다(p. 63).

초기 농경사회와 이후 산업사회에서는 비록 노동조건이 처참하게 가혹했지만 발달장애인의 사회공헌에 대한 잠재력을 어느 정도 인식하고 있었다. 그러나 19세기 후반과 20세기 초, 유전학에 대한 관심이 높아지고 사회적 다윈주의(Social Darwinism)와 우생학 운동이 부상했다.

우생학

우생학 운동은 고다르드(Goddard, 1912)의 칼리카크(Kallikak) 가족에 대한 결함 있는 연구에 의해 촉발된 잘못된 유전 개념에 기초하였다. 이 연구에서 그는 유전적 결함이 매춘, 알코올중독, 범죄, 그리고 가난을 포함한 모든 사회적 병폐에 크게 책임이 있다고 결론지었다. 그는 "정신박약과 그것의 유전적 성격을 알지 못한다면 성공적으로 대처할 수 없다. 조기에 알아내고 대처해야 한다"(Goddard, 1912: Scheerenberger, 1983, p. 150에서 인용)라고 제안했다. 나중에 과학적으로 무효라는 논란이 일었던 이 연구를 이용하여(Goodenough, 1949), 우생학 운동의 지지자들은 시설화를 통해 결혼 통제, 불임수술, 격리를 포함한 통제 정책을 공격적으로 요구했다(Scheerenberger, 1983). 우생학자들이 가장 큰 관심을 가진 두 집단은 아이들과 가임기의 여성이었는데, 이들에겐 성별 격리와 불임수술이 장려되었다. 북미의 모든 지역에서 공식적으로「단종법(Sterilization Acts)」이 채택되지는 않았지만, 법률적 제재가 없는 곳에서의 불임수술은 중단되지 않았다.

아마도 20세기 우생학의 엄격한 적용의 가장 끔찍한 예는 홀로코스트로서, 히틀러 정권에서 용납될 수 없는 존재로 여겨졌던 6백만 명의 유대인과 함께 9만 명의 발달장애인이 몰살되었다(Scheerenberger, 1983).

의료적 모델

우생학이 시설의 발전에 큰 역할을 했지만, 장애인의 기능과 삶의 질을 높이는 지원 수단으로 시설화가 유리하다는 견해의 입법과 여론도 뒷받침했다(Johnson & Traustadottir, 2006). 래드퍼드와 파크(Radford & Park, 1999)에 따르면 다음과 같다.

> 시설화의 확장을 추동한 모든 움직임이 일반 사회가 (장애인에 대해) 느끼는 두려움이나 위협감에 기인한 것은 아니다. 장애를 가진 자녀를 돌봐야 하는 가족의 부담에 대한 진심 어린 그리고 전문적이고 사회적인 고려가 있었다(p. 10).

대체로 이 분야의 사람들은 장애를 의료적인 문제라고 믿었다. 따라서 집단적 의료-케어 모델의 개발이 장애인을 사회로부터 격리 및 통제하고 이들에게 돌봄을 제공하는 양쪽 측면 모두에서 실행 가능한 선택지로 보였다. 의료적 모델 관점은 그 이후 오랫동안 상반되는 증거에 의해 도전을 받아 왔지만(Kim, Larson, & Lakin, 2001), 발달장애에 대한 비의료적 또는 사회적 관점은 상당 부분 헌신적인 권리옹호 단체들에 의해 촉진된 비교적 최근의 이데올로기적 전환이라는 것을 알아야 한다.

정상화와 탈시설화

"시설의 시대를 끝내기 위한 원동력은 때때로 학계, 정부, 종사자 및 기타 전문가들에 의해 지원되기도 하였지만, 주되게는 부모 및 기타 권리옹호 단체에서 나왔다"(Brown & Percy, 2007, p. 30). 햄린과 오크스(Hamlin & Oakes, 2008)는 영국에서 탈시설화의 계기는 고프만(Goffman, 1961)의 사회적 구성론으로서의 장애 연구에서 비롯되었다고 제시했다. 그러나 개념적으로 나중에 북미에 영향을 미친 운동은 스칸디나비아 출신의 벵트 니르제(Bengt Nirje)가 처음 제안한 정상화(normalization) 원리에 의해 추진되었는데, 그가 초점을 둔 가장 중요한 부분은 발달장애인에게 최대한 '정상'에 가까운 시스템과 일상생활을 제공하는 것이었다(Nirje, 1999; Brown & Percy, 2007). 울프 울펜스버거(Wolf Wolfensberger)는 1972년 캐나다에서 출판된 그의 주요 저작인 『대인 서비스에 있어서의 정상화 원리(The Principle of Normalization in Human Services)』에서 이 철학을 더욱 발전시켰다. 에머슨(Emerson, 1992)이 지적한 바와 같이, 정상화는 소외를 겪는 사람들의 권리에 초점을 맞춘 더 넓은 사회적 맥락에서 발전했고, 이후 장애인들의 사회적 역할을 그들이 살고 있는 사회의 문화 안에서 재설정하는 사회적 역할 가치화[3] 개념을 발전시켰다.

정상화의 강력한 추종 세력에도 불구하고, 정상화와 관련된 원칙과 탈시설화 실행 사이의 관계는 논쟁의 대상이 되어 왔다. 탈시설화 과정의 가속도가 커져 가는 상황 속에서도 탈시설화와 이를 뒷받침하는 원칙에 대한 논란도 커져 갔다. 마틴(Martin, 1974)은 울펜스버거(1972)가 주창했던 것처럼 시설들을 조속히 뿌리 뽑는 대신, 시설들이 새로운 역할을 맡아야 한다고 제안했다. 그는 시설이 장애인의 새로운 지역사회 전환에 대비한 훈련, 장애인에 대한 평가와 진단, 그리고 인력 지원과 상담 등을 제공할 수 있다고 했다. 법원의 판결도 시설 기반 서비스의 지속을 뒷받침했다(Wyatt v. Ireland, 1979).

헨드릭스(Hendrix, 1981)는 발달장애를 가진 모든 사람들을 지역사회에 통합하는 것이 정상(normal)이라는 개념에 이의를 제기하면서, "우리 모두는 자신과 비슷하다고 생각되는 사람들과 함께 있는 편안함을 추구하는 경향이 있다. 그렇다면 왜 정신지체 장애인들은 그들

---

3 역자 주: 사회적 역할 가치화(Social Role Valorization: S.R.V.) 이론. 사회적 역할 정상화, 사회적 역할 강화 등으로 불리기도 함.

의 동료들과 떨어져 살기를 갈망한다고 생각하는가?"라고 주장했다.

엘리스 등(Ellis et al., 1981)은 시설의 필요성을 지지하는 그들의 글에서 "지역사회 생활이 특히 능력 수준이 비교적 높은 수준의 장애인들을 위해 바람직하다는 것에 대부분은 동의할 것이지만, 이것은 연구가 아니라 신념의 문제이다"(p. 224)라고 주장했다. 『아메리칸 사이콜로지스트』[4]에서는 일련의 기사를 통해, 탈시설화를 근본적이고 철학적인 입장에 기초한 사회 정책으로 보는 사람들과 탈시설화를 체계적이고 과학적인 평가를 요하는 서비스 과정으로 보는 사람들 사이의 핵심 논쟁을 다루었다(Landesman & Butterfield, 1987; Landesman & Butterfield, 1989; Schopler, 1989). 탈시설화 운동에 대한 찬성과 반대 양측, 그리고 각기 이들을 뒷받침하는 연구와 논쟁을 다루면서 저명한 장애인 권리운동가 버튼 블랫(Burton Blatt)은 그의 생각을 다음과 같이 요약했다.

> 통합은 분리보다 항상 더 바람직하다는 것이 나의 입장이다. 나는 일반적으로 사람들이 평범한 지역사회에서 가족과 친구들과 함께 살고 싶어 하고, 대부분의 아이들이 일반 학교에 가고 싶어 한다고 믿는다. 특정한 치료를 필요로 하는 일시적인 기간 이외에는 격리된 환경이 좋지 않다고 생각한다. 다시 말하면, 아플 때 입원하는 것은 합리적이라고 생각하지만 병원에서 사는 것은 합리적이지 않다는 것이다. 혼자 있고 싶을 때 혼자 있는 것은 분명 타당하지만 사회로부터 강제적인 고립과 추방은 타당하지 않다(Taylor & Blatt, 1999, p. 115).

발달장애인을 위한 지역사회 기반 생활의 제공은 발달장애인에 대한 오늘날의 사회적 가치관과 일치한다. 또한 발달장애인에게 최대한 정상적인(즉, 일반적인) 생활방식을 제공해야 한다고 생각된다(Nirje, 1985). 시설은 그 상태와 그곳에 거주하는 장애인에 대한 긍정적 성과의 부족, 학대, 처벌, 사생활의 결여 등으로 인해 부정적인 평판을 받아 왔다(예: Blatt, 1980; Institution Watch, 2007). 이러한 부정적인 평판으로 인해 삶의 질 향상이 기대되는 소규모 지역사회 서비스로의 전환이라는 철학적 움직임이 지지를 받게 되었다. 캐나다 전역에서 정부가 시설을 폐쇄하고 축소하는 과정을 시작했다. 미국과 다른 나라에서도 유사하게 시설 축소 및 폐쇄 과정이 시작되었고, 1977년 '핼더만 대 펜허스트'[5]의 법적 소송에서 시작

---

4 역자 주: 『American Psychologist』. 미국 심리학협회의 공식 학술지.

된 집단 소송으로 인해 박차가 가해졌다(Conroy & Bradley, 1985).

버튼 블랫과 프레드 캐플란(Burton Blatt & Fred Kaplan, 1966)은 1960년대 미국에서 시설의 실태를 폭로하여 많은 시설 개혁을 이끌었다. 시설의 실태가 밝혀지면서 시설에 많은 변화가 생겼다. 15년 후 블랫(1980)은 시설의 변화를 조사하고 진행 상황을 검토하였는데, 비록 과밀화 감소, 인력과 자금 증가를 통한 개선이 있었지만 장애인 당사자에 대한 처우에 관해서는 변하지 않았다고 결론지었다. 그의 결론은, 오직 시설을 폐쇄하고 당사자들을 적합한 지역사회 생활환경으로 전환해야만 문제를 해결할 수 있다는 것이었다.

> 시설들은 변화할 수 있고, 변화하고 있으며, 1970년대, 1980년대, 1990년대에 일어난 많은 발전들은 의미심장한 것이었다. 많은 시설들이 더 작아졌고, 인력이 충원되었고, 관리 감독도 개선되었다. 그럼에도 불구하고, 테일러와 보드간(Taylor & Bodgan, 1992)은 시설 생활의 전체주의적인 성격은 변하지 않았으며, 겉으로 드러나는 많은 변화들은 점점 더 정교한 이미지 관리에 의해 만들어진 것일 뿐이라고 주장한다(Sobsey, 1994, p. 110).

발달장애 분야는 바람직한 서비스 전달 체계로서 대부분 탈시설화를 수용해 왔다. 발달장애인에 대한 탈시설화의 효과는 많은 연구의 주제가 되어 왔다(Allen, 1989). 펠스(Felce)를 비롯한 연구자들은 탈시설화의 성공 여부를 평가하기 위해 적응행동이나 활동 수준의 변화, 지역사회 통합 정도 등의 다양한 성과 측정 방법을 사용했다(Felce, 1988; Felce, Thomas, de Kock, Saxby, & Repp, 1985; Thomas, Felce, de Kock, Saxby, & Repp, 1986). 다른 연구자들은 시설 생활에서 지역사회 생활로의 전환에 대한 영향을 측정하기 위해 삶의 질 지표를 사용하였다(Dagnan, Ruddick, & Jones, 1998). 당사자의 만족도 또한 성공적인 전환의 주요 지표로 평가된다(Owen, 1986). 이것이 탈시설화와 관련된 현재의 서비스 및 연구 환경에 시사하는 바는, 서비스 이용 당사자에게 효과적이고 유익한 결과를 보장하는 데 초점을 둔 증거 기반

---

5 역자 주: 핼더만 대 펜허스트(Halderman v. Pennhurst) 재판. 1974년 미국 펜실베이니아주에서 운영하는 대규모 시설이었던 펜허스트 주립학교·병원을 상대로 시설 거주 발달장애인 핼더만이 펜허스트 운영기관, 교육감, 주 및 카운티 공무원들을 상대로 집단 소송을 제기함. 연방지방법원에서는 시설 거주인의 다양한 헌법적·법률적 권리 침해와 학대를 인정하고, 시설 거주인들의 적절한 지역사회 주거환경과 서비스를 마련하도록 명령적 구제조치를 내리고, 시설 폐쇄를 감독하기 위한 특별 기구를 설립하도록 함. 10년 이상의 민사소송과 약 500건의 법원 명령 등을 거쳐 펜허스트 시설은 1987년에 폐쇄됨.

연구가 더 많이 필요하다는 것이다.

　지난 수십 년 동안 발달장애인의 삶에 있어 사회 통합, 자기선택권, 삶의 질 증진이라는 원칙에 의해 탈시설화가 성장해 왔다(Johnson & Traustadottir, 2005). 탈시설화 과정 자체는 두 가지 서로 연관된 목표를 나타낸다. 즉, 지역사회 생활이라는 철학을 함양하는 것과 동시에 발달장애인이 대규모 격리형 시설 환경에서 소규모 주거지 기반 환경으로 전환하는 것이다. 전자는 발달장애인의 가족, 그리고 울펜스버거의 '정상화' 원리에 의해 상당한 진전이 있었는데, 이 원리는 1960년대와 1970년대 지역사회 생활운동[6]의 발전에 정점을 찍은 것이었다(Wolfensberger, 1972). 후자의 목표는 발달장애를 가진 사람들은 지역사회에서 독립성과 적응성을 높이기 위해 다양한 일상생활 기술을 배울 수 없다는 잘못된 인식을 반박하는 행동기술훈련 연구(Foxx, 1982), 그리고 그러한 교육 전략이 정상화 운동에 미친 공헌을 인정한 울펜스버거(Wolfensberger, 1972)의 내용과 증거들을 융합하는 것이었다.

　정책, 과정, 결과에 대한 연구는 주로 미국, 영국, 호주, 캐나다 등 4개의 국가에서 나왔다. 탈시설화 과정의 이행 역사는 다양하지만, 주로 발달장애인의 삶의 개선을 위한 정상화라는 동일한 철학에서 유래한다. 미국과 영국의 경우 처음에는 발달장애인들이 대규모 시설 환경에서 지역사회 내의 특정한 목적의 소규모 병원, 공동주택, 집합주택(cluster housing), 지역사회 내 일반 가정집 등으로 이동하는 것으로 탈시설화 과정이 시작되었다(Young & Ashman, 2004). 그리고 보다 독립적인 생활을 보장하기 위해 보다 소규모의 주거환경과 보다 정상화된 생활환경의 제공이 계속 추진되었다. 이후 호주와 캐나다의 지역사회 주거 지원은 이 모델을 기반으로 구축되었다. 브래독 등(Braddock, Emerson, Felce, & Stancliffe, 2001)은 거주시설 연구를 통해 캐나다, 미국, 호주, 웨일즈 및 잉글랜드에서 지적장애 또는 발달장애가 있는 것으로 확인된 아동 및 성인을 위한 거주시설에서 다른 형태의 주거로의 분명한 변화를 기록하였다. 하지만 그들은 또한 일반적이라고 여겨지는 것보다 더 많은 사람들로 구성된 주거환경에 사는 사람이 여전히 많다는 사실도 보고했다. 그럼에도 불구하고 특히 미국에서는 지역사회에 기반한, 그리고 장애인이라는 꼬리표가 붙지 않은 다른 사람들을 위

6　역자 주: 지역사회 생활운동(community living movement). 누구나 장애의 정도에 관계없이 지역사회 생활에 참여할 권리가 있는 시민이라는 입장에 기반하여, 발달장애인을 포함한 장애인이 완전한 시민으로 지역사회에 살 권리를 주장한 운동. 주로 시설에 사는 자녀를 둔 부모에 의해 시작되었음(온타리오주 아동 및 사회복지부. 발달장애 서비스의 역사 https://www.mcss.gov.on.ca/en/dshistory/community/index.aspx에서 발췌함).

한 주거 형태와 유사한 주거환경의 개발에 초점을 맞추고 있다. 일반적으로 오늘날 대부분의 탈시설화 과정은 "발달장애를 가진 사람들이 지역사회 지원 인력의 서비스를 받으며 5인 이하로 거주하고 지리적으로 분산된 그룹홈으로 이주하는 것"(Young & Ashman, 2004, p. 21)을 포함한다. 최근 몇 년 동안 탈시설화 정책의 실행은 발달장애 서비스 분야의 지배적인 의제가 되었다(Emerson, 2004).

　미국, 캐나다, 영국, 스칸디나비아, 오세아니아 일부 지역과 같이 탈시설화가 잘 정착된 국가에서는 시설에 대한 논쟁에서 지역사회 프로그램이 시설과 같은 특성을 재현하고 있는 것은 아닌가 하는 우려로 초점이 옮겨졌다(Mansell & Beadle-Brown, 2010). 배건스토스(Bagenstos, 2012)는 미국의 탈시설 소송에 대한 연구에서, 조지아주에서 중복장애 진단을 받은 두 여성 원고에 대하여 「미국장애인법(ADA)」의 차별금지 조항을 인용한 옴스테드 판결[7]과 같은 중요한 법적 성과들이 지역사회 기반 지원 서비스로 전환하는 근거를 마련해 주었다고 하였다. 이로써 개인에게 적합하다고 판단되고, 당사자가 이를 거부하지 않으며, 국가의 자원과 다른 장애인들의 요구를 고려할 때 그 실행이 가능한 경우 시설 수용이 아닌 지역사회로 배치되게 되었다. 그러나 배건스토스는 옴스테드 판결의 원칙이 지역사회 서비스 시스템을 보장하기 위한 도구를 제공하지만, 정부의 재정적 제약은 그 유지를 위협할 수 있다고 경고한다. 지역사회 생활로의 접근이 보장되는 지역에서조차도 탈시설의 꿈은 단순히 시설 건물을 떠나는 것으로 완전히 실현되지 않는다. 그럼에도 불구하고, 지역사회 기반 케어 모델은 일반적으로 장애인들에게 시설보다 더 나은 결과를 가져다주는 것으로 나타났다(Mansell & Beadle-Brown, 2010).

7　역자 주: 옴스테드(Olmstead) 판결. 조지아주 출신의 발달장애와 정신장애를 가진 두 여성, 로이스 커티스(Lois Curtis)와 일레인 윌슨(Elaine Wilson)이 지역사회에서 치료를 받을 수 있도록 조지아주에 요청하였고, 1995년 5월 애틀랜타 법률지원협회가 당사자를 대신해 국영병원인 조지아 정신병원에 소송을 제기함. 1999년 6월 22일 미국 연방대법원은 「미국장애인법」에 근거하여 부당하게 장애인을 분리하는 것은 차별에 해당한다고 판결하고, 앞의 본문에서 제시한 요건을 충족하는 경우 시설 수용이 아닌 지역사회에서 국가가 지원하는 서비스를 받을 자격이 있다고 결정함. 조지아주 인사부의 커미셔너였던 피고인 토미 옴스테드(Tommy Olmstead)와 최초 원고인 로이스의 이름을 따 옴스테드 판결, 또는 옴스테드 대 L.C. 판결로 불리며, 미국 역사상 가장 중요한 장애인 인권에 관한 결정으로 평가됨.

요약

발달장애인에 대한 시설화에서 지역사회 생활 지원을 향한 지속적이고 지구적인 여정은 여전히 어려운 과제이다. 우생학에 관련된 오래된 공포가 쇠퇴함에 따라 보편적이지는 않더라도 소규모 지역사회 생활의 지원 및 서비스 개발로 전환하는 일이 증가하고 있다. 탈시설화는 실로 어려운 꿈이지만 실현되고 있는 꿈이다. 꿈을 이루기 위한 도전과 그 성취에 대해 다음 장에서 탐구해 보자.

탈시설화가 중증·중복 발달장애인의
삶에 미치는 영향[1]

도로시 그리피스(Dorothy Griffiths), 프랜시스 오웬(Frances Owen), 제프리 하멜린(Jeffery Hamelin),

모리스 펠드먼(Maurice Feldman), 로즈마리 콘딜락(Rosemary A. Condillac), 얀 프리지터스(Jan Frijters)

탈시설 과정은 그러한 전환을 겪는 당사자의 생활방식에 많은 변화와 그에 따른 영향을 유발할 수 있다. 그 영향의 강도와 방향은 과정 자체의 양상들과 당사자에게 구현되는 방식에 따라 달라질 것이다. 발달장애를 가진 사람들을 위한 탈시설화 성과 연구는 선택하기와 지역사회 활용, 부적응행동, 적응행동, 삶의 질, 건강, 그리고 가족 또는 사회적 접촉 등 여섯 가지의 주요 분야에서 당사자에게 미친 영향에 대해 초점을 두었다.

탈시설화가 이러한 분야들에 미치는 영향은 시설 및 주거환경의 특징, 직원 및 인력 관리의 형태와 구조, 전환 과정 및 그 이후에 제공되는 지원의 양과 성격, 당사자의 인구학적 요소 및 장애, 전환 이전의 능력 정도 등의 요소에 따라 다르게 나타날 수 있다. 발달장애를 가진 사람들의 탈시설화에 대한 대부분의 성과 연구는 탈시설 전환이 당사자들의 삶에 긍정적인 결과를 가져오며, 부정적인 면(예: 기능이나 건강의 상실)이 있더라도 매우 작은 정도라는 것을 밝혀냈다. 연구 결과에 있어 약간의 가변성이 존재하는데, 이는 탈시설 과정의 가활

---

1 저자 주:「탈시설 이니셔티브에 대한 문헌 연구: 온타리오주에서 발달장애인에 대한 지방정부 운영 시설 시대의 종말(Literature Review for the Facilities Initiative: The End of the Era of Provincially Operated Facilities for Persons with Intellectual Disabilities in Ontario)」(Dorothy Griffiths, Frances Owen, Jeffery Hamelin, Maurice Feldman, Rosemary A. Condillac, & Jan Frijters, 2009, 미출간 원고, 온타리오주 세인트 캐서린스, 브록 대학교)에 기초함.

적[2] 측면과 부정적 측면에 대한 지속적 연구의 필요성을 보여 준다. 지역사회로의 전환이 장애인 당사자에게 해로운 영향을 미칠 수 있는지 여부와 시간이 지나도 확인된 장점들이 유지되는지 여부에 대해서는 의문이 여전히 남아 있다. 정신 건강이나 행동문제가 있는 사람들은 여전히 시설에 살거나 지역사회 전환을 시도한 이후 다시 시설에 수용될 가능성이 더 높다(Beadle-Brown, Mansell, & Kozma, 2007). 탈시설화에 대한 비판은 대개 지역사회 전환 후 보건 및 서비스 접근 분야에 관한 몇 가지 연구에서의 부정적 결과를 근거로 한 것이다(Borup, Gallego, & Heffernan, 1979, 1980; Conroy & Adler, 1998; Hayden, 1998; Miller & Eyman, 1978; Roy & Cloutier, 1994). 탈시설 과정에 있는 발달장애인들은 어떤 특정한 분야에 취약점이 있을 수도 있으며, 그로 인해 신체적 혹은 정신적 건강이 저하될 수 있다. 이러한 문제점의 대부분은 탈시설 전환의 계획 및 실행에 있어서 더욱 지원적이고 개별화된 방법을 사용함으로써 해소될 수 있다. 중복장애가 있는 사람에 대한 현실적인 통합 지원 계획을 개발하는 것도 여기에 포함된다. 예를 들어, 캐나다의 브리티시컬럼비아주에서는 1995년 이후 모든 시설이 폐쇄되었는데, 일반 지역사회 서비스로 시설 거주인들의 정신 건강 서비스를 해결할 수 있을 것이라는 지역사회 생활 옹호자들의 기대에도 불구하고 중복장애인의 특별한 서비스 요구에 대응하기 위해 특별정신보건팀이 필요했다(Friedlander, 2006). 바우믹 등(Bhaumik, Tyrer, & Ganghadaran, 2011)은 발달장애인 및 정신 건강 문제를 포함한 복잡한 욕구를 가진 사람들의 지역사회 전환 이후에 삶의 질을 나타내는 수치가 향상되었다고 보고하였다. 이들의 지역사회 전환에는 정신 건강, 도전적 행동, 통합된 지원, 지속적 심리 상담 등 다양한 영역에서의 직원들의 준비 교육을 포함해 세심한 계획이 포함되어 있었다.

일반적으로 개인의 욕구에 초점을 맞추는 것이 최선의 탈시설 실천 방법으로 여겨진다. 버렐과 트립(Burrell & Trip, 2011)은 탈시설화 문헌 분석에서, 특히 뉴질랜드의 경험에 근거해서 탈시설화에 관한 논쟁에 내재된 철학적·과학적·도덕적·경제적 및 기타의 갈등을 논하면서, 어떠한 단 한 가지의 '올바른' 접근법을 찾으려 애쓰지 말아야 한다고 강조했다. 대신에 그들은 자신의 미래를 결정하고 다른 서비스 이해 관계자들과 함께 서비스를 계획함에 있어 장애인 당사자 목소리의 중심성에 초점을 맞추었다. 이러한 관점에서 최근 당사자 중심 계획이 주목받고 있다(Felce, 2004; Mansell & Beadle-Brown, 2004). 서비스 이용자의 성

---

2 역자 주: 가활의 의미에 관하여는 이 책 편저자 서문의 각주를 참조.

과와 관련된 결과들은 탈시설화 과정 수행 방법과 지원 요소의 유형에 대한 재평가가 필요함을 시사하였다.

　탈시설화의 전반적인 결과는 지역사회로 이주한 개인의 삶의 질과 수준이 모두 향상되었음을 보여 준다. 또 탈시설로 인해 당사자의 기능이 증가하고 학대와 방임이 줄어들 가능성을 보여 주는 증거들을 제시한다(Blatt & Kaplan, 1966; Horner, 1980; Sobsey, 1994). 미국, 호주 및 영국의 대규모 탈시설화 프로젝트는 자기관리, 가정생활 기술, 지역사회 활동, 여가 활동 및 선택하기 등을 포함한 여러 영역에서 장애인 당사자의 적응행동과 자율성의 향상을 보여 주었다(예: Cummins & Dunt, 1990; Emerson & Hatton, 1996; Larson & Lakin, 1989; Larson, Lakin, & Hill, 2012). 긍정적 결과는 일반적으로 전환 과정 초기에 드러나고 이후 일부 영역에서 발전 없이 수평 조정 또는 감소를 보이기도 했다(예: Cullen et al., 1995; Dagnan, Ruddick, & Jones, 1998). 이렇게 발전이 멈추는 현상에 대해 일부 학자들은 자기 잠재력의 한계점에 도달한 천장효과[3]라는 가설을 제기하는 반면, 다른 학자들은 꾸준한 지원이 유지되지 않은 결과라 주장하였다(Dagnan et al., 1998). 종합적으로, 모든 연구에서 지역사회 전환 이후 직원, 가족, 친구들과의 상호작용의 양과 질이 증가하였다. 또 공격성, 자해 및 기물 파괴와 같은 행동이 일부 감소하는 것으로 보고되고 있지만 그 결과가 항상 일정하지는 않았다(Young, Sigafoos, Suttie, Ashman, & Grevell, 1998). 모두는 아니지만 대부분의 장애인에게서 긍정적인 결과들이 보고된 가운데, 영 등(Young et al., 1998)은 지역사회 전환이 기능과 행동의 개선을 보장하는 것이 아니며, 성공 여부는 개인의 특성과 직원 및 주거환경의 상호작용에 달려 있다고 주장하였다.[4]

　발달장애를 가진 사람들의 탈시설화는 당사자에게 다양하고 심각한 영향을 미치는 복잡한 과정이다. 거의 예외 없이, 지금까지의 연구는 많은 영역에서의 개선을 입증하였고 일반적으로 그 성과에 대해 유익한 전망을 제시한다. 에머슨과 해튼(Emerson & Hatton, 1996)이 영국과 아일랜드에서의 46개의 연구를 바탕으로 한 71개의 간행물을 요약한 내용은 다음과 같다.

　지역사회 기반 주거서비스는 항상 그런 것은 아니지만 일반적으로 ① 일상활동에 대한 당사자 참여도 증가, ② 케어 담당 직원과의 접촉 증가, ③ 지역사회 시설 이용 증가, ④ 적응행동 증가,

3　역자 주: 천장효과(ceiling effect). 어떠한 수준이 이미 최상위여서 성취도나 수치가 더 이상 올라가지 않는 현상.
4　원문에서 강조됨.

⑤ 도전적 행동 사례 감소, ⑥ 선택의 기회 증가, ⑦ 가족 및 친구와의 접촉 증가, ⑧ 더 나은 물질적 생활수준, ⑨ 지역사회로부터의 수용성 향상 등으로 이어지는 것으로 나타났다(p. 17).

영국에서의 탈시설화 연구는 삶의 질 변화에 초점을 맞추고 있다. 다그난 등(Dagnan et al., 1998)은 29명의 발달장애를 가진 노인의 삶의 질이 탈시설 후 첫 41개월 동안 눈에 띄게 향상되었다고 보고했다. 특히 사회 · 여가 활동은 급격한 증가세를 보였지만 53개월 후에는 수평을 유지하는 경향을 보였다. 앞에서 제시했듯이, 그들은 이러한 수평 조정 현상이 천장효과(즉, 자신이 원하는 활동 수준에 도달하였거나) 또는 자기선택권을 더 크게 활용하거나 욕구와 선호도가 변화하는 등의 다양한 요인이 복합된 것일 수 있다는 가설을 제시했다. 영국의 다른 학자들도 유사한 긍정적 결과들을 발표한다(Emerson & Hatton, 1996; Emerson et al., 1996). 영국에서 시네스 등(Sines, Hogard, & Ellis, 2012)은 '중증의 학습장애와 더불어 자폐, 다운 증후군, 뇌전증 및 감각장애 등의 신체장애를 동반한'(p. 254) 39명을 대상으로 대리 응답자를 통해 조사한 결과, 특별히 개발한 삶의 질 측정 도구의 7개 영역 모두에서 탈시설 후 향상된 것을 발견하였다. 이 그룹 중 34명이 '지원주택'[5]으로, 5명이 '지역사회 주거서비스'[6]로 이주했는데(p. 254), 이들 그룹 간 삶의 질 점수는 별 차이가 없었다. 가장 크게 향상된 부분은 돌봄 계획 및 관리, 자율성과 선택이었다. 반대로 가장 적은 변화는 신체적 복지 영역이었다. 변화가 적었던 것은 좋은 병원을 기준치로 했다는 점과 장애인 당사자의 '매우 고치기 어려운 상태'에 기인한 것이었는데(p. 259), 탈시설 전환 후 케어 서비스의 하락에 대한 두려움이 있었던 것을 감안하면 현상 유지는 긍정적인 것으로 해석되었다. 저자들은 대인관계와 사회적 상호작용 및 여가생활 등에서 점수의 향상이 비교적 낮은 점에 주목하면서 이러한 분야에 좀 더 주의를 기울일 것을 제안했다. 평균 삶의 질 점수는 병원에서의 측정치에 비해 탈시설 후 6개월 동안 증가하였고 그 후 12개월 차까지 지속되다 18개월 차에 다시 소폭 상승했다.

호주에서의 13개 연구를 검토한 결과, 시설에서 지역사회로 이주한 발달장애인은 일반적

5　역자 주: 지원주택(supported housing). 저소득층, 장애인 등 주거 약자들에게 필요한 도움과 지원을 제공하는 서비스와 연계된 주택을 지칭하며 그 유형은 매우 다양함. 일반적으로 캐나다의 지원주택은 거주인에게 정부 보조로 건강 지원 및 활동지원서비스를 제공하며, 소득에 따른 보조금을 지급함.

6　역자 주: 지역사회 주거서비스(residential accommodation). 일반적으로 24시간 지원과 숙박이 결합된 지역사회 주거서비스를 지칭함. 그룹홈과 동일한 개념으로 사용되기도 함.

으로 적응행동이 증가하고 지역사회 참여가 확대되고 가족 및 친구와의 접촉이 향상된 것으로 나타났다(Young et al., 1998). 또한 지역사회 이주로 인해 당사자와 가족의 만족도가 전반적으로 높아졌다. 문제행동, 건강과 사망률에는 변화가 전혀 또는 거의 없는 것으로 보고되었다(Young et al., 1998). 마르티네스-릴 등(Martinez-Leal et al., 2011)은 그 국가가 탈시설화 계획의 초기 단계에 있는지 또는 발전된 단계에 있는지 여부와 생활환경에서의 공식적 지원 수준에 따라 장애인 당사자의 건강에 대한 결과가 다르다는 사실을 발견했다. 그들은 "당사자의 연령이 높을수록, 같은 집에 거주하는 사람의 수가 많거나 직원에 대한 당사자 수가 많을수록 그리고 정동장애 증상과 비만 등에 따라 질병 발생 건수가 증가하므로 더 많은 주의가 필요하다"(p. 868)고 지적하면서 건강 관리와 증진 및 질병 예방 등을 포함한 '맞춤형 기본 건강 프로그램'(p. 859)의 필요성을 강조했다.

미국의 탈시설화는 정부 주도적이며 소송에 기반을 둔 것이었다. 1977년 이전의 소송은 시설 내의 케어와 지원을 개선하는 결과를 낳았지만, 1978년에 미국 연방지방법원의 레이먼드 브로데릭(Raymond J. Broderick) 판사는 펜실베이니아의 펜허스트 병원이 헌법에 명시된 적절한 케어와 가활을 제공할 능력이 없다고 판결하고 거주인들을 제약이 덜한 주거환경으로 이주시키도록 명령했다. 가활은 당사자가 문제행동을 일으키지 않고 효과적으로 행동하고 참여하는 기술을 습득할 수 있는 기회이다. 현재까지 가장 광범위하게 행해진 연구 중 하나인, 5년간의 종단적 연구[7]를 통해 콘로이와 브래들리(Conroy & Bradley, 1985)는 탈시설 이후 측정된 모든 측면에서 평균값이 개선되었다고 결론지었다. 지난 30년간 미국에서 시설 거주인은 극적으로 감소하였고 그에 상응하여 지역사회 생활이 증가하였다(Lakin, Braddock, & Smith, 1995, 1996). 일반적으로 탈시설의 결과를 연구한 학자들은 대부분의 장애인 당사자가 능력이 증가하고 문제가 감소하는 긍정적 결과를 나타냈다고 보고했다(예: Larson & Lakin, 1989; Larson, Lakin, & Hill, 2012). 영국과 미국에서의 다른 연구들에 의하면, 항상 그런 것은 아니지만, 대부분의 경우 지역사회 전환은 부적응행동의 감소를 가져왔다(Conroy, Spreat, Yuskauskas, & Elks, 2003; Emerson & Hatton, 1996; Stancliffe & Hayden, 1998).

캐나다에서 그리피스(1985)는 온타리오주 오로라시의 파인리지센터(Pine Ridge Centre)라는 시설이 폐쇄되고 장애인 당사자들이 지역사회로 이주한 후 1년간의 추적 조사 결과를 보

7 역자 주: 종단적 연구(longitudinal study). 특정 현상이나 대상에 대하여 일정 기간에 걸쳐 연속적인 시간 간격으로 반복적으로 조사하는 연구 방법.

고하였다. 가족 대상 설문지, 서비스 제공기관과의 인터뷰, 그리고 이주한 당사자들에 대한 개별 방문 등을 통해 평가를 진행하였고 당사자에 대한 결과를 비롯한 조사 내용을 검토한 것이었다. 결론은 파인리지센터 시설 폐쇄로 인해 지역사회로 이주한 당사자들의 삶에 긍정적인 변화가 일어났다는 것이다. 그리피스에 따르면 시설에 거주하던 사람들이 지역사회로 이주한 후 새로운 주거지에서 적절하거나 훌륭한 삶의 질을 영위하고 있다고 그들의 가족(97%)과 지원 기관 직원(83%)이 답하였다. 93%의 장애인들에게는 개인별 지원 프로그램이 있었고 적절한 주거(73%), 주간활동(81%), 여가생활(94%) 프로그램이 있었다. 82%는 지역사회의 정기적인 활동에 참여하였다. 50%의 경우 가족과의 접촉이 증가했고, 67%는 새로운 친구 관계가 생겼고, 30%는 시설에서 맺은 소중한 인간관계를 유지하고 있었다. 전반적으로 86%의 사람들이 지역사회로 이주한 후 적절한 전환과 발전을 보였으며 가족들(86%) 또한 시설에서보다 지역사회에서 당사자들이 더 잘 지내고 있다고 보고하였다. 절대 다수인 95%의 가족은 당사자에 대한 지원이 적절하다고 답했으며, 자금 지원 또한 적절하고 개별화되었으며 당사자의 욕구에 부합할 수 있게 유연하다(84%)고 보고하였다. 하지만 이러한 보고는 대조군과의 비교가 없는 **사후 평가 연구**라는 점에 유의해야 한다.

좀 더 최근에 온타리오주에서 108명의 중증 또는 최중증의 발달장애인을 대상으로 한 탈시설 연구에서 자신의 선호 여부를 표현할 수 있는 사람들 중 2/3가 새로운 생활, 직업, 여가 등에 만족하고 있으며, 시설로 되돌아가고 싶은 마음이 없다고 답했다(Fotheringham, Abdo, Quellette-Kuntz, & Wolfgarth, 1993). 그러나 개인의 적응행동 능력은 변함이 없었고 유급 돌봄 제공자 이외에 비장애인 친구를 사귄 사람은 별로 없었다.

요약하면, 탈시설화의 영향에 관한 많은 대규모 연구들은 탈시설화와 발달장애인들의 지역사회 생활을 위한 정책들의 광범위한 채택을 뒷받침하는 긍정적인 증거들을 제공하였다. 특정 관심 분야에 관한 연구 결과를 제시하기 위한 노력의 일환으로 이 장의 나머지 부분에서는 선택하기와 지역사회 활용, 삶의 질, 가족 참여, 적응행동, 부적응행동 등의 영역에서의 탈시설화의 영향에 대해 구체적 결과와 함께 살펴보고자 한다.

선택하기와 지역사회 활용

지역사회 활용이라는 말은 일반적으로 개인이 자신의 가정환경 밖의 지역사회 서비스와 행사 등에 접촉하는 양과 다양성을 수반한다. 많은 연구에서 지역사회 활용이라는 영역에서 탈시설화의 장점을 보여 준 바 있다. 호주 멜버른의 세인트 니콜라스 병원의 폐쇄에 관한 광범위한 연구에서 발견한 사실은 발달장애인을 지역사회로 이주시키는 것이 당사자에게 여러 일상활동 측면에서 이롭다는 것이며 이것이 정상화의 원칙에 부합한다는 것이었다 (Cummins & Dunt, 1988). 교회 출석 등으로 대표되는 지역사회 여가 활동 참여 빈도가 시설 생활에 비해 20% 증가했다(Cummins, Polzin, & Theobald, 1990b). 다그난 등(1998)도 지역사회 기반 여가 활동에 대한 참여와 접근에 관하여 유사한 변화를 발견했다. 이러한 발견들이 사소해 보일 수 있지만 이전에 이러한 경험을 할 기회가 별로 없었던 사람들의 삶에 의미 있는 변화를 반영하는 것일 수 있다. 베이커(Baker, 2007)에 의하면 지역사회 활동 참여에 관한 가장 신뢰할 수 있는 예측변수에는 다음과 같은 요소들, 즉 시설에 살고 있지 않을 것, 적응행동 능력이 비교적 높을 것 그리고 지역사회 참여에 관한 개인별 목표서가 작성되어 있을 것 등이 포함된다. 이 마지막 요소가 시사하는 것은 탈시설 후 개별화된 목표를 설정해야 한다는 것이다. 이 분야에서의 성과를 위해서는 서비스 제공기관의 조직 구조, 서비스 제공 방식, 그리고 가용 자원이 올바로 기능할 수 있어야 한다.

지역사회 활용의 영역에서 탈시설화는 시간의 생산적 사용(예: 교육), 지역사회의 직업활동 및 고용의 증가와 관련된다(Conroy et al., 2003). 당사자가 탈시설 전환 후 어떻게 직장을 구할 수 있었고, 이것이 정상화된 직장 환경 때문인지 아니면 지역사회 서비스 제공기관이 구성해 놓은 환경에 의한 것인지에 대해 좀 더 연구해 볼 필요가 있다.

일반적으로 탈시설화로 인해 지역사회 통합이 향상되는 것으로 나타났다. 호주의 연구를 검토한 결과, 지역사회 참여를 측정한 6개의 연구 모두에서 긍정적 성과가 보였다(Young et al., 1998). 영국과 아일랜드에서의 연구 중 66%가 지역사회 기반 서비스(예: 은행, 상점, 극장 등)의 이용이 증가했음을 보여 주고 있다(Emerson & Hatton, 1996). 하지만 논문의 저자들은 이러한 지역사회 통합의 사례가 대체적으로 표면적이고 드문 일이었을 수 있다는 점에 주목했다(Emerson & Hatton, 1996). 의미 있는 지역사회 접촉의 정도에 관한 연구는 아직 별로 없다. 페리와 펠스(Perry & Felce, 2005)는 지역사회 통합 또는 참여의 정도는 당사자의 적응행동과 직원들로부터 받은 관심의 결과로 설명될 수 있음을 보여 주었다. 여기에서 명심해야 할 것은 지역사회로의 전환이 실행될 때 '지역사회에 있다는 것이 [반드시] 지역사회에 포함된다는 것을 의미하는 것은 아니라는 것'[8]이다(Lord & Pedlar, 1991, p. 217). 발달장애인을 지원하는 지역사회 주거 및 서비스 제공기관은 당사자들의 지역사회 통합의 질적 향상을 위해 효과적인 방식을 끊임없이 개발해야 한다(Lord & Pedlar, 1991).

지역사회 활용, 활동, 통합과 같은 것들보다 더욱 근본적인 탈시설화의 효과는 아마도 발달장애인 당사자의 역량강화일 것이다. 탈시설 과정 속에서 자기선택이란 용어는 일상의 자유와 기회, 그리고 활동들을 서비스 이용 당사자가 관리하고 참여와 불참을 결정하는 것 등으로 정의된다. 앞에서 기술한 바와 같이, 시설은 대개 고도의 규제와 정해진 일상생활로 인해 행동의 자유가 거의 없는 것으로 인식되어 왔다. 탈시설화로 인한 자기선택의 긍정적인 효과를 입증한 종단적 연구가 여럿 있다(Stancliffe & Abery, 1997; Young & Ashman, 2004c). 시설에 연계된 주거환경에 사는 사람들과 넓은 지역사회에 살고 있는 사람들의 가능한 선택 사이에는 질적 차이가 있었으며, 지역사회 기반 주거지에 거주하는 사람들이 가장 큰 혜택을 가진 것으로 드러났다(Janssen, Vreeke, Resnick, & Stolk, 1999). 이 모든 것들이 긍정적인 발견이지만, 이러한 환경 내에서의 자기선택에 대한 명확한 표현과 정의가 필요하다. 지역사회에 거주하는 사람들이 경험하는 자기선택의 수준은 아직 최적이 아닐 수 있다. 페리와 펠스(2005)는 지역사회 주거환경에 살고 있는 한 그룹의 발달장애인을 연구했다. 이 연구자들에 의하면, 최상의 선택이 예상되는 조건은 '높은 적응행동 능력, 낮은 도전적 행동, 높은 수준의 개인별 지원 계획, 당사자 능력에 관한 평가나 훈련에 대한 강조가 적을 것, 직원의 관심이 많을 것, 더 많은 물리적 통합' 등이다(p. 127). 이러한 결과가 시사하는 바는 선택의 표현이 개인에 따라서 매우 다를 수 있으므로 더 많은 개인별 계획과 서비스 제공이 필요하다는 것이다. 프로그램과 접근 방식을 개별화하는 것은 당사자의 선택과 선호에 대한 표현의 기회를 더욱 촉진할 수 있다(Stone, 1990). 에머슨과 해튼(1996)이 지적한 바와 같이, 탈시설화는 자기선택의 기회를 높이는 것과 관련이 있을 수 있지만, 이러한 기회는 여전히 일반 대중이 경험하는 것보다 훨씬 더 제한적이다.

자기선택과 지역사회 통합의 증가는 탈시설화 운동의 논리적 결과로 보인다. 젠슨 등(Janssen et al., 1999)이 제안했듯이, '지역사회에 사는 것은 돌봄 서비스 제공자로 하여금 서비스 이용자에게 더 많은 자유, 더 많은 훈련과 발전의 기회, 그리고 더 많은 통합의 기회

---

8 역자 주: 로드와 페들러(Lord & Pedlar, 1991)의 원문 「지역사회 생활: 시설 폐쇄 4년 후(Life in the Community: Four Years After the Closure of an Institution)」에서는 탈시설 발달장애인 18명에 대해 사회적 상호작용을 조사한 결과, 지역사회 참여의 양이 적지 않음에도 불구하고 대부분 형식적이며 비장애인과의 접촉 및 지역사회 통합의 수준이 낮은 사실을 지적하고, 지역사회 통합을 위해 현재 지배적인 지역사회 주거환경인 4~5인 규모의 그룹홈에 대한 대안을 마련할 것과 지역사회 기반 지원 서비스 개발을 강조함.

를 제공하도록 만드는 중요한 조건이다'(p. 14). 그러나 페들러 등(Pedlar, Hutchison, Arai, & Dunn, 2000, p. 339)은 이러한 변화를 지원하기 위한 정책과 실행의 변화 과정은 신속하지도 않고 간단하지도 않다고 지적한다.

> 자조운동과 장애에 대한 새로운 인식, 그리고 지역사회 서비스에 대한 사고방식의 변화 등으로 인해 캐나다의 발달장애인의 삶은 변화하고 있다. 그러나 지역사회 생활에 대한 이념과 사회 정책 간의 괴리가 지속되고 있으며 보호적인 케어에서 지역사회 서비스로의 진화 속도가 더딘 것은 분명하다. 캐나다의 서비스 환경이 장애인의 사회적 역할을 인정하고 집단적 및 개인적 능력을 발휘할 수 있도록 튼튼한 인간관계와 당사자의 역량강화에 기초한 지원으로 계속 진화하기 위해서는 연방, 주, 지방 등 각기 수준에서 상당한 노력이 필요하다.

삶의 질

　자기선택의 증진과 지역사회 통합을 위한 탈시설화의 실행은 발달장애인의 삶의 질(Quality of Life: QOL)에 변화를 가져올 수 있다(Chowdhury & Benson, 2011). 다수의 연구에서 탈시설 후 지역사회 전환의 함수로서 삶의 질을 평가하고자 시도했다. 삶의 질은 일반적으로 개인의 '신체적·물질적·사회적·생산적·정서적, 그리고/또는 시민적 행복'(Felce, 1997, p. 126)에 대한 가활적 효과들로 개념화된다. 삶의 질에 관한 이러한 정의는 발달장애인 집단에서 더 많은 의미를 가진다. 에머슨(1985)은 탈시설을 평가하는 데 쓰이는 도구들이 특히 삶의 질과 더욱 폭넓게 일치되어야 한다고 주장했다. 이러한 평가를 위해서는 삶의 질에 대한 객관적이고 사회적인 지표만 볼 것이 아니라 당사자의 개인적 만족도 및 생활환경의 기능성도 고려해야 한다. 따라서 탈시설에 관한 삶의 질 연구의 초점은 정상화 개념에 국한되어서는 안 되며, 삶의 질에 관한 표현 및 그 과정에 내재된 발달장애인들의 개인적 차이를 설명해야 한다(Felce & Perry, 1995).

　펠스와 페리(1995)가 지적했듯이, 발달장애인의 인지 능력의 한계와 의사소통의 어려움은 정확한 삶의 질 측정을 어렵게 만드는 경우가 많다. 이러한 당사자들은 질문을 제대로 식별하거나 정확한 답변을 주지 못할 수 있기 때문이다. 그래서 연구자들은 종종 대리 응답자가 제공한 피드백에 기초하여 측정하게 되는데(예: 제3자로부터 유효한 답변을 얻는 것), 이 방법은 한계를 가질 수밖에 없다(Felce & Perry, 1995). 이것은 발달장애를 가진 탈시설 장애인들에 대한 삶의 질 평가를 까다롭게 만드는 직접적 문제이다. 이러한 한계를 극복하기 위해 많은 연구에서 활동 수준과 행동적 성과 등 삶의 질에 관한 보다 객관적인 측정 도구를 사용해 왔다(Hemming, Lavender, & Pill, 1981; Young & Ashman, 2004a, 2004b, 2004c).

수행된 연구들에 대한 초기 검토 결과, 삶의 질 연구의 특성에 따라 측정치가 달라졌으며 비록 탈시설화의 긍정적인 성과가 있었지만 더 많은 연구가 필요하다는 사실이 밝혀졌다 (Allen, 1989). 헤밍 등(Hemming et al., 1981)은 탈시설화가 당사자와 지역사회 및 직원들과의 상호작용을 촉진하며, 주간활동에의 참여 확대, 독립성의 증진 등을 통해 삶의 질 향상을 가져왔다는 것을 입증했다. 후속 연구들에서 탈시설화 후의 긍정적 변화를 재확인했지만 그 성과는 대체적으로 크지 않았고 시간이 지남에 따라 반드시 증가하지는 않았다(Cullen et al., 1995; Janssen et al., 1999). 지역사회로 전환을 진행 중인 고연령층 발달장애인에 관한 주목할 만한 사항으로, 다그난 등(1998)은 평균 연령 61세의 표본집단에서 41개월 동안 삶의 질에 계속된 향상이 있었다는 사실을 발견했다. 헤밍 등(1981)과 다그난 등(1998)의 연구 모두에서 연구 설계에 대조군을 사용하지 않았다는 점에 유의해야 한다.

영과 애쉬먼(Young & Ashman, 2004a, 2004b, 2004c)은 객관적 삶의 질을 측정하였는데, 지역사회 참여, 사회적 네트워크, 활동 수준, 건강, 직원과 거주인의 비율, 양질의 서비스 제공 등의 지표로 삶의 질의 개선을 입증하였다. 이러한 연구 결과, 즉 당사자들의 지역, 서비스 제공자, 연령, 장애의 정도 등과 무관하게 탈시설인 모두에게서 삶의 질 개선이 드러났다 (Young & Ashman, 2004b). 또한 거주인의 능력과 직원의 관심 및 노력 정도는 지역사회에 사는 발달장애인의 객관적 삶의 질에 영향을 미치는 것으로 나타났다(Perry & Felce, 2005). 그러나 지역사회에서 입증된 성과에도 불구하고 이전부터 제기된 유지 관리를 위한 주의 사항들은 여전히 문제로 남아 있다(Young & Ashman, 2004a). 이미 성과가 만들어졌음에도 불구하고 아직 상당한 개선의 여지가 있다는 사실에도 유의해야 한다(Young & Ashman, 2004b).

또한 생활 공간의 구조 자체가 거주인들의 삶의 질과 그들이 경험하는 자립생활에 영향을 줄 수 있다(Hemming et al., 1981). 지역사회 기반 주거서비스 제공자가 소규모일수록, 주거환경이 소규모일수록 그리고 정상화된 주거환경일수록 삶의 질 및 활동 성과가 높은 것으로 나타났다(Emerson & Hatton, 1996; O'Neill et al., 1990). 또한 거주인의 삶의 질은 공격적-방어적 문화(예: 대립 또는 경쟁 문화)가 강한 가정에서 더 낮게 나타났다(Gillett & Stenfert-Kroese, 2003). 이 연구의 결과가 제시하는 것은 발달장애인을 지원하는 지역사회 가정 내에서 관리 책임을 맡은 사람의 태도와 운영 방식에 따라 거주인들의 삶의 질을 향상시킬 수도 하락시킬 수도 있다는 것이다. 따라서 발달장애인을 위한 지역사회 주거의 개발은 삶의 질을 향상시키거나 유지하기 위한 최적의 서비스 구조와 함께 직원 업무 요강을 다룰 필요가 있다(Meador, Osborn, Owens, Smith, & Taylor, 1991). 예를 들어, 페리와 펠스(2005)는 그룹홈의 품질 및 그곳에서 제공되는 삶의 질이 매우 다양하다고 보고했다. 이들은 47개 지역사회 주택에 사는 154명의 삶의 질을 조사한 결과, 직원의 관심이 삶의 질을 결정하는 중대한 유의변수임을 밝혀내었다.

삶의 질과 관련된 연구 결과는 일반적으로 탈시설 전환을 한 발달장애인에게 긍정적이었지만 추가 조사가 필요하다. 에머슨(1985)이 수십 년 전에 지적한 바와 같이, 지금은 더 이상 현장에서 탈시설화 여부를 논할 때가 아니라, 긍정적 성과를 만들 수 있는 방법에 관한 탈시설 계획 작성자와 서비스 제공자들의 중대한 질문에 답변을 해야 할 때이다.

가족 참여

가족 접촉의 정도는 탈시설 이전과 이후의 삶의 질에 영향을 주거나, 혹은 가족 접촉의 빈도가 삶의 질 측정의 좋은 척도가 될 수 있다. 이전의 연구에서 탈시설 이후 가족 접촉의 기회가 증가한다는 것을 시사하였고(Conroy et al., 2003), 실제로 탈시설 이후 접촉의 빈도가 늘어났다(Cummins & Dunt, 1988; Cummins et al., 1990b; Emerson & Hatton, 1996; Spreat & Conroy, 2002).

코스비와 요크(Causby & York, 1990)는 후향적 연구[9]를 통해 탈시설 과정 및 그 이후의 과정에 가족 및 친구들이 관여하는 것이 당사자의 성공적 전환에 기여한다는 것을 밝혀냈다. 과거에 사회적 지지와 지원을 덜 받은 사람들은 탈시설 시도에 실패했을 가능성이 더 높았다(Causby & York, 1990). 또한 탈시설에 대한 가족들의 참여를 독려하는 것이 참여가 없을 때보다 가족들의 긍정적 태도와 관련이 있었다(Heller, Bond, & Braddock, 1988). 이러한 발견은 탈시설화가 당사자에게 명백하게 유익하다는 사실뿐만 아니라, 가족의 상호작용 및 나아가서

---

9 역자 주: 후향적 연구(retrospective study). 역학 조사에서 조사 내용을 분류하는 방법의 하나. 역학 조사를 개시한 시점 이전에 조사한 내용을 자료로 사용하는 연구 방법.

는 가족의 삶의 질에도 영향을 미칠 수 있음을 시사한다. 탈시설화 과정의 어떤 측면이 가족 구성원의 더 큰 참여와 보다 긍정적인 태도를 촉진하는지에 관하여는 더 연구가 필요하다.

적응행동

지역사회 참여 및 삶의 질과 마찬가지로, 탈시설 이후 발달장애인의 적응행동 또한 대체적으로 개선되었다. 적응행동은 일상생활기본동작(ADLs)[10]과 같은 일상활동 또는 생활환경 내에서 기능적인 독립성을 향상시키기 위해 배워야 하는 생활적 기술들로 인식된다. 학자들은 그동안 다양한 연구 설계를 사용하여 적응행동을 연구해 왔다. 적응행동에 대한 대부분의 연구는 시계열 연구[11]였거나(Conroy et al., 2003; Cummins & Dunt, 1988; Cummins, Polzin, & Theobald, 1990a; Dunt & Cummins, 1990; Fine, Tangeman, & Woodard, 1990; Jourdan-Ionescu, Ionescu, Corbeil, & Rivest, 1990; Kleinberg & Galligan, 1983; Walsh & Walsh, 1982; Young & Ashman, 2004b, 2004c), 대조집단 연구(Cullen et al., 1995; Lerman, Apgar, & Jordan, 2005; Molony & Taplin, 1990; Paré, Parent, Pilon, & Coté, 1994, 1996; Schroeder & Henes, 1978; Spreat & Conroy, 2001), 또는 교차설계 연구(Felce, de Kock, Mair, & Saxby, 1986; Lowe, Felce, Perry, Baxter, & Jones, 1998; Stancliffe, Hayden, Larson, & Lakin, 2002)였다. 많은 연구가 탈시설 전 12개월부터 탈시설 후 5년까지의 반복측정 수치를 사용했다. 이 연구들에 참여한 대부분의 장애인들은 중증 혹은 최중증의 발달장애를 가지고 있었다. 앞의 연구 중 단 하나(Stancliffe et al., 2002)를 제외한 모든 연구들은 시설에서 지역사회로 이주한 후 전반적인 적응행동에서 긍정적 성과들을 보여 주었으며, 개선된 적응행동의 유형은 매우 다양했다.

지역사회로 이주한 후 적응행동의 발전은 특히 다양한 적응 기술 영역에서 발견되었다. 많은 연구들이 사회성 기술(Bird, Sperry, & Carreiro, 1998; Cummins & Dunt, 1988; Kleinberg & Galligan, 1983; Larson, Lakin, & Hill, 2012; Molony & Taplin, 1990; Young et al., 1998), 직업 기

---

10 역자 주: 일상생활기본동작(Activities of Daily Living: ADLs). 장애 정도를 평가하기 위해 사용되는 척도 중 하나. 이동, 음식물 섭취, 배변, 목욕, 착탈의 등이 포함되며 보험과 복지 서비스 등을 위한 사정에 광범위하게 사용됨.

11 역자 주: 시계열 연구(time series study). 시간의 흐름에 따른 변동을 관측하여 얻어진 자료에 의거하여 그 변동의 원인을 해명하고 미래를 예측하기 위한 분석 방법.

반 기술(Bird et al., 1998; Conroy et al., 2003), 자기관리(Cummins & Dunt, 1988; Larson & Lakin, 1989; Larson, Lakin, & Hill, 2012; Lerman et al., 2005; Lynch, Kellow, & Wilson, 1997; Molony & Taplin, 1990), 가정생활 기술(Felce et al., 1986; Fine et al., 1990; Jourdan-Ionescu et al., 1990; Kleinberg & Galligan, 1983; Larson & Lakin, 1989; Larson, Lakin, & Hill, 2012), 그리고 언어와 의사소통 능력(Fine et al., 1990; Kleinberg & Galligan, 1983; Molony & Taplin, 1990; Larson, Lakin, & Hill, 2012; Schroeder & Henes, 1978; Young et al., 1998) 등의 영역에서의 개선을 입증하였다. 이러한 적응행동 능력의 향상은 지역사회가 일상생활 기술에 관한 많은 실천과 책임을 부여했기 때문일 수도 있다. 탈시설 과정 혹은 새로운 지역사회의 어떤 구성 요소가 앞의 적응행동 능력의 발전에 기여했는지 파악하기 위해서는 더 많은 연구가 필요하다.

린치 등(Lynch et al., 1997)의 연구를 기반으로 한 메타분석에서는 각각의 영역에서 적응행동의 변화를 구분하였다(Hamelin, Frijters, Griffiths, Condillac, & Owen, 2011). 여러 연구를 통틀어 지역사회로의 전환은 인지, 사회, 자기관리, 공동체 생활, 직업 능력을 포함해 다양한 적응행동 영역에서의 개선 효과를 드러냈다. 단, 의사소통 능력 및 학업 능력에서는 그 효과가 적었다(Hamelin et al., 2011). 가활에 특별히 영향을 미친 것은 개인의 장애 정도와 지역사회 환경이었다. 즉, 그룹홈에 사는 장애 정도가 심하지 않은 발달장애인들이 대형 장애인 시설 혹은 장애인에 특화되지 않은 대형 주거환경에 사는 중증 또는 최중증 발달장애인들보다 적응행동에 있어 더욱 현저한 개선을 보였다. 이러한 적응행동에서의 성과는 그룹홈의 환경 구조뿐만 아니라 그곳에서의 서비스 및 지원의 방식과도 연관이 있을 가능성이 높아 보인다. 그러나 어떠한 연구도 지역사회 내에서 서비스 제공의 유형이나 수준을 구체적으로 분류하지 않았다.

몇몇 재검토 연구(Allen, 1989; Emerson & Hatton, 1996; Larson & Lakin, 1989; Larson, Lakin, & Hill, 2012; Molony & Taplin, 1988; Young & Ashman, 2004a; Young et al., 1998)와 메타분석(Lynch et al., 1997)에서는 적응행동과 탈시설의 연관성에 관한 구체적 조사들을 다루었다. 일반적으로 당사자에 대한 직접 관찰 방법이 아닌 대리인의 등급 척도 평가 방식에 너무 많이 의존해 왔고(Allen, 1989), 또한 지역사회로 전환한 이후 적응행동의 향상이 정체되는 천장효과를 보였는데, 이는 장애 정도 및 교육의 기회와 관련이 있었다(Fine et al., 1990; Lynch et al., 1997; Molony & Taplin, 1988; Stancliffe & Hayden, 2002; Young & Ashman, 2004b). 적응행동과 관련된 또 하나의 문제는 새로운 환경 및 제공되는 서비스의 특징이다. 여러 저술에서 자립생활 기술 향상의 열쇠는 기술을 개발하고 활용할 기회를 제공하는 환경적 특성에 달려 있을 수 있다고 결론짓고 있다(Emerson & Hatton, 1996; Walsh & Walsh, 1982). 스탠클리프 등 (Stancliffe et al., 2002)은 시설에 살았던 기간이 짧을수록, 지역사회 주거환경의 규모가 작을 수록, 그리고 지역사회 참여가 증가할수록 탈시설 이후 적응행동의 개선을 기대할 수 있다 고 하였다. 즉, 기회가 주어져야 할 뿐만 아니라 적절한 환경이 마련되어야 한다는 것이다. 앨런(Allen, 1989)이 적응행동에 관한 문헌 연구에서 발견한 것은, 서비스 모델에 따라 성과 에 상당한 차이가 있을 뿐만 아니라 동일한 모델을 사용할지라도 서비스 제공자에 따라 상 당한 차이가 있다는 사실이다.

적응행동 연구의 대부분이 향상된 결과를 보여 주었지만 탈시설 이후 적응행동 능력에 변화가 입증되지 않은 연구들도 있다(Nottestad et al., 2000; Paré et al., 1996; Young & Ashman, 2004b). 이 연구들은 적응행동의 개선을 보여 준 다른 연구와 표본의 특성이나 연구 설계에 있어 별다른 차이가 없어 보였다. 라슨과 라킨(Larson & Lakin, 1989)은 "[발달장애]를 가진 사 람들에게 중대한 혜택을 제공할 수 있는 요소들을 확인하고 지역사회 주거 프로그램에 도입 하려는 지속적인 시도가 중요하다"(p. 331)라고 지적하였다. 개선은 새로운 지원적 생활환 경이 작용한 결과로 보이며, 지역사회 내로 이주해서 생겨난 단순 결과가 아니다.

부적응행동

타인에 대한 물리적 공격, 자해 행동, 기물 파손, 언어적 분노 표출 등의 부적응행동은 발달장애를 가진 사람들에게서 비교적 흔히 볼 수 있다(Feldman, Atkinson, Foti-Gervais, & Condillac, 2004). 탈시설화가 부적응행동에 미친 영향을 조사한 연구들은 다양한 결과를 도 출했는데(Larson, Lakin, & Hill, 2012), 그중에는 증가나 감소 혹은 변화가 없는 경우도 보고 되었다. 다수의 연구에서 지역사회 전환 후 발달장애인의 부적응행동이 증가한 것으로 나 타났다(Fine et al., 1990; Nottestad & Linaker, 2002b; Nottestad & Linaker, 2001; Nottestad et al., 2000; Young et al., 1998). 파인 등(Fine et al., 1990)은 탈시설 이전과 이후의 부적응행동 추 적 조사를 통해 지역사회로 전환하고 1년 반이 지난 후 부적응행동이 전반적으로 증가했음 을 발견했다. 적응행동의 증가가 있었음에도 불구하고 동시에 부적응행동의 증가가 관찰된 것이다(Fine et al., 1990). 이와 유사한 연구에서 1987년부터 1995년까지를 1년 주기로 조사 한 결과, 부적응행동의 상당한 증가와 다른 하위 영역에서의 증가를 발견하였다(Nottestad et al., 2000). 예를 들어, 파인 등(1990)은 반사회적 행동, 신뢰할 수 없는 행동, 부적절한 언어 습관, 그리고 이로 인한 약물 투여 등의 영역이 증가했음을 발견했고, 노티스타드 등 (Nottestad et al., 2000)의 연구에서는 파괴적 행동과 수동성이 증가한 반면, 다른 영역은 큰 변화가 없음을 보여 주었다.

다른 연구들은 자해 행동과 같은 특정한 형태의 도전적 행동에만 초점을 맞추었다. 힐과 브루닝스(Hill & Bruininks, 1984)는 지역사회에서 볼 수 있는 가장 흔한 문제행동은 자해 행동이며, 그다음으로 파괴적 행동과 타인에 대한 공격 행동이라고 했다. 노티스타드와 리나커(Nottestad & Linaker, 2001)는 탈시설 후 자해를 하는 사람과 그렇지 않은 사람을 비교하면서 인지장애가 심하고, 휠체어를 많이 사용하고, 거동에 많은 도움이 필요한 사람에게서 자해 행동이 더 많이 드러난다고 밝혔다.

노티스타드와 리나커(2002b)는 탈시설 후 타인에 대한 공격적 행동을 발생시키는 각각의 요인에 대해 연구했다. 이러한 예측변수들에는 기존의 자해 행동, '다른 행동적 문제들, PIMRA[12] 척도의 낮은 건전성 점수' 등이 포함된다(p. 494). 이 저자들은 유일한 "환경적 예측변수는 행동문제와 정신질환으로 인한 당사자의 도움 필요성을 서비스 제공 관리자가 어떻게 평가하는가"의 문제라고 지적했다. 예방적 개입을 위한 다른 예측변수나 요점은 제시되지 않았다.

유사한 방법론적 토대, 샘플 및 생활환경의 비교 등을 통한 연구에서 탈시설 전후로 문제행동의 수준에 차이가 없다고 지적한 반면(Kim, Larson, & Lakin, 2001; Lowe et al., 1998; Molony & Taplin, 1990; Stancliffe et al., 2002; Young et al., 1998; Young & Ashman, 2004b), 다른 연구에서는 탈시설이 행동문제에 긍정적 영향을 준다고 강조하였다(Conroy et al., 2003; Emerson & Hatton, 1996; Molony & Taplin, 1988; Stancliffe & Hayden, 1998; Young, 2003). 탈시설 후 행동문제에서의 성과를 유지하거나 하락하도록 만드는 요인, 그리고 그 성과들에 영향을 미치는 요인이 무엇인지에 대해서는 문헌에서 명확히 밝히고 있지 않다. 이렇게 명백히 모순된 발견은, 개인과 환경의 고유한 특성으로써 연구 전반에 걸쳐 나타난 발달장애인의 도전적 행동의 차이를 설명할 수 있다는 것을 시사한다. 제이콥슨과 슈왈츠(Jacobson & Schwartz, 1983)가 지적한 바와 같이, 문제행동은 환경의 맥락에서 발생하며 시설이냐 탈

---

12 역자 주: PIMRA(Psychopathology Instrument for Mentally Retarded Adults). 매트슨(Matson, 1988)이 개발한 56개의 항목으로 구성된 발달장애 성인에 대한 정신병리 척도.

시설이냐의 문제이기보다 서비스 부족의 산물일 수 있다. 예를 들어, 페리 등(Perry, Felce, Allen, & Meek, 2011)은 심한 도전적 행동을 보이는 사람들에 대한 탈시설의 성과를 조사하였는데, 드러난 문제행동에서는 변화가 없었지만 시설에서부터 케어를 받고 탈시설 후에도 유지된 경우에는 ABC척도[13] 점수가 낮아져 호전된 것을 확인했다. 저자들은 이러한 변화를 탈시설 자체가 아니라 당사자가 시설에 있을 때 시작된 직원 교육, 즉 긍정적 행동 지원과 능동적 지원에 대한 직원 교육의 효과 때문이라고 보았다. 생물심리사회적(BPS) 모델,[14] 그리고 기능적 행동 지원 모델에 따른 서비스는 가정 또는 그룹홈 환경에 거주하는 발달장애인의 심각한 도전적 행동을 줄이는 데 효과적이었다(Feldman, Condillac, Tough, Hunt, & Griffiths, 2002).

  행동적 성과 연구에서의 다양한 결과는 측정 방식 문제에 기인한 것일 수 있다. 도전적 행동에 초점을 둔 탈시설 연구에서 에머슨과 해튼(1996)은 직접 관찰 방법을 사용한 연구에서 도전적 행동이 줄었고, 제3자 혹은 대리 평가 방식을 사용한 연구에서 탈시설 이전과 이후의 변화가 발견되지 않을 가능성이 높아진다고 했다. 시설에서 발달장애인을 지원하는 직원들은 다른 부적응행동 유형들보다 자해 행동과 공격성에 더 잘 반응한다(Hill & Bruininks, 1984). 이로 인해 적극적으로 파악되는 문제행동 유형과 그렇지 않은 행동 유형이 있을 수 있다.

  탈시설이 발달장애인의 도전적 행동에 미치는 영향에 관해 결론을 내리기에 현재까지의 연구는 아직 많이 부족하다. 앞으로의 연구는 탈시설 과정 중에 있는 사람들의 부적응행동이 개인에 따라 어떻게 표현되는지, 또한 그 특성이 탈시설 전환 과정에 의해 어떻게 영향을 받는지에 초점을 두어야 할 것이다. 또한 문제행동의 증가를 방지하기 위한 효과적인 예방 차원의 개입 방식을 평가할 필요가 있다. 적절한 행동을 촉진하고 부적절한 행동을 억제하는 긍정적 행동 지원 및 가활적 환경을 제공하는 서비스 제공자의 역량도 고려해야 한다(Feldman et al., 2002; Feldman & Griffiths, 1997; Perry, Felce, Allen, & Meek, 2011).

---

13 역자 주: ABC척도(Aberrant Behavior Checklist). 5개의 하위 척도에 58개의 항목으로 구성된 문제행동 체크리스트.

14 역자 주: 생물심리사회(biopsychosocial: BPS) 모델. 정신장애를 포함한 질병이나 건강에 영향을 미치는 요인을 생물학적·심리학적 및 사회문화적 상호작용으로 보는 모델. 1977년 엥겔(George L. Engel)에 의해 개발됨.

요약

탈시설이 시설에 거주했던 사람들에게 미치는 영향에 관한 상당한 양의 문헌이 있다. 전반적으로 시설에서 지역사회 생활로의 전환에 관한 연구는 개인의 적응행동에 개선이 있었다는 증거를 제시한다(예: Conroy et al., 2003). 또한 '성공할 것 같지 않다'고 여겨지던 사람들도 지역사회 환경에서의 삶에 적응할 수 있다는 것을 보여 주었다(Bogdan & Biklen, 1982). 탈시설의 성과들로서 만족감, 사회적 소속과 참여 및 지원이 증가했다는 사실 등이 발견되었지만, 도전적 행동에 관한 성과는 제한적이다(Emerson, 2004, p. 79).

문헌들 대부분이 탈시설 이후 대다수의 발달장애인에게 긍정적 성과를 입증하고 있지만 그 결과는 일정하지 않다. 게다가 윤리적 · 법적 · 실용적 이유 등으로 인해 대부분의 연구는 대조군 비교를 사용하지 않았다(Butterfield, 1987). 킴 등(Kim et al., 2001)은 미국의 탈시설 문헌들을 체계적으로 검토한 후 대부분의 연구가 일관된 측정, 대조군, 충분한 사후 조사 등의 최소한의 연구 적정성 기준을 충족시키지 못한다고 결론지었다. 그러나 한 가지 주목할 만한 연구(Lerman, Apgar, & Jordan, 2005)가 있는데, 시설에 남아 있는 150명의 발달장애인과 탈시설한 150명을 비교한 것이었다. 3개월, 15개월, 27개월 후를 추적 조사한 결과, 지역사회로 이주한 사람들은 자립과 가정생활 기술에서 상당한 향상을 보인 반면, 시설에 남아 있는 사람들은 사회성과 인지 역량의 감소를 보였다. 연구 요약에서 그들은 다음과 같이 결론을 내렸다.

> 이 연구와 다른 연구들의 실증적 증거는, 탈시설을 위한 법률적 지원과 더불어…… 발달장애인 집단 수용시설을 유지하고 있는 모든 지방정부에 문제 제기를 하고 있다(Lerman et al., 2005, p. 40).

탈시설화는 이제 고소득 국가들에서는 피할 수 없는 현실이며, 많은 저소득 국가들에서도 실행되고 있다. 이 분야에 대한 상당한 연구가 있었지만 성공을 위한 구체적 요인들과 가활적 요인에 초점을 맞춘 더 많은 성과 연구가 필요하다. 탈시설화는 개인에 따라 다른 효과를 만들 수 있는 독특한 계획이 요구된다. 개인별 또는 사례별로 계획 과정을 성공적으로 적용할 수 있는, 특성과 쟁점에 초점을 맞춘 연구가 뚜렷하게 부족하다. 탈시설 과정에 대한 연구는 전환을 하는 당사자에게 미치는 영향만을 조사하는 것이 아니고, 당사자의 개인별 특성과 그들이 이주하는 환경에 따라서 최선의 방법이 어떻게 바뀌고 또 어떻게 실행돼야 하는지도 고려해야 한다. 탈시설 운동에 많은 진전이 있었고, 또 계속 진행 중이다. 탈시설이 현재 당사자들과 이후 발달장애를 가진 성인의 서비스 제공에 어떤 영향을 미치는지 밝혀내기 위해 그 성과들을 계속해서 평가할 필요가 있다.

제3장

탈시설화가 중증·중복 발달장애인의 삶에 미치는 영향에 대한 비판과 우려들[1]

도로시 그리피스(Dorothy Griffiths), 프랜시스 오웬(Frances Owen), 제프리 하멜린(Jeffery Hamelin),
모리스 펠드먼(Maurice Feldman), 로즈마리 콘딜락(Rosemary A. Condillac), 얀 프리지터스(Jan Frijters)

앞에서 언급했듯이, 시설에서 지역사회 기반 주거환경으로의 전환에 따른 성과에 관한 연구들은 일반적으로 전환 당사자들에게 장기적으로 유익한 성과, 즉 자기 옹호, 사회성, 의사소통 등의 발전과 같은 결과들을 보고했다. 하지만 탈시설화 움직임이 많은 우려와 비판을 불러일으킨 것도 사실이다. 이 장에서는 두 가지 주요 영역에 대해 심층적으로 논할 것이다. 첫 번째는 주로 가족이나 다른 사람들이 걱정했던 영역으로, 지역사회로 전환 후 당사자의 건강이 위험에 처할 수 있고 그래서 사망의 위험이 증가할 수 있다는 우려이다. 두 번째는 앞의 내용과 관련되어 자주 거론된 문제로, 시설은 개인이 필요로 하는 모든 보건 관련 서비스를 한 장소에서 종합적으로 제공하는 반면, 지역사회는 지원 서비스가 부족하거나 가용 서비스가 있다고 해도 적합하지 않거나 접근하기 어려울 수 있다는 우려이다. 브래독과 헬러(Braddock & Heller, 1985)는 탈시설화 논쟁에 대한 심도 깊은 연구를 통해 "[지역사회로의 전환]에 있어 핵심적 문제는 이주하는 사람들을 받아들일 환경이 적합한가"(p. 223) 여부라

---

1 저자 주: 「탈시설 이니셔티브에 대한 문헌 연구: 온타리오주에서 발달장애인에 대한 지방정부 운영 시설 시대의 종말(Literature Review for the Facilities Initiative: The End of the Era of Provincially Operated Facilities for Persons with Intellectual Disabilities in Ontario)」(Dorothy Griffiths, Frances Owen, Jeffery Hamelin, Maurice Feldman, Rosemary A. Condillac, & Jan Frijters, 2009, 미출간 원고, 온타리오주 세인트 캐서린스, 브록 대학교)에 기초함.

고 결론지었다. 전환의 결과는 주거의 형태 및 환경의 특성에 따라 다르다.

　지역사회로 전환하는 사람들에 대한 잠재적 혹은 가능성 있는 위험에 대한 논쟁은 1940년
대부터 격렬하게 전개되어 왔다. 개념적으로 보면, 전환이라는 것은 발달장애가 있든 없든
간에 당사자 및 그들의 기능과 활동에 지장을 초래하게 된다. 애쉬퍼드(Ashford, 1988)의 연
구에서 지적된 바와 같이, "주요한 전환은 흔히 절차와 사회 규범의 불확실성으로 특징 지어
진다…… 그 변화하는 맥락 속에서 당사자들의 적절한 행동을 위한 가이드라인이 충분히 마
련되어 있지 않다"(p. 20). 이러한 잠재적 불확실성 및 그로 인한 스트레스는 일반적으로 인
지, 의사소통 및 대처 능력에 어려움이 있는 발달장애인들에게 더욱 큰 문제가 될 수 있다
(Levitas & Hurley, 2007).

사망률

　주거 전환을 한 발달장애인들의 사망률에 대한 데이터는 일정하지 않다. 노인을 대상
으로 한 연구를 비롯하여 주거 전환의 효과에 관한 문헌은 상당히 많다. 보루프 등(Borup,
Gallego, & Heffernan, 1979, 1980)은 노인의 주거 이전이 사망률의 증가 또는 기능이나 건강
에 부정적인 영향을 미치는 등 역효과를 가져온다고 결론지었다. 그러나 부렌스톰과 파스
탈란(Bourenstom & Pastalan, 1981)은 주거 이전이 일방적으로 해로운 것이라는 보루프 등의
결론은 부정확하고 무책임하다고 반박한다. 부렌스톰과 파스탈란(1981)은, 전환으로 인한
스트레스에 관한 연구들은 대조군이 없는 등 방법론적 정교함의 부족으로 인한 결함이 종종
있다고 경고한다. 초기 연구에서 밀러와 아이먼(Miller & Eyman, 1978)은 심한 발달장애를 가
진 사람들을 한 병원에서 다른 병원으로 옮겼을 때 사망률이 증가했다고 보고했다. 콘로이
와 애들러(Conroy & Adler, 1998)와 하이든(Hayden, 1998)도 유사한 보고서를 작성했다. 그러
나 이후 연구들은 발달장애를 가진 사람들이 한 시설에서 다른 시설로 이주했을 때 사망률
이 증가하거나 감소하지 않는다는 것을 발견했다(Braddock, Heller, & Zashin, 1984; Cohen et
al., 1977; Miller & Eyman, 1978; O'Brien & Zaharia, 1998). 보다 최근에는 바우믹 등(Bhaumik,
Tyrer, & Ganghadaran, 2011)이 병원에서 지역사회로 이주한 50명을 관찰한 결과, 이주한 후
2년 만에 3명이 사망했다고 보고했다. 이 가운데 2명의 사망 원인은 뇌전증으로 확인되었는
데, 그중 한 사람은 40세 미만이었다. 지역사회로 이주한 전체 표본집단 중 2/3가 뇌전증을

가지고 있었기 때문에, 저자들은 이러한 죽음이 지역사회의 관리 부족으로 인한 것인지 아니면 우연적인 것인지 확신하지 못했다. 그들은 발달장애와 건강에 관련된 복잡한 어려움을 가진 사람들을 위해서는 특히 의료 접근 및 필요한 치료 지원의 개발에 초점을 맞춘 세심한 지역사회 전환 계획이 필요하다고 권고했다.

캘리포니아에서의 여러 연구는 탈시설화가 사망률에 미치는 영향에 대해 우려를 제기하였다(Strauss & Kastner, 1996; Strauss, Shavelle, Baumeister, & Anderson, 1998). 첫 번째 연구에서는 시설에 사는 사람들과 지역사회에 사는 사람들의 사망 위험도를 조사하여 지역사회에 거주하는 사람들의 사망률이 72% 더 높다는 것을 발견했다. 저자들은 이 연구 결과에는 다른 요소들이 개입되었을 가능성이 있기 때문에 잠정적 가설로 검토되어야 한다고 경고했다. 두 번째 연구에서 스트라우스 등(Strauss et al., 1998)은 코펠트 합의[2]에 의해 시설에서 지역사회로 전환한 사람들을 그 시설에 남아 있는 유사한 그룹의 사람들과 비교했다. 지역사회 그룹, 특히 최근에 지역사회로 이주한 사람들의 사망률이 현저히 높았다. 이러한 발견은 코펠트 합의 당시 캘리포니아의 시스템 변화 동향(Conroy, Seiders, & Yuskauskas, 1998)을 조사한 오브라이언과 자하리아(O'Brien & Zaharia, 1998)의 연구와 서로 모순되는 것이었는데, 그들은 그 기간 동안 지역사회로의 전환과 관련된 사망 위험이 증가하지 않았다는 것을 발견했다. 그들은 물리적 이동과 보행, 자조 능력, 장애의 정도 등과 같은 다른 위험 요인들을 고려하여 데이터를 보정한 결과, 지역사회에서의 사망률이 시설에서보다 낮다는 것을 보여주었다. 오브라이언과 자하리아는 또한 스트라우스와 연구진이 제공한 데이터에 불일치하는 부분이 있다는 증거를 제시했는데, 이는 코펠트 합의 기간 동안 지역사회에 배치된 개인들의 사망 위험이 증가하지 않았다는 것을 시사한다. 또한 스트라우스 등(Strauss et al., 1998)은 지역사회로 이주하는 사람들의 의료 복지에 대해 큰 우려를 제기했지만, 이후 발달장애 분야의 저명한 학자들에 의해 그 연구의 신뢰도가 떨어지게 되었다. 앞에서 언급한 연구들 간의 상반된 결과는 일반적으로 샘플링과 방법론의 오류에 기인한다(Hayden, 1998). 따라서

---

2 역자 주: 코펠트 합의(Coffelt settlement). 1990년 미국 캘리포니아 상급법원에 권리옹호 단체 PAI가 950명의 거주인, 14명의 개별 소송인 및 6개의 단체를 대표하여 샌프란시스코 카운티에 대하여 당시 미국 최대 규모 집단 소송을 제기하였고, 1993년 법원에서 주정부 발달장애인서비스부(DDS)와 코펠트 시설 간의 합의안을 승인하여 탈시설을 진행함. 합의 조건에는 프로그램 자금과 직원 임금, 탈시설 전환에 대한 개인별 계획과 지역사회 주거환경의 가용성 향상에 이르는 모든 내용이 포함되었음.

스트라우스의 논문은 다소 회의적인 시각으로 검토되어야 한다.

레먼 등(Lerman, Apgar, & Jordon, 2003)은 각각 150명으로 구성된 2개의 집단, 즉 지역사회로 이주한 집단과 시설에 남은 집단을 대상으로 한 연구에서 지역사회로의 전환이 사망률에 아무런 영향을 미치지 않는다는 것을 보여 주었다. 반 룬 등(Van Loon, Knibbe, & Van Hove, 2005)은 사망률에 중점을 두는 대신 지역사회에서 예방적 의료 서비스를 보장하기 위한 지원의 개발에 더욱 초점을 두어야 한다고 강조하면서, "발달장애인이 시설 밖에서 살 기회를 부정하는 것만이 유일한 예방책이 아니다"(p. 176)라고 주장했다. 탈시설의 결과로서 죽음만을 조사하는 연구는 지역사회에 살아감으로써 얻을 수 있는 다양한 긍정적 성과를 설명하지 못한다(Hayden, 1998).

호주의 세인트 니콜라스 병원 폐쇄에 대한 광범위한 연구에서 커민스와 던트(Cummins & Dunt, 1988) 또한 지역사회 전환 이후 사망률이 증가하지 않는다는 것을 보여 주었다. 부렌스톰과 파스탈란(1981)은 전환 계획이 얼마나 전환하는 당사자의 선택과 예측 가능성 및 관리를 포함하는가의 문제가 탈시설의 성공 여부를 결정하는 하나의 요인이라고 지적했다. 또한 급격한 변화를 최소화하고 점차적으로 전환하는 것의 중요성을 강조했다. 준비 없이 급격한 변화를 추진하는 것은 전환 과정에 문제를 초래할 수 있다. 그들은 또한 정교하게 준비 절차가 설계되고 구현된 프로그램에서는 부정적인 영향이 적게 발생한다는 점에 주목하였다. 이와 같이 보건 서비스에 대한 접근, 그리고 건강 및 복지에 관한 논쟁이 있었지만 탈시설화 이후 사망률 증가에 관한 명확한 증거는 없다.

연령과 기능 수준

탈시설 과정에 있거나 탈시설을 한 발달장애인들에게 요구되는 적응력의 크기를 감안할 때, 여기에 따르는 위험이 존재한다는 것은 놀라운 일이 아니다. 브래독과 헬러(Braddock & Heller, 1985)는 많은 연구를 인용하면서, 고령자나 발달장애인의 탈시설 전환에 있어 신체적 건강이 안 좋은 사람일수록 더 부정적일 수 있다고 지적했다. 그러나 당사자의 지적 능력이 탈시설 전환 후 적응에 미치는 영향은 불분명하며 연구 결과는 서로 상반된다. 코헨 등(Cohen, Conroy, Frazer, Snelbecker, & Spreat, 1977)은 대형 시설에서 소규모 주거환경으로 이주하였을 때 중증의 발달장애인들이 전환 후에 소극적으로 위축되고 언어가 줄어든 반면,

최중증의 발달장애인들은 가정 내 활동, 자기결정, 책임감이 향상했지만 부적응행동도 증가했음을 발견했다. 헤밍 등(Hemming, Lavender, & Pill, 1981)은 대형 시설에서 소규모 주거환경으로 이주하는 개인들이 언어 발달의 향상을 보였지만, 기능이 낮은 사람들의 경우 더 많은 위축과 부적응행동을 보였다고 했다. 탈시설화 과정에서 나타난 부정적 반응은 일반적으로 발달장애의 다양한 특성과 관련이 있을 수 있으며, 어쩌면 과정에서 발달장애인의 개인적 표현의 차이 혹은 지역사회 전환 환경의 특성에 기인한 것일 수 있다. 레비타스와 헐리(Levitas & Hurley, 2007)가 설명하듯이, 발달장애가 있는 당사자의 삶에서 스스로 통제하거나 대처할 수 있는 능력을 벗어난 큰 상황이나 사건은 스트레스 요인일 수 있으며, 그 상황들은 개인별로 매우 특이한 것일 수 있다. 따라서 탈시설화에 대한 성공적인 적응은, 개인의 욕구에 부합하는 환경과 서비스의 지원을 통한 당사자의 전반적인 기능 향상이라는 관점에서 보아야 한다.

노년층 발달장애인이 젊은이들에 비해 새로운 장소로 이주하는 것에 대해 정신적 충격을 받을 위험이 높다는 통상의 생각을 뒷받침할 만한 증거는 없다고 연구자들은 말한다(Heller, 1985; Landesman-Dwyer, 1981). 오히려 노년층과 청년층 거주자들의 차이는 보다 장기간에 걸쳐 나타나는데, 노년층에게서 건강 문제가 더 많이 생기기 때문이다(Heller, 1985).

신체 건강과 정신 건강

온타리오주에서의 한 연구는 지역사회로의 전환이 사망률 증가 및 건강 악화와 관련이 있다는 생각을 반박하는 증거를 제시했다. 파인리지 시설에서 전환한 사람들을 지원했던 서비스 제공기관들은 시설 폐쇄 1년 후 사람들의 건강이 상당히 양호하다고 보고했다(Griffiths, 1985). 추적 조사 결과, 39%가 우수한 건강 상태, 56%가 평균 건강 상태이고 5%는 탈시설 이후 한 해 동안 건강이 좋지 않았는데, 이들 중 2명은 알츠하이머병으로 인해 상태가 악화됐으며, 2명은 사망한 것으로 나타났다. 노인 한 사람은 오랜 투병 끝에 사망했고 다른 한 노인은 병원 입원 중 알 수 없는 원인으로 갑자기 사망했다. 의약품 복용에 관해서는 78%가 탈시설 당시의 의약품을 복용했고, 이 중 24%는 지역사회 생활 이후 긍정적인 효과로 인해 의약품 복용이 줄어들었으며, 15%는 의약품 복용이 증가했고, 다른 사람들은 요법을 변경하여 기능을 개선했다. 또한 장애인의 체중에 관한 긍정적인 결과가 나왔는데, 단한 사람만이 우려되는 체중의 변화가 생겨 의사의 검진을 받았다. 전반적으로 이 연구에서 건강에 관한 일반적 지표들은 탈시설 후 대부분 안정적이거나 개선된 결과를 보여 주었다 (Griffiths, 1985).

브래독과 헬러(1985)는 가장 흔하게 나타나는 전환에 의한 스트레스 반응은 감정적 · 행동적 · 정신적 건강의 변화라고 했다. 생활의 전환을 경험하는 것과 그에 관련된 스트레스 요인들 또한 발달장애인들이 적응장애를 겪는 것과 관련이 있다(Levitas & Hurley, 2007). 탈시설화는 발달장애인들의 삶에 중대한 스트레스 요인으로 작용할 수 있다. 탈시설화 과정은 당사자를 새로운 가정으로 이주시키는 것이며 따라서 신중하게 조직되어야 하는 복잡한 과정이다.

> 탈시설화를 단순하게 보는 사람들은 거주인을 시설에서 지역사회로 이주시키는 한 번의 이사 정도로 인식하는 경향이 있다. 그러나 탈시설화는 이보다 훨씬 복잡하다. 그것은 서비스 전달 체계의 모든 구성 요소들에 대한 일련의 역동적이고 지속적인 조정 과정을 포함하는 것이다 (Bruininks, Meyers, Sigford, & Lakin, 1981, p. 54).

림머 등(Rimmer, Braddock, & Marks, 1995)은 시설, 그룹홈 및 가족과 함께 사는 사람들의 건강 특성을 비교 조사했다. 그들의 결론은 이렇게 각기 다른 환경에서 일반적으로 나타나는 다양한 건강 관련 환경 통제의 맥락에서 건강 상태의 문제가 검토되어야 한다는 것이었다. 저자들은 음식과 음료의 소비가 엄격히 통제된(예: 하루 세 끼 식사, 제한된 커피, '간식 금지', 음주 금지 규정 등) 시설 거주인의 체중과 콜레스테롤 수치가 가정이나 그룹홈에 거주하는 사람들보다 양호하다고 지적했다. 마찬가지로 흡연에 대한 통제도, 비록 모든 주거환경을 통틀어서 거주인들의 90%가 담배를 피우지 않았지만, 시설에서 통제가 더 잘 된 것으로 조사되었다. 림머 등은 자기 가족과 함께 사는 사람들에 비해 시설에서 두 배나 더 많은 사람들이 약을 복용하고 있다는 사실을 발견했다. 저자들은 이 연구가 지역사회에 거주하는 발달장애인들의 건강 상태에 대한 평가의 필요성을 입증하는 것이라 제시한다.

림머 등(1995)의 논문은 지역사회 환경에서 건강 증진과 질병 예방 전략에 초점을 맞출 필요가 있다고 제안하고는 있지만, 시설에 사는 사람들의 자기관리 기회가 부족하고 자기선택의 자유가 부정당하는 문제를 회피하고 있다. 저자들은 시설 환경이 제약적이었다고 언급하지만, 모든 거주인의 식습관, 음주, 흡연 습관을 엄격하게 규제하기 때문에 발달장애인에게 양질의 건강 관리를 제공한다는 의미를 암시한다. 그러나 이 주장은 사회의 모든 사람에게 똑같이 적용될 수 있다. 림머 등의 연구는 아마도 시설 그 자체가 건강을 위해 좋은 환경이라는 예증이 아니라 오히려 시설에 내재된 자기선택권의 결여를 더욱 잘 반영한 것일 수 있다. 그렇다면 건강을 위해서 림머 등이 서술한 종류의 제약과 제한을 정당화할 수 있는지 여부가 논점이 될 것이다.

보다 최근에 유럽에서, 발달장애인에 대한 다국적 건강지표 POMONA P-15 평가 검사를 사용하여 탈시설화 초기 단계의 국가와 탈시설화가 진전된 국가, 그리고 스태프가 있는 주거환경과 스태프가 없는 환경에서의 결과를 비교한 대규모의 연구에서 서로 엇갈리는 결과들이 보고되었다(Martinez-Leal et al., 2011). 탈시설화의 초기 단계에 있는 국가에서 '심근경색, 만성 기관지염, 골다공증, 위궤양 또는 십이지장궤양'(p. 858)의 발생률이 더 높은 것으로 나타났다. 그러나 국가의 탈시설화 단계와 무관하게 가족과 함께 살거나 자립생활을 하는 사람은 예방 접종, 건강검진, 암검진 등 건강 분야에서 결함이 있는 것으로 나타났다. 또한 스태프가 같이 살고 있건 자기 가족의 집에서 살건 상관없이 같이 사는 사람이 많을수록 발달장애인의 질병 발생 건수가 많았다. 질병 발생률 증가의 추가적 요인은 정서적 문제, 비만, 그리고 무엇보다 유병률의 주된 예측변수인 연령 등이었다. 저자들은 '영양 조절'(p. 869)을 포함한 건강 증진과 질병 예방에 초점을 맞춘 기본 건강 프로그램의 필요성을 강조했다. 그들은 탈시설화 초기 단계에 있는 나라에서는 스태프 지원 없이 사는 사람들이 1차 의료 서비스에 접근할 수 있도록 보장해야 하며, 스태프가 있는 경우에는 의료 서비스가 개선되어야 한다고 경고했다.

지역사회로 전환하기 전과 후의 정신병리 증상 여부에 관한 와일드릭 등(Wildrick, Bramley, & Frawley, 1997)의 시범적 연구에 의하면, 50세 미만의 사람들에게서 지역사회 전환 후 병리적 증상 감소와 정신의학적 상태의 현저한 개선이 보고되었다. 50세 이상의 사람들은 변하지 않았으나 다른 연구자들은 지역사회로 이주한 사람이 시설에 남은 사람에 비해 항정신병 치료제 사용에 대한 의존도가 증가했다고 보고했다(Conroy, Spreat, Yuskauskas, & Elks, 2003). 마찬가지로 바우처 등(Boucher, Morin, & Dubois, 1994)은 개인이 신경성/정신과 약물치료에 소비하는 시간이 탈시설 이후 12년 동안 상당히 증가했음을 발견했다. 정신과 약물 사용이 증가한 것이 언뜻 문제로 보일 수 있지만, 병리적 증상 감소와 같은 다른 영역에서의 결과를 감안할 때 우려할 정도의 결과는 아닌 것으로 보인다. 탈시설 후의 지역사회 활용, 적응행동 혹은 삶의 질 등에 대한 긍정적인 결과들에 비추어 볼 때, 약물 복용이 증가한 것은 약물 과다복용이기보다 진단평가의 증가로 인한 결과일 수 있다. 하지만 펠드먼 등(Feldman, Atkinson, Foti-Gervais, & Condillac, 2004)은 지역 전체에서 발달장애와 문제행동이 있는 625명의 무작위 표본 중 14%만이 공식적인 정신과 진단을 받았고, 전체 표본의 대다수는 공식 진단 없이 향정신성 의약품 치료를 받고 있다는 것을 발견했다. 지역사회에서 문제행동을 제어하기 위해 의약품 사용이 증가한 것은, 시설에서 쉽게 사용하였지만 지역사회 서비스에서 거부해 왔던 강압적이고 제약적인 방식(예: 물리적 혹은 기계적 구속 장치, 격리실 등)에 대한 의존도가 줄어든 것을 반영한 것으로 이해할 수 있다. 그럼에도 불구하고, 지역사회 서비스 제공기관의 행동 조절 약물에 대한 의존도가 높다는 것은 강압적이지 않은 행동 개입, 즉 긍정적 행동 지원이 되지 않고 있음을 시사한다(Feldman et al., 2004).

부렌스톰과 파스탈란(Bourenstom & Pastalan, 1981)은 탈시설 전환이 부정적인지 긍정적인지 묻는 것은 부적절하며, 오히려 어떤 조건하에서 그리고 어떤 사람들에게서 그러한 부정적 혹은 긍정적 효과가 나타날 가능성이 더 높은지를 물어야 한다고 지적한다. 그들은 이것이 전환 이전과 이후의 환경에 관련되어 있으며 당사자의 개인적 특성에 달려 있다고 하였다. 여기에서 우려되는 부분은 이러한 전환으로 인해 발생할 수 있는 부정적인 결과가 발달장애인에게 다양한 심리적 고통으로 나타날 수 있다는 것이다. 전환을 집행하는 사람은 개인의 장애, 정신적 문제, 감각 문제, 일상생활 수행 능력 등과 관련된 당사자의 독특한 욕구를 고려해야 한다. 나아가 그들은 탈시설 전환으로 인한 부정적인 결과를 최소화하기 위해 전략을 세우는 것이 가장 중요한 과제라고 주장한다. 새로운 주거환경에서 당사자에게 편안함과 적응력을 높이는 요소들을 제공함으로써 대응 기제를 강화할 수 있다(Levitas & Hurley, 2007). 개인의 기본 능력이 어느 정도인지 고려하고 그 수준 이상 또는 그 이하로의 변동에 주의를 기울이는 것이 중요하다(Levitas & Hurley, 2007).

코크란 등(Cochran, Sran, & Varano, 1977)은 탈시설 전환이 초래할 수 있는 부정적 영향에 대해 논의하면서 전환 과정에 있는 사람의 적응유연성을 최대화하기 위한 조치를 취할 수 있다고 제안한다. 적응유연성을 구축하기 위한 효과적인 계획은 다음과 같은 단계를 수반한다. ① 자신의 필요와 욕구에 대해 현재 살고 있는 시설과 이후 이주할 지역사회 서비스 제공기관이 모두 관심을 갖고 있다는 인식을 당사자에게 주기 위해 양측의 기관에서 여러 직원들이 관여한다. ② 이주할 새 집을 방문한다. ③ 이주를 위한 개인 일상용품 준비에 당사자가 (어떤 수준으로라도) 참여하도록 한다. ④ 이주 및 적응 과정에 가족이 참여할 수 있도록 시도한다. ⑤ 지원 담당자를 선정하여 전환 과정을 시작할 때부터 당사자와 개인적으로 친분을 쌓고, 과정 전반을 통해 조언, 지원, 교우 관계 등의 일차적 책임을 맡도록 한다 (Cochran et al., 1977).

　코크란과 동료들은 이러한 조치들이 모든 탈시설 전환의 문제없는 성공을 보장하지 않는다고 경고한다. 그러나 이 조치들은 문제를 최소화하고 당사자들이 문제에 맞설 준비를 하도록 보장한다. 요컨대, 전환이 시작되기 전에 '예상 대응 전략'이 있어야 한다는 것이다 (Braddock & Heller, 1985, p. 225). 싱(Singh, 1995)이 주장했듯이, "적절한 지원이 있다면 모든 시설 거주인들은 지역사회로 성공적으로 전환할 수 있다"(p. 143).

의료 서비스의 접근성

　지역사회의 발달장애인이 치과 및 의료적 욕구를 해결하기 위하여 지역사회 기반 유자격 의료 전문가에게 접근할 수 있을지 여부에 관한 우려가 제기되었다(Balogh, Ouellette-Kuntz, & Hunter, 2004; Conroy et al., 2003). 일반 인구에서보다 발달장애를 가진 인구에서의 발병률이 높으며 장애와 관련된 특별한 건강상의 서비스 욕구가 있을 수 있다(Haveman et al., 2010; Jansen et al., 2004; Van Loon et al., 2005; Winter, Jansen, & Evenhuis, 2011). 탈시설화는 발달장애인의 건강 관리를 지역사회 일반 의사에게 이전하는 결과를 낳는다(Lennox, Diggens, & Ugoni, 1997). 일부 국가에서는 발달장애인의 의료에 관련된 지역사회 전문팀을 제공하고 있지만(Bond, Kerr, Dunstan, & Thapar, 1997), 효과적인 지역사회 지원 서비스는 일반 의사와 전문 서비스 간의 협력을 필요로 하는데 현재로선 아직 원활하지 못한 상황이다(Sullivan et al., 2011).

　발달장애인의 탈시설화와 관련된 또 다른 관심 분야는 이 전환 과정이 실제 서비스 제공에 미치는 영향이다. 캐나다에서 로이와 클로티에(Roy & Cloutier, 1994)는 26개의 독립적 지표를 기반으로 탈시설화 과정 및 그 이후에 제공받은 서비스들의 효과와 효능을 조사하였고, 서비스의 접근성, 재정 지원, 서비스 제공 등의 분야에서 탈시설 과정 및 그 이후의 부정적 영향을 예시했다. 이러한 맥락에서 재정은 분명 중대한 제한 요인이다. 지역사회 체제에서 가용 재원이 부족한 경우 의료 서비스에 대한 접근과 제공에 모두 부정적인 영향을 미칠 수 있다. 걱정스럽게도 발달장애인들을 위한 지역사회의 서비스가 더 많은 비용이 들고 필요한 서비스를 제공할 인력이 더 적은 것으로 드러났다(Roy & Cloutier, 1994). 이러한 발견들은 특정한 하나의 연구 결과일 뿐이지만, 탈시설화 과정 자체에 함의를 시사할 수 있다. 탈시설 전환 과정 및 전환 이후에 서비스가 어떻게 제공되는지, 그리고 거주 이전 후에 치료목표와 지침이 처방대로 지켜지고 있는지 여부에 대한 후속 연구가 필요하다.

탈시설화의 사회적 이익 비판

일반적인 우려는 아니지만, 일부 저자들은 탈시설화와 관련하여 사회적 이익이나 비용에 대한 우려를 제기해 왔다. 테네시주의 어느 시설 책임자인 어브(Erb, 1995)는 비용 문제를 근거로 장애가 매우 중증인 사람들의 지역사회 생활에 이의를 제기했다. 그는 이렇게 말했다.

> …… 발달장애인 센터(시설)에 사는 모든 사람들을 위해 지역사회 전환이 목표가 되어야 한다. 적절한 재원이 있다면 혹은 적절한 재원이 있을 때, 지역사회에 살면서 적당한 비용으로 필요한 지원을 받을 수 있다면, 그때 비로소 자신이 덜 제약적인 환경에 사는 것을 선택할 수 있어야 한다. 만약 지역사회 서비스가 더 비싸다면 납세자들은 비용의 차이라는 강력한 정당성을 주저 없이 주장해야 한다(p. 321).

어브는 모든 사람이 지역사회에 살아야 한다고 제안하지만, 자유의 선택이 비용 면에서 불리하다면 사람들을 시설에 수용하는 것이 정당하다고 생각한다. 이 논법은 노예제도를 정당화하는 데 사용될 수 있을 것이다. 경제적 이익이 있다고 해서 사회가 노예제도(혹은 비자발적 시설 감금)를 정당화하고 허용하는 것이 합리적인가? 스프레트와 콘로이(Spreat & Conroy, 2001)는 지역사회 생활과 시설 생활에 대한 분석에서, 근본적 질문은 지역사회 생활이 더 좋은지 여부를 묻는 것이 아니라 시설 수용이 (사회가 아니라) 당사자에게 분리를 정당화할 만한 이익을 제공할 수 있는지 여부라고 결론짓는다. 그들은 다음과 같이 지적한다.

> 시설 수용은 지역사회 프로그램과 비교할 수 없을 정도로 혜택을 제공하는 경우에만 정당화될 수 있다. 격리 시스템은 더 높은 수준의 정당성을 요구하는데, 우리가 가진 데이터는 더 높은 수준의 정당성을 제공하지 않는다. 측정된 변수들에서 시설 수용이 지역사회 생활을 초과하는 일반적 이익을 거의 보여 주지 못했다. 지역사회 기반의 사람들은 시설에서 사는 사람들보다 더 많은 사

회 통합을 경험했다. 적응행동의 향상이나 서비스 제공 분야에서는 두 시스템 중 더 나은 것을 구별할 수 없었다. 생산성 측정에서 지역사회 그룹이 시설 생활 그룹보다 다소 저조했지만, 이는 지역사회에서는 사람들에게 노동에 대한 선택권이 주어지는 반면, 시설에서는 그런 선택권이 허용되지 않는다는 사실로 설명이 되었다. 바로 앞에서 제시한 가치에 비추어 볼 때, 그리고 지역사회 생활에 반하는 뚜렷한 이유가 없는 상태에서 당사자들이 지역사회 생활을 선호한다는 우리의 명시적 가정에서, 지역사회 기반 생활은 중증·중복의 발달장애인에게도 유효한 방안으로 간주되어야 한다(Spreat & Conroy, 2001, p. 110).

요약

시설에서 지역사회로 이동한다고 해서 모든 문제가 즉시 해결되거나 모든 욕구를 충족시키는 것은 아니다. 탈시설화 관련 문헌에서 제기되는 우려 중에는 당사자들의 건강에 관한 결과와 지역사회에서 적절한 서비스를 이용할 수 있는지에 관한 문제들이 있다. 문헌에서 건강에 관한 다양한 결과를 보여 주지만, 이러한 결과는 따로 분리해서 보아서는 안 되며 시설과 지역사회 프로그램이 제공하는 보다 넓은 사회적 맥락 및 권리의 맥락에서 검토되어야 한다는 인식이 대두되고 있다. 개별화된 서비스 계획의 중요성과 지역사회의 서비스 역량을 개발하기 위한 재정 지원의 필요성이 강조된다.

일부 저자들은 보다 작은 규모의 주거환경으로 이주할 때 교우 관계와 서비스가 유지되거나 개선되는가(Hill, Bruininks, Lakin, Hauber, & McGuire, 1985), 전환 과정에 적절한 계획이 있는가, 사회적 관계를 보존하는가, 당사자의 생활방식에 적합한 환경으로 이주하는가, 이전보다 삶의 질 향상이 가능한가(Heller, 1982) 등의 여부에 따라 바람직하지 않은 결과가 나올 수도 있다고 우려했다. 이 문제들은 다음 장에서 탐구해 보기로 한다.

탈시설화 과정의 변천사

도로시 그리피스(Dorothy Griffiths), 프랜시스 오웬(Frances Owen), 제프리 하멜린(Jeffery Hamelin),
모리스 펠드먼(Maurice Feldman), 로즈마리 콘딜락(Rosemary A. Condillac), 얀 프리지터스(Jan Frijters)

탈시설화는 단순히 철학이 아니다. 그것은 재정 지원, 서비스 제공, 개입과 중재, 그리고 직원 배치 시스템을 포함하는 복잡한 과정이다(Bradley, Ashbaugh, & Blaney, 1994). 단순히 시설 건물을 폐쇄하는 절차가 아니라 발달장애인의 권리에 초점을 명확하게 두고 정부, 지역사회 서비스 제공기관, 가족, 그리고 당사자들을 포함한 모든 영역과 차원에서 세심하게 조율된 계획 수립이 요구되는 과정이다(Fisher, Lutz, Gadow, Robinson, & Gendera, 2015). 탈시설이 성공하기 위해서는 모든 이해 관계자들 사이에 탈시설의 의미와 방식에 대한 공통된 인식이 있어야 한다(Parlalis, 2009).

지역사회 생활의 발전 양상

발달장애 서비스 문화에 있어서 철학과 접근 방식의 극적인 변화는 새로운 것이 아니다(Bradley, 1994). 발달장애인의 삶의 질 향상을 위해 끊임없는 평가와 자기비판의 과정에 조응하며 시스템은 계속 진화하고 있다. 1970년대에는 '기능이 높은', 그리고 행동문제가 별로 없다고 여겨지는 사람들을 대상으로 탈시설이 행해졌다. 당시 지역사회 생활이란 침대가 20~24개 있는 대형 주택에서 사는 것이었다. 오늘날이라면 소규모 시설로 간주되겠지만 1970년대에는 이와 같은 지역사회 집합 주거 공간을 '그룹홈'이라 불렀다. 이 주거 프로그램에는 보호작업장에서 소집단 모델[1]에 이르기까지 일상의 직업 관련 활동이 수반되었다.

이러한 대규모 집단 생활 형태는 1980년대에 이르러 소규모 그룹홈(즉, 거주인 3~6명)과 지금은 부분지원 혹은 지원결합 자립생활이라 불리는 준자립생활 프로그램 등의 다양한 생활방식으로 대체되기 시작했다. 준자립생활 주거는 1~2명의 발달장애인이 독립적으로 생활하며 특정 활동에 필요한 지원을 받는 모델이다. 또 다른 형태의 준자립생활은 제휴가정 프로그램인데, 가족 관계가 아닌 가정에 함께 살고 그 가정은 매일 24시간 지원에 대한 급여를 받는 방식이다.

1980년대에 시설에서 지역사회로 송환된 발달장애인 중 일부는 10여 년 전에 탈시설했던 사람들과는 다르거나 보다 복잡한 지원을 필요로 하는 사람들이었다. 보다 제한된 인지 능력, 복잡한 의료적 욕구, 그리고/또는 행동/정서적 어려움이 있는 사람들이 지역사회로 이주하는 사람들 속에 포함되기 시작했다. 탈시설 인구 구성의 변화는 지역사회 서비스 제공기관에게 새로운 과제로 다가왔다. 이 그룹은 행동 개입에 대한 지원 서비스와 보건 및 정신 건강 분야와의 연계 서비스를 포함한 전문화된 지원의 개발을 필요로 하였다. 탈시설화 단계에 있는 일부 당사자들은 전통적인 직업 프로그램과는 다른 대안을 요구했는데, 이를테면 여가라든지 직업 준비 주간활동 프로그램 같은 것을 개발해야 했다. 지역사회 생활 체제는 장애인의 부모들에 의해 형성되었던 핵심적 지역사회 조직을 뛰어넘어 훨씬 크게 성장했다.

비슷한 시기에, 정부의 교육 담당 부처가 발달장애 아동의 교육에 대한 주된 책임을 지기 시작하면서 교육 시스템이 분리에서 통합으로 옮겨 갔고, 가족 지원 서비스와 재정 지원으로 인하여 가족과 함께 집에서 살 수 있게 되었다. 스펙트럼의 반대쪽에는, 지역사회 공동주택에 사는 사람들이 노령화되고 있었으며 서비스 제공기관들은 고령화되고 의학적으로 취약한 사람들을 위한 프로그램 개발의 필요성을 인식하기 시작했다.

1980년대에 시작된 추세가 1990년대에도 계속되었고, 지역사회 서비스 제공기관들은 과거 위험하고 공격적인 문제행동 등을 이유로 시설에 수용되었던 사람들을 지역사회로 맞이하기 위해 변화하였다. 이 그룹의 지역사회 복귀 과정에는 정부 부처 간 및 기관 간의 협력, 그리고 공식화된 서비스 전달 네트워크의 개발이 요구되었다.

---

1 역자 주: 소집단 모델(enclave vocational options). 지역사회에 존재하는 직업 현장에 한 집단의 장애인을 배치하여 필요한 훈련과 후속 지원을 하는 지원고용의 한 모델. 일반적으로 개별적 배치가 쉽지 않을 것으로 간주되는 중중 장애인 3~8명을 한 집단으로 구성함.

북미 전역의 거의 모든 지역사회에서 발달장애인을 위한 지역사회 생활 시스템과 지원이 개발되었다. 일부 지역에서는 보다 광범위한 지원과 서비스 선택권이 있었다. 일부 소도시들에 서비스 제공기관이 단 1개만 있었던 반면, 대도시들에는 다양한 기관들이 존재하곤 했다. 오늘날 대부분의 지역사회 서비스 제공기관들은 앞에서 설명한 것과 같이 다양한 서비스를 제공한다. 대부분의 지역사회에서 일반적으로 이용할 수 있는 주거 형태의 종류는 다음과 같다.

① 그룹홈: 24시간 직원의 지원이 필요한 당사자 3~6명
② 제휴가정: 가정위탁 제도와 비슷하게 당사자가 어느 가정에 같이 살면서 그 가정으로부터 필요한 여러 가지 지원을 받는 시스템
③ 지원결합 자립생활: 혼자 혹은 친구와 같이 살지만 사례관리사로부터 정기적인 안내와 지원
④ 자립생활: 장애수당으로 정부보조주택[2]에서 생활

이러한 주거 형태들에서 당사자가 직원으로부터 받는 지원의 정도는 그들의 필요에 따라 다르다. 현재 북미에 아직 남아 있는 시설에서 지역사회 전환을 검토 중인 장애인의 경우, 계획 수립 과정에서 24시간 서비스 지원주택을 권고할 가능성이 매우 높다.

지역의 대학에서는 일반적으로 발달장애인 지원이나 서비스 노동자 양성 프로그램 등의 형태로 지역사회 직원에 대해 훈련 프로그램을 제공하지만, 실제 서비스 시스템과 지역의 고용 시장 상황에 따라 그 훈련은 크게 다를 수 있다. 또한 지역사회 서비스 제공기관들은 다양한 주간활동 프로그램을 제공하는데, 그중에는 직업 관련 프로그램, 자원봉사 프로그램, 그리고 취미 여가 프로그램 등이 포함된다. 또한 대부분의 지역사회에는 서비스 제공기관의 어려움을 돕기 위한 지원팀(예: 행동문제 지원 서비스)도 있지만, 이러한 서비스가 제공되는 방식은 매우 다양하다.

---

2 역자 주: 정부보조주택(subsidized housing). 장애인, 노약자, 저소득층 주거 약자를 위한 영구 거주용 또는 장기 거주용 저가 임대주택. 주택의 종류와 신청자격 조건, 임대료 등은 지방정부에 따라 다양하며, 대부분 소득 기준 최소 임대료 기준(미국과 캐나다의 경우 일반적으로 월 소득의 30%)을 적용하고 나머지를 정부 또는 민간단체가 보조하는 방식임.

서비스 우선순위의 변화

환경의 영향에 대한 인식

탈시설 전환의 성과는 당사자와 이들을 받아들이는 지역사회 환경과의 '적합성'에 따라 달라지는 것으로 보인다(Willer & Intagliata, 1984). 이 저자들은 각 개인에게 적합한 환경 요소를 분리하여 검사하고, 이러한 요소를 개별 서비스 계획에 적용한다면 탈시설화의 부정적인 결과를 최소화할 수 있다고 제안한다. 이들의 권고는 지역사회 주거환경의 특성이 주로 개인의 고유한 기호와 필요에 의해 결정되어야 하며, 따라서 적절한 주거를 결정하는 모델은 역동적이라는 것을 의미한다.

오웬(1986)은 온타리오주에서의 탈시설화 과정에 대한 독립적이고 체계적인 연구를 수행했다. 그의 연구는 다른 사람들의 연구(예: Willer & Intagliata, 1981)에 기초한 것으로서, 탈시설화가 전반적으로 긍정적인 성과를 얻었음에도 불구하고 부적절한 환경으로 이주하거나 전환 실패의 가능성을 최소화하고 그 성과를 최대화하기 위해서는 계획 과정에서 당사자의 욕구와 서비스 환경의 적합성을 보장해야 한다는 내용이다. 오웬의 연구에서는 탈시설화 과정의 우선순위에 대한 권고가 있었는데, 특히 탈시설 과정에 있는 당사자들에게 '집'이란 무엇인지, 그리고 그들이 기대하는 것이 어떻게 다른 사람들에게 효과적으로 전달되고 소통될 수 있는지에 초점을 맞추어야 한다는 것이었다. 이 과정은 시설에서 나오는 당사자와 지역사회에서 그와 함께 살아갈 사람들에게 가장 중요한 것으로 여겨졌고, 다음과 같은 권고사항이 제시되었다. 즉, 모든 지역사회 전환 준비팀에 독립적인 '옴부즈맨'을 두어 시설에서 지역사회로 이주하는 개인의 주거환경 선호도를 확인하도록 할 것, 거주지 선택에 있어 당사자가 적극적 역할을 할 수 있는 기회를 제공할 것, 함께 살 사람에 대해 그룹홈 거주인들과 상담 절차를 수립할 것, 당사자가 자신의 선호도를 표현하여 상대방이 알아듣고 의미 있는 반응을 이끌어 내도록 의사소통/자기주장 훈련[3]에 역점을 둘 것, 그리고 마지막으로 당

---

3 역자 주: 자기주장 훈련(assertiveness training). 소극적인 사람에게 자신감을 갖게 하는 행동 요법으로 적극성 훈련으로 불리기도 함.

사자들의 선호도 표현에 대해 기관들이 응답할 준비가 되어 있어야 할 것 등이다.

　행동/정신 건강 문제를 포함하는 중복장애를 가진 발달장애인에 대한 보호, 지원, 의료 지원, 행동 개입, 지원 인력 배치 및 환경공학 등은 모든 서비스 제공기관의 어려운 과제이다. 도전적 행동이나 정신 건강 문제가 있는 발달장애인은 반드시 재활(rehabilitation)이 필요한 것은 아니고, 대신에 개별화된 기대와 상호작용에 맞춘 가활(habilitation) 프로그램이 필요하다. 발달장애인이 많거나 심각한 행동문제가 있는 사람이 많은 곳일수록 당사자의 개별적 욕구를 달성할 가능성이 낮아진다. 집단 주거환경은 각 개인의 요구를 수용하지 못할 수 있다. 이 시스템들은 대체로 그다지 가정적이지 않고(Rotegard et al., 1985), 보다 정상화된 환경에서 습득한 기술을 활용하는 데 필요한 요소들을 제공할 능력이 떨어진다(Stokes & Baer, 1977). 또한 이 시스템들은 신체적 안전을 도모하고 파괴나 문제행동의 가능성을 최소화하도록 설계된 것이기도 했다. 즉, 기능적이고 풍부한 일상생활을 도모하도록 설계되지 않았다는 것이다(Jones, Favell, & Risley, 1983). 이러한 구조로 인해 집단 주거환경은 돌봄 서비스와 프로그램이 진행되는 동안을 제외하면, 일반적으로 장애인 이용자 대비 직원의 비율이 적절한 수준의 상호작용과 사회화 활동을 지원할 만큼 충분하지 못하고 프로그램 활동과 자원들이 부족한 경향이 있다.

　규모가 작을수록 그리고 발달장애인의 숫자가 적을수록 더 높은 활동 수준과 더 많은 상호작용을 보였고(Thomas, Felce, de Kock, Saxby, & Repp, 1986), 더 큰 다양성과 활동 범위를 가지고 있었으며(Felce, Thomas, de Kock, Saxby, & Repp, 1985), 더 많은 개인 또는 소그룹 관리를 받거나 더 많은 직원 접촉 시간을 가졌고(Felce, 1997), 적절한 행동에 대해 세 배나 더 많은 강화와 격려를 받고 부적절한 행동에 대해 더 많은 대응 반응을 받을 수 있었다(de Kock, Felce, Saxby, & Thomas, 1987). 집의 규모가 작을수록 친구, 가족, 지역사회와의 사회적 접촉 빈도가 향상된 것으로 밝혀졌다(de Kock, Felce, Saxby, & Thomas, 1987). 규모와 공간의 특성이 행동에 미치는 영향은 1970년대에 상당한 주목을 받았다(Dybwad, 1970; Kreger, 1971; Griffen, Landers, & Patterson, 1974). 이 연구는 사회적 밀도, 혼잡도 및 사생활 부족이 문제행동과 정비례 관계에 있다는 것을 보여 주었다(Kreger, 1971). 사회적 밀도는 단순히 생활 공간의 크기에 관한 것만이 아니라, 그 공간을 점유하는 사람들의 수와 사람들이 그 공간을 어떻게 사용하고 있느냐 혹은 사용할 수 있느냐에 관한 것이다(Griffen et al., 1974). 주어진 공간에 사람이 적을수록 긍정적인 상호작용이 발생할 가능성이 더 높다(Griffen et al., 1974; Grunewald, 2003).

주거환경의 규모가 클 때(5명 이상), 직원의 수와 상관없이 직원의 상호작용 및 개입 수준이 낮았다(Felce, 1988). 연구에 따르면 당사자에 대한 긍정적인 결과는 오직 거주인 수가 줄어들었을 때에만 직원 대비 거주인 비율에 따른 영향이 나타났고, 대규모 주거환경에서 단순히 직원 수를 증가시킨다고 해서 거주인의 삶이 개선되는 것은 아니었다(Felce, Saxby, de Kock, Repp, Ager, & Blunden, 1987). 이것은 매우 중요한데, 그 이유는 일반적으로 거주인이 받게 되는 대우의 질은 주거 공간 내 거주인 수가 아니라 직원의 수에 달려 있다고 믿기 때문이다.

어떠한 지원 환경의 특성이 시설에서 지역사회로 이주한 발달장애인의 지역사회 적응을 강화하는지 알아내려는 시도가 있었다(Meador, Osborn, Owens, Smith, & Taylor, 1991). 지역사회 환경의 구조적 요소와 기능적 요소의 상호작용은 탈시설 전환의 결과에 영향을 미친다(Felce, 1988; Landesman, 1988). 지역사회 주거환경에서 긍정적 결과는 일반적으로 주간활동 프로그램이나 주택의 물리적 특징, 예를 들면 규모, 위치, 직원 대비 거주인 구성 등을 포함한 구조적 특성에 기인한다. 그러나 지역사회 주거환경의 다른 기능적 측면들도 긍정적 결과의 예측변수로 밝혀졌다. 기능적 특성이란 직원과 거주인 간의 상호작용의 양과 질, 당사자들이 참여하는 활동의 종류와 같은 프로그램의 일상적 운영 방식을 가리킨다(Meador et al., 1991).

이처럼 주목할 만한 이점에도 불구하고, 더 작은 주택이 반드시 긍정적 결과를 보장하는 것은 아니다. 시설은 규모로만 정의되는 것이 결코 아니며, 탈시설은 위치로만 정의되는 것이 아니다. 캐나다 피플퍼스트[4]의 구성원인 '지역사회에 살 권리를 위한 캐나다 대책협의회(Canadian Association for Community Living National Joint Task Force on the Right to Live in Community)'가 지적한 것처럼 시설은 발달장애라는 꼬리표가 붙은 사람들이 고립, 격리 및/또는 집결된 장소이다. 시설은 당사자들이 자신의 삶과 일상의 결정에 대한 통제권을 갖지 못하거나 행사할 수 없는 장소이다. 시설은 단순히 그 규모로만 정의되는 것이 아니다(People First of Canada, n.d.).

---

4 역자 주: 피플퍼스트(People First). 발달장애인 당사자 자조단체. 1974년 미국 오리건주에서 개최된 발달장애인 당사자 대회에서 유래한 용어로서 '장애인으로서가 아니라 먼저 인간으로 대우받고 싶다'는 의미를 상징함. 미국과 캐나다 등에서 시작되어 현재 한국을 포함한 세계 40여 국가에서 피플퍼스트 당사자 단체가 만들어졌고 정기적으로 피플퍼스트 대회를 개최하고 있음.

란데스만(Landesman, 1988)은 부정적인 특성을 가진 지역사회 주거환경이 시설 환경과 유사한 성격의 서비스(즉, 경직된 행정 조직, 부적절한 사회적 상호작용, 선택의 부재)를 제공할 수 있다고 경고했다. 따라서 지역사회 서비스 제공기관들은 지역사회 환경에서 시설 같은 분위기를 조성하지 않도록 경계해야 한다(Ericsson, 1996). 이에 대한 하나의 뼈아픈 사례로서, 허버트와 홀린스(Hubert & Hollins, 2010)는 도전적 행동 이력을 가진 영국 남성 20명의 탈시설화를 기술하였다. 이 남성들은 탈시설 이후 물질적으로는 삶에 긍정적인 변화를 경험했지만, 여전히 '사회적 배제와 개인의 자율성을 부정하는 오래된 패러다임'(p. 194)에 직면했다. 연구자들이 특히 우려한 것은 이 남성들이 '집 안에서 잊혀진 삶'(p. 194)을 살고 있다는 인식과 그들의 신체적·정서적 욕구가 충족되지 못했다는 것이다. 특히 그들이 과거에 겪은 트라우마에 기인한 욕구에 대하여는 지역사회 직원들이 알지 못하는 것으로 보였다.

메도 등(Meador et al., 1991)은 직원들과 거주인들의 일상적인 상호작용이 거주인들의 긍정적 결과에 도움이 된다는 것을 발견했다. 저자들은 적합한 기능적 특징을 갖추지 못한 그룹홈으로 지역사회에 복귀한 개인들이 지역사회 생활에 적응이 제대로 되지 못한 반면, 최적의 기능적 특징을 가진 주거환경에서는 거주인들의 긍정적 성과와 적응이 있었다고 보고했다. 지글러 등(Zigler, Hodapp, & Edison, 1990)은 **그룹홈이 단순히 하나의 공간이 아니라 사람들이 상호작용하는 장소**라고 주장했다.[5] 그룹홈이 직원과 거주인 간 상호작용의 질적인 수준을 반드시 보장하는 것은 아니지만, 앞에 언급된 이유들로 인해 본질적으로 대형 시설보다 긍정적인 상호작용이 발생할 가능성이 더욱 높다.

따라서 전환하는 당사자가 최상의 결과를 달성하기 위해 지역사회의 계획 과정은 최적의 서비스 구조와 그에 필요한 직원 운용이 모두 고려되어야 한다(Felce, 1988). 또한 전형적인 수용시설 환경의 부정적 특성이 재발되지 않도록 지역사회 프로그램의 지속적 자금 지원 또는 자체 평가가 필요하다(Landesman, 1988). 성공적인 지역사회 프로그램을 실행하기 위해서는 특히 근거 기반 관리와 지원에 대한 관리자 교육 및 직원 교육이 중요하다(Reid et al., 2003; Schalock & Verdugo, 2012).

---

5 원문에서 강조됨.

개인별 계획의 출현

일반적으로 지역사회 프로그램은 강력하게 개별화된 가치 기반으로 운영된다. 지역사회 서비스 제공자가 지원하는 사람들은 누구나 저마다의 강점과 욕구, 그리고 어떻게 그 욕구를 충족시킬지 보여 주는 개인별 계획을 가지고 있어야 한다. 발달장애 분야에서, 특히 지역사회 환경에서 두드러진 최근의 개혁은 시스템 위주의 계획에서 사람 중심 계획으로 진화한 것이다. 개인별 계획(individualized planning)은 현재 많은 지역사회 서비스 제공기관이 채택하거나 지지하는 접근법으로서 개인의 생활방식에 기초한 계획이다. 비슷한 용어로 미래 계획(futures planning), 당사자 중심 계획(Person-Centered Planning: PCP), 필수적 계획(essential planning) 등이 사용된다. 이러한 유형의 계획은 개인의 목표, 선택, 사회 통합, 인간관계, 존엄성과 존중, 건강, 환경, 안전, 만족도 및 권리를 포함한 당사자의 개별화된 성과를 위한 서비스 제공에 초점을 맞추고 있다(Accreditation Ontario, 2000).

개인별 계획은 최근 발달장애 서비스 분야의 전략으로 전면에 부상하였다. 영국에서 개인별 계획 기법은 이제 정책의 필수적인 부분이다. 맨셀과 비들 브라운(Mansell & Beadle-Brown, 2004)이 설명한 바와 같이, 개인별 계획은 대인 서비스 또는 케어를 위한 특정 유형의 접근 방식인데, 일반적으로 '사정과 계획에 있어 발달장애인 당사자의 고유한 상황을 반영'하는 데 초점을 맞추는 것이 특징이다(Mansell & Beadle-Brown, 2004, p. 1). 다른 몇몇 서비스 및 대인 접근법이 개인의 욕구에 부응하고자 시도한 바 있지만, 개인별 계획은 세 가지 주요 방식에서 차이가 있다. 첫째, 개인별 계획은 해당 개인의 문제나 결점에 초점을 맞추는 대신 서비스 이용자 및 서비스 제공자의 능력과 요구를 기반으로 구축된다(Mansell & Beadle-Brown, 2004). 둘째, 지원이나 대인 서비스의 개발 및 제공에 있어 당사자, 가족, 서비스 제공자, 주요 지인들, 서비스 제공기관 및/또는 사회적 네트워크를 포함시키기 위해 모든 노력을 한다(Mansell & Beadle-Brown, 2004). 마지막으로, 당사자가 요청하거나 제공받는 지원의 수준은 기존의 어떤 서비스 모델에 의한 것이 아니라 개별화된 목표에 기초하여 개발된다(Mansell & Beadle-Brown, 2004).

개인별 계획은 대인 서비스 분야 전반에 걸쳐 적용될 수 있지만, 탈시설화 과정의 맥락에서 새롭게 그 사용이 강조되었다. 탈시설화에 적용함에 있어 개인별 계획이 견지하는 입장은, 전환 및 이주 과정의 모든 요소들을 최대한 개별화하여 당사자에게 더 나은 결과를 보장해야 한다는 것이다. 여기서 근본적인 질문은 다음과 같다. 시설에서 지역사회로의 궁극적인 전환을 위한 계획이 당사자의 요구와 능력을 (강점과 욕구 양면에서) 중심으로 만들어졌는가? 여기에는 지원의 유형과 양, 개인이 이용할 수 있는(혹은 당사자를 위해 만들어질 수 있는) 특정한 여가, 가활 또는 행동 프로그램, 이주하는 곳의 환경(예: 직원 배치, 직원 역량, 다른 거주인, 주택의 물리적 구조), 그리고 당사자 혹은 가족의 바람이 포함되었는가와 그것에 도달하기 위한 조치가 마련되었는가 등이 포함되며, 여기에 국한되지 않는다.

개인별 계획이 확산되고 있는 것이 사실이지만 이러한 최근의 변화에 대한 반박이 없는 것은 아니다. 잉글랜드, 웨일스 및 스코틀랜드의 서비스 이용자 전체에 대한 개인별 계획을 촉진하기 위한 주요 프로젝트에 대해 펠스(2004)는 어떤 경우에는 효과성보다 권리옹호를 우선시하는 관행에 대해 비판을 제기하였다.[6] 펠스의 주장은 사회서비스 시스템이 개별화된 전략의 통합 및 구현에 대체로 부합하지 않으며 오히려 최근의 주거 및 대인 서비스의 접근법은 개인별 특성보다는 그룹 또는 집단적 요구에 대응하도록 설계된 것이라는 것이다. 이와 유사하게 맨셀과 비들 브라운(2004)은 개인별 계획 과정이 전통적 계획 방식보다 더 효과적인 결과를 산출하거나 서비스 구현의 장벽을 극복하는 데 더 효과적이라는 증거가 거의 없다고 지적했다. 이처럼 개인별 계획 방식이 장애 분야에서 모범 사례가 되고 있지만, 표준 방식도 아니고 근거에 기반한 실행 방식도 아니다(Taylor & Averitt Taylor, 2013). 그럼에도 불구하고, 개별화를 향한 움직임은 앞으로의 탈시설화를 평가하는 데 있어서의 가치 기준이다.

전환을 위한 개인별 계획: 최근 몇 년 동안 탈시설 전환 계획을 위한 표준에 급격한 변화가 있었다. 권리옹호자들 및 관련자들이 가능한 한 개별화를 하기 위해 노력했음에도 불구하고, 초기의 탈시설화 프로젝트들은 시스템 중심 계획으로 이루어졌던 것이 사실이다. 로드(Lord, 2004)는『제대로 할 시간: 어떻게 시설을 폐쇄할지 다시 생각하며(Time to Do It Right: Rethinking How We Close Institutions)』에서 "일반적으로 탈시설화로 인해 사람들이 어느 그

6 역자 주: 펠스(2004)는「당사자 중심 계획은 전략적 계획 역할을 수행할 수 있는가? 맨셀과 비들 브라운에 대한 논평(Can Person-Centred Planning Fulfill a Strategic Planning Role? Comments on Mansell & Beadle-Brown)」에서, 당사자 중심 계획의 논리에 반박하기 어려우나 효율적이지 못하다는 입장을 피력하고 있음. 펠스는 영국 각지에서 핵심적 전략으로 당사자 중심 계획이 채택되었으나 지표적 재정 목표가 없는 약점을 지적하면서, 이를 구현하기 위해서는 상당한 시간과 자원이 소요될 것이기 때문에 전략적 계획 역할을 수행할 수 없으며, 서비스 지원에 의존하는 사람들의 이익을 보호하는 데 아무런 도움이 되지 않는다고 주장함.

룸홈에 '배치'되거나, 만들어진 서비스 계획에 의해 누구와 함께 살아야 할지 결정되었다" (p. 3)고 지적했다. 재정 지원은 집단 주거환경을 만드는 데 할당되었는데, 이들 집단 주거는 행동문제와 같은 특정한 서비스의 필요도를 기반으로 하는 경우가 많았다. 그러나 주택의 침대가 비게 되면서 이미 자금을 지원받은 주택의 침대 가용성만을 이유로 당사자들이 배치되곤 했다.

로드(2004)는 당사자, 가족 및 지역사회가 설계한 개별화된 재정 및 서비스 지원 계획을 통해 지역사회 통합의 기회가 극대화될 것이라고 제안했다. 그는 현재의 탈시설화 물결이 개인별 계획과 당사자의 자기선택권을 포함한 "다양한 혁신을 시험해 볼 기회를 제공한다"고 했다(p. 5). 이에 발맞춰, 현재의 탈시설화 이니셔티브는 개인별 계획 또는 필수 생활방식 계획[7] 접근법을 따를 가능성이 높다. 개인별 지원 체제를 지향하는 것은 그것이 삶의 질 향상에 유익하다는 전제에 근거한다(Holburn, Jacobson, Schwartz, Flory, & Vietze, 2004). 개인별 계획은 더 높은 삶의 질을 위해 당사자의 선택, 인간관계, 존중감을 증진시키고 고립을 감소시킨다(Mount, 1994; O'Brien & Lovett, 1992).

그리피스 등(Griffiths et al., 1997)은 탈시설 전환 모델의 근간으로 개인별 생활방식 계획(individualized lifestyle planning)을 권고했다. 그들은 효과적인 탈시설화는 집단을 위한 계획이 아니라 개인을 위한 계획에 기반하는 것이라 주장했다. 개인별 생활방식 계획은 개인의 고유한 욕구와 선호에 근거한 환경을 조성하기 위해 당사자의 목소리뿐만 아니라 그를 잘 알고 아끼는 모든 사람들의 견해를 종합한다. 많은 경우에 당사자가 일반적 의미에서의 자기 목소리를 내지 못하거나 단어, 그림 또는 기호를 통해 자신의 선호도를 표현하지 못할 수 있다. 그러나 그런 장애를 가진 사람들의 선호와 선택 역시 파악될 수 있다. 당사자를 가장 잘 아는 사람들(가족, 직원, 자원봉사자)은 종종 당사자가 무엇을 하고 싶어 하고 하기 싫어하는지, 누구와 함께 있고 싶어 하고 피하고 싶어 하는지, 어떤 종류의 음식이나 활동을 선호하고 그렇지 않은지 등에 대해 매우 잘 알고 있다. 지속적인 관찰과 상호작용을 통해 그들은 또한 당사자의 감성과 특성을 예리하게 알고 있다. 이렇게 누적된 자료와 기록들을 사용하면 당사자에 대한 탈시설 생활방식 전환 계획에 매우 강력한 포트폴리오를 구축하고 공감대

---

7 역자 주: 필수 생활방식 계획(Essential Lifestyle Planning: ELP). 발달장애인 등의 개인별 지원에 사용되는 당사자 중심 계획 방식의 하나로, 당사자가 일상생활의 공간과 과정에서 무엇을 중요시하고, 당사자의 건강과 삶의 질을 위해 무엇이 중요한지 등에 초점을 둔 접근 방식.

를 만들 수 있다.

개인별 탈시설 생활방식 전환 계획에는 다음과 같은 여러 단계가 있다. 즉, 당사자에 대해 알아 가기, 당사자를 만나고 개인 목표를 설정하기, 현재 지원을 하고 있는 모든 직원과 대화하기, 현재의 생활환경에서 당사자 관찰하기, 접근 가능한 모든 기록 검토하기, (동의를 얻어) 과거 기록 입수하기, 그리고 가족, 친구, 지지자 등 모든 관련된 사람들과 상의하기 등이다. 개인별 계획에는 당사자가 현재 즐기고 소중하게 여기는 일상의 일과들, 현재 인간관계 및 대인관계를 위해 필요한 지원, 모든 의료 및 정신 건강 병력, 문제가 되는 행동, 의사소통 방식, 지역사회에 대한 이해도, 취미 여가에 대한 욕구와 선호, 삶의 질에 영향을 주는 요소 등이 포함된다. 지역사회 생활을 설계함에 있어서 개인별 계획은, 당사자의 삶의 질에 관한 측면들을 고려하여 긍정적인 모든 요소들을 유지하고 그렇지 않은 요소들을 제거하고자 한다. 이 계획은 다음과 같은 생활상의 요소들을 점검하며, 이에 국한되지 않는다. 즉, 당사자가 거주할 주택의 유형, 위치, 누구와 함께 살지, 안전성과 접근성을 위한 특별한 고려나 개조가 필요한지 여부, 당사자의 특별한 관심사, 노동/교육/일상활동의 유형 및 누구와 어디에서 하는지 또는 조정의 필요성(어떤 경우에는 노동이 개인에게 바람직한 결과가 아닐 수 있음), 취미/여가 활동의 유형 및 누구와 어디에서 하는지 또는 조정이나 고려가 필요한 사항이 무엇인지, 지속되어야 하는 인간관계와 그 방안 및 개발되어야 할 인간관계와 그 방안, 당사자가 지속성과 소속감을 갖도록 하는 방안, 그리고 필요한 치료 지원의 유형과 정도 및 범위 등이다.

탈시설 전환 계획의 새로운 방식에 관한 성과 연구: 개인별 탈시설 전환 계획은 아직 비교적 새롭고 선택적으로 적용되는 접근법이다(Mansell & Beadle-Brown, 2004). 맨셀과 비들 브라운(2004)은 이것이 종종 객관적 측정값을 산출하지 못하는 '연습 서류'라고 경고한다. 이러한 비판은 개인별 계획에 대한 부정적 묘사로 볼 수 있지만, 개념보다는 오히려 그 과정을 적용하는 데 있어서의 우려를 더 잘 대변한다. 홀번(Holburn, 2001)은 개인별 계획의 결과뿐만 아니라 서비스 제공기관의 수행 성과를 평가하는 것이 중요하다고 제안한다. 개인을 위해 개별적으로 계획한 것의 결과가 각 개인의 삶의 질에 각기 다른 결과를 초래할 것이라 기대하는 것은 합리적이다. 2004년에 맨셀과 비들 브라운의 논문이 발표되었을 때 그들은 개인별 계획에 대한 수준 높은 심층 평가가 거의 없었다고 언급했는데, 이러한 상황은 계속되었다(Taylor & Averitt Taylor, 2013). 이 분야의 연구가 일부 나오고는 있지만, 발달장애인의 삶의 질과 관련된 개인별 계획의 효과성과 성과는 아직도 실증적 조사의 문제로 남아 있다.

맨셀과 비들 브라운(2004), 그리고 테일러와 에버릿 테일러(Taylor & Averitt Taylor, 2013)의 개인별 계획에 관한 문헌 평가는 대체로 정확했지만, 발달장애인에 대한 서비스 제공에 관련된 개인별 계획에 대한 몇 개의 포괄적인 연구를 주목할 필요가 있다. 개인별 탈시설 계획 과정에 참여한 20명과 기존 방식의 탈시설 계획에 참여한 20명의 동료들을 비교한 연구(Holburn et al., 2004)가 있는데, 이는 몇 안 되는 대조연구 중 하나였다. 이 연구에서 개인별 계획 전략의 도입은 가능한 한, 당사자들의 지역사회 전환을 위한 준비 과정과 동시에 이루어졌다. 연구 기간 동안 두 가지 도구를 사용하여 참가자의 개별적 특성을 조사하고 과정과 최종 결과를 평가하였는데, 1996년부터 1999년까지의 연구 기간 동안 평균 8개월마다 측정이 실시되었다. 두 그룹 모두 시간이 지남에 따라 성과가 향상되는 것으로 나타났지만, 개인별 계획 집단의 향상률이 대조군보다 현저하게 높았다. 또한 저자들은 연구를 마친 후 개인별 계획 집단 19명 중 18명이 지역사회로 성공적으로 전환한 데 비해, 대조군 18명 중에서는 오직 5명만이 성공적으로 전환했다고 보고했다.

개인별 계획 집단 당사자들의 삶의 질이 향상되고 더 많이 지역사회로 성공적으로 전환한 것뿐만 아니라 홀번 등(2004)은 개인별 계획 과정이 소속감을 향상시키고, 목표를 향한 더 많은 노력을 만들어 내고, 지역사회 생활의 장벽과 과제를 더 많이 파악해 내고 해결한다는 사실을 발견했다. 개인별 계획에 참여한 발달장애인들은 기존 방식의 계획에 참여한 그룹보다 더 많은 자기선택, 더 많은 일상활동과 인간관계의 증가, 그리고 더 높은 만족도를 보였다.

품질 보증과 개인별 계획: 앞서 언급한 바와 같이, 개인별 계획은 전적으로 그 실행 과정에 달려 있다. 효과적인 탈시설 전환을 위해서는 개인별 전환 계획을 실행하고, 필요한 모든 조각들이 잘 맞추어져 있는지 확인하고, 과정의 모든 단계에 대한 품질을 보증하여야 한다.

로버트슨과 해튼 등(Robertson, Hatton, et al., 2007)은 영국에서의 개인별 계획과 그 실행 방법을 평가했다. 이 연구에서는 발달장애인에게 서비스를 제공하는 4개의 장소에서 개인별 계획을 도입하였다. 2년에 걸쳐 3개월마다 반복적으로 측정하는 방식이었는데, 각 장소의 당사자들에 대한 개인별 계획의 이행을 평가하기 위해 몇 가지 측정이 이루어졌다. 그 결과 개인별 계획이 사교 능력, 지역사회 참여, 일상활동, 선택, 가족 및 친구와의 접촉 등의 영역에서의 개선과 관련이 있음을 보여 주었다. 이러한 긍정적인 결과에도 불구하고, 저자들은 개인별 계획이 서비스 이용자 전체에 대하여 균일하게 관리되지는 않았다고 보고하였다. 로버트슨과 해튼 등(2007)은 자폐 또는 건강, 이동, 정신 건강, 정서, 행동 등의 문제를 가진 사람이 개인별 계획을 제공받을 가능성이 낮다는 것을 발견했다. 이러한 특성을 가진 사람들은 계획을 제공받는 경우에도 개선된 결과를 얻을 가능성이 낮았는데, 이것은 이 접근법의 보편적 이익에 관해 의문을 제기한다(Robertson, Hatton, et al., 2007).

　로버트슨과 에머슨 등(2007)은 앞과 동일한 4개 장소를 대상으로 한 후속 연구에서 ① 계획 개발 실패[8]와 관련된 장벽, ② 특정 개인에 대한 실패, ③ 조직적 장벽, ④ 실행 장벽 등 네 가지 주요 주제를 지적하였다. 계획 개발 실패에 이르는 장벽은 조력자 문제, 과정 자체의 어려움, 시간 및 지원 인력 문제가 중심이었다. 이러한 결과를 볼 때, 효과적 개인별 계획을 위해서는 연관된 서비스 시스템이 개발되어야 하며, 당사자의 특성에 대한 보다 전문화된 집중이 필요하다.

　개인별 탈시설 전환 계획은 당사자의 욕구와 실제 경험에 부합하도록 해야 한다. 따라서 계획과 당사자의 욕구 사이에 불일치가 없도록 정해진 기준을 따를 필요가 있다. 그리피스 등(Griffiths et al., 1997)은 탈시설 생활방식 전환 계획을 수립하는 사람이 전환 이전에 그리고 과정 전반에 걸쳐 평가해야 하는 13개의 품질 보증 항목을 제시했다.

① 적절한 가정, 직장 및/또는 학교 환경이 구축되었는가?
② 이러한 환경은 개인의 욕구를 어떻게 충족시키고 있는가?
③ 지역사회 직원은 개인의 욕구와 필요에 맞는 생활을 만들 수 있을 만큼 충분히 당사자를 알고 있는가?
④ 환경 개조가 되었는가?
⑤ 모든 안전/보안 문제가 처리되었는가?
⑥ 모든 자원/지원이 마련되었는가?
⑦ 지역사회 직원은 개인의 특수한 욕구를 이해하도록 훈련 받았는가?
⑧ 모든 직원이 교육받은 지원 계획이 있는가?
⑨ 지역사회가 가족에게 당사자의 탈시설 전환을 권하고, 연결하고, 안심시켰는가?
⑩ 가족과 친구의 요구와 우려를 들었는가, 당사자의 최선의 이익에 부합하는 경우 계획에 포함되었는가?

8 역자 주: 로버트슨과 해튼 등은 앞의 연구에서 93명의 당사자에 대해 당사자 중심 계획(Person-Centered Planning: PCP)의 도입이 진행되었으나 65명에 대한 계획이 개발되었다고 밝힘.

⑪ 선정된 서비스 제공기관과 주거환경에 대해 가족이 방문해서 알 수 있는 기회가 있었
는가?

⑫ 예상되는 의학적/정신적/행동적 문제에 대한 대책이 있는가?

⑬ 당사자가 새로운 환경에서 소속감과 환영을 받고 있다는 느낌을 가질 수 있도록 이주
할 곳의 직원들로부터 충분한 접촉과 방문을 받고 있는가?

호주의 탈시설화에 관한 조사에서 피셔 등(Fisher, Lutz, Gadow, Robinson, & Gendera, 2015)
은 '시설 폐쇄가 장애인을 위한 혁신적 기회임을 명확히 하기 위해'(p. 66) 권리 기반 체계의
사용을 제안했다. 권리 기반 체계의 요소에는 주거와 서비스 지원 및 지역사회 통합 계획 등
의 의사결정에 있어 당사자 중심 접근법의 사용, 당사자의 선호에 관한 표현을 돕기 위한 가
족과 친구 또는 권리옹호자의 지원, 탈시설로 인한 변화와 '혁신의 기회'(p. 68)에 대처하기
위해 가족과 직원 및 노동조합을 위한 변화관리(change management) 지원, 그리고 지역사회
에서 성공적인 탈시설 전환을 경험한 사람들과의 상담 등이 포함된다. 저자들의 핵심 내용
은 "혁신적 탈시설화의 기회를 놓치지 않기 위해서는 무엇보다 시설을 떠나는 당사자의 권
리에 초점을 두고, 이러한 권리를 때때로 발생하는 다른 이해 관계자들의 반대되는 목소리
보다 우선시하여야 한다"(p. 70)는 것이다.

요약

요컨대, 성공적인 탈시설화 과정의 핵심은 단순히 시설의 폐쇄를 계획하는 것이 아니며,
더 중요하게는 과거 시설에 거주했던 당사자 개개인에 대하여 지역사회에서 삶의 질 향상을
계획하는 것이다. 보그단과 바이클렌(Bogdan & Biklen, 1982)은 개인의 성공적 지역사회 통
합이 당사자의 기능적 한계보다 받아들이는 지역사회 프로그램과 계획의 품질에 달려 있다
고 하였다. 프로그램 및 지역사회 계획의 품질은 재정 지원에 의존한다. 나아가 메놀라시노
와 맥기(Menolascino & McGee, 1981)는 전환 배치의 성공 여부가 개인의 욕구에 대한 지역사
회의 대응과 그것을 충족시키기 위해 재정, 인력, 자원을 재분배하려는 지역사회의 의지에
달려 있다고 주장한다. 결국 탈시설화는 분명히 당사자에게 '집'이란 무엇인지 그 본질을 말
해 준다. 하쉬먼(Harshman, 1977: Owen, 1986, p. 221에서 인용)은 주거서비스의 성격에 대한

초기 고찰에서 다음과 같이 강조했다.

　　집이란 그곳에 사는 사람이 안전하다고 느끼며, 받아들여지고, 자유롭다고 느끼는 곳, 친구와

가족이 있는 곳, 어느 정도의 자기표현과 사생활과 비밀에 대한 권리를 갖는 곳, 초대받지 않고는

그 누구도 (왕일지라도) 들어갈 수 없는 곳이다.

탈시설화 도중 및 그 이후의 가족의 태도, 경험 및 가족에 미치는 영향

도로시 그리피스(Dorothy Griffiths), 로즈마리 콘딜락(Rosemary A. Condillac), 프랜시스 오웬(Frances Owen)

지난 30년 동안 많은 저자들이 탈시설화에 대한 가족 반응을 주제로 저술했다(예: Brockmeir, 1975; Fisher, Lutz, Gadow, Robinson, & Gendera, 2015; Frohboese & Sales, 1980; Heller, Bond, & Braddock, 1988; Keating, Conroy, & Walker, 1980; Larson & Lakin, 1991; Mirfin-Veitch, Bray, & Ross, 2003; Spreat, Telles, Conroy, Feinstein, & Colombatto, 1987; Tøssebro & Lundeby, 2006; Vitello & Atthowe, 1985). 발달장애가 있는 가족 구성원의 탈시설화에 대한 부모 및/또는 가족의 태도에 대한 연구 및 문헌은 총체적으로 두 가지 중요한 주제를 제시한다.

첫 번째로 대두된 주제는, 탈시설 전환에 앞서 가족들은 일반적으로 탈시설화에 대해 부정적이고 비관적인 견해를 나타내고 지역사회 케어 서비스의 가능성에 대해 비판적이라는 것이었다.[1] 라슨과 라킨(Larson & Lakin, 1991)이 보고한 바에 의하면 가족의 70%가 전환에 관한 제안을 처음 들었을 때 부정적이었으며, 그들의 가족 구성원이 지역사회에 나오면 오히려 퇴행할까봐 대체로 두려워했다(Tøssebro & Lundeby, 2006). 흥미롭게도 루디와 리들(Rudie & Riedle, 1984)에 따르면 케어 서비스를 받고 있는 가족의 부모는 시설이건 지역사회건 간에 당사자가 현재의 위치에 그대로 있는 것을 선호하는 것으로 드러났다.

두 번째로 대두된 주제는, 지역사회로 이전한 이후 가족들이 지역사회 생활에 대해 이전보다 더

---

1 원문에서 강조됨.

긍정적인 관점을 보였다는 것이다[2](Conroy & Latib, 1982; Heller et al., 1988; Rudie & Riedle, 1984; Tøssebro & Lundeby, 2006). 라슨과 라킨(1991)은 탈시설화 이후 가족의 60%가 지역사회 주거환경을 선호했다고 보고했다.

　가족 구성원이 현재 살고 있는 시설의 폐쇄가 임박했다는 발표를 들은 후 그 가족이 겪는 감정적 과정은 힘들고 복잡한 것일 수 있다. 머핀 비치 등(Mirfin-Veitch, Bray, & Ross, 2003)은 탈시설화가 자기 식구를 시설에 보낼 때 겪었던 그 어려웠던 과정을 다시 경험하게 한다고 했다. 어떤 사람들은 그때의 서러움을 상기하기도 한다. 일부 가족들은 시설을 폐쇄하는 정책 방향을 수용했지만, 연구에 의하면 압도적 다수가 우려하고 저항했으며 소송을 제기하는 경우도 있었다. 그러나 테세브로와 룬데비(Tøssebro & Lundeby, 2006)는 초기에 탈시설 계획에 대해 불편하게 생각했던 가족들도 결국은 이를 수용하게 되는 경향이 있다는 것을 발견했다.

지역사회로 이주하기 전 가족의 태도

　앞에서 언급한 바와 같이, 전환 이전에 가족들은 탈시설에 대해 대체로 양면적이거나 부정적인 태도를 보인다. 이 양가감정을 이해하기 위해, 탈시설화 과정을 수행하는 기관이나 정부는 이 정책 방향이 가족에게 미칠 수 있는 영향을 그들의 역사에 비추어 고려하는 것이 좋을 것이다. 탈시설화 과정은 자신의 식구를 시설에 보냈던, 대다수의 경우 수십 년 전의 감정을 떠올리도록 강요할 수도 있다. 이 장의 목적상 이 과정을 제1단계라고 명명한다.

제1단계: 시설에 보내는 결정과 그것이 가족에 미치는 영향

　발달장애가 있는 식구를 보호시설에 보내기로 한 가족의 결정은 심한 불화를 수반하는 경우가 많았다는 점에서 그 정서적 충격을 이해할 수 있다. 식구를 시설에 보내기로 결정한 것은 대개 두 가지 상호 관련된 이유 중 하나에 의한 것이었다. 즉, 대개는 많은 노력을 기울

2　원문에서 강조됨.

였음에도 불구하고 자신들이 돌볼 수가 없었고, 지역사회로부터 지원을 받을 수 없었다.

1970년대 이전에는 일반적으로 발달장애를 가진 식구의 지원을 가족들 스스로 해결할 수밖에 없었다. 가정에서 가족을 돌볼 수 있도록 하는 서비스는 거의 없었다(Sherman, 1988). 발달장애가 있는 식구를 지역사회 내에서 돌보려는 가족에 대한 지원이 없다는 가족들의 보고도 종종 있었다. 1980년대 이전에는 장애가 있는 아이들에게 일반 교육의 기회는 널리 제공되지 않았다. 직장, 이웃 또는 친척의 지원도 거의 없었다. 일반 사회는 장애에 대한 정보가 부족했고, 장애인과 그 가족들에 대한 편견도 흔하게 있었다(Turnbull & Turnbull, 1985). 집에서 식구를 돌보려 시도했을 수 있지만 외부로부터 아무런 도움을 받을 수 없어서 자기 자식을 시설로 보내야 하는 어려운 결정을 할 수밖에 없었다.

어떤 가족들은 힘들고 때로는 가슴이 미어지는 고통을 감수하면서 자식을 시설로 보내는 결정을 내려야 했다고 보고되었다. 래드퍼드와 파크(Radford & Park, 1999)는 다음과 같이 설명했다.

> 시설화의 확장을 추동한 모든 움직임이 일반 사회가 (장애인에 대해) 느끼는 두려움이나 위협감에 기인한 것은 아니다. 장애를 가진 자녀를 돌봐야 하는 가족의 부담에 대한 진심 어린 그리고 전문적이고 사회적인 고려가 있었다(p. 10).

지배적인 견해는, 장애는 의료적인 문제라는 것이었다. 따라서 집단적인 의료 케어 시설을 만드는 것은 장애인에 대한 케어 제공 측면 및 장애인에 대한 분리와 통제에도 적절한 접근법으로 보였다. 베리(Berry, 1995)는 다음과 같이 지적하였다.

> 사회는 시설 수용을 용인할 뿐만 아니라 옹호했다. 국가 정책, 재정 지원, 문화적 가치 등이 제시하는 바는, 시설 수용은 가족들이 감당할 수 있을 뿐만 아니라 감당해야 하는 방법이라는 것이었다. 또한 사회의 존경받는 사람들과 권위 있는 인물들(예: 의사, 심리학자, 교사, 정치인)이 이렇게 권고하고 이런 선택을 지지했다(p. 380).

대부분의 경우 가족들은 전문가들에 의해, 거의 강압적으로, 시설이 그들의 식구에게 가장 좋고 안전한 장소라고 믿게끔 되었다. 많은 가족들이 그들의 결정을 칭찬하는 전문가의 조언에 따라 가족 구성원을 시설로 보냈다. 가족들은 필요에 의해(또는 전문가에 의해) 그들의 식구가 시설 안에서만 케어를 받을 수 있다고, 혹은 가장 잘 받을 수 있다고 확신했다. 어떤 가족들은 식구를 집에 두는 것이 개인, 가족 및 지역사회 전반에 부정적인 영향을 미칠 수 있다고 믿게 되었다(Tabatabainia, 2003).

장애인이 시설에 가장 많이 입소했던 시대의 사회문화적 환경을 감안할 때, "그 결정이 시설 입소 당시에는 합리적인 대응이었을 수 있고, 사실상 할 수 있는 유일한 선택이었을 수도 있다"(Ursprung, 1984, p. 22). 어스프렁(Ursprung, 1984)은 당시 최선의 선택이 지금은 더 이상 그렇지 않다는 것을 전문가들이 이해하는 문제와는 별개로, 가족의 입장에서 과거의 결정에 대해 비난받는 느낌이 없이 탈시설화의 메시지를 받아들이기란 매우 어렵다고 설득력 있게 지적한다. "자기 식구에 대해 한 가지 관점을 믿게끔 배운 가족들이 이제 다른 관점을 받아들여야 한다는 말을 들었고, 이로 인한 스트레스에 대처할 준비나 계획은 거의 없었다"(Imber-Black & Roberts, 1988, p. 28).

새롭게 등장하는 서비스와 지원 및 철학과 정책의 변화로 인해 전문가들은 가족들에게 (아마도 직접이 아니라 간접적으로) 그들의 식구를 '그런 곳'에 보낸 것은 실수였으며 당사자가 지역사회에서 훨씬 나은 삶을 살게 될 것이라고 말하기 시작했다. 이러한 패러다임의 변화는 가족들이 받아들이기 매우 어려웠고, 다음과 같이 무수히 많은 의구심을 불러 일으켰다.

- 시설이 자기 자녀를 돌볼 것이라 믿었던 그들의 믿음은 잘못된 것이었나?
- 지역사회가 더 나은 선택이라는 것에 동의한다면 자기 가족을 시설에 보낸 것이 실수라고 인정하는 것인가? 아니면 전문가의 말을 듣지 않고 시설에 보내지 말았어야 했는가?
- 힘들고 가슴 아픈 고통을 감내하면서 자기 가족을 시설에 보낸 것은 지역사회에 아무런 지원이 없었기 때문이었다. 그런데 왜 지금은 그런 지원이 있다는 말인가?
- 가족 구성원의 문제행동이나 의료적인 이유 때문에, 그리고 당시 지역사회가 지원하지 못해서 식구를 시설에 보낸 가족들이 과거에 실패한 지역사회 프로그램을 이제는 믿어도 된다는 말인가?
- 사랑하는 가족이 돌볼 수 없었는데, 다른 사람이 어떻게 돌볼 수 있겠는가?
- 실패하면 어떻게 하나? 시설이 없어지고 나면 가족을 집으로 데려가라고 할 텐데, 이미 더 젊었을 때에 노력했지만 돌볼 수 없었고 지금은 나이가 더 많아졌는데, 어떻게 가족들이 감당할 수 있다는 말인가?
- 당사자는 안전할까?

전환에 따른 가족의 경험
제1단계: 시설 입소

자식을 시설에 보내기로 하는 어려운 결정을 내린 후, 대부분의 가정은 자기 자식이 시설에서 적절한 서비스를 받고 있다고 믿어 왔다. 모든 것을 갖춘 시설에서는 당사자에게 필요한 모든 서비스를 제공해 주었고 가족들은 스스로의 결정이 옳았다는 확신을 가졌다. 시설 직원들은 지역사회에서 제공되지 않았거나 접근할 수 없었던 일상적인 케어, 교육, 치료를 제공할 수 있었다. 시간이 지남에 따라 많은 가족들에게서 의구심, 죄책감, 슬픔이 사라져 갔다. 더욱이 가족 구성원을 케어하려 시도했지만 그럴 수 없었던 가족들로서는, 자신들이 겪었던 스트레스가 해소되고 일종의 안도감을 느꼈다.

제2단계: 시설 폐쇄 발표에 대한 가족들의 태도

가족 구성원이 수용되어 있는 시설에 대한 탈시설화 계획의 발표와 함께 가족에게는 새로운 제2단계가 시작되었다. 브래독과 헬러(Braddock & Heller, 1985)는 계획 중인 탈시설화 과정이 죄책감, 분노, 혼란의 감정을 다시 불러일으킬 수 있다고 지적했다. 시설 폐쇄가 임박했다는 발표로 인해 가족들은 그들의 가족 구성원에 대한 모순된 관점과 당사자를 위한 최선의 주거환경 방안에 대해 매우 모순된 견해를 다시 검토해야만 했다. 어스프렁(1984)은 시간이 지나면서 많은 전문가들이 시설 수용과는 다른, 그보다도 더 좋을 수 있는 대안이 있다는 것을 알게 되었다고 했다. 그러나 많은 가족들이 지역사회 지원 서비스의 발전에 대해 알지 못했으며, 따라서 서비스 접근성에 대한 회의감과 시설 입소 결정에 대한 죄책감 없이 이 메시지를 받아들이는 데 어려움을 겪을 수밖에 없었다.

지역사회로 전환하기 이전의 가족의 감정은 네 가지 범주로 분류되며, 연구 전반에 걸쳐 대체적으로 일치한다. 첫째, 가족들은 시설이 자기 식구에게 안전, 보안, 지속성 등을 제공할 수 있었던 것에 대해서 강한 긍정적 감정을 보였다. 둘째, 가족들은 지역사회 서비스 제공기관이 영구적이고 양질의 서비스를 제공하지 못할 것이라는 부정적인 느낌을 가지고 있었다. 이러한 견해는 종종 가족들이 신뢰를 갖고 연락하고 있으면서 많은 경우 좋은 관계를 맺고 있는 시설 직원들에 의해 공유되었다. 셋째, 당사자가 적응하는 데 상당한 어려움이 있을 것이라는 가정하에 지역사회로의 이전이 당사자에게 미칠 영향에 대한 두려움을 가지고 있었다. 마지막으로, 가족들은 종종 지역사회 서비스에 대한 정보의 부족으로 인해서 시설이 폐쇄되면 그들의 식구를 돌볼 책임이 자신들에게 다시 돌아올 것이라는 우려를 공유했다. 그들이 신뢰하는 시설 직원이 이전에 '지역사회 전환에 실패'한 경험을 갖고 있을 수 있으며, 이로 인해 당사자를 위한 지역사회 서비스가 별로 없다는 인식을 형성하게 되었을 수도 있다.

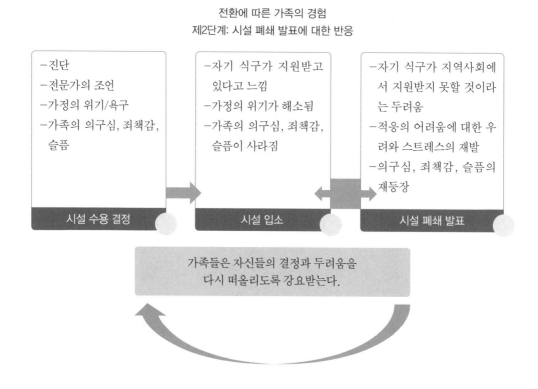

전환에 따른 가족의 경험
제2단계: 시설 폐쇄 발표에 대한 반응

다음에서 가족이 걱정하는 각각의 분야들을 개별적으로 다루고자 한다.

안전, 보안, 지속성: 대부분의 경우, 가족들은 당사자가 거주하고 있는 시설 체제 내에 자기 식구를 그대로 두는 것을 강력히 선호했다(Rudie & Riedle, 1984). 이 반응은 이해할 만하다. 실제로, 자녀의 상태에 대해 처음 진단을 받았을 때 많은 가정은 당사자가 시설에서 사는 편이 더 좋을 것이라는 말을 들었다. 가족들은 일반적으로 의료, 안전 및 보안 문제뿐만 아니라 당사자의 발전과 행복을 이유로(Meyer, 1980) 당사자가 시설에서 받고 있는 케어와 프로그램에 만족을 보였다(David, Morris, & Suolmoala, 1981; Meyer, 1980; Spreat et al., 1987). 또한 가족들은 시설에서 평생에 걸친 안전, 케어, 경험 있는 직원, 그리고 지역사회에서 받을 수 없으리라 느껴지는 다양한 활동을 제공한다는 것을 알고 안심했다. 타바타바이니아 (Tabatabainia, 2003, p. 242)가 지적한 바와 같이, "발달장애를 가진 자녀를 둔 가정에게 가장 큰 어려움과 걱정 중의 하나는 당사자에게 안전하고, 든든하고, 존중해 주고, 돌봐 주는 영구적인 거주지를 찾고 유지하는 것이다." 발달장애인 시설의 폐쇄는 안전, 일관성, 지속 가능성에 대한 가족의 소중한 염원에 대한 도전이었다.

　　지역사회 서비스의 지속성 또는 품질에 대한 불신: 시설은 일반적으로 정부가 운영하고 자금을 지원한다. 가족들은 지역사회 전환이 자금 지원에 있어 불충분하고 지속성이 부족할 것이라고 우려했다(Latib, Conroy, & Hess, 1984; Tabatabainia, 2003). 셔먼(Sherman, 1988)이 지적한 바와 같이, 1970년대 이전에는 재가 발달장애인을 지원하기 위한 서비스가 제공되지 않았기 때문에 대부분의 가정이 지역사회의 지원 약속을 신뢰하기 어려웠던 불가피한 상황이 있었다. 서비스 체제의 변화를 위해서는 가족들로 하여금 지역사회에 대한 오랜 부정적인 관념과 불신을 중단하고, 지역사회에서 그들의 가족 구성원에게 충분한 지원이 제공될 가능성을 상상하게 만들 필요가 있었다.

　　전환 전 단계에 관한 연구에서, 스프레트 등(Spreat et al., 1987)은 58%의 가정이 "어떠한 조건이라도 그룹홈으로 가족 구성원을 이주시키는 것을 절대로 승인하지 않을 것"(p. 272)이라고 했다고 보고했다. 스프레트 등의 연구 결과는 시설 보호의 장점이라기보다 가족의 태도에 대한 하나의 흥미로운 사실을 보여 준다. 그들은 가족들이 시설의 케어가 불만족스럽다 해도 시설 폐쇄를 허용하는 것보다는 현상 유지를 선호할 가능성이 높다는 점에 주목했다.

　　필요한 전문적인 행동치료나 활동지원서비스를 지역사회가 제공할 수 없었기 때문에 많은 가족들은 그들의 식구를 시설에 입소시켰다. 그들은 지역사회에서 전문 서비스를 이용할 수 없을 것이라고 우려했고, 과거에 실패했던 지역사회 프로그램이 성공할 수 있으리라 믿지 않았다. 또한 그들이 가족으로서 그토록 열심히 사랑하고 노력했는데, 다른 누군가가 어떻게 지역사회에서 성공적으로 해낼 수 있을지 이해하기 어려웠을 수 있다. 많은 가족들은 지역사회 서비스와 지원이 현재 어떤 상태이고, 시설 입소 결정 이후 그것이 어떻게 변했는지 알지 못했다.

시설 직원의 부정적이거나 오해의 소지가 있는 피드백: 불행하게도, 가족의 두려움은 시설 직원들에 의해 강화되는 경우가 많다. 시설 직원들은 수년 동안 가족 구성원을 지원했으며, 시설 보호가 당사자에게 최선의 선택이었다고 믿었을 것이다. 또한 시설 직원들은 과거의 전환 노력에 대한 경험 때문에 임박한 전환에 대해 분개하고, 우려하며, 두려워했을 수도 있다(Griffiths, Beland, McCarthy, Rowen, Odoardi-Pollard, Briand, & Jensen, 1997). 탈시설화 초기 몇 년 동안 지역사회로 이주한 당사자가 어려움을 겪으면 '준비되지 않았다'거나 '관리하기 너무 어렵다' 또는 '전환 실패'라는 이유로 시설로 돌려보내졌다. 이러한 경험을 바탕으로 일부 시설 직원들은 지역사회의 당사자 지원 능력에 대해 의구심을 품었고 가족들과 자주 그 의구심을 공유했다. 또한 가족과 마찬가지로 시설 직원들도 지역사회에서 개발된 자원을 알지 못했을 수도 있는데, 그것은 지역사회 서비스 제공기관과의 협의에도 불구하고 폭넓은 서비스가 필요한 당사자를 지원하지 못했던 경험 때문일 수 있다. 뿐만 아니라 시설 직원은 자신들이 보살핀 당사자들에게 감정적으로 애착을 갖고 있었고, 그들이 몇 년 동안 했던 것보다 지역사회 서비스가 더 나은 일을 할 수 있다고 암시하는 것에 분개했다. 마지막으로, 시설 축소 및 폐쇄에 직면하여 시설 직원(및 노동조합)은 일반적으로, 그들의 존재를 정당화하고 고용 상태를 유지하기 위해서 전문적인 케어를 필요로 하는 사람들에게 시설 생활이 더 적합하다고 주장했다.

적응의 어려움에 대한 우려: 가족들은 지역사회에서 당사자의 안전에 대한 위험과 복지에 대한 우려를 표명했다. 주요 관심사는 가족 구성원의 의료 복지에 관한 것이었다. 라티브 등(Latib et al., 1984)은 당사자에 대한 가족들의 믿음이 지역사회로의 전환을 얼마나 긍정적이거나 부정적으로 예측하는지에 영향을 미친다고 언급했다.[3] 그들의 연구에 참여한 가족들은 독립적 생활 능력이 지역사회 생활의 필수 요건이라는 인식과 자기 식구는 교육적·심리적으로 이미 능력의 한계에 도달했다는 믿음을 표현했다.[4] 타바타바이니아(2003)는 당사자

---

3 역자 주: 라티브 등(1984)은 탈시설에 관한 가족들의 태도에 관한 연구에서, 가족들이 자기 식구의 의료 서비스 필요도가 높다고 믿는 경우 탈시설에 반대하는 경향이 강하다고 보고함.

4 역자 주: 라티브 등은 앞의 연구에서 응답자의 60.1%가 자신의 가족 구성원이 교육적·심리적으로 최고치를 달성했고 그 이상 발전할 것이라 생각하지 않는다고 답하였는데, 이것은 장애 정도나 측정된 문제행동의 정도와도 무관했다고 보고함. 본문의 내용은 가족 구성원의 능력에 대한 긍정적 인식을 의미하는 것이 아니라 탈시설화를 통한 발달의 기대, 즉 발달 모델로서의 탈시설화를 부정하는 가족의 인식을 설명하는 내용임.

가 지역사회 생활을 감당하지 못할 수 있다는 가족들의 우려를 추가로 언급했다.

가족의 부담: 가족들은 지역사회 주거환경의 안정성에 대해 다음과 같은 의문을 제기했다. 지역사회 주거환경이 폐쇄되거나 전환이 실패하면 가족이 식구를 돌보아야 하는가? 시설에서 받았던 전문적인 케어나 자원도 없이 어떻게 돌볼 수 있다는 말인가(Tabatabainia, 2003)? 가족들은 때때로 자기 식구를 다시 보살필 책임을 지게 될까 두려워했고, 이 두려움은 시설 거주인의 부모들이 노화하고 있다는 사실 때문에 더 심해졌다. 이러한 책임에 대한 두려움은 종종 부모들 자신의 능력 저하와 기대 수명에 대한 걱정, 그리고 결국 그 책임이 다른 자녀들에게 돌아갈 것이라는 걱정과 관련이 있었다.

제3단계: 시설 폐쇄 발표 후 있을 수 있는 가족의 반응

시설 폐쇄 발표는 가정의 안정에 대한 도전이었고 불확실성과 스트레스를 야기했다. 콘로이와 라티브(Conroy & Latib, 1982)는 대규모 시설에서 지역사회로의 전환을 직면한 가족들은 스트레스 정도가 높았으며 탈시설 전환에 강하게 저항했다고 언급했다. 가족들은 수동적 관찰자에서 적극적 반대자에 이르기까지 탈시설화에 대한 다양한 태도와 반응을 보였다(Ford & Barlow, 1994; Larson & Lakin, 1991; Tabatabainia, 2003; Tøssebro & Lundeby, 2006). 앞에서 언급한 일반적인 경향에도 불구하고 일부 가족들은 지역사회 생활의 기회를 받아들였는데, 특히 가족 구성원을 집에서 더 가까운 곳으로 데려오기로 약속했을 때 더욱 그러했다. 그러나 앞서 설명한 바와 같이, 이러한 전환에 직면한 많은 가족들은 새로운 접근 방식이 당사자나 가족에게 도움이 되지 않을 것이라는 두려움이나 불신을 갖고 부정적인 반응을 보였다.

수많은 대형 시설 폐쇄에 대해 가족들은 탈시설화 과정을 지시한 정책 결정을 뒤집기 위한 법적 행동을 주도했다. 위젤과 빅비(Wiesel & Bigby, 2015)는 호주의 탈시설화 운동 초기에 어떻게 가족들이 시설 개선과 정상화 촉진을 포함한 탈시설 계획을 장려했는지를 설명했다. 그러나 이들 저자들이 '호주에서 가장 악명 높은 시설들 중 몇 개'(p. 191)라 부른 시설들이 폐쇄되고 거주인들이 더 나은 서비스로 옮겨 간 반면, 탈시설에 대한 가족의 반대로 인해서 일부 시설은 지속되었고, 다른 경우에는 '집합주택'[5] 혹은 '집단 케어'[6]의 개발을 촉진하게 되었다(p. 190). 위젤과 빅비는 정상화에서 자기선택으로 이념이 바뀌면서 가족의 반대가 촉발되었고, 시설 수용과 집단 케어가 선택의 범위에 포함되었다고 지적했다. 바턴

(Barton, 1998)은 가족의 불만과 관련하여 다음과 같은 다섯 가지 핵심 요인을 파악했다. '급진적인 정책의 변화'(p. 84), 특히 가족에 미칠 영향의 불확실성에 관련된 '전환 후 정착 과정에서 오는 스트레스'(p. 85), 시설에 잘 정착하여 지원을 받고 있는 것으로 보이던 '취약한 환자의 퇴원에 따른 결과에 대한 두려움'(p. 85), '의사결정 과정에서의 무력감'(p. 85), 그리고 '변화의 동기가 예산 절약과 관련이 있을 것이라는 의구심' 등이다.

앞에서 지적한 바와 같이, 가족들은 애초에 자기 가족을 시설에 보내기로 결정할 때 심한 불화를 경험했을 수 있다. 연구에 따르면, 탈시설화에 대해 가장 크게 반대한 가정은 처음 시설 입소를 결정할 당시에 더 심한 스트레스를 경험한 가정이었다(Conroy & Latib, 1982). 부조화 이론[7](Festinger, 1959)에 의하면, 가족을 시설에 입소시키는 어려운 결정으로 가장 큰 정서적인 고통을 겪었던 가정이 나중에 시설이 발달장애인을 위한 최선의 선택이 아닐 수 있다는 현대적 개념으로 전환하는 데 가장 크게 어려움을 겪을 수 있다. 이러한 가족들은 발달장애가 있는 가족 구성원과 자기 가정을 위해 시설 입소가 최선의 선택이라는 믿음으로 부조화의 문제를 해결하였을 것이다. 탈시설 발표 후 새로운 부조화는 탈시설을 반대하고 자신들의 당초 시설 입소 결정이 옳았다는 것을 재확인하려는 투쟁으로 나타났다. 타바타바이니아(2003)는 '자파르(Zafar)'(가명)라는 시설에 관한 시설화 및 탈시설화에 대한 가족들의 인식을 조사하면서, "어떤 경우에는 가족들이 자기 식구를 자파르 시설에 수용하기로 한 자신들의 결정이 옳았다는 것을 재확인하기 위해 자파르 시설에 대해서 긍정적인 견해를 유지하기로 결정했을 수 있다"(p. 253)고 했다.

맥터넌과 워드(McTernan & Ward, 2005)는 발달장애인을 위한 모든 시설의 폐쇄와 관련하여 부모와 보호자를 대변하는 매우 열정적인 관점의 논문을 제시했다. 그들은 가족들이 종종 어떤 유형이 다른 유형의 주거환경보다 우월하다는 주장에 대해 혼란스러워한다는 점에 주목했다. 그들은 지역사회 서비스 제공기관의 직원 역량과 이직 문제 및 급여와 관련된 문제, 일관성, 친구 관계, 고립, 건강 관리 및 정서적 트라우마 등에 관한 가족들의 우려를 언급

---

5 역자 주: 집합주택(cluster housing). 비교적 가깝게 집단적으로 위치하면서 공동 편의시설을 공유하는 소규모 주택들로 구성된 그룹.

6 역자 주: 집단 케어(congregate care). 일시적 또는 장기적 상시 케어 서비스를 제공하는 주거환경이 포함된 시설. 장애아동 보호시설 또는 요양시설을 포함한 노인주택의 한 유형을 지칭하기도 함.

7 역자 주: 부조화 이론(dissonance theory, 인지부조화 이론). 자신의 태도와 행동을 조화롭게 유지하고 부조화를 피하려는 내적인 욕구를 가지고 있다는 이론.

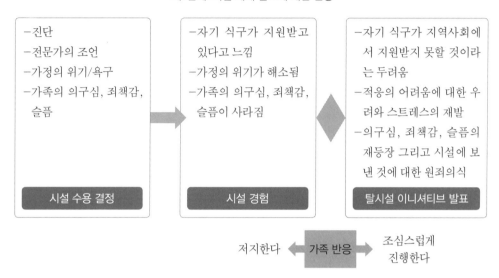

전환에 따른 가족의 경험
제3단계: 시설 폐쇄 발표에 대한 반응

했다. 그러나 못지않은 열정을 가진 정반대의 주장이 다른 부모들에 의해 제기되었다. 복잡한 장애를 가진 젊은 남성의 부모인 수 스웬슨(Sue Swenson, 2005)은 맥터넌과 워드에 대해 몇 가지 반대 의견을 제기했다. 그녀는 시설의 유지를 원하는 부모 옹호자들은 자신들의 가족 구성원이 다른 사람들보다 더 중한 장애를 갖고 있으며, 장애의 정도가 중하기 때문에 시설에 있어야 한다고 주장한다고 했다. 스웬슨은 이것이 검증되지 않은 가정일 뿐이라고 주장했다. 더 나아가 그녀는 다음과 같이 반박했다.

주에서 운영하는 대형 시설에 거주하는 몇몇 사람들은 매우 심각한 의료적 케어가 필요한 상태이며, 아마도 그들 중 일부에게는 필요한 의료적 서비스가 시설 환경에서 잘 지원됐을 수도 있다. …… 하지만 주정부가 제공하는 건강 관리는 만병통치약이 아니다. 소수의 사람들이 지원을 받았지만 많은 사람들은 무시되었다. 어떤 시설들에서는, 치아를 빼는 것이 여전히 '치과 치료'로 간주된다. 이와 같은 정도의 의료적 케어를 필요로 하는 많은 사람들이 개별화된 지원으로 안전하고 건강하게 지역사회에서 살고 있다. 높은 수준의 의료적 관리를 요하는 사람들이 전환을 하려면 정교한 계획과 신중한 실천이 필요한 것은 사실이지만 불가능한 일이 아니며 건강 상태도 종종 개선된다(p. 225).

1984년 연설(Turner & Turner, 1985에서 인용)에서, 당시 온타리오주 시설연락그룹연합회 (Federation of Ontario Facility Liaison Groups)의 부회장 스튜어트 롭(Stuart Robb)은 탈시설화로 인해 가족 구성원의 이주에 직면한 가족들의 감정을 다음과 같이 요약하였다.

> 그룹홈에서 시설과 같거나 더 나은 삶을 누릴 수 있다고 확신할 수 있다면, 자기 자식이 그룹홈이 아닌 시설에 살기를 정말로 원하는 부모가 있을까 상상이 되지 않는다. 우리는 모두 장애인들을 위한 최선의 것을 바란다. 그러나 일부의 장애인들에게는, 정말 '일부'의 장애인들에게는 그룹홈이나 지역사회 주거환경이 최선의 방법이 아니라는 것이 우리들 대다수의 생각이다(p. 6).

베리(Berry, 1995)와 데이비드 등(David et al., 1981)은 가족들이 탈시설화에 관해서 정보에 입각한 선택을 하기에 충분한 최신 정보가 없다고 지적했다. 발달장애가 있는 가족 구성원이 시설에 살고 있을 때, 가족들은 대개 지역사회 서비스에 관여하지 않았으며, 일반적으로 지난 수십 년에 걸쳐 극적으로 발전하고 변화한 지역사회 생활과 지역사회 지원 옵션의 폭과 범위를 알지 못했다. 가족들은 대체적으로 더 많은 정보를 요구하지 않지만, 가족들의 탈시설에 대한 이해를 돕기 위해서 지역사회 생활에 관한 교육의 필요성은 명백했다(David et al., 1981). 가족들은 자기 식구와 비슷한 장애인이 지역사회에서 성공적으로 지원을 받고 있다는 것을 알지 못했을 수도 있다. 부모들은 프로그램의 운영자들을 자선 봉사단체라고 부르기도 했다. 그들은 시설에서는 자기 식구를 훈련된 직원들이 돌보는 반면, 지역사회의 그룹홈과 프로그램은 자원봉사자들에 의해 운영된다고 오해하고 있었다. 타바타바이니아 (2003)는 가족이 지역사회에서 직원 배치 패턴에 대한 인식 때문에 전환을 거부하는 경우가 자주 있다고 했다. 보다 구체적으로, 그들은 직원 배치 패턴이 적당하지 않고, 직원들은 자격 미달이며, 서비스 제공기관의 직원 이직률이 높은 것으로 인식하고 있었다. 가족들은 지역사회 서비스가 일반적으로 그 정도 수준의 서비스를 필요로 하는 장애인에게는 하루 24시간, 주 7일 지원을 제공한다는 사실을 잘 모르고 있었다. 또한 부모들은 지역사회 주거 프로그램을 지원하기 위해 지역사회 내에서 개발된 여러 전문영역 자원을 포괄하는 서비스를 알지 못했을 수 있다.

앞의 논의는 탈시설 계획 과정에서 중요하면서도 종종 무시되는 영역인, 가족들을 먼저 준비시키는 것에 관한 것이다. 발달장애가 있는 가족 구성원의 송환에 직면한 가정들은 지역사회 전환 과정 및 향후에 지원을 제공할 수 있는 거시적 시스템 및 이용 가능한 지역사회 서비스에 대한 정확하고 시기적절한 정보를 필요로 한다(Berry, 1995; David et al., 1981). 이러한 교육적 요소가 없다면, 가족들은 지역사회 서비스에 관한 정보를 그들의 식구를 부양해 왔던 시설 직원들에게 의존할 가능성이 높다.

터너와 터너(Turner & Turner, 1985)는 캐나다 온타리오주 사회복지부(MCSS) 남서부 지역 사무소로부터 1980년대의 탈시설화 5개년 계획에서의 시설 축소 및 폐쇄 프로세스에 대한 피드백을 의뢰받았다. 그들의 보고서는 무엇이 누구에게 효과가 있었는지에 대한 지속적인 프로세스 평가를 위해 광범위한 권고안을 제시했다. 이 논문의 매우 중요한 권고 사항은 부모와 보호자가 그 과정에 더 적극적으로 참여하도록 하라는 것이었다.

탈시설 전환 후 가족 태도의 변화

이 장의 앞부분에서 논의한 바와 같이, 지역사회로 이주한 후 가족 태도의 변화에 관한 연구들은 상당히 일치한다. 일반적으로 가족들은 주거 전환 후에 그들이 가졌던 초기의 부정적인 혹은 회의적인 견해를 극적으로 바꾸었다(Braddock & Heller, 1985; Tøssebro & Lundeby, 2006). 테세브로와 룬데비(2006)는 또한 "가족의 태도에서, 시설을 원하는 것은 아니지만 심각한 발달장애 및/또는 도전적 행동을 보이는 사람들에게는 시설이 필요하다는 생각은 나타나지 않았다"(p. 118)는 것을 발견했다. 전환 이전의 태도와는 대조적으로, 가족들은 일반적으로 지역사회 서비스에 만족했고 많은 이들이 탈시설화의 열렬한 옹호자가 되었다(Conroy & Latib, 1982; Cummins, Polzin, & Theobald, 1990a, 1990b; Grimes & Vitello, 1990; Griffiths, 1985; Heller et al., 1988; Lord & Hearn, 1987; Tuvesson & Ericsson, 1996). 그리고 테세브로와 룬데비(2006)는, 시설 폐쇄에 대하여 초기 불안에서 이후 수용으로의 태도 변화는 탈시설화를 착수하는 지자체들이 초기 반대에 직면하여 의제를 단념하여서는 안 된다는 것을 시사한다고 제시했다. 그리피스(Griffiths, 1985)는 온타리오주의 파인리지 시설이 폐쇄되고 1년이 지난 후 부모의 견해를 수집했다. 모든 가족이 연락을 받았고 가족의 58%가 응답하여 설문조사에 대한 높은 응답률을 보였다. 정리한 내용은 다음과 같다.

- 응답한 가정의 94%가 그들의 가족 구성원의 주거 배치에 만족했다. 응답자 중 대다수는 가족 구성원이 받은 개인적 보살핌과 배려, 물리적 환경의 품질, 가정적이고 가족적

인 분위기, 직원의 케어와 관심, 그리고 가족 구성원이 그들에게서 더 가까워졌다는 점에 대해 긍정적이었다.

• 압도적 비율인 97%의 가족이 결정 과정에 자신들이 참여한 것으로 느꼈고, 84%는 가족 구성원이 이주하기 전에 그 장소를 방문할 수 있었다.
• 85%는 가족 구성원이 더 잘 지내고 있다고 느꼈고, 14%는 거의 같다고 느꼈다. 단지 한 가족만이 자기 식구가 시설에서보다 더 못 지낸다고 답했다.
• 95%의 가족은 가족 구성원이 필요로 하는 지원을 지역사회에서 받을 수 있다고 느꼈다.
• 48%는 가족 구성원을 더 자주 방문했으며 19%는 지역사회로 이주한 후 가족과의 관계가 더 좋아졌다고 느꼈다.
• 38%는 탈시설 후 당사자가 매우 훌륭한 삶의 질을 경험하고 있다고 느꼈고, 47%는 당사자의 삶의 질이 좋다고 느꼈고, 11%는 적절하다고 느꼈으며, 3%만이 개선이 필요하다고 느꼈다.

여기서 주목해야 할 점은, 이 설문조사에 응한 가족 중에는 당초 시설 존치 소송을 제기하는 등 시설 폐쇄에 대한 우려의 목소리를 높였던 부모도 포함되어 있다는 것이다.

연구 논문들은 대체적으로 그리피스(1985)가 제시한 결과와 일치한다. 가족 태도의 긍정적인 변화와 탈시설화에 대한 보다 긍정적인 인식은 지역사회로의 전환 이후에 나타났다. 가족의 태도 변화는 가족 구성원의 발달에 있어 긍정적인 변화가 보이는 반면, 부정적인 결과가 별로 보이지 않은 것에 기인한다. 가족들은 다음과 같은 많은 긍정적인 변화를 언급했다. 자기관리(Dunt & Cummins, 1990; Grimes & Vitello, 1990), 식사, 배변 및 씻는 기술(Cummins & Dunt, 1988), 보다 다양한 일상생활(Cummins & Dunt, 1990), 지역사회 참여와 상호작용(Cummins & Dunt, 1990; Emerson & Hatton, 1996), 정원 가꾸기, 취미, 산책 및 교회 출석과 같은 여가 활동 참여(Cummins et al., 1990b), 도전적 행동의 감소 및 적응 능력의 증가(Conroy, Spreat, Yuskauskas, & Elks, 2003), 행복(Conroy & Latib, 1982: Grimes & Vitello, 1990), 그리고 가족과의 접촉 증가(Conroy et al., 2003; Emerson & Hatton, 1996; Spreat & Conroy, 2002) 등이다.

앞에서 인용한 연구들은 전 세계의 문헌 중에서 가장 중요한 연구 결과를 대표하지만, 이전의 연구에서는 약간의 차이점이 보고되기도 했다. 그라임스와 비텔로(Grimes & Vitello, 1990)는 인간관계나 서비스의 가용성에 관한 가족들의 믿음에서 변화를 찾지 못했다. 그들은 또한 시설에서의 서비스에 비해 지역사회 주거환경에 대한 가족들의 만족도가 현저히 낮았고, 당사자의 가족 방문은 그렇지 않았지만 가족이 당사자의 새 집에 방문하는 빈도가 크게 줄었다고 보고했다. 여기서 주목할 점은 이 연구에서 가족들이 당사자 방문에 관하여 거리의 문제를 언급하면서, 당사자가 집에서 더 가까운 곳에 배치되기를 원한다는 것을 표현했다는 것이다. 테세브로와 룬데비(2006)는 당사자가 시설을 떠난 직후에 조사했을 때보다 10년 후에 가족들의 '서비스와 동료 거주인 선택'에 대한 만족도가 줄어들었다고 보고했다 (p. 118). 그러나 시설로 되돌아가는 것이 적절하다고 가족들이 생각하지는 않았다.

콘로이와 라티브(1982)는, 가족들은 전환 후 6~12개월 후에도 가족 구성원의 발달 가능성에 대해 여전히 부정적인 태도를 가지고 있다는 것을 발견했다. 그러나 그라임스와 비텔로(1990)는 전환 후 3~7년 후에 훨씬 더 높은 기대감을 보고했다.

일부 연구에서는 가족들이 탈시설 1년 후에 정상화 개념에 대해 더 긍정적이었으며 (Grimes & Vitello, 1990; Heller et al., 1988), 지역사회 주거 전환에 대해 보다 수용적이었다고 보고했다. 하지만 가족에 대한 두 가지 중요한 우려는 여전히 남아 있었다. 첫째, 가족들은 향후 다른 지역사회 주거환경으로의 재이전에 대해 걱정했고(Heller et al., 1988; Rudie & Riedle, 1984), 향후 최소제한 환경[8]으로의 이주에 대해서는 여전히 지지하지 않았다(Grimes & Vitello, 1990). 둘째, 콘로이와 라티브(1982), 그리고 그라임스와 비텔로(1990)는 가족들이 직원의 이직과 재정 지원에 대해 여전히 우려하고 있다고 언급했다. 그러나 후자의 연구에서는 지역사회 전환이 가족에게 더 많은 부담을 줄 것이라고 더 이상 생각하지 않는다고 보고했다. 그라임스와 비텔로(1990)는 몇몇 부모들이 젊고 급여가 적으며 불충분한 교육을 받은 직원들, 지역사회 서비스의 부족(여가, 치과 치료, 교통), 그리고 식단에 대해 우려를 나타냈다고 기록했다. 가족들은 보다 자격을 갖춘 직원들, 직원들에 대한 더 많은 관리 감독, 그리고 더 많은 의사소통을 통해 지역사회로의 전환이 증진될 수 있다고 제안했다. 이러한 연구들이 있은 이후 지역사회 서비스가 발전해 왔지만, 해당 지역의 지역사회 서비스에 대한 현실적인 정보를 제공하지 않는 한, 이러한 가족의 두려움은 계속될 가능성이 높다.

---

8 역자 주: 최소제한(least restrictive) 환경. 장애인에 대해 불가피하게 주어지는 제한을 최소화하여야 한다는 개념.

요약

요약하자면, 탈시설 과정 전반에서 당사자 가족에 대한 지원은 이들 가족의 삶의 경험을 고려해 세심한 배려를 필요로 한다. 1970년대 이전에는 발달장애가 있는 가족을 시설에 보내기로 한 결정은 전문가들이 권장하는 돌봄의 기준이었고, 당사자와 나머지 가족 모두에게 최선의 방안으로 여겨졌다. 연구에서 반복적으로 확인된 결과는, 가족 구성원이 지역사회 기반 소규모 주거환경으로 이전되었을 때 일부 가족들은 안도감을 느꼈지만(예: Doody, 2012), 다른 가족들은 탈시설화에 적극적으로 저항했다(예: Conroy & Latib, 1982)는 것이다. 가족들이 공포감을 갖는 이유로는 지역사회 기반의 지원과 서비스의 가용성에 관한 정보 부족, 지역사회 직원의 훈련과 능력에 대한 우려, 그리고 가족 구성원이 애초 시설에 입소하게 된 이유였던 지역사회 생활에 성공하지 못할 것이라는 불신감 등이 있다. 또한 몇몇 연구에 따르면 어떤 가정은 지역사회 이주에 대해 여전히 우려하고 있었는데, 이러한 우려는 지역사회 주거환경이나 성공적이지 못했던 전환에 대한 가족의 경험과 관련이 있을 수 있다(예: Grimes & Vitello, 1990). 그러나 더 공통적으로 나타난 현상은, 처음에 시설에서 지역사회로 전환하는 것에 대해 거부감을 느꼈던 가족들이 점점 이러한 변화를 더 잘 받아들이게 되었다는 것이다. 지역사회 서비스에 전적으로 만족하지 않는 가족들조차도 지역사회 생활에 대한 의지가 강한 것으로 나타났다(Tøssebro & Lundeby, 2006).

부모이자 탈시설 옹호자인 수잔 스웬슨(Susan Swenson, 2004)은 이렇게 말했다.

> "장애가 너무 심하기 때문에 자신의 이름을 가질 권리, 정체성을 가질 권리, 가정에서 성장하고 인간관계를 가질 권리, 학대를 받지 않을 권리, 재산을 가질 권리, 지역사회에 참여할 권리와 같은 인권을 가질 수 없다는 생각을 우리는 받아들이지 않는다. 당신은 당신 자체로서 권리가 있다. 시설화는 이러한 권리들을 위협한다. 그러므로 아무리 장애가 중한 사람이라도 시설화되어서는 안 된다(p. 1)."

시설화 시대의 종말: 온타리오주의 경험[1]

도로시 그리피스(Dorothy Griffiths), 프랜시스 오웬(Frances Owen), 제프리 하멜린(Jeffery Hamelin),

모리스 펠드먼(Maurice Feldman), 로즈마리 콘딜락(Rosemary A. Condillac), 얀 프리지터스(Jan Frijters)

이 장에서는 캐나다 온타리오주라는 하나의 자치 지역에서의 발달장애인에 대한 시설화의 발전과 퇴화의 과정을 돌아본다. 북미 전역의 다른 많은 지역에서도 비슷하지만 동일하지는 않은 변천의 과정이 뒤따랐다. 이 장은 역사상의 탈시설화 과정을 살펴보고, 온타리오주에 남아 있던 정부 운영 발달장애인 시설 폐쇄의 결과를 다루는 이 책의 제2부의 배경을 제공하고자 한다.

1800년대 이전에는 온타리오주에 사는 발달장애인을 위한 체계적인 서비스가 없었다(Radford & Park, 1999). 그들에 대한 케어와 지원은 가족의 책임이었다. 가족들이 지원을 할 수 없었던 곳에서는 자선 단체나 감옥이 마지막 피난처가 되었다. 온타리오주의 첫 번째 시설은 1876년 오릴리아에서 문을 열었다(그리고 2009년에 문을 닫았다). 처음에 시설이 만들어진 것은 장애인의 특수한 욕구에 대응하고 추후 일반 사회에서 살 수 있게 하기 위한 훈련 프로그램을 제공하기 위해서였지만(Radford & Park, 1999), 대부분의 역사가들은 발달장애를

---

1 저자 주: 「탈시설 이니셔티브에 대한 문헌 연구: 온타리오주에서 발달장애에 대한 지방정부 운영 시설 시대의 종말(Literature Review for the Facilities Initiative: The End of the Era of Provincially Operated Facilities for Persons with Intellectual Disabilities in Ontario)」(Dorothy Griffiths, Frances Owen, Jeffery Hamelin, Maurice Feldman, Rosemary A. Condillac, & Jan Frijters, 2009, 미출간 원고, 온타리오주 세인트 캐서린스, 브록 대학교)에 기초함.

가진 사람들을 위한 고립된 집단 주거환경의 개발과 성장의 원동력에 있어 우생학 운동의 중요성을 지적한다(Simmons, 1982). 19세기 초 온타리오주 입법부의 기록은, 사회의 도덕적 구조에 위협과 위험으로 여겨졌던 발달장애인을 격리하고 통제하려는 매우 강력한 정치적 힘이 작동하고 있었음을 보여 준다(Simmons, 1982).

시몬스(Simmons, 1982)는 1920년대의 온타리오주 정책에서 다음과 같은 문구를 인용했다.

> 지능지수(IQ) 50 미만인 아동은 시설에 배치될 것이다. 지능지수가 50 이하인 아이는 사실상 가망이 없다. 이 불행한 아이는 백치나 저능아에 속한다. …… 가난한 부모를 둔 지능지수 50 미만인 아이들은 시설에 입소시켜서 평생 거기서 살도록 해야 한다(p. 117).[2]

제2차 세계대전 이후, 온타리오주의 시설들은 한계 상황에 도달했다. 예를 들어, 나중에 후로니아 지역센터(Huronia Regional Centre)로 불리게 된 오릴리아의 시설은, 당초 150명을 수용하기 위해 설계되었지만 1961년에 와서는 2,800명을 수용하도록 확장되었다(Radford & Park, 1999). 오릴리아의 열악한 환경에 대한 우려는 이미 1913년부터 제기되었지만 아무런 변화도 일어나지 않았다. 대신, 스미스폴스(Smiths Falls) 시설을 건축하려는 계획이 세워졌는데, 그 후 리도 지역센터(Rideau Regional Centre)로 이름이 바뀌어 1951년에 문을 열었고 나중에 2,000명 이상을 수용하는 대형 시설로 성장했다(Anglin & Braaten, 1978; Radford & Park, 1999).

지역 단체들도 생겨나기 시작했다. 1953년에 자녀들의 케어를 걱정하는 부모들에 의해 온타리오 정신지체아동협회(Ontario Association for Retarded Children)가 만들어졌는데, 이들은 자신들의 자녀를 시설에 보내지 않기로 마음먹었다. 이 영향력 있는 단체는 20세기 초에 시작된 발달장애인의 교육권을 위한 오랜 투쟁에서 그 뿌리를 찾을 수 있다. 교육권 운동은 미국의 세긴(Seguin), 온타리오의 알렉산더 비튼(Drs. Alexander Beaton)과 헬렌 맥머치(Helen McMurchy)의 영향을 받았다. 운동 결과 1911년 「특수학급법」이 제정되어 지능지수 50 이상으로 평가받은 아이들을 위한 학급이 만들어졌다. 지능지수가 이보다 낮은 수준의 아이들을 위한 온타리오의 첫 번째 학급은 1947년 커크랜드레이크(Kirkland Lake)에 설립되었다.

---

2 저자 주: '백치' '저능아' 등의 용어는 그 당시에는 과학적인 표현이었음.

1948년 9월 29일,『토론토 데일리스타(Toronto Daily Star)』신문에 학교 프로그램에서 제외된 발달장애 아동들에게 필요한 지원을 온타리오 정부에 촉구하는 익명의 편지가 전해졌다. 이 편지는 정신지체아부모협회(Parents' Council for Retarded Children)의 발족을 촉발하였고, 이들은 봉사단체의 지원을 받아 1951년에 '훈련이 가능한 정신지체'로 규정된 사람들을 위한 학급을 만드는 데 성공하였다. 이 단체와 유사한 부모단체가 통합하여 1953년에 설립한 것이 온타리오 정신지체아동협회(OARC)였다. 그들의 주된 목표는 회원들이 개설한 학급과 학교를 위해서 지방정부로부터 기금을 확보하는 것이었다(Anglin & Braaten, 1978). "1953년 7월에 교육부가 OARC에서 운영하는 학급에 학생 1인당 월 25달러의 보조금을 지급하겠다는 기쁜 소식이 발표되었다"(Anglin & Braaten, 1978, p. 9). 이러한 성공에 자극받아 캐나다의 다른 지방에 있는 단체들도 해당 지방 공무원들에게 유사한 지원을 요구하게 되었다.

지금의 온타리오 지역사회생활협회(Ontario Association for Community Living)인 OARC의 역사 기록에서, 교육과 훈련이 추진된 것에 대해 베티 앵글린과 준 브라텐(Betty Anglin & June Braaten, 1978)은 당시 상황에 대한 가족들의 우려가 표현된 것이라고 묘사했다. "이제 부모 및 관련 전문가들은 정신지체인들이 평생 동안 시설 보호를 받아야 한다는 보편적이고 단일한 해결책을 거부할 때가 되었다"(p. 3). 1953년 즈음의 OARC는 좀 더 소규모이고 지리적으로 덜 고립된 시설을 옹호했다. 하지만 진정한 탈시설화의 모멘텀은 피에르 베르통(Pierre Berton)의 오릴리아 방문으로 시작되었다(Anglin & Braaten, 1978). 베르통은 당시 OARC의 회장이었던 제리 앵글린(Jerry Anglin)과 함께 1959년 12월 31일에 오릴리아를 방문했던 경험을『토론토 스타』신문의 논설위원 자격으로 기술했다. 표면적으로 그들의 방문 목적은 제리의 열두 살 난 아들 마크(Mark)를 시설로 돌려보내기 위한 것이었지만, 베르통의 의도는 그 시설의 상태에 대해 들었던 소문을 확인하기 위한 것이었다. 그 결과, 1960년 1월 6일 「오릴리아에 무슨 일이? 눈에서 멀어지면 마음도 멀어진다(What's Wrong at Orillia: Out of Sight, Out of Mind)」라는 제목의 글에서 그 시설의 가장 오래된 부분 중 일부를 돌아본 그의 소감을 상세히 기술했다.

이런 오래된 건물을 방문하는 것은 괴로운 일이었다. …… 화재가 나면 어쩌나 하는 생각만 해도 머리카락이 곤두섰다. …… 목조 천장은 페인트가 커다랗고 곱슬곱슬한 조각으로 벗겨져 있었고, 석고 벽의 엄청나게 갈라진 구멍 사이로는 뒤쪽의 선반들이 보였다. 지붕이 새고 바닥에 난 구멍들은 합판으로 메워져 있었다. 침대들은 서로 머리를 맞대고 촘촘히 들어서 있고, 어떤 것들은

30센티미터도 채 떨어져 있지 않았다. 70인실로 지정된 방인데, 세어 보니 90명이 있었다. …… 정치적인 이유가 오릴리아의 상황을 더 심각하게 만들었다. 이 병원은 원래 6세 이상의 어린이들을 위해 설립되었다. 지금은 그 나이보다 어린 아이들로 심하게 붐비고 있다. 오릴리아의 진정한 문제는 정치적인 방임이다(Berton, 2013).

베르통의 칼럼은 매튜 다이몬드(Matthew Dymond) 박사의 관심을 끌었다. 그는 〈거리마다 하나씩(One on Every Street)〉이라는 제목으로 오릴리아 시설을 주제로 한 영화 제작을 의뢰했는데, 앵글린과 브라텐(1978)에 의하면 이 영화는 "대중으로 하여금 개혁을 요구하도록 과감히 격려한, 용기 있는 선출된 정치인에 대한 찬사"(p. 34)가 되었다.[3] 앵글린과 브라텐은 이 영화가 OARC와 온타리오 정부 사이의 새로운 협력 정신을 키웠다고 했다. 다이몬드 박사는 1967년 1월 27일 『정신장애 및 정서장애가 있는 아동을 위한 서비스(Services for Children with Mental and Emotional Disorders)』라는 제목의 글을 제출했다. '청사진' 또는 '청서(bluebook)'로 알려진 이 보고서는 계획과 서비스 개발에 있어 온타리오주의 보건부, 교육부, 복지부, 법무장관, 시설개혁부 등 부처 간의 협력적 접근법 개발과 같은 방대한 개혁을 주창하는 내용이었다. 그의 글은 또한 이 부처들이 전문가와 자원봉사단체들과 협력할 것을 권고했다. '청서'의 주요 메시지는 지역사회 자원의 확대와 조정 그리고 "자녀를 불필요하게 가정과 지역사회로부터 격리하는 것을 방지하기 위해서 모든 노력을 경주할 것"(Dymond, 1967, p. 11)이라는 확언이었다. 많은 사람들은 온타리오의 탈시설화 운동이 바로 이 중요한 자료의 출간에서부터 시작된 것으로 보고 있다.

또한 1960년대에 와서는 캐나다 정신지체협회(Canadian Association for the Mentally Retarded)가 주도하고 연구 기관인 국립 정신지체연구소(NIMR)가 협력하여, 정신지체인을 위한 강력한 전국적 협회들의 네트워크가 생기게 되었다. NIMR의 방문학자(visiting scholar)이자 곧 이 분야의 리더가 된 울프 울펜스버거(Wolf Wolfensberger, 1972)는 발달장애인의 삶의 정상화를 제안했고, 이를 위해 시설 폐쇄가 가장 중요한 단계로 대두되었다. 1966년 「정신지체인을 위한 주택법(Homes for Retarded Persons Act)」이 통과되면서 새로 주택을 건설하

---

3 역자 주: 매튜 다이몬드 박사는 온타리오 진보보수당 소속 온타리오주의회 의원으로 1958년부터 1969년까지 보건부 장관으로 재직함. 〈거리마다 하나씩〉은 그가 장관으로 재직하던 1960년경 온타리오주 보건부에서 제작한 영화임.

는 기관에 대해 침대당 5,000달러, 개조를 한 주택에 대해서는 침대당 1,200달러의 정부 지원이 제공되었다. 정부는 또한 주택의 운영과 관련된 비용의 80%를 지원하기로 동의했다. 그러나 이는 지역의 단체들에게는 복잡한 사업이었으며 상당한 비용이 드는 일이었다. "지역사회 주거가 시설 수용에 대한 실행 가능한 대안이 될 수 있을 만큼 충분한 숫자를 확보하기까지는 배워야 할 것이 많았다"(Anglin & Braaten, 1978, p. 41). 1970년에는 온타리오주의 9개 지역 협회가 지역사회 주택을 운영하였고, 다른 협회들은「정신지체인을 위한 주택법」의 엄격한 요건을 통과하기 위해 노력하고 있었다(Anglin & Braaten, 1978).

온타리오주에서 탈시설화에 초점을 두기 시작한 것은 1970년대였다. 스미스폴스 시설에서의 자살 사건과 시설을 퇴원한 어느 남성을 방치한 사건에 대한 조사 등을 포함한 시설에 관한 조사가 있은 후, 월터 윌리스턴(Walter B. Williston)이라는 토론토의 저명한 변호사는 보건부 장관으로부터 발달장애인을 위한 서비스 실태 조사를 의뢰받았다. 그 결과 보고서인「온타리오주에서의 정신지체인의 케어 및 관리 현황」은 온타리오주의 모든 시설을 폐쇄할 것을 권고했다. 보고서에서 그는 다음과 같이 기술하였다.

> 정신지체인을 위한 대규모 다목적 주거병원에서의 한 세기에 걸친 실패와 비인간적인 처사 그 자체만으로도 시스템에 내재된 약점을 경고하고, 우리들로 하여금 더 나은 해결책을 찾도록 독려하기에 충분하다고 생각한다(Ministry of Health, 1971, p. 69).

나아가 그는 이렇게 기술했다.

> 개인이 사회에서 기능할 수 있도록 하기 위한 기본적 필수품과 지원을 마련하는 것은 우연이나 자선의 문제가 아니라 공적 비용으로 제공되어야 하는 기본적 인권으로 인식되어야 한다(Ministry of Health, 1971, p. 4).

월리스턴은 일종의 원스톱 접근 방식의 조직화된 지역사회 서비스 방식을 권고했는데, 그의 보고서가 공개된 후 10여 년 후에야 온타리오에서 사용되었다(Stainton, 1995). 스테인턴(Stainton, 1995)은 대형 시설의 거주자들을 자기 출신지 부근의 소규모 시설로 옮기기로 한 정부의 결정은 윌리스턴의 권고에 대한 실망스러운 반응이라고 평했다. 그러나 당시 정신지체에 관한 태스크포스(TF) 의장으로 활동하던 로버트 웰치(Robert Welch, 1973) 사회개발부 장관이 나중에 발표한 보고서에서는 윌리스턴 보고서의 권고 사항을 이행하는 데에 초점을 맞췄다. 그 보고서는 발달장애인에 대한 책임을 사회복지부로 이관하고, 지역사회 돌봄 네트워크를 구축할 것을 권고했다.

1975년 이후 지역사회 생활로의 복귀 운동이 점진적으로 진행되었지만 겨우 2,800개의 주거지가 개발되었고, 2,415명의 성인이 지역사회로 이주했을 뿐이었다. 하지만 조류는 바뀌고 있었다. 지역사회 서비스에 대한 정부 지원은 1960년대와 1970년대에 걸쳐 느리지만 꾸준히 성장해 왔다. 웰치 보고서의 여파로 정부 재정 지원이 극적으로 증가했다. 발달장애가 있는 온타리오 주민에 대한 서비스 책임이 보건부에서 사회복지부로 이관되면서 재정적인 혜택이 있었다. 캐나다 지원 계획(CAP)[4]에 따라, 1967년 「정신건강법」에 의해 연방 비용 분담을 받을 자격이 없는 시설에 거주하던 사람들이 정부 부처의 이관으로 인해 연방 기금 지원 자격을 얻게 되었다(Simmons, 1982).

1974년 「발달장애서비스법」은 정부로 하여금 비시설화 및 탈시설화를 위한 정책을 시행하도록 하였다. 1970년대 중반, 온타리오 경제는 확장기에 놓여 있었다. 지역사회 주거, 발달장애 프로그램, 직업 서비스 및 지원 서비스 개발에 상당한 정부 투자가 이루어졌다. 하지만 시설로부터 지역사회 지원으로의 전환이 반드시 순조롭지만은 않았다. 1974년 사회복지부는 토론토 대학교 사회복지학과 카밀 램버트 주니어(Camille Lambert Jr.) 교수에게 의뢰하여 "정신지체 성인들이 현재 온타리오에서의 지역사회 생활에 어떻게 대처하고 있는가"를 조사하도록 했다(Lambert, 1976, 서문). 램버트 박사는 온타리오주에서 당시 가족수당을 받고 있는 전체 인구 약 10,000명 중 373명의 표본을 대상으로 기능 및 생활환경을 조사했다. 그는 보고서를 준비하는 과정이 "우울하고 마음이 아팠다"(p. 3)고 묘사했다. 연구 대상자들에 대한 설명은 다음과 같았다.

> 많은 이들이 절망적인 삶을 살고 있었고, 그들과 함께 살고 있는 사람들도 마찬가지였다. 사회가 그들에게 부과한 엄격하고 불공평한 기준에 미치지 못했기 때문에 대부분은 사회에서 동떨어지고 잊혀졌다(p. 3).

4 역자 주: 캐나다 지원 계획(Canada Assistance Plan: CAP). 1966년에 만들어진 협력적 연방주의 재정 프로그램. 연방정부와 주, 지역 정부 간의 비용 분담 협정으로 연방정부가 적격 사회 프로그램에 부분적으로 자금을 지원하는 내용이 포함되어 있음.

램버트(Lambert, 1976) 박사는 발달장애가 있는 사람들에게 지역사회 주거 옵션이 거의 없다고 보고했다. 그의 연구에 참여한 사람들 중 85%가 가족이나 친척들과 함께 살았다. 어떤 사람들은 부모 또는 부모 중 1명과 함께 살았고, 다른 사람들은 형제자매나 다른 친척들과 함께 살았다.

> 이러한 수치들은 정신지체 남성이나 여성을 시설에서 지역사회 주거환경으로 이전하기 위한 조건 중 하나로 그 사람을 돌볼 책임을 질 의향이 있는 가족 구성원의 존재 여부를 따지는 것이 타당한지 의문을 제기한다(Lambert, 1976, p. 4).

램버트 박사는 당시 발달장애인들에게 가능한 대안적 생활방식은 오직 두 가지가 있을 뿐이라고 했다. 즉, 적절한 주거환경과 케어를 받을 수 있는 요양원이거나 아니면 혼자 사는 방식인데, 후자는 지원과 보호 또는 기본적인 생활 필수품이 불충분할 가능성이 높았다. 돌봄 제공에 대한 가족의 스트레스를 감안하여 램버트 박사는 발달장애인의 능력 상실을 방지하고 돌봄 제공자의 부담을 줄이기 위해서 발달장애인에게 개선된 훈련을 제공할 것, 발달장애인이 지역사회 활동에 통합되도록 교통과 활동지원을 포함한 지역사회 서비스를 개선할 것, 그리고 '정신지체 성인의 부모에 대한 휴식과 지원을 위한 프로그램'(p. 6)을 제공할 것 등을 권고했다. 그는 또한 발달장애인이 잊히지 않도록 사회의 포용성을 역설했다.

스테인턴(1995)은 정부 부처의 담당자 변경, 온타리오 정신지체협회가 정부 정책 결정에 미치던 정치적 영향력의 감소, 초기 탈시설 운동을 부채질했던 부모운동에 대한 정부의 수용성 감소 등으로 인해서 사회복지부의 탈시설화 추진력이 다소 약화되었다고 설명하였다. 시설 직원들을 대표하는 노동조합과 그룹홈 건축을 달갑지 않게 생각하는 지역사회의 저항은 1970년대의 탈시설 운동에 더 큰 장벽이 되었다. 정부가 건설한 소규모 지역 시설과 대형 시설들은 자신들의 역할을 재구성하였다. 스테인턴에 따르면, 이러한 요인들로 인해서 1970년대 말까지 온타리오주의 시설 거주 인구는 그다지 감소하지 않았다. 그럼에도 불구하고, 1970년대에 배운 교훈들은 1980년대의 성공으로 이어졌다. 가장 주목할 만한 교훈은 "정책 개발에 대한 합리적이고 중도적 접근 방식"으로부터 "정책은 가장 직접적으로 연관된 사람들로부터 나와야 한다"(Stainton, 1995, p. 96)는 믿음으로 이행할 필요가 있다는 것이었다.

1982년에는 여전히 19개 정부 운영 시설(스케줄 1)과 10개 정부지원시설(스케줄 2)[5]에

7,500명이 살고 있었다. 추가적으로 7,000명이 특별케어홈,[6] 장기요양병원, 요양원, 정신병원, 양로원 등의 시설에 거주하고 있었다(McWhorter, 1983, pp. 41-42). 1983년에 지방정부는 지역사회 생활을 위한 과감한 계획을 제안했다. 5개년 계획을 통해 세인트로렌스 지역센터(브록빌), 블루워터센터(가더리치), 파인리지센터(오로라), 스타트센터(세인트 토마스), 다아시 플레이스(코버그), 더럼센터(윗비) 등 관내 6개의 시설을 폐쇄하기로 계획한 것이다(Turner & Turner, 1985). 또한 800개의 새로운 지역사회 '침대'와 750개의 위탁가정 개발이 계획되었다. 세인트로렌스 지역센터는 5개년 계획의 결과로 1985년에 문을 닫은 최초의 기관이었다. 시설은 매우 빨리 폐쇄되었고, 그 결과 폐쇄 계획과 과정에 대해서 권리옹호 단체로부터 문제 제기를 받았다(Tutt & Osborne, 1983). 사회복지부는 보다 체계적인 절차를 개발해야 하는 과제에 직면했다(McWhorter & Kappel, 1984). 첫 번째 시설 폐쇄에서 얻은 교훈은 이후의 폐쇄에 반영되었고, 이후의 시설 폐쇄 및 탈시설의 과정과 그 결과에 대해서는 상당한 칭찬을 받았다(Turner & Turner, 1985; Griffiths, 1985a). 터너와 터너(Turner & Turner, 1985)는 온타리오주 남서부 지역에서의 과정이 잘 구상되었고 신중하게 수행되고 있다고 언급했다. 미래의 변화를 위해 해결해야 할 과제들이 아직 존재했지만, 그들은 전반적인 과정이 매우 긍정적이라고 보고했다.

1985년에 블루워터센터, 스타트센터 및 파인리지센터의 폐쇄가 뒤따랐다. 파인리지센터(오로라)의 마지막 남은 거주인이 지역사회로 이전한 지 1년 뒤에 파인리지센터의 폐쇄에 대한 평가를 하였다(Griffiths, 1985). 그곳에 살던 145명의 거주인을 일일이 방문 조사하였고, 지역사회 서비스 제공기관과 가능한 모든 가족들의 피드백을 물어서 조사를 수행했다. 이 책의 앞 장에서 논의한 바와 같이, 결과 보고서는 전반적인 결과에 있어 당사자, 서비스 제공기관 및 가족 모두의 높은 만족도를 보여 주었다. 이 평가는 도로시 그리피스와 원래 파인리지의 폐쇄에 반대했던 부모 중 1명인 이사벨 라셀(Isabelle Lasalle)이 공동으로 수행했다. 가족들의 반대는 소송의 형태로 나타났다(Griffiths, 1985a). 라셀 여사는 나중에 탈시설화의 강력한 옹호자가 되었고, 지역 콘퍼런스에서 자기의 경험을 자세히 설명했다. 반대하던 부

---

5 역자 주: 스케줄 1(schedule 1) 시설은 캐나다의 지방정부가 직접 운영하는 시설. 스케줄 2(schedule 2) 시설은 정부가 자금을 지원하지만 지역사회의 독립된 이사회의 감독하에 운영되는 시설.
6 역자 주: 특별케어홈(Homes for Special Care: HSC). 시설 보호에 대한 대안으로서, 주립 정신병원(PPH)에서 퇴원한 사람들에게 장기적 또는 영구적 주거 돌봄을 제공하기 위해 1964년에 만들어진 프로그램.

모들은 결국 자기 가족 구성원이 경험한 과정과 그 결과에 대해서 극도로 긍정적이 되었다. 이 보고서는 탈시설 계획의 전반적인 성공을 확인했으며, 정신과적 문제가 있거나 정서/행동문제가 있는 당사자를 위한 시스템 내의 해결 과제 목록을 기술하였다. 또한 의사결정을 위한 가치 기반 프로세스 등 프로세스의 변경을 권고했다(Griffiths, 1984). 추가 문서(Griffiths, 1985b)에서는 중복장애를 가진 사람들에 관한 내용이 상세히 기술되었다. 이 보고서의 권고에 따라 온타리오 정신지체협회(OAMR)는 사회복지부(MCSS) 및 보건부(MOH)와 협력하여 프로젝트에서 확인된 지역에서의 훈련 프로그램을 주최하였다. 앞의 기구들이 공동 후원하여 '내가 왜 못해?'라는 제목의 대규모 지역 콘퍼런스를 개최하였는데, 그 목적은 복잡한 욕구를 가진 중증·중복 장애인을 지원하는 데에 필요한 정보를 지역사회에 제공하기 위한 것이었다. 이 콘퍼런스 이후 중복장애 컨센서스 콘퍼런스가 뒤따랐고, 이어 1990년에 가활적 정신 건강 자원 네트워크[전국중복장애협회(NADD) 온타리오 지부]가 주도한 지방 훈련 프로그램 개발을 포함한 중복장애 분야의 지방 계획 수립으로 이어졌다(Griffiths, Stavrakaki, & Summers, 2002). 기존 지역사회의 행동 서비스는 도전적 행동을 나타내는 사람들을 지원하는 지역사회 기관에 지속적인 행동 상담과 교육을 제공했다.

1987년에 온타리오 전역의 모든 '스케줄 1 시설'을 폐쇄하는 다개년 계획이 마침내 발표되었다(Braddock, Emerson, Felce, & Stancliffe, 2001). 1988년에는 사회복지부가 존 스위니(John Sweeney) 장관의 지시에 따라 『도전과 기회(Challenges and Opportunities)』라는 보고서에서 시설을 단계적으로 폐쇄한다는 결정을 재확인했다(Government of Ontario, 1988). 정부는 이 보고서에서 시설을 단계적으로 폐쇄하는 세 가지 이유를 제시했다. 첫째, 발달장애인을 수백 명의 다른 장애인과 함께 격리된 환경에서 살도록 하면 지역사회에서 생활하는 방법을 배우지 못한다. 둘째, 지리적으로 고립된 대형 시설은 가족의 개입을 도모하지 못하는 것으로 알려져 있다. 셋째, 현재의 서비스 제공 방식은 비용 효율성이 높지 않으며, 더욱이 기존 시설물에 상당한 개보수가 필요하기 때문에 더 낮아질 것이라는 의견이 강하게 제기되었다. 이 계획은 또한 시설의 자원과 전문성을 새로운 지역사회 서비스 환경으로 이전하는 분산과 다각화 전략을 보여 주었다. 이 보고서는 또한 아동 요양원을 폐쇄하고, 발달장애가 있는 1,000명의 아동을 보건부가 운영하는 프로그램에서 사회복지부가 운영하는 지역사회 서비스로 이관하겠다는 약속을 포함하고 있었다.

의학적으로 가장 취약한 발달장애 아동을 수용하던 아동 요양원은 폐쇄되었고, 아이들은 지원이 갖추어진 지역사회 주거환경으로 이전하였다. 대부분 중증의 장애가 있었던 이 아이들은 높은 수준의 의료 서비스를 필요로 하는 아이들을 지원하기 위해 특별히 마련되고 직원이 배치되어 있는 지역사회의 그룹홈으로 옮겨졌다.

1995년 사회복지부는 발달장애 서비스 기본 계획에서 지역의 새로운 비전을 이렇게 제시했다. "발달장애가 있는 모든 사람들이 시민으로서의 권리와 의무를 경험하고, 자신이 기여한 바를 인정받고, 선택을 하기 위한 역량을 키우고, 자신의 잠재력을 실현하기 위한 지원을 받는 온타리오주를 만들 것이다"(p. 17). 사회복지부 장관 데이비드 츠부치(David Tsubouchi)는 시설 폐쇄를 위한 다개년 계획의 제4단계를 발표했다. 제4단계에서는 1,000명이 지역사회로 송환될 계획이었다(Institution Watch, 2007). 그 과정에서 1998년 중서부 지역센터(팔머스턴)가 폐쇄되었고, 프린스에드워드하이츠(픽턴)와 에드가 성인 직업센터(배리)가 각각 1999년에 폐쇄되었다. 남서부 지역센터(블렌하임), 리도 지역센터(스미스폴스), 후로니아 지역센터(오릴리아) 등에서는 추가적인 시설 축소 작업이 진행되었다. 이 단계에서의 시설 폐쇄는 두 가지 독특한 특징을 보여 준다. 첫째, 개인별 계획 및 당사자의 선택과 의사결정에 초점을 둔 프로세스를 제안하였다(Government of Ontario, 1996). 둘째, 다개년 계획 내에서 이 단계는 극히 높은 수준의 행동 지원과 의료 지원을 필요로 하는 사람들이 포함되어 있어서 성공적 전환을 위해서는 고도의 계획과 지원이 요구되었다.

> ······ 각 개인을 위한 계획의 구성 요소에는 다음 사항에 대한 평가와 계획이 포함된다. 개인의 존재감(신체적 웰빙—건강, 이동성, 영양; 심리적 웰빙—긍정적 행동과 대처; 영적인 웰빙—개인적 경험에 대한 기념과 존중), 소속감(물리적 소속감—안전하고 사적이며 개인의 욕구에 적합한 환경; 사회적 소속감—의미 있는 인간관계의 존재; 지역사회 소속감—지역사회 내에서 원하는 활동에 대한 접근), 성장(실제적이고 목적이 있는 활동, 여가 활동, 그리고 새로운 것을 배우거나 자기계발을 위한 성장의 기회)(Owen, Griffiths, Condillac, Robinson, & Hamelin, 2011, pp. 50–51).[7]

사회복지부의 지역 사무소가 개인별 탈시설 생활방식 전환 계획의 수립 절차를 관할했다. 예를 들어, 사회복지부의 해밀턴 지역 사무소는 위원회에 의뢰해서 탈시설을 위한 생활방식 전환 계획(Transitional Lifestyle Planning) 절차를 개발하도록 하였고, 그 절차에 따라 모든

---

7 역자 주: 삶의 질을 구성하는 주요 요소로서의 존재감, 소속감, 성장에 관한 보다 구체적 내용은 제21장 참조.

지역사회의 계획 수립 담당자들이 사정에서부터 배치에 이르기까지의 세부 사항에 대해서 훈련을 받았다(Griffiths et al., 1997). 계획의 초점은 도전적 행동을 보이는 당사자를 지원하기 위한 요소들을 융합하는 데 있었다.

에드가에 있는 성인 직업센터의 폐쇄는 탈시설화 과정의 새로운 장을 만들었다. 이 센터는 심각한 정신과 질환이나 범죄의 이력이 있는 사람들의 거주지였다. 심한 정신 건강 문제가 있는 당사자를 지역사회로 이주시키는 것은 지역사회와 서비스 제공기관 모두에게 잠재적인 어려움을 내포하는 것이었다. 이 그룹의 사람들을 위한 전환 계획은, 과거의 전환 과정보다 더욱 발전되고 치료 지향적이며 보안을 중시하는 방향으로 지역사회 서비스를 개발하게끔 만들었다. 주정부는 이러한 과제에 대응하기 위해 보안 문제, 치료 자원 및 평가에 더욱 중점을 두었고, 캐나다의 대표적 범죄심리학자 중 1명인 버넌 퀸지(Vernon Quinsey) 박사로 하여금 성범죄나 폭력의 위험이 높거나 고위험도의 문제행동 전력이 있는 각 개인의 상대적 위험도[8]를 평가하도록 했다. 그는 모든 계획의 감독과 승인, 그리고 지역사회에 있는 동안의 후속 평가를 책임졌다.

이전의 모든 시책에도 불구하고, 2000년에도 여전히 후로니아 지역센터(오릴리아), 리도 지역센터(스미스폴스), 그리고 남서부 지역센터(블렌하임) 등 3개의 정부 운영 시설에 1,200명이 살고 있었다(Community Living Ontario, 2000). 2000년까지 시설 거주인의 거의 75%가 지역사회로 이주하였는데(Braddock et al., 2001), 원래 목표에는 미치지 못하는 것이었다. 가능한 한 당사자를 출신지에 가까운 곳으로 송환하려는 노력이 이루어졌다. 온타리오주의 모든 지역에 **지역사회 생활협회** 그리고/또는 지역사회 서비스 제공기관이 있어서 그들에게 주거와 주간활동을 제공했다. 지역사회 주거환경은 주로 소규모의 그룹홈이었는데, 지원결합 자립생활과 가족주택 제공자[9]들도 있었다.

1975년부터 2004년까지 주에서 운영하는 16개 시설에서 6,000명이 퇴소하여 주 전역의 지역사회로 이주하였으며, 앞의 16개 발달장애 성인 시설 중 13개 시설이 폐쇄되었다. 1970년

---

8 역자 주: 상대적 위험도(Relative Risk: RR). 위험률로도 불림. 특정 위험 요소를 갖고 있거나 그에 노출된 사람들과 그렇지 않은 사람들 간의 비교를 통해 질병이나 위험의 발생 정도를 비교한 것.

9 역자 주: 본문 제4장의 지원결합 자립생활 및 제휴가정(associate family home)에 대한 내용 참조. 가족주택 제공자(family home provider)는 일반적으로 장애인에게 개인 침실과 활동지원서비스 등을 제공하고 금전적 보상을 받음.

대에 온타리오주는 탈시설화 분야의 선두주자로 여겨졌지만 1990년대에는 그 진행이 느려졌다(Lord, 2004). 당시 캐나다에서는 브리티시컬럼비아주와 뉴펀들랜드주 두 곳만이 모든 발달장애인 시설을 폐쇄하겠다는 약속을 이행한 상태였다.

2004년 9월 9일, 온타리오주정부는 발달장애를 가진 성인들을 위한 나머지 3개의 정부 운영 거주시설을 2009년 3월 31일까지 폐쇄하고 약 1,000명을 지역사회로 전환하겠다고 재약속했다. 이 마지막 단계는 온타리오주의 발달장애 서비스의 전환에 있어 매우 중요한 부분이었다. 당시 사회복지부 장관 산드라 푸파텔로(Sandra Pupatello)는 "우리는 발달장애를 가진 사람들에 대한 시설 기반 서비스 체제에서 사회 통합과 자립, 그리고 선택을 증진하는 지역사회 기반 체제로의 오랜 여정을 완료할 것"이라고 발표했다(Mackie & Philp, 2004).

2004년 탈시설 이니셔티브(facilities initiative)의 발표는 발달장애를 가진 모든 온타리오 시민의 지역사회 생활을 달성하기 위한 30년 과정의 역사적 완료를 뜻한다. 최종 탈시설 이니셔티브는 길었던 탈시설화의 여정 속에서 두 가지 주목할 만한 특징을 지녔다. 첫째, 개인별 계획 및 당사자의 선택과 의사결정에 초점을 둔 프로세스를 제안하였다(Government of Ontario, 1996). 둘째, 프로세스 내에서 이 단계에는 극히 높은 수준의 행동 지원과 의료 지원을 필요로 하는 사람들이 포함되어 있어서 성공적 전환을 위해서는 고도의 계획과 지원이 요구되었다.

『탈시설 이니셔티브를 위한 계획 프레임워크(The Planning Framework for the Facilities Initiative)』(Government of Ontario, 2005)는 사회복지부가 5개년 과정을 시작함으로써 지역사회와 연계하고, 기존 서비스의 장점을 더욱 강화하고, 당시 3개의 시설에 거주하는 당사자들의 욕구를 충족할 수 있는 지역사회 서비스 모델을 고안할 것이라 개괄적으로 설명하였다. 「탈시설 이니셔티브를 위한 지침서」라는 제목의 문서가 만들어졌는데, 여기에는 개인별 계획, 공평성(fairness), 사회 통합, 그리고 건강과 자립의 증진이라는 네 가지 핵심 개념이 설정되었다. 각 개인마다 당사자 및 가족의 욕구와 선택에 기초하여 "지역사회의 다른 구성원들과 함께 살고, 일하고, 참여할 수 있도록" 개인별 계획을 갖게 되었다(Government of Ontario, 2005, p. 5). 이를 위한 고려 대상은 문화, 언어, 종교적 신념 및 생활방식 등이었다. 개인별 계획은 친구 및 가족 구성원과의 관계 유지에 대한 당사자의 선호, 그리고 서비스와 지원에 대한 욕구에 근거해야 하며 이러한 "가족과 개인의 욕구에 대응할 수 있는 가용 자원 및 지역사회의 역량과 균형을 이루어야 한다"(Government of Ontario, 2005, p. 4). 이 공문은 또한 다음과 같이 기술하고 있다. "지원과 서비스는 건강하고 자립적인 삶을 촉진하는 환경하에서 당사자의 신체적 · 정서적 안녕을 증진할 것이다. 그러한 준비와 지원이 갖추어진 이후 당사자들이 시설을 떠날 것이다"(Government of Ontario, 2005, p. 5).

폐쇄 발표와 때를 같이하여, 사회복지부 장관 또한 발달장애 서비스 시스템을 재검토하고 발달장애인 지원 체계를 미래지향적으로 변화시키기 위해 새로운 혁신 계획을 마련하겠다고 밝혔다. 발표 당시 온타리오주정부는 지역사회에서 발달장애를 가진 약 39,000명의 성인들에게 재정적 · 사회적 지원을 제공하기 위해 연간 10억 달러 이상을 지출하고 있었다(Mackie & Philp, 2004). 그 기금은 다양한 지역사회 주거, 주간활동 및 지원 서비스에 사용되고 있었다. 마지막 남은 시설들의 폐쇄 발표와 함께 기존의 서비스 기반을 강화하기 위해 4년간 최대 1억 1천만 달러를 지출하겠다는 약속이 나왔다. 이 지출에는 지방정부 운영 시설에서 지역사회로 이주하는 당사자를 위한 새로운 주택을 개발하기 위한 약 7천만 달러가 포함되었다.

탈시설 이니셔티브는 당사자의 성공적 전환을 위해 필수적인 것이라고 연구 문헌에서 제시한 원칙적 계획 목표에 근거하여 개발되었다. 계획 프레임워크(Planning Framework)에 묘사된 바와 같이, 탈시설 이니셔티브는 개인, 가족, 권리옹호자, 그리고 지역사회 서비스 제공자를 포함하는 세심하고 개별화된 계획 수립을 위해 강력한 노력을 기울였다. 전환 계획은 당사자들에게 지역사회의 통합된 구성원이 될 수 있는 기회를 제공하고, 필요한 경우 전문 서비스를 포함한 지원과 서비스를 제공하고, 정서적 · 신체적 안녕을 도모하기 위한 목적으로 설계되었다. 계획 과정은 당사자의 능력을 최대한 발휘하여, 새 집의 형태와 위치, 소중하게 생각하는 관계의 유지, 필요한 지원 등 자신의 삶의 변화에 대해서 정보에 입각한 결정을 내릴 수 있는 기회를 갖도록 권고하였으며, 문화적 · 언어적 · 신앙적, 그리고 생활방식의 선택에 대한 존중을 약속하였다.

그러나 탈시설 이니셔티브를 위한 계획은 순탄하게 진행되지 않았다. 2006년, 후로니아 지역센터와 리도 지역센터의 가족들은 이 두 시설의 폐쇄를 막기 위해 집단 소송을 제기했다. 그들의 소송이 폐쇄를 막지는 못했지만 가족들이 승인하지 않는 장소로 누구도 이주되지 않도록 보장하였다. 그러나 모든 부모들이 그러한 부모의 결정 권한을 지지한 것은 아니었다. 스웬슨(2005)은 "부모의 통제(또는 심지어 편의!) 요구와 당사자의 생명, 자유, 행복에 대한 권리를 비교하는 것은 위험한 일이다. 공공 정책은 당사자의 기본권을 제한하는 부모의 선택이나 통제를 지지해서는 안 된다. 나는 부모들이 이런 종류의 통제를 추구해서는 안 된다고 생각한다"(p. 225)라고 경고했다.

가족에게 거주 이전에 대한 궁극적인 결정권을 주는 결정에 관하여 저스틴 클라크(Justin Clark)의 사건은 주목할 만한 법적 선례가 되고 있다. 클라크 씨는 태어날 때부터 뇌성마비가 있었고 두 살이 되었을 때에 리도 지역센터에 입소된 남성이었다. 클라크가 열여덟 살이 될 때까지 가족은 그와 거의 접촉하지 않았다. 그의 지역사회 활동 참여를 위해 가족의 승인을 요청하자 그의 가족은 그가 정신적으로 무능력하다고 판정해 줄 것을 법원에 요청했다. 클라크는 그들의 주장에 맞서 싸우며 리도 지역센터 시설에서 나가기를 원했다. 법적 다툼이 있었고, 결국 법정은 부모의 소망에도 불구하고 지역사회에서 살겠다는 그의 주장을 지지했다(Henderson, 2008).

시설을 유지하기 위해 일부 시설 거주인의 부모와 시설 종사자를 대표하는 노동조합이 주도한 법정 소송은 실패하였고, 2009년 마지막 시설(서남부·리도·후로니아) 폐쇄의 물결로써 1970년대 초부터 시작된 모든 발달장애가 있는 시민을 위한 지역사회 생활의 역사적인 과정이 완료되었다.

요약

발달장애가 있는 시민을 지원하는 최선의 방법에 관한 복잡한 문제와 씨름해 온 전 세계의 수많은 자치단체 중 하나로서, 온타리오주의 이야기는 용기 있는 선각자들이 이끈 과학, 철학 및 사회적 가치관의 변화의 영향력을 보여 준다. 이 가운데 대표적인 것은 1947년 처음으로 발달장애 학생들을 위한 온타리오주의 학교 수업이 개발된 이후, 권리옹호 및 서비스 개발을 성공적으로 이끈 가족들이다. 피에르 베르통과 같은 언론인, 울프 울펜스버거와 같은 학자, 매튜 다이몬드 박사와 월터 월리스턴과 로버트 웰치 같은 정부 관계자들이 일련의 탈시설화 사업의 기반을 닦았고, 그 정점으로 만들어진 온타리오 탈시설 이니셔티브는 온타리오의 마지막 남은 정부 운영 발달장애인 수용시설을 모두 폐쇄하는 길잡이가 되었다. 이 책의 제2부에서 온타리오 탈시설 이니셔티브의 결과와 거기서 배운 교훈들을 탐구하고자 한다.

제 **2** 부

온타리오주 탈시설 이니셔티브 연구 분석:
한 시대의 종말

탈시설 이니셔티브 평가 연구 분석

도로시 그리피스(Dorothy Griffiths), 로즈마리 콘딜락(Rosemary A. Condillac),
프랜시스 오웬(Frances Owen)

"사회 안에서의 장애인의 위치에 대해 논쟁하는 시기는 이미 오래전에 지났지만, 정책 입안
자와 일반 대중이 시설화의 타당성에 대해 문제 제기하지 않는 한, 그 논쟁은 계속되어야 한다
(Taylor, 2005, p. 214)."

2007년 12월 말, 온타리오주 사회복지부는 **탈시설 이니셔티브**(facilities initiative)의 평가에
관심이 있는 연구자들을 대상으로 연구 프로포절 공모(RFP)를 실시했다. 탈시설 이니셔티브
는 온타리오주의 마지막 남은 3개의 정부 운영 발달장애인 시설의 폐쇄와 더불어, 35년에
걸친 단계적 시설 폐쇄의 종지부를 찍은 정부의 지침이었다. 브록 대학교의 응용장애연구
센터의 연구팀이 공모에 선발되었다. 팀의 공동 책임 연구자로 로즈마리 콘딜락과 도로시
그리피스 박사, 그리고 공동 연구자로 프랜시스 오웬, 얀 프리지터스(Jan Frijters), 모리스 펠
드먼(Maurice Feldman) 박사가 참여했다. 탈시설 전환 계획을 강화하기 위해 시설에 대한 사
정을 실시했던 레이크헤드 대학의 린 마틴(Lynn Martin) 박사도 탈시설 이니셔티브 연구 프로
젝트를 지원하기 위해서 공동 연구자로 임명되었다.

목적

탈시설 이니셔티브 연구는 2005년부터 2009년 사이에 마지막 남은 3개의 지방정부 운영 시설에서 지역사회로 이주한 당사자들의 전환 과정과 그 결과에 대한 독립적인 조사로서 제안되었다. 당초 이 연구는 현재 및 과거 시설 거주인과 그 가족 및 친구들의 경험에 대한 전향적 평가와 후향적 평가[1] 모두를 계획하였다.

본 연구의 목적은 프로포절 공모 요강에 명시된 바와 같이, 시설에 거주하는 동안과 지역사회로 이주한 후 당사자의 웰빙(well-being)을 비교하는 것, "당사자의 웰빙에 영향을 미치는 요인들을 파악하고 그것들이 시간의 경과와 지역사회로의 전환에 의해 어떻게 변화하는지 파악하는 것", 당사자의 지역사회 전환이 그의 가족 및 친구에게 어떠한 영향을 주었는지 평가하는 것, 그리고 "개인별 계획에 명시된 지역사회의 지원과 서비스에 어느 정도로 접근할 수 있었는지"(Ministry of Community and Social Services, 2007, p. 5)를 알아내는 것이었다.

탈시설 전환의 효과성은 시설에서 제공되는 생활과 비교하여, 지역사회에서 개인에게 제공되는 궁극적 삶의 질에 영향을 미치는 여러 요소들의 결과물로 표현된다. 설문조사(Griffiths, Owen, & Condillac, 2015 a & b; Griffiths, Owen, Condillac, Hamelin, & Robinson, 2010)에서 나타난 탈시설 이니셔티브의 효과성 평가와 관련된 주요 요소는 다음과 같다.

① 당사자의 전환 사례 및 새로운 장소에서의 적응: 여기에는 당사자의 적응 정도와 이에 필요한 시간, 지역사회 환경에의 적응, 그리고 새로운 관계 형성과 같은 핵심 개념이 포함된다.
② 주거환경의 특성과 당사자의 욕구와 관심을 충족시키기 위한 가용 지원: 여기에는 지역사회 환경의 특성, 당사자에 대한 새로운 환경의 적합성, 적절하고 충분한 서비스와 자원에 대한 당사자의 접근, 전환 계획에서 권고된 내용과 환경 및 자원과의 일치 등과 같은 핵심 개념이 포함된다.

---

1 역자 주: 전향적(prospective) 연구는 역학 조사 개시 시점 이후에 조사한 내용을 재료로 사용하며, 후향적 (retrospective) 연구는 이전에 조사한 내용을 자료로 사용함. 제2장 역자 주석 참조.

③ 일상생활의 풍요로움과 선택의 기회: 여기에는 일반적이고 개별화된 하루 일과의 흐름, 건강하고 통합적인 일상생활과 같은 핵심 개념이 포함된다.

④ 새로운 주거환경에서 당사자에게 제공되는 활동과 긍정적인 지역사회 통합에의 접근: 여기에는 당사자를 위해 권장되고 당사자가 즐기는 풍부한 활동에의 접근, 친구 및 가족과의 관계, 의미 있는 지역사회 통합 등과 같은 핵심 개념이 포함된다.

⑤ 전환 후 당사자가 경험하고 다른 사람들이 관찰한 변화: 여기에는 행동, 적응 기능, 건강 상태, 진단 등의 변화 및 그 이유와 같은 핵심 개념이 포함된다.

⑥ 전환이 당사자의 전반적인 삶의 질과 웰빙에 미치는 상대적 영향: 여기에는 일반적인 웰빙, 삶의 질에 대한 인식, 현재 상태나 개선된 상태와 관련된 요인, 그리고 미래에 대한 계획과 같은 핵심 개념이 포함된다.

성공적인 전환과 관련된 이 요소들은 다음 그림으로 설명할 수 있다.

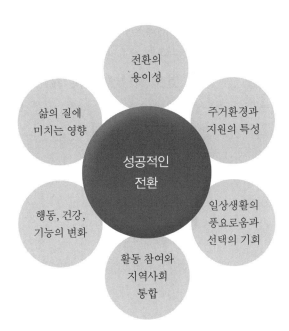

연구 설계

포커스 그룹 조사 및 인터뷰, 서비스 제공기관 및 가족 설문조사, 집중 사례 연구, 그리고 준종단적[2] 구성 등의 네 가지 방법을 포함한 다중방법(multi-method) 연구가 승인되었다. 다중방법 연구를 채택한 이유는 서비스 제공기관/가족 설문조사를 개발하고, 다양한 정보제공자와 다양한 관점으로부터 얻어 낸 결과를 삼각측정[3]하기 위함이었다.

탈시설 이니셔티브는 2004년 가을에 발표되었는데, 당시 마지막 남은 3개의 시설에는 아직 1,000명 이상의 장애인들이 살고 있었다. 이들 중 941명이 탈시설 이니셔티브 연구에 참여할 수 있을 것으로 기대되는 잠재적 참가자였다. 여기에는 새로운 주거환경으로 이미 이주한 사람과 아직 시설에 살고 있는 사람들이 포함되어 있었다. 탈시설 이니셔티브 연구는 원래 2008년에 시작하기로 계획되었는데, 이때는 폐쇄 예정인 3개 시설에 300명 이상 남아 있던 상태였다. 그러나 관계 부처의 요청에 따라 시설의 폐쇄가 완료될 때까지 연구가 지연되었고, 이에 따라 연구 설계와 변화를 전향적으로 측정하는 연구 능력에 변화가 생기게 되었다. 2009년 8월, 연구에 관한 설명과 연구자의 접촉에 관한 동의서가 들어 있는 공식 우편물이 서비스 제공기관과 가족에게 발송되었다. 하지만 이러한 전략에 대한 반응은 비교적 적었고, 연구자들은 전환을 수용하는 (탈시설인들을 받아들이는) 지역사회 서비스 제공기관에 직접 요청하는 등 좀 더 표적화된 참여자 모집 활동을 전개했다.

연구 참가자들

참가자들은 복잡한 건강, 행동, 정신 건강 서비스 욕구를 가진 사람들이었다.

---

2 역자 주: 준종단적(quasi-longitudinal) 연구. 준종적 연구 또는 유사종단적 연구로도 불림. 동일한 대상을 일정 기간에 걸쳐 연속적인 시간 간격으로 반복적으로 조사하는 종단적(longitudinal) 조사가 어려운 경우 단일 시점에서 특정 표본을 조사하는 횡단적(Cross-sectional) 조사를 결합한 조사 연구 방법.
3 역자 주: 삼각측정(triangulation). 삼각화 또는 다각화로도 불림. 질적 연구의 타당성과 신뢰성을 높이기 위하여 동일한 문제에 대하여 다양한 대상, 자료, 관점, 연구 방법 등을 활용하여 분석하는 기법.

포커스 그룹 조사 및 인터뷰는 2009년 12월에 시작되었다. 여기에는 가족, 전직 탈시설 플래너,[4] 행동문제 상담가, 전직 시설 직원, 지역사회 서비스 제공기관 직원 등 40명이 참가했다.

사례 연구는 2010년 1월에 시작되었다. 이틀간 8명을 방문했고, 연구 기간 동안 최대 세 번 방문했다. 이 방문 기간 동안 당사자, 당사자를 지원하는 직원, 지역사회 서비스 제공기관의 책임자, 그리고 그들의 가족과 (가능한 경우) 전환 계획 관련 담당자와의 인터뷰가 이루어졌다. 이들 8명 중에 4명은 복잡한 행동 및 정신 건강 서비스 욕구를 가진 것으로 묘사될 수 있는 반면, 2명은 그리 심하지 않은 행동문제가 있었다. 다른 2명은 지역사회에서 특별한 행동문제가 없다고 보고되었는데, 그중 한 사람은 시설에서 심각한 행동문제가 있었던 사람이었다.

서비스 제공기관 및 가족 설문조사는 시설이 폐쇄된 지 1년 후인 2010년 4월에 발송되었고 당사자들의 가족 61명이 설문을 완료했다. 서비스 제공기관 설문조사에는 114명이 응답을 했는데, 이들은 49%의 당사자들이 지역사회에서 행동 및/또는 정신 건강에 관한 서비스를 필요로 한다고 답했다.

준종단적 연구는 2010년 3월에 시작되어 2011년 12월에 종료되었다. 종단적 분석은 2005년부터 2008년까지 시설에서 매년 모든 시설 거주인을 대상으로 사용되어 온 인터RAI[5] 지적장애 평가 도구를 사용하였다. 이 연구 프로젝트에 참여를 자원한 당사자 중 일부인 120명에 대한 방문이 2010년 3월부터 2011년 12월까지 그들이 사는 지역사회에서 이루어졌다. 지역사회에서의 인터RAI 지적장애 평가와 더불어 일련의 표준화된 측정들, 반정형 인터뷰,[6] 설문지, 그리고 체계적인 관찰이 실시되었다. 준종단적 연구에서 표본의 3분의 2인 80명이 현재 정신 건강/행동문제에 대한 우려가 있거나, 그러한 문제로 인해 약물을 복용하고 있는

4 역자 주: 탈시설 플래너(facility planner). 일반적 의미에서의 시설 기획관(facility planner)은 민간 기업, 정부 기관, 비영리 단체 등에서 각종 시설의 운영과 계획 등의 업무를 하는 전문직의 일종을 지칭하지만, 여기서는 주정부에 고용되어 탈시설 전환을 위한 필수계획(essential plan) 작성 등의 역할을 수행하는 탈시설 기획관을 의미함(제8장 참조). 이하 탈시설 플래너, 전환 플래너 또는 플래너 등의 이름으로 언급됨.
5 역자 주: 인터RAI(interRAI) 지적장애 평가 시스템. 지적 또는 발달장애인의 서비스 욕구, 강점, 선호도 등을 평가하기 위한 종합적 도구임.
6 역자 주: 반정형(semi-structured) 인터뷰. 준구조적 또는 반구조적 인터뷰 등으로도 불림. 엄격한 질문 목록을 따르는 구조화 인터뷰와 달리 개방적 질문을 허용하는 열린 형식의 인터뷰. 사회과학에서 많이 사용되는 연구 방식임.

것으로 보고되었다. 첫 방문 1년 정도 후에 이들 참가자 중 86명이 두 번째 방문에 동의했으며, 이로써 지역사회 내에서 시간의 경과에 따른 변화를 조사할 수 있었다.

4개의 연구는 다음과 같다.

- 『포커스 그룹 조사 및 인터뷰 연구에 관한 최종 보고서: 탈시설 이니셔티브 평가(Final report of Focus Group and Interview Study. Evaluation of the Facilities Initiative)』(Owen, F., Griffiths, D., Condillac, R. A., Robinson, J., & Hamelin, J., 2011)
- 『서비스 제공기관과 가족 설문조사에 관한 최종 보고서: 탈시설 이니셔티브 평가(Final report of Agency and Family Surveys. Evaluation of the Facilities Initiative)』(Griffiths, D., Owen, F., Condillac, R. A., Hamelin, J., & Robinson, J., 2010)
- 『탈시설 이니셔티브: 최종 사례 연구 보고서(Facilities Initiative: Final Case Study Report)』(Griffiths, D., Condillac, R. A., & Owen, F., 2012)
- 『탈시설 이니셔티브에 대한 준종단적 연구의 최종 보고서(Final report of the Quasi-Longitudinal Study of the Facilities Initiative)』(Condillac, R. A., Frijters, J., Martin, L., & Ireland, L., 2012)

이 네 가지 연구를 통해 얻은 데이터에 의하면, 현재 지역사회에 살고 있는 대다수 당사자들의 전반적인 웰빙이 시설에 살 때와 같거나 더 나은 것으로 드러났다. 일반적으로 당사자들은 새로운 생활 체제에 상당히 빠르게 잘 적응했다. 몇몇 웰빙의 주요 지표는 이전에 발표된 연구와 유사한 경향을 보였다. 예를 들어, 적응행동이 증가했고, 신체 건강은 대부분 안정적이거나 개선되었으며, 행동 및 정신 건강 문제의 변화는 다양했지만 지역사회 내에서 시간이 지남에 따라 크게 개선되었다.

과거 시설에서 살던 많은 사람들이 지역사회에서 자기선택권을 행사하고 지역사회 활동에 참여할 수 있었지만, 지역사회 참여의 장애물, 즉 교통, 비용, 직원의 선호도와 직원의 비율, 건강, 당사자 또는 다른 거주인들의 문제행동 등으로 인해 문제 해결을 위한 지속적 노력이 요구되었다. 일부 서비스 제공기관이 창의적으로 대안을 마련해서 사람들을 계속 활동에 참여시키고자 했지만, 주간 외출 프로그램의 참여는 과거 온타리오주의 탈시설화 물결 때보다 적었다(Griffiths, 1985). 전반적으로 가족과 서비스 제공기관은 당사자들이 지역사회에서 더 나은 삶의 질을 누리고 있다고 보고했다. 그러나 여기에서 주목해야 할 것은, 지역사회 체제 내의 당사자를 방문해서 삶의 질을 측정했을 때, 일련의 지표 점수 결과는 삶의 질에 관한 특정 영역에 있어 아직 개선의 여지가 남아 있음을 시사하고 있다는 것이다 (Condillac & Ireland, 미발표).

이 책의 제2부에서는 탈시설 이니셔티브의 연구에서 찾아낸 결과를 살펴보고, 연구를 통해 얻은 교훈을 배경으로 향후 최선의 탈시설 계획 실행을 위한 권고 사항을 제시하고자 한다.

탈시설 이니셔티브 연구의 강점과 약점

탈시설 이니셔티브 연구의 중요한 강점 중 하나는 주요 관계자들로부터 정보를 수집하기 위한 다중방법 연구를 사용한 것이었다. 이러한 접근법은 양적 데이터 및 질적 데이터를 결합함으로써 전반적 경향에 관한 정보를 얻을 수 있도록 하였으며, 전반적 경향에 부합하는 이야기와 이에 반대되는 다른 중요한 이야기 모두에 대한 풍부한 예를 제공해 주었다.

이 연구의 한계점은 주로 표본 추출 과정에서 비롯되었다. 참가자는 참여 요청에 응한 사람들이었기 때문에, 표본은 본질적으로 편의적이었다. 이렇게 된 주요 원인은 본 연구가 시설이 폐쇄된 후에야 시작되었고, 연구진이 당사자나 그 가족을 직접 접촉하지 못하고 서비스 제공기관의 선의에 의존하여 간접 접촉이 이루어졌기 때문이다. 서비스 제공기관에 연결을 취하고 그들의 참여를 독려하는 반복적 시도가 있었다. 몇몇 서비스 제공기관은 다양한 결과를 보여 주는 당사자들과 함께 본 연구에 전적으로 참여하였고, 연구의 구성 요소 전부 또는 대부분에 기여했다. 다른 서비스 제공기관들은 전혀 참여하지 않았거나 소수의 당사자를 선발하여 참여하도록 하였다.

이상적으로는, 탈시설 이니셔티브가 시작될 때 이러한 연구가 시작되었다면, 즉 당사자들이 시설에 살고 있을 때부터 시작되었다면 관계자들이 더 많은 관심을 갖고 참여할 수 있었을 것이고 연구원들은 모든 주요 이해 관계자들과 직접적으로 대면할 수 있었을 것이다. 또한 시설에 있을 때부터 다양한 도구를 이용한 측정을 시작하였다면 초기 전환과 계획 과정 자체의 즉각적인 효과성을 면밀히 평가할 수 있었을 것이다.

더 나아가, 모든 참가자에 대해 일정한 시간 간격으로 방문함으로써 시간 경과에 따른 변화를 시간적으로 일관된 방식으로 추적할 수 있었을 것이다. 또한 파일 검토나 인터RAI 지적장애 평가와 같이 유용하지만 제한적인 도구에 의존하지 않고, 보다 상세하고 직접적인 데이터를 얻을 수도 있었을 것이다. 그러나 이렇게 대규모의 인원을 전환하는 복잡한 과정에서는 그러한 것이 가능하지 않았으며, 연구진은 4개의 연구 과정에서 얻어 낸 참여의 수준에 대해 감사하게 생각한다.

제8장

탈시설 이니셔티브의 결과: 서비스 제공기관 설문조사

도로시 그리피스(Dorothy Griffiths), 프랜시스 오웬(Frances Owen), 로즈마리 콘딜락(Rosemary A. Condillac)[1]

서비스 제공기관 설문조사 연구의 목적은 탈시설 이니셔티브 전체를 반영하기 위해 많은 지역사회 서비스 제공기관, 즉 가능한 한 많은 지역에서 많은 당사자의 전환을 수용한 서비스 제공기관으로부터 결과와 만족도에 대한 피드백을 받기 위한 것이었다. 이 연구는 탈시설 이니셔티브 평가의 일환으로 수행된 4개의 연구 중 하나였다.

이 연구에서는 다음 세 가지의 중요한 질문이 중점적으로 다루어졌다.

1. 서비스 제공기관의 응답자는 탈시설 이니셔티브에 의해 이주한 당사자들에 대한 결과를 어떻게 평가하는가?
2. 서비스 제공기관의 응답자는 지역사회에 마련된 지원과 그 결과에 대해 만족하는가?
3. 당사자와 관련하여 서비스 제공기관의 응답자가 관찰한 변화의 특성은 무엇인가?

---

1 저자 주: 「탈시설 이니셔티브 연구: 서비스 제공기관과 가족 설문조사에 관한 최종 보고서(2010 Facilities Initiative Study: Final Report of Agency and Family Surveys)」(Griffiths, D., Owen, F., & Condillac, R. A., with contributions from Hamelin, J., Legree, M., & Robinson, J., 미발표 원고, 온타리오주 세인트 캐서린스, 브록 대학교)에 기초함. Griffiths, D. M., Owen, F., & Condillac, C. (2015). Summary report: The Facilities Initiative in Ontario: A survey of community agencies. *Journal on Developmental Disabilities Special Edition on Deinstitutionalization, 21*(2), 27-37 참조.

이와 같은 골자의 질문들은 지역사회 서비스 제공기관 응답자들이 목격한 탈시설 이니셔 티브의 전반적인 결과를 탐색할 목적으로 고안된 것이었다.

총체적 방법론 및 설문조사 참가자

서비스 제공기관에 대한 설문조사는 탈시설 이니셔티브의 일환으로 지역사회에 이주한 당 사자의 전환 과정과 그 결과에 대한 피드백을 얻기 위해 구성되었다. 당사자 대부분이 통상 적인 의사소통 기술이 부족하고 설문에 대한 직접적인 피드백을 제공할 수 없기 때문에 서 비스 제공기관 응답자의 대리 응답 방식을 사용했다.

설문조사는 양적 및 질적 응답을 모두 얻기 위해서 폐쇄형 질문[2]과 개방형 질문으로 구성 되었다. 정량적 응답은 이 장에 그래프 또는 수치 분석으로 표시되며, 정성적 응답은 직접 인용하거나 설명에 반영하였다.

탈시설 이니셔티브 발표 후 지역사회로 이주한 당사자는 941명이었다. 응답을 완료하여 회 수된 모든 설문은 탈시설 이니셔티브 실행 기간 동안 지역사회로 이주한 각 당사자를 대변하 는 것이었다.[3] 114건의 서비스 제공기관 설문이 완료되었는데, 이는 탈시설 이니셔티브 실행 기간 동안 지역사회로 이주한 당사자들 중 회수율 12%에 해당한다. 이들 중 49%는 새로운 환경에서 행동 및/또는 정신 건강에 관한 문제가 있다고 보고되었다.

지역사회 주거 체제

당사자의 욕구에 기초하여 다양한 환경으로의 지역사회 이주가 이루어졌다. [그림 8-1]

---

2 역자 주: 폐쇄형(closed-ended) 질문. 예, 아니요 또는 찬성의 정도를 선택하도록 하는 등 답변을 미리 범주화 하여 응답자가 하나 또는 몇 개를 선택하도록 하는 객관식 질문 방식. 응답의 범주가 구체화되지 않은 개방형 (open-ended, 또는 주관식) 질문과 대비됨.

3 역자 주: '서비스 제공기관 설문'이라 명명하고 있음에도 불구하고, 설문은 서비스 제공기관의 각 응답자가 지 원하는 탈시설 당사자 각 개인에 대한 내용이며, 따라서 완료된 각 1건의 설문은 각 당사자 1인에 대한 내용이 라는 것을 의미함.

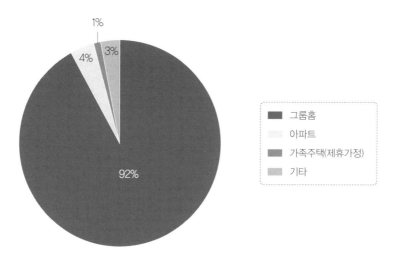

[그림 8-1] 당사자의 주거 배치 비율(조사대상=111명)
서비스 제공기관 설문—질문 6. 주택의 유형: 그룹홈 여부

에서 볼 수 있듯이, 지역사회로 전환된 당사자 표본의 92%가 주로 그룹홈 체제로 이주했다.

[그림 8-2]는 대부분의 당사자(90%)가 7인 이하의 주거 체제에 살고 있었지만, 주거 체제는 1명부터 120명까지 다양하다는 것을 보여 준다. 또한 [그림 8-2]는 당사자 중 10%가 13명 이상의 다른 사람들과 사는 주거환경에 있다는 것을 보여 준다. 이 중 2개소는 42명이 거주했으며, 1개소는 120명이 거주하는 노인주택이었다. 당사자의 60%는, 문헌에서 이상적이라고(Young & Ashman, 2004) 기술된 바와 일치하게, 5인 이하의 그룹홈에 살았다. 주거 체제의

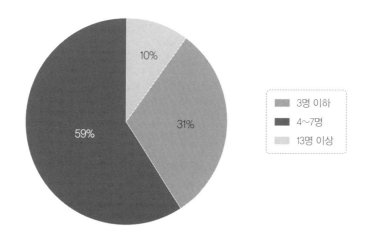

[그림 8-2] 주택에 거주하는 장애인 수 비율(조사대상=113명)
서비스 제공기관 설문—질문 8. 당사자의 집에 몇 명의 장애인이 함께 살고 있는가?

유형 중에서 97%는 **필수계획**(essential plan)[4]과 일치했다. 또한 당사자들의 92%가 개인 방을 가지고 있었다.

적응

서비스 제공기관 응답자들은 표본 당사자 중 97%가 지역사회 전환에 적응했다고 보고했다. [그림 8-3]에서 볼 수 있듯이, 서비스 제공기관 설문조사에서 45%의 당사자들이 매우 잘 적응했고, 26%는 약간의 적응이 더 필요했다. 그러나 29%의 당사자는 일정 기간 동안 적응에 있어 중간 정도의 어려움(20%) 내지 심한 어려움(9%)을 보였다. 이러한 부적응행동에는 "소리 지르고, 욕하고, 모욕하고, 방의 서랍장을 두드리고, 방 벽을 두드리고, 일상적 동요를 보여 지역사회 참여도를 낮추고, PRN[5] 약물 사용 증가 및 동요로 인한 정기적 약물 사

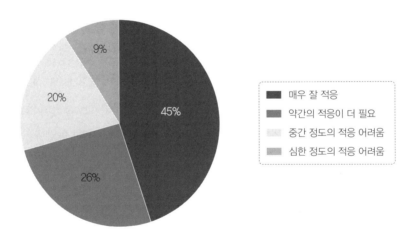

[그림 8-3] 지역사회 체제에 대한 당사자의 적응 용이성 비율(조사대상=111명)
서비스 제공기관 설문─질문 1. 당사자가 새로운 환경에 얼마나 잘 적응했는가?

---

4 저자 주: 당사자마다 지역 탈시설 플래너(regional facility planner)가 배정되었는데, 그들의 역할은 당사자의 필요와 욕구가 상세히 기록된 필수계획이라는 개인별 계획을 작성하는 것, 그리고 가족 및 지역사회 서비스 제공기관과 의사소통하여 당사자의 필요와 욕구에 적합한 지원 계획과 지역사회 배치 계획을 만드는 것이었음.
5 역자 주: 필요시 처방(Pro Re Nata: PRN). 정신의료기관 등에서 전문의의 대면 진단 없이 필요시에 처방하도록 하는 것.

용이 불가피하게 된 것"(Griffiths, Owen, & Condillac, 2015, p. 5) 등이 포함되었다.

전환의 수용

이 연구에서 대다수의 당사자들은 전환을 잘 받아들인 것으로 보고되었다. 적응에 필요
한 시간은 개인마다 달랐다. [그림 8-4]에서 볼 수 있듯이, 대부분의 당사자들은 새로운 환
경에 적응하는 데에 1~3개월이 소요되었다. 70%는 즉시 혹은 지역사회 이주 후 3개월 이내
에 적응했다. 6개월이 지난 후 83%의 당사자들이 새로운 환경에 적응했다. 지역사회 서비
스 제공기관 응답자에 따르면, 당사자 중 3%만이 첫해 말까지 새로운 환경에 적응하지 못했
다. 이러한 데이터가 분명히 보여 주는 것은 오랜 기간 동안 시설에 살던 사람들이 짧은 기
간 내에, 그리고 큰 어려움 없이 적응했다는 것이다.

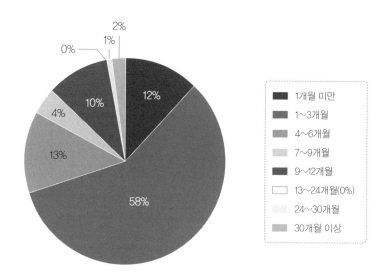

[그림 8-4] 당사자가 전환 후 적응에 필요한 시간의 비율(조사대상=102명)
서비스 제공기관 설문–질문 3. 당사자가 전환을 받아들인 경우, 전환에 적응하는 데 몇 개월이 걸렸나?

직원과의 관계

시설에 거주하던 당사자들의 지역사회 전환에 긍정적인 영향을 미친 핵심 변수는 새로운

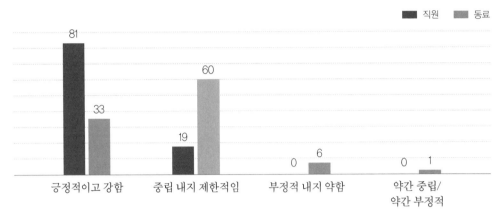

[그림 8-5] 직원 및 동료 관계의 성격 비율(조사대상=113명)
서비스 제공기관 설문-질문 4. 당사자와 서비스 제공기관 직원과의 관계를 어떻게 평가하는가?,
질문 5. 당사자는 동료와의 관계를 발전시켰는가?

주거환경에서 지역사회 서비스 제공기관의 직원들 및 함께 사는 동료들과의 긍정적 관계였다. [그림 8-5]에서 볼 수 있듯이, 서비스 제공기관 응답자의 81%는 당사자가 직원과 긍정적이고 강한 관계를 맺었다고 보고했으며, 부정적인 관계를 보고한 응답자는 없었다. 그러나 동료들과의 관계는 제한적인 것으로 보고되었다. 응답자의 60%는 당사자의 동료들 간 관계가 중립 혹은 제한적이라고 했고, 7%는 동료와의 관계가 부정적이거나 약한 정도 또는 그것이 혼합된 정도라고 보고했다. 당사자 중 33%만이 긍정적이고 강한 동료 간 관계를 맺은 것으로 보고되었다(Griffiths et al., 2015).

서비스 제공기관 응답자들이 당사자와 직원의 긍정적이고 강한 관계를 규정하는 데 사용한 지표로는 직원과의 긴밀하고 긍정적인 상호작용 추구, 직원과의 관심사 공유, 직원의 이름과 일정을 아는 것, 특정 직원을 요청하는 것, 직원이 자신을 알아주기를 바라는 것 등이 포함되었다. 직원과의 중립적인 관계를 대표하는 것은, 당사자가 누구와의 사회적 접촉에도 참여하려는 주도성이 부족하다는 언급이었다.

동료와의 관계

우리 연구 표본의 당사자들이 거주지나 더 넓은 지역사회 내에서 새로운 친구 관계를 발전시킨 정도에는 큰 차이가 있었다. 서비스 제공기관들이 가장 어렵다고 인식하는 분야 중 하나는 서비스 제공기관 외부에서의 대인관계를 개발하는 것이었다. 서비스 제공기관의 응답자들이 지적한 것은 동료 간 유대가 제한적이며, 특히 서비스 제공기관 외부에서는 더욱 제한적이라는 것이다. 당사자들은 동료나 유급 직원 이외에는 친구가 없거나, 또는 한 응답자의 말처럼 "아직 진정한 친구는 없었다."

　여기서 나타난 공통적인 내용은 당사자들이 집에서나 주간 프로그램에서 사람들과 교류하며 친근하게 행동했지만, 서비스 제공기관을 벗어나서는 친구가 없다는 것이었다. 대부분의 동료 관계는 서비스 제공기관, 직원 및/또는 지역사회 단체 내에서 이루어졌다. 어떤 경우에는 당사자가 고립을 선택한 것으로 확인되기도 하였는데, 혼자 있고 싶어 하거나 서비스 제공기관 밖에서 인간관계를 맺을 만큼 정기적으로 다른 사람과 밀접하게 접촉하기를 즐기지 않는 사람도 있었다. 또한 많은 서비스 제공기관들에 의하면, 지역사회로의 이주가 이전의 친구 관계를 더욱 촉진시키지는 못했다. 그들은 당사자들이 이전의 친구에 대한 정보나 연락 방법을 제공받지 못했다고 지적했다. 과거 친구와의 관계가 제한적이었던 반면, 서비스 제공기관 직원들은 새로운 거주지가 당사자에게 새 친구를 사귈 수 있는 기회를 제공했다고 보고했다.

환경의 적합성

　[그림 8-6]에서 볼 수 있듯이, 대다수의 서비스 제공기관 응답자는 당사자가 이주한 환경이 그들의 욕구를 고려할 때 양호(30%) 또는 우수(55%)하다고 평가했다. 그들은 이러한 주거환경에서 개인별 지원 및 개인화된 환경 혹은 가정적인 환경이 제공되었고, 직원과 지역사회 및 가족과의 상호작용이 증가했다고 설명했다. 그러나 응답자들은 당사자들 중 14%가 단지 그들의 서비스 욕구에 적당한 정도로만 평가된 환경에 살고 있다고 보고했다. 응답자들이 우려되는 사항으로 지적한 것은 제한된 자원, 거주인 과밀, 지역사회 참여 및 활동의 부족, 시설에서보다 더 적은 가용 공간 등이었다. 특히 우려되는 것은, 응답자들이 열악하다고 평가한 주거환경에 당사자의 1%가 살고 있다는 사실이었다(Griffiths et al., 2015).

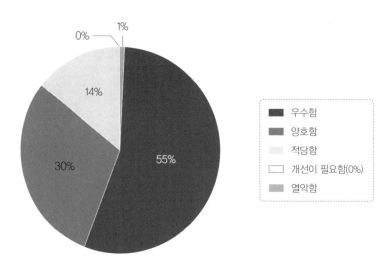

[그림 8-6] 당사자의 욕구에 대한 환경의 적합성 정도(조사대상=112명)
서비스 제공기관 설문−질문 10. 이 주거환경이 당사자에게 얼마나 적합하다고 생각하는가?

인력 및 지원

앞의 항목에서 언급한 바와 같이, 성공적인 전환 이주를 위해서 지역사회의 서비스 인력과 지원은 매우 중요한 요소이다. 〈표 8-1〉은 시설에서 지역사회로 복귀하는 당사자들에게 제공되는 지역사회 인력 지원의 주요 측면에 대하여 서비스 제공기관 응답자가 보고한 만족도를 나타낸다. 개인별로 작성된 필수계획의 중요성을 감안할 때, 응답자의 94%가 필수

표 8-1 **인력과 지원에 대한 서비스 제공기관의 만족도**

다음 물음에 대한 응답(%)	예	아니요	약간
직원의 비율이 당사자의 욕구를 충족하기에 충분한가?	84	16	
직원의 비율이 필수계획과 일치하는가?	94	6	
직원은 당사자를 지원하기 위해 특화된 교육을 받았는가?	90	7	3
직원 교육은 적절한 방식이었는가?	93	7	
직원 교육은 충분했는가?	86	14	
필수계획에서 권고한 전문가 지원 서비스를 당사자가 받을 수 있었는가?	94	6	
지원 서비스는 당사자에게 충분했는가?	91	9	
전문가 지원 서비스의 품질은 당사자의 욕구에 충분히 부합했는가?	98	2	

계획에서 권고하는 인력 비율과 전문가 지원 서비스의 이용이 가능했다고 보고한 점은 주목할 만하다.

[그림 8-7]은 과거 시설 거주인들이 새로운 지역사회 주택에서 의료 서비스를 이용할 수 있는 범위와 가용성을 보여 준다. 모든 당사자는 주치의가 있었으며, 96%의 당사자들에게 정기적으로 치과 치료가 제공되었는데, 여기에 제외된 사람들은 치아가 없는 사람들로서 가정에서 잇몸 관리를 받았다. 주거환경의 적합성과 마찬가지로, 필수계획의 세부 사항과 의료 서비스의 일치는 특히 중요한 주제였다. 이 설문조사에서, 서비스 제공기관 응답자들은 모든 해당 서비스들이 필수계획에서 권고한 사항을 충족하거나 초과했다고 보고했다. 몇몇 사람들이 물리치료와 같은 전문 서비스의 대기자 명단에 있었다는 문제가 있었지만, 전문 서비스 및 의료 서비스의 이용은 필수계획의 권고 사항을 초과했다는 것이 일반적인 견해였다. 당사자가 필수계획 이상 추가로 이용할 수 있었던 전문가 서비스는 심장 전문의, 검안사, 간호사, 정형외과 전문의, 영양사, 이비인후과 전문의 등이었다. 흥미롭게도, 필수계획에서 제시된 행동치료 권고 사항은 이주하기 전에 예상했던 것보다 강도가 더 약하거나 더 짧은 기간 동안만 필요하게 된 경향이 있었다(Griffiths et al., 2015).

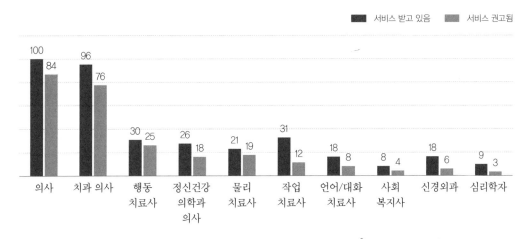

[그림 8-7] 의료 및 전문 서비스를 받고 있거나 권고된 비율[6](조사대상=112명)

서비스 제공기관 설문−질문 16. 당사자가 현재 받고 있는 전문가 서비스가 있다면 표시하시오.
필수계획에서 권고된 전문가 서비스인가?

---

6 저자 주: 기본 의료 서비스가 필수계획의 일부인지 여부는 서비스 제공기관 응답자에 의해 구체적으로 확인되지 않았지만, 탈시설 이니셔티브에 관련된 모든 당사자들은 전환 전에 기본 의료 케어를 받도록 되어 있었음.

이러한 발견은 탈시설 후 서비스 제공 및 접근성 부족에 관해 논한 과거 캐나다의 연구 (즉, Balogh, Ouellette-Kuntz, & Hunter, 2004; Roy & Cloutier, 1994) 결과와 일치하지 않았다. 예를 들어, 발로 등(Balogh et al., 2004)은 지역사회에 거주하는 발달장애인이 치과 및 의료 서비스에 접근할 수 없었다고 보고했다. 탈시설 이니셔티브에 관한 서비스 제공기관 응답자 들은 일부 지역에서 특정 전문가에게 접근하는 데에 지리적 어려움을 경험했다고 했지만, 이 연구의 전반적인 결과는 개인이 필요한 의료적/전문적 지원 및 서비스에 접근할 수 있다 는 것을 보여 주었다.

활동 및 지역사회 통합

활동 및 참여의 측면에서 93%의 설문조사 응답자들이 보고한 바에 의하면, 과거 시설 거 주인들이 지역사회에서 즐거운 일상활동에 참여하고 있으며, 그들이 참여하는 활동의 73% 가 각자의 필수계획에 부합했다. 82%의 당사자들은 새로운 흥밋거리를 찾은 것으로 보였 다. 그러나 필수계획에서 권고한 몇몇 활동은 이용할 수 없거나(18%), 접근할 수가 없었는데 (14%), 예를 들어 감각 자극과 같은 활동은 어디서나 쉽게 이용할 수 있는 것이 아니었다.

신체 활동의 경우 당사자들은 매일(54%), 일주일에 여러 번(20%), 혹은 일주일에 한 번 (12%) 꼴로 규칙적인 운동에 참여하는 것으로 나타났다. 당사자들의 절반이 매일 가정 내 활 동에 참여했다. 당사자에게 즐거움을 주는 것으로 분류되는 일반적 일상활동은 걷기, 레크 리에이션 활동, 스포츠, 텔레비전/음악/미디어, 사교 활동 등이었다. 일부의 경우, 당사자의 참여 부족이 신체적 제한이나 그 활동에 대한 관심 부족에 따른 결과로 보고되었다(Griffiths et al., 2014, p. 8).

주거서비스 공간 외부에서의 주간 프로그램에 대한 가용성에는 다소 어려움이 있었는데, 당사자의 40%만이 주간 프로그램에 참여하였고 이들 중에서 52%만이 집 밖에서의 프로그 램에 참여한 것으로 보고되었다. 적절한 주간 프로그램에 접근할 수 있었던 사람들 중에서 54%는 그룹 프로그램, 31%는 개인별 프로그램, 13%는 그룹 및 개인별 프로그램이 결합된 활동에 참여하였고, 2%는 참여하지 않기로 선택했다. 여기서 주목할 점은, 온타리오의 파인 리지 시설의 폐쇄 이후에 수행된 유사한 연구에서 서비스 제공기관들은 당사자의 81%가 적 절한 주간 프로그램을 제공받았다고 보고했다는 것이다(Griffiths, 1985). 프로그램의 가용성

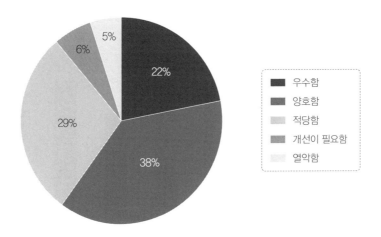

우수함
양호함
적당함
개선이 필요함
열악함

[그림 8-8] 주간 프로그램의 적합성 비율

은 전체 상황을 반영하지 못했으며, 개인별 선호도와 프로그램의 일치 여부 또한 중요한 요소였다. 서비스 제공기관에 대한 설문조사에서 응답자들은 60%의 당사자들이 양호 내지 우수한 정도의 적합성을 가진 프로그램을 제공받은 반면, 29%는 프로그램 적합성이 단지 적당한 정도라고 보고했다. 더 우려되는 것은, 11%는 프로그램이 열악하거나 개선이 필요하다는 것이다([그림 8-8] 참조). 주간 프로그램 개발은 대부분의 탈시설 전환 계획에서 충분히 다루어지지 않은 주요 영역이었다. 앞에서 설명한 바와 같이, 주간 프로그램이 있다 하더라도 집에서 제공되는 경우가 많았다. 집 밖에서의 의미 있는 주간 프로그램이 부족한 것은 계획 과정의 상당한 허점을 보여 주었으며, 탈시설화 계획을 수행하는 다른 지방정부에서도 고려해야 할 사안이다.

지역사회 재통합의 또 하나의 핵심 요소는 보다 넓은 지역사회에서의 진정한 참여 정도였다. 서비스 제공기관 응답자들은 81%의 당사자들이 적극적으로 지역사회에 참여하였으며 이들의 지역사회 접촉 중 92%가 긍정적이라고 보고하였다. [그림 8-9]에서 볼 수 있는 바와 같이, 당사자들은 식당에 가고, 공원에 가고, 산책하고, 쇼핑하고, 미용실에 가는 것을 포함한 광범위한 활동에 참여했다. 빈도가 낮은 다른 활동들로는 연극, 영화 또는 콘서트에 가고, 휴가를 가고, 사교 클럽에 가고, 스포츠 행사, 종교 활동에 가는 것 등이 있었다. 이러한 활동 범위는 긍정적이었지만, 서비스 제공기관의 평가에 의하면 사회 통합의 빈도와 정도는 적합한 정도에 미치지 못했다. 응답자들은 진정한 사회 통합을 적절한 수준으로 이루기 위해서는 추가적인 자원 개발이 필요할 것이라고 지적했다.

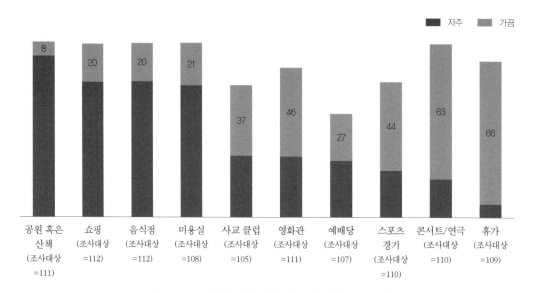

[그림 8-9] 다양한 활동에서의 지역사회 통합 빈도 비율

서비스 제공기관 설문−질문 43. 당사자가 다음의 활동들에 얼마나 자주 참여하는가?

앞의 연구 결과는 지역사회 통합이 대체로 피상적이었고 드물게 발생했다고 보고한 에머슨과 해튼(Emerson & Hatton, 1996)의 연구 결과와 유사했다. 베이커(Baker, 2007)는 시설에 거주하지 않는다는 것을 넘어, 지역사회 활동 참여에 관해 가장 신뢰할 수 있는 예측변수는 당사자의 적응행동 수준 및 문서로 작성된 개인별 접근 목표의 설계와 관련이 있다는 것을 발견했다. 이러한 발견은 지역사회 참여가 개인별 목표로서 설정되어 있어야 하며, 그 목표에 도달하기 위한 단계가 마련되어 있어야 한다는 것을 시사한다.

가족 및 친구 접촉

탈시설화의 또 하나의 중요한 결과는 그것이 가족들에게 미치는 영향, 그리고 가족들과 지역사회로 복귀한 가족 구성원과의 관계에 미치는 영향이었다(Conroy, Spreat, Yuskauskas, & Elks, 2003; Cummins & Dunt, 1988; Cummins, Polzin, & Theobald, 1990; Emerson & Hatton, 1994; Spreat & Conroy, 2002; Young et al., 1998). 시설에서 지역사회로 돌아오는 모든 사람에게 연락할 가족이 있었던 것은 아니다. 그러나 응답자들은 새로운 주거환경으로 이주한 이후, 69%의 당사자에게 가족과의 관계에 변화가 있었으며, 30%는 관계에 변화가 없었다고

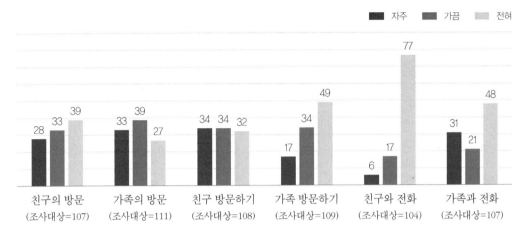

[그림 8-10] 가족과 친구 접촉의 성격 및 빈도 비율

서비스 제공기관 설문－질문 43. ([그림 8-9]에 이어서) 당사자가 다음의 활동들에 얼마나 자주 참여하는가?

보고했다. 나머지 1%는 이전의 가족과의 관계에 대해 알 수 없었다. 관계가 변화한 경우 중 89%는 가족 간 상호작용이 늘었고, 86%는 친구와의 접촉이 증가했다. 이 결과에는 가족 모임 및 과거 친구와의 모임이 반영되었다. [그림 8-10]은 과거 시설 거주인이 지역사회로 이주한 후 가족과 친구 간에 어떠한 상호작용이 있었는지를 보여 준다. 여기에는 가족의 잦은 방문(33%), 당사자의 가족 방문(17%), 가족과 잦은 전화 통화(31%) 등이 포함되었다. 친구와의 상호작용에 있어서는, 당사자가 친구를 방문하거나(34%), 혹은 친구의 방문을 받았으며(28%), 잦은 전화 통화는 겨우 6%로 그다지 많지 않았다.

가족들은 권리옹호(64%), 정서적 지지(54%), 조언(42%), 그리고 실질적인 도움(39%) 등 다양하고 중요한 역할을 하는 것으로 나타났다. 친구 역시 가족보다는 적지만, 같은 분야에서 영향력이 있는 것으로 보고되었다. 친구들은 권리옹호(11%), 실질적인 도움(14%), 조언(10%), 정서적 지지(22%)를 제공했다(Griffiths et al., 2015).

지역사회로의 전환에 따른 변화

서비스 제공기관 설문의 응답자들은 지역사회로 이주한 당사자들에게 다양한 변화가 있었다고 보고했는데, 그중 가장 많이 거론되는 분야는 선택하기, 의료적 상태, 행동과 적응 능력이었다.

선택하기

독립성의 향상은 당사자의 66%에서 나타났는데, 이 중 89%가 일상적인 활동에 대해 자기선택을 하였다. 전반적으로 볼 때, 서비스 제공기관의 응답자들이 보고한 바에 의하면, 당사자의 85%가 선택하기에 있어서 독립성이 향상되었는데, 그 수준은 비교적 독립적(20%)에서부터, 몇몇 분야에 대한 자기선택(49%), 직원의 조력을 동반한 선택하기(31%)까지 다양했다(Griffiths et al., 2014). 이러한 연구 결과는 선행 연구들과 일치했다. 예를 들어, 킴 등(Kim, Larson, & Lakin, 2001)은 지역사회로 이주한 당사자의 독립성이 향상되었다는 점에 주목하였다.

의료적 상태

시설을 떠나는 사람들의 의료 서비스 욕구에 대한 우려와 이를 지원하기 위한 지역사회 자원의 준비는 중요한 주제이다(제10장 참조). 서비스 제공기관 설문의 응답자들은 52%의 당사자들이 시설을 떠난 후 의료적 상태의 변화를 보였다고 보고했다. 이러한 변화는 대체적으로 건강의 향상과 약물 복용의 감소로 나타났다. 응답자의 22%는 당사자의 정신 건강에 변화가 있었다고 했다. 흥미롭게도 당사자 중 6%는 지역사회로 이주한 후에 그들의 정신 건강 진단에 변화가 있었고, 30%는 탈시설 후에 어떤 형태로든 병원에 입원했었다(Griffiths et al., 2015). 후자의 연구 결과는 발달장애인의 2/3가 의료적 개입이 필요한 만성 질환을 갖고 있고 일반 인구보다 두 배 많은 건강 문제를 갖고 있다는(Minihan & Dean, 1990; van Schrojenstein Lantman-De Valk, Metsemakers, Haveman, & Crebolder, 2000) 사실에 비추어 생각할 필요가 있다.

행동 변화

서비스 제공기관의 응답자들은 49%의 당사자들이 행동에서의 문제를 나타냈다고 언급했다. 그러나 이들 당사자들의 경우, 이러한 문제점은 시설에 거주할 때에 보고된 것보다 그 빈도가 낮거나(51%), 동일했다(31%). 이들은 전환 전에 작성된 **필수계획**에서 권고되었던 것보다 지역사회에서 행동치료를 덜 필요로 했다. 당사자들의 17%는 전환 후 행동문제가 증가하였고, 한 사람에 대하여는 변화를 알 수 없음으로 평가되었다(Griffiths et al., 2014).

84%의 사례에서, 필수계획에서의 행동문제에 관한 권고 사항을 지역사회 서비스 제공기관이 수행한 것으로 나타났다. 이러한 권고안은 대개 매우 효과적(40%)이거나 다소 효과적(50%)이라고 보고되었지만, 10%는 권고안이 효과가 매우 적었다고 지적했다. 아무도 그것이 비효율적이라고 평가하지는 않았다. 당사자 중 2%만이 경찰, 보안 관계자 또는 다른 사법 기관과 접촉한 경험이 있었다.

탈시설이 행동 변화에 미치는 영향에 대한 비교 연구 문헌은 엇갈린 결과를 제시하고 있다(Young et al., 1998). 그러나 앞의 내용과 유사하게 긍정적인 효과를 발견한 다른 연구들도 있었다. 제이콥슨과 슈왈츠(Jacobson & Schwartz, 1983)가 지적한 바와 같이, 문제행동은 환경의 맥락 안에서 발생하며 탈시설의 영향이라기보다는 서비스 부족의 결과로서 나타날 수 있다. 전반적으로 케어 제공자가 보고한 행동 변화와 문제행동 관리에 관한 서비스 제공기관의 지원은 정적 상관관계[7]를 보였다.

적응 능력의 변화

서비스 제공기관의 응답자들은 관심(54%), 적응 능력(45%), 자기관리 기술(36%), 사회적 기술(48%), 의사소통 기술(53%)에서 당사자들의 긍정적인 변화를 보고했다(Griffiths et al., 2015). 이러한 발견은 다른 연구(Hamelin, Frijters, Griffiths, Condillac, & Owen, 2011)에서 보고된 개선 내용과 일치했다.

삶의 질

[그림 8-11]과 같이, 서비스 제공기관의 응답자들은 대다수 당사자(91%)의 삶의 질을 양호(53%) 내지 우수(38%)하다고 답했으며, 응답자의 1%만이 당사자의 삶의 질이 열악하다고 평가했다. 서비스 기관 응답자의 5%는 당사자의 삶의 질이 적당한 정도거나 개선이 필요하다고 평가했으며, 3%는 긍정과 부정이 혼재된 것으로 평가했다(Griffiths et al., 2015). 온타리

---

7 역자 주: 정적(positive) 상관관계(또는 양의 상관관계). 한 변인의 값이 증가할수록 다른 변인의 값도 증가하는 관계. 즉, 서비스 제공기관의 지원이 많을수록 행동에서의 변화가 많이 나타났음을 의미함.

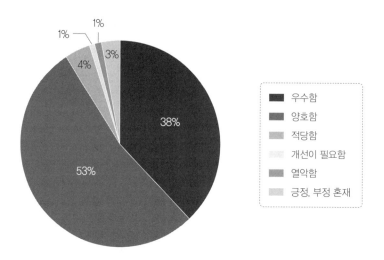

[그림 8-11] 삶의 질 평가 비율(조사대상=113명)

서비스 제공기관 설문–질문 67. 현재 당사자의 삶의 질을 어떻게 평가하는가?

오주의 탈시설화에 대한 이전의 연구에서는 서비스 제공기관 직원의 83%가 탈시설 1년 후 당사자의 삶의 질을 양호 내지 적당하다고 평가했던 것과 비교할 때, 이번 연구에서 91%가 삶의 질을 양호 내지 우수로 평가한 것은 보다 좋은 결과였다(Griffiths, 1985).

당사자의 행복이 증가하고 고통이 감소했다는 보고와 삶의 질 변화에 대한 서비스 제공기관의 긍정적 평가는 서로 관련이 있다. 삶의 질에 있어서 '우수한' 변화라고 평가된 것은, 당사자의 의사소통 기술과 건강의 향상, 긍정적인 환경의 이용 가능성, 지역사회 및 가족 간 접촉이 새롭게 혹은 다시 발전하게 된 것에 기인한다. '양호한' 것으로 평가된 것은, 당사자들의 참여와 선택이라는 주제와 관련이 있었다. 응답자들은 "삶의 질의 긍정적 변화는 지원 인력의 질적 수준과 일관성, 당사자의 선택권 증진, 가정 활동과 지역사회 활동에 대한 당사자의 참여, 그리고 가정환경의 특성에 기인하는"(Griffiths et al., 2015, p. 40) 것으로 보았다.

서비스 제공기관 응답자들이 '적당'하거나 '열악한' 것으로 당사자의 삶의 질을 평가한 데에는, 더 나은 지원과 자금 지원에 대한 요청이 수반되었다. 한 응답 기관에서는 다음과 같이 지적했다.

기본적인 필요(의, 식, 주)는 적당히 충족되고 있다. 식료품 예산을 늘리면 당사자의 식생활 필요/욕구를 보다 잘 충족시킬 수 있을 것이다. 현재 서비스 이용자는 매일 식사 보충제인 'X2'를 복용하고 있다.

서비스 제공기관 응답자들은 주간 프로그램의 가용성 증가, 추가 인력 및 전문가 지원, 자금 지원 등 몇 가지 분야의 개선에 대한 권고를 했다. 그들은 또한 한집에서 함께 사는 거주인의 수를 줄일 것을 권고했다. 추가적인 삶의 질 개선 전략을 추구하지 않는 이유에 대한 서비스 제공기관의 일관된 답변은 자금 부족이었다(Griffiths et al., 2015).

요약

전반적으로 이 연구에서 서비스 제공기관 응답자들은, 온타리오 탈시설 이니셔티브의 결과로서 지역사회로 이주하게 된 당사자들이 현재의 환경에서 우수하거나 양호한 삶의 질을 누리고 있다고 보고했다. 지역사회로의 전환과 그 후 지역사회 환경에서 당사자들의 적응은 일반적으로 양호 내지 우수하다고 평가되었다. 당사자들은 3개월도 안 되어 새로운 집에 적응한 것으로 나타났다. 본 연구 표본의 약 절반은 지역사회에서 행동문제에 관한 서비스가 필요한 것으로 보고되었다. 행동문제에 관한 서비스를 필요로 하는 이들 중 절반은 시설에 있을 때보다 행동문제가 덜 심한 것으로 나타났고, 일부 당사자는 예상했던 것보다 행동문제에 관한 지원이 덜 필요한 것으로 보고되었다.

서비스 제공기관 응답자들이 보고한 바에 의하면, 지역사회로 돌아온 당사자의 2/3 이상은 가족과의 관계가 변화했는데, 그중 89%는 접촉이 증가하였다.

대부분의 서비스 제공기관 응답자들은 당사자를 위한 전문 서비스와 의료 서비스에 만족했다. 대부분은 당사자에게 있어 지역사회 환경이 양호 내지 우수하다고 평가했으며, 대다수(60%)의 당사자는 5인 이하의 아파트나 그룹홈과 같은 그룹 생활 체제에 살게 되었는데, 이 숫자는 선행 연구에서 적합하다고(Young & Ashman, 2004) 언급된 것이었다. 그러나 주거 체제의 10%는 12명이 넘는 거주인이 있었으며, 어떤 그룹홈에는 무려 42명, 어떤 요양원에는 120명이 거주하고 있었다.

탈시설 이니셔티브에 대한 설문조사 결과는, 많은 관련 문헌들에서 제시한 광범위한 연구 결과를 뒷받침한다. 문헌들에 따르면, 대체적으로 탈시설 이후 당사자들의 삶의 질이 향상되었고(Dagnan, Ruddick, & Jones, 1998), 지역사회 접근성이 개선되었으며(Young, Sigafoos, Suttie, Ashman, & Grevell, 1998), 긍정적인 변화를 보였다(Blatt & Kaplan, 1966; Horner, 1980; Sobsey, 1994). 그러나 본 연구는 과거의 문헌들에서와 마찬가지로, 표본에 따라 개별적인 차이가 있었다. 이렇게 전체적 경향에 반대되는 '상반된 이야기'[8]에서 공통된 주제는, 탈시설 이후의 서비스 제공기관의 조직적 특성과 철학, 주거환경의 구조와 규모, 개인의 표현 방식이나 개인별 차이를 받아들이는 것과 관련된 문제들이다.

서비스 제공기관에 대한 설문조사를 통해 **탈시설 이니셔티브**의 결과에 영향을 미치는 프로세스에 관한 특성을 추가적으로 파악할 수 있었다. 여기에는 두 가지 요소가 있는데, 하나는 전반적으로 긍정적인 결과와 관련이 있는 요소이고, 다른 하나는 전반적으로 긍정적인 결과가 나타나지 않고 '상반된 이야기'의 원인이 되는 요소이다. 전체적 설문 결과에서 나타난 성과보다 좋지 않은 결과를 만든 요소들도 후자에 포함된다. 긍정적 연관을 보이는 요소 및 어려움과 관련된 요소, 이 두 가지 요소 모두 장차 탈시설화를 실행하는 다른 자치단체를 위한 귀중한 정보이다. 이러한 요인들은 대체로 더 능동적이고 체계적인 전환 전 계획과 전환 프로세스, 지역사회 서비스 제공기관의 철학, 직원 교육, 그리고 운영 방식과 관련이 있다. 이러한 관점에 대해서는 제11장에서 더욱 상세히 기술하고자 한다.

---

8 저자 주: 사례 연구에서 린드만 넬슨(Lindemann Nelson, 1995)이 '상반된 이야기(counter-story)'라고 부른 것을 제시함. "장애인의 삶에서 또는 그들과의 관계에서 경험한 실제적이고 생생한 '상반된 이야기'들은 새로운 이해를 제공"(Clapton, 2003, p. 9)함으로써 탈시설 전환에 관한 연구에 자극을 줄 수 있음.

제9장

탈시설 이니셔티브에 대한 가족의 반응: 가족 설문조사

도로시 그리피스(Dorothy Griffiths), 프랜시스 오웬(Frances Owen),

로즈마리 콘딜락(Rosemary A. Condillac)[1]

가족의 관점은, 최초 탈시설화 계획 과정에서부터 전환 후 결과에 대한 검토에 이르기까지 그 중심에 있었다. 탈시설 이니셔티브가 실행된 후 가족 설문조사가 주 전역에 배포되었으며, 제8장에 기술된 서비스 제공기관에 대한 설문조사와 동일하게, 다음의 세 가지 중요한 질문에 대한 가족의 관점을 탐구하였다. 가족들은 탈시설 이니셔티브에 의해 이주한 당사자들에 대한 결과를 어떻게 평가하는가? 가족들은 지역사회에 마련된 지원과 그 결과에 대해 만족하는가? 당사자와 관련하여 가족들이 관찰한 변화의 특성은 무엇인가?

총체적 방법론 및 설문조사 참가자

가족 설문조사는 지역사회로 이주한 당사자의 전환 과정과 그 결과에 대한 피드백을 얻기 위해 구성되었다. 설문조사는 양적 및 질적 응답을 모두 얻기 위해서 폐쇄형 질문과 개방

---

1 저자 주: 「탈시설 이니셔티브 연구: 서비스 제공기관과 가족 설문조사에 관한 최종 보고서(2010 Facilities Initiative Study: Final Report of Agency and Family Surveys)」(Griffiths, D., Owen, F., & Condillac, R. A., with contributions from Hamelin, J., Legree, M., & Robinson, J., 미발표 원고, 온타리오주 세인트 캐서린스, 브록 대학교)에 기초함. Griffiths, D., Owen, F., & Condillac, R. A. (2015) 참조.

형 질문으로 구성되었다. 정량적 응답은 이 장에 그래프 또는 수치 분석으로 표시되며, 정성적 응답은 직접 인용하거나 설명에 반영하였다.

온타리오주 사회복지부(MCSS)는 탈시설 이니셔티브에 관련된 모든 가족과 서비스 제공기관에 소개서와 동의서를 발송하여 이 연구에 참여하도록 요청했다. 설문조사는 응답한 모든 가족에게 직접 발송되었다. 또한 사회복지부(MCSS)의 요청에 응답하지 않은 가족들의 참여를 위해 전환되는 당사자와 연결된 80개 지역사회 서비스 제공기관에 이메일과 전화로 연락하였다. 발달장애인 지원에 중점을 둔 2개의 네트워크, 커뮤니티 리빙 온타리오(Community Living Ontario)와 온타리오 특별 케어 네트워크(Ontario Networks of Specialized Care)를 통해서도 추가적으로 참여 요청을 전달하였다. 앞서 밝힌 바와 같이, 탈시설 이니셔티브 발표에 따라 지역사회로 전환된 당사자는 941명이었다. 응답 완료된 모든 설문은 탈시설 이니셔티브 실행 기간 동안 지역사회로 이주한 각 당사자를 대변하는 것이었다.[2] 가족을 상대로 한 설문조사의 응답자는 61명이며, 6.5%의 회수율에 해당한다. 이는 다소 모자라 보일 수 있지만, 탈시설 이니셔티브를 통해 지역사회로 이주한 당사자들 중 많은 사람들이 40년 이상 시설에서 살았고, 다수의 사람들이 가족과의 접촉이 없었다는 점에 유의해야 한다. 이주한 당사자들이 고령인 점(평균 연령 51.55세),[3] 이주한 후 조사 연구가 시간상으로 지연된 점, 그리고 많은 당사자들의 가족 참여가 부족했던 점을 감안할 때, 가족으로부터의 응답 회수율이 이례적으로 낮은 것이 아닐 수도 있다. 접촉한 가족의 정확한 숫자는 알려지지 않았지만, 사회복지부(MCSS)의 보고서에 의하면 3개 시설에서 거주인의 10.7%만이 가족이 확인되었고, 이 중 17.8%의 당사자만이 그 전월에 가족을 방문했으며, 10.6%는 전월에 다른 방식의 접촉(예: 전화, 이메일, 편지)이 있었고, 2.3%는 조사 전월에 가족의 집에서 하룻밤을 묵었다(Martin, Hirdes, Fries, & James, 2007).

다양한 가족 구성원, 즉 자매(32%), 어머니(32%), 형제(20%), 아버지(10%), 부모 모두(3%), 기타(예: 형제자매의 배우자나 사촌 3%) 등이 설문을 작성했다. 가족의 91%는 그들의 식구가 지역사회로 전환한 것을 긍정적으로 보고했다. [그림 9-1]에서 볼 수 있듯이, 67%는 탈시설

---

2 역자 주: 완료된 각 1건의 가족 설문은 각 당사자 1인에 대한 내용이라는 것을 의미함.

3 저자 주: 허즈 등(Hirdes, Martin, Fries, & James, 2006)은 탈시설 이니셔티브에 참여한 당사자의 연령이 24.17세에서 89.57세이며, 평균 연령이 51.55세(표준편차=9.43)라고 보고함. 또 당사자의 25.4%가 18~44세, 45.3%가 45~54세, 29.3%가 55세 이상이라고 보고함. 이 데이터는 987명의 표본을 기반으로 함.

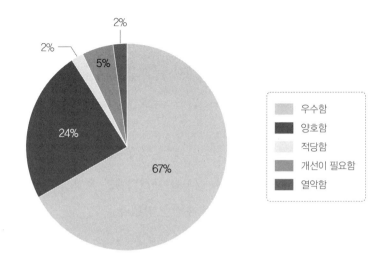

[그림 9-1] 지역사회 전환에 대한 품질 평가 비율(조사대상=61명)

가족 설문—질문 8. 당신 가족 구성원이 시설에서 지역사회로 전환한 것을 전반적으로 어떻게 평가하는가?

전환을 우수하다고 평가했으며, 24%는 양호하다고 평가했다. 그러나 가족 중 7%는 부정적으로 평가했으며, 개선이 필요하거나(5%) 열악하다고(2%) 했다(Griffiths, Owen, & Condillac, 2015).

　가족들이 설문에서 언급한 가장 중요한 주제 중 하나는, 지역사회로의 전환이 예상 밖으로 수월했다는 것이었다. 가족들은 당사자가 이주하기 전에는 엄청난 걱정을 하였지만, 전환 이주가 의외로 용이해서 크게 안도했다고 보고했다. 가족들은 자기 가족 구성원의 전환을 편안하게 만들어 준 지역사회 서비스 제공기관 직원들의 노력에 감사했다. 가족들은 당사자가 새 주거지에서 환영을 받았다고 느꼈다. 어느 당사자의 오빠(또는 남동생)의 아내는 가족들의 두려움과 우려를 다음과 같이 묘사했다.

　　우리는 전환에 대해 걱정했었어요. 어쨌건 그녀는 40년 이상 시설에서 살았고 우리는 그녀가 받는 보살핌과 활동에 매우 만족하고 있었거든요. 우리는 그녀가 친숙한 주변 환경과 많은 친구들을 그리워할까 봐 걱정했고, 혼란스러워하고 위축되거나, '사고를 칠' 수도 있다고 염려했어요. 그녀의 새로운 집에 충분한 직원이 없을지도 모르고, 쉽게 무시하고 그냥 진정시키려고만 하지 않을까 걱정했어요. 직원들의 높은 이직률에 대해 걱정했고, 활동과 프로그램이 줄어들까 봐 걱정했어요. 우리는 지역사회가 수용과 관용이 없는 것에 대해 걱정했어요. 청결, 음식의 품질, 운동 부족 등 그녀의 신체적 케어에 대해서도 걱정했어요. 그녀를 자주 찾아볼 수나 있을지, 그것은 또 어떻게 진행될지 걱정했어요. 우리는 그녀가 흥미를 느끼는 활동을 하지 못하고, 선호도를 무시당하고, 그냥 '짜인 틀'에 갇히게 될까 봐 우려했어요. 그런데 감사하게도 그녀가 '그녀의 그룹홈'에 도착했을 때 우리의 모든 두려움은 근거 없는 것이었다는 게 밝혀졌어요. 그녀는 오래전부터 알던 남성 동료와 함께 이주하도록 고려가 되었고, 그녀는 많은 새로운 친구들을 사귀게 되었어요 (Griffiths et al., 2015, p. 32).

가족들 사이에서 주된 이야기는, 최악의 상황을 두려워했는데 과정이 잘 진행되어서 안도하고 놀랐다는 것이었다. 어느 부모는 다음과 같이 말했다.

그가 50년 동안 시설에 있었기 때문에 저는 그의 환경을 바꾸는 건, 게다가 그가 말을 못해서 다른 사람에게 설명도 못하는데, 이건 잔인하다고까지 생각했어요. 하지만 저는 아주 기분 좋게 놀랐습니다. 저는 이제 시설은 '사랑'이 아니라 차가운 곳이고, 그룹홈이 따뜻하고 보살펴 주는 곳일 수 있고, 우리 모두가 사랑과 배려에 잘 반응한다고 믿게 되었어요. 그가 다니는 교회의 사람들은 제게 …… 그가 훨씬 행복해졌고, 새로 알게 된 돌봄 노동자들에 대한 자신의 사랑과 애정을 훨씬 더 잘 드러내고 있다고 자신 있게 말했어요(Griffiths et al., 2015, p. 32).

가족들은 (93%의 비율로) 그들의 가족 구성원이 새로운 지역사회의 집에 잘 적응했다고 보고했는데, 대부분의 경우 그 집은 이전의 시설 체제보다 훨씬 규모가 작았다. 가족들은 그들의 가족 구성원이 이주한 이후로 훨씬 더 행복하며 덜 불안하다고 묘사했다. 그들은 또한 건강 및 신체적/정신적 상태가 좋아졌다고 보고했다. 이러한 연구 결과는 다른 연구(예: Larson & Lakin, 1991) 결과들과 일치하는데, 연구들에 따르면 일반적으로 탈시설에 대한 가족의 우려는 실제 탈시설 이후에는 만족감으로 대체되었다. 이러한 연구가 강조하는 바는, 전환하기 전의 가족의 불안감을 줄이기 위해서 가능한 한 전적으로 그리고 조기에 가족을 이 과정에 참여시키도록 하는 선행적인 계획이 중요하다는 것이다.

가족의 만족도

〈표 9-1〉에서 볼 수 있는 바와 같이, 93%의 가족이 가족 구성원의 전환 이주에 대해 만

족한다고 했고, 92%는 새로운 서비스 제공기관의 직원이 제공하는 지원에 대해서 만족한다고 했다. 가족 구성원의 주거환경 위치와 적합성에 대해서는 97%의 가족이 만족했고, 주택의 구조에 대하여는 95%가 만족한다고 답했다(Griffiths et al., 2015).

가족들은 새로운 주거환경의 철학과 가정적이면서도 안전한 면을 좋아한다고 했다. 그들은 훈련된 직원들의 접근 방식과 그들이 제공하는 케어 서비스를 좋아했다. 또한 그들은 지역사회 활동 참여에 대해 만족한다고 보고했다(Griffiths et al., 2015). 지역사회 서비스 제공기관의 철학에 관한 언급으로, 어느 당사자의 누이는 다음과 같이 썼다.

> 수년 만에 처음으로 그는 '보통의(normal)' 인간으로 대우받고 동등한 특권을 부여받았습니다. 친절하고, 지식이 풍부하며, 배려심 많은 사람들이 그가 필요로 하는 것과 바라는 것들을 고려하여 대응하고 있습니다(Griffiths et al., 2015, p. 32).

의료적 및 전문적 지원은 가족에게 매우 중요한 것으로 여겨졌다. 〈표 9-1〉에서와 같이, 가족 응답자의 높은 비율은 가족 구성원을 위한 전문적(의료 포함) 케어의 접근성 및 그것의 질적인 면과 양적인 면에 만족한다고 보고하였다.

제공받은 서비스가 탈시설 전환 계획을 작성할 때 합의된 권고 사항과 일치하는지 가족들에게 추가로 물었다. 연구에 참여한 가족의 88%는 가족 구성원들이 받은 전문적/의료적 지원이 필수계획에서 권고한 것과 일치하거나 그 이상이었다고 응답했다. 지원이 권고 수준에 미치지 못했다고 보고한 가족들 중에서, 두 가족은 당사자가 권고된 서비스를 필요로 하

표 9-1 **전환 배치와 서비스에 대한 가족의 만족도(단위: %)**

가족 설문조사에 나타난 만족도	만족	불만족	둘 다 아님
현재 가족 구성원의 주거환경(조사대상=60명)	93	5	2
현재 가족 구성원에게 제공되는 직원의 서비스(조사대상=61명)	92	8	
현재 가족 구성원의 위치와 적합성(조사대상=60명)	97	3	
현재 가족 구성원이 사는 집의 구조와 적합성(조사대상=61명)	95	5	
가족 구성원이 받는 전문적/의료적 지원의 품질(조사대상=59명)	93	5	2
가족 구성원이 받는 전문적/의료적 지원의 양(조사대상=59명)	90	7	3
가족 구성원이 필요로 하는 전문적/의료적 지원에 대한 접근성(조사대상=59명)	86	9	5

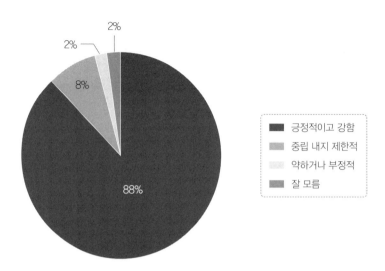

[그림 9-2] 당사자와 직원 간 관계의 품질 평가 비율(조사대상=59명)
가족 설문-질문 7. 당사자와 직원 간 관계는 어떠한가?

지 않았기 때문이라고 보고했다. 그러나 다른 네 가족은 그들의 가족 구성원이 받고 있는 지역사회 의료 서비스는 권고 수준에도 미치지 못했고 당사자의 욕구에도 미치지 못했다고 우려를 표했다. 여기에서 그들은 평가의 품질과 의사의 전문성, 그리고 치료가 지연된 문제를 지적하였다. 보다 광범위한 의료 시스템과 관련된 일반적인 문제[4] 외에, 의료 서비스 확보와 건강 관련 지원 인력의 교육에 대한 지역사회 서비스 제공기관의 대응에 관해서도 가족의 우려가 있었다(Griffiths, 2015).

[그림 9-2]에서 볼 수 있듯이, 가족의 88%는 당사자와 지역사회 직원 사이의 관계를 긍정적이고 강한 것으로 평가했다. 8%는 이들 사이의 의사소통이 중립적이거나 제한적이라고 보고한 반면, 4%만이 이 관계를 부정적이고 약하거나 불확실하다고 평가했다(Griffiths et al., 2015).

[그림 9-3]에서 볼 수 있는 바와 같이, 79%의 가족들은 새로운 서비스 제공기관과의 의사소통이 긍정적이고 강하다고 한 반면, 16%는 중립적 내지 제한적이라고 했다. 의사소통에 우려를 표명한 5%(세 가족)의 경우, "서비스 제공기관 또는 개별 직원이 가족의 참여를 방해"

---

4 역자 주: 그리피스 등(2015)은 의료 서비스에 대한 가족들의 우려가 앞에서 언급된 내용 이외에는 주로 온타리오주의 일반적 의료 시스템에 집중되어 있다고 기술하고 있음.

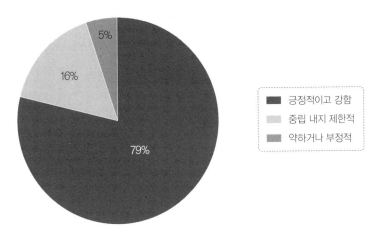

[그림 9-3] 새로운 서비스 기관과의 의사소통 품질 평가 비율(조사대상=61명)
가족 설문-질문 14. 가족과 새로운 서비스 기관과의 의사소통은 어떠한가?

"이직률이 높은 시간제 직원에 의존" "직원 교육의 문제" 등의 세 가지 이유 중 하나가 원인이었다(Griffiths et al., 2015, p. 33).

지역사회로 전환 후의 변화

지역사회로 이주하기 전에 가족들이 경험했다고 말한 불안감을 감안할 때, 자기 가족 구성원의 예상치 못한 긍정적인 결과를 표명한 응답자가 69%라는 것은 특히 흥미롭다. 31%는 그러한 예상치 못한 변화를 확인하지 못했거나 변화가 발생했는지 여부가 불확실하다고 했다. 시설을 떠나 지역사회로 이주한 어느 당사자의 자매가 보고한 다음의 이야기는 가족이 목격한 변화가 어떤 것인지를 보여 준다.

저의 자매는 자기 인생의 40년을 시설에서 보냈어요. 거의 5년 전에 그녀가 그룹홈으로 이주한 것은 그녀와 우리 가족 모두에게 가장 놀라운 경험이었습니다. …… 마침내 이토록 가족적인 분위기에서 이토록 놀라운 사랑과 지원을 받으며 지역사회에 다시 통합될 수 있다는 건 정말 놀라운 일이었어요. 바로 첫날부터 모든 게 긍정적이었어요. 첫해에는 생애 첫 은행 계좌를 개설하고 평생 처음으로 영화를 보러 갔고, 매년 여행을 다녔어요. 한번은 퇴직한 직원의 결혼식에 참석하려고 카리브해의 아루바에 가기도 했어요. 직원들은 그녀를 존중하고 인격적으로 대했는데, 그런 경험은 그녀에게 익숙한 게 아니었죠. 그녀의 의견은 소중하게 받아들여졌고, 집 안에서 공동체의 일원으로 대우받았어요. 여러분의 질문에 대답하자면, 그래요. 전환 이주는 변화를 불러왔고, 모든 변화는 제 자매와 가족에게 긍정적인 것이었어요(Griffiths et al., 2015, p. 33).

가족들이 변화를 가장 많이 보고한 분야는 웰빙과 사회성, 자기관리와 자립, 활동, 건강, 그리고 행동 등이었는데, 각각의 내용은 다음에서 더 자세히 설명하고자 한다.

웰빙과 사회성

연구의 참가자들은 그들의 가족 구성원이 새 집에서 더 행복하고 편안하다고 보고했다. 어느 당사자의 형제는 다음과 같이 말했다.

그는 초조하고, 신경질적이고, 불행한 사람에서 매우 침착하고, 믿음직스럽고, 대체로 행복한 사람으로 변했습니다. 우리는 그가 그렇게 탈바꿈할 줄은 예상하지 못했어요. 그는 이제 친근하고 우호적인 접촉을 받아들이게 되었는데, 이제까지 살아오면서 대부분 그런 걸 회피했었어요. 그는 이제 다양한 의사소통 방식 배우기를 마다하지 않고, 그 결과 자해적인 행동을 하는 시간이 훨씬 줄어들었어요. 우리는 긍정적인 변화를 전혀 기대하지 않았는데, 너무 놀랍고 기뻤어요(Griffiths et al., 2015, p. 33).

자기관리와 자립

가족들이 목격한 또 다른 사항은 그들의 가족 구성원이 (스스로 먹거나 단단한 음식을 먹는 것을 포함해서) 자기관리 능력과, (옷 고르기 같은) 선택하기 능력이 향상되었다는 것이다. 어느 당사자의 자매는 다음과 같이 보고했다.

그녀가 새로운 환경으로 이주한 이후, 우리는 그녀가 겪었던 많은 문제들(목욕하거나 물을 두려워하는 것 등)이 사실이 아니라는 것을 알게 되었어요. 그녀는 내가 들었던 것만큼 많은 케어가 필요하지 않습니다(Griffiths et al., 2015, p. 34).

활동

식료품 쇼핑과 같이 전형적인 일상이라고 간주되는 활동에서부터 휴가를 가거나 지역사회 또는 새로운 집에서의 특별한 이벤트와 활동에 이르기까지, 가족들은 가족 구성원이 하는 여러 가지의 활동에 대해 언급했다. 어느 당사자의 어머니는 다음과 같이 말했다.

> 더욱 평화로운 환경과 규칙적인 일상. 예를 들어 쇼핑, 볼링, 수영, 그리고 운동과 신선한 공기를 마시기 위한 걷기 프로그램 같은. 이런 것들을 가능케 한 여러 가지 변화를 모두 설명하기는 어렵습니다. 저의 아들에게 가장 중요한 건 그가 음악을 즐긴다는 거예요. 또 뒤뜰에는 야외 운동을 위해 난간이 있는 특별한 산책로도 조성되어 있어요(Griffiths, 2015, p. 10).

건강

연구의 참가자들은 자기 가족 구성원이 정기적인 모니터링과 건강상의 이유로 의료 방문을 받았다고 했다. 과거 시설 거주인들이 지역사회로 이주한 후 약물 복용을 줄이고 영양 상태가 개선되었다는 사실이 보고되었다. 어느 당사자의 어머니는 탈시설 이니셔티브에 참여한 두 아들의 변화에 대해 다음과 같이 설명했다.

> 나의 두 아들 모두 쉽게 생명을 위협할 수 있는 폐렴에 걸리기 쉬웠는데, 지금은 좋아졌어요. 그들이 그룹홈에 산 지 2년이 넘었어요. 그곳으로 이사하면, 말 그대로 죽게 될 줄 알았어요. 대신, 그들은 제가 꿈꿔 왔던 것보다 더 건강하고, 더 행복하고, 더 잘 지내고 있어요(Griffiths et al., 2015, p. 10).

이 어머니는 두 아들이 시설에 사는 동안에는 1년에 네 번 폐렴에 걸리곤 했지만, 본 설문조사에 참여한 시점에서는 지역사회로 이주한 이래 폐렴에 걸렸던 건 단 한 번뿐이었다고 했다.

행동

탈시설화에 대한 다른 연구들(Young et al., 1998 참조)과 제8장에서 설명한 서비스 제공기관 설문조사 결과와 비슷하게, 당사자의 행동 변화에 대한 가족의 보고는 다양했다. 가족들은 문제행동에 대한 직접적인 질문을 받지는 않았지만, 일부 가족들은 분노 폭발이나 자해가 없어지고, 구속 조치의 사용이 중단되는 등 행동문제에 관한 극적인 변화를 보고했다. 하지만 다른 가족 참가자들은 변화가 가변적이거나 없다고 보고했다. 몇몇은 문제행동이 증가했다고 했다.

가족의 참여

[그림 9-4]에서 볼 수 있듯이, 81%의 가족이 현재 그들의 가족 구성원과 지리적으로 더 가까이 살고 있다고 보고했다. 지역사회로 전환한 후, 81%의 가족은 더 자주 방문한다고 답했고, 76%가 더 자주 전화한다고 했으며, 53%는 당사자의 가족 방문이 더 잦아졌다고 했다. 이러한 발견은 탈시설화 이후 가족 접촉의 증가를 보고한 다른 연구들과 유사하다(예: Conroy et al., 2003; Cummins & Dunt, 1988; Cummins, Polzin, & Theobald, 1990; Emerson & Hatton, 1994; Spreat & Conroy, 2002; Young et al., 1998). 한편, 본 연구의 결과는 탈시설화 이후 50%만이 가족 접촉이 증가했다고 보고한 종전의 온타리오주에서의 연구에 근거한 기대치를 훨씬 초과했다(Griffiths, 1985).

어느 당사자의 형제의 말은 엄청난 변화를 잘 설명해 준다.

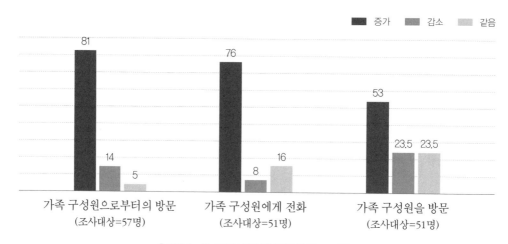

[그림 9-4] 가족 방문 및 접촉의 빈도 비율

가족 설문—질문 16. 당신은 a. 더 자주 방문하는가? b. 더 자주 전화하는가?

c. 더 자주 가족 구성원으로부터 방문을 받는가?

우리는 이제 그를 한 달에 한 번 꼴로 만나요. 돌봄 제공자가 그를 우리 집과 다른 형제들의 집으로 데리고 나옵니다. 그는 침착하고 우리와 함께 있는 걸 좋아해요. 그는 항상 몸단장이 잘 되어 있어요. 전에는 불가능했지만 이제는 우리 형제를 잘 알게 되었어요. 옛날에는 몰랐지만 이제는 우리 가족 간에 서로 닮은 점도 알아볼 수 있어요. 전환 이주는 그에게 일어난 최고의 사건이었습니다. 우리 가족 모두가 그렇게 생각하고 있어요(Griffiths et al., 2015, p. 34).

가족 응답자들은 당사자와 지리적 근접성의 중요성을 언급했다. 이로 인해 가족들이 당사자를 방문하거나 당사자가 가족의 집을 방문할 기회가 더 많아졌다. 또한 근접성의 향상으로 인해 가족들이 당사자에 관한 회의와 약속에 참여할 수 있게 되었고, 특히 중요한 가족 행사에 당사자가 참석할 수 있게 되었다. 어느 당사자의 노모는 자신이 아플 때 딸의 방문을 받을 수 있다는 게 그녀에게 얼마나 중요한지 이야기했다. 그러나 어느 한 가족은 당사자의 두 번째 이주를 요청해야 했다고 보고했다. 그 당사자는 첫 번째 지역사회 배치에 만족했지만, 가족들이 왕래하기에는 어려운 거리였던 것이다(Griffiths et al., 2015).

탈시설화 이후의 가족 참여도는 전환 성공의 예측변수 중 하나가 되었으며(Causby & York, 1990), 탈시설화 과정에 대한 가족 참여도는 결과에 대한 보다 긍정적인 가족의 태도와 관련이 있었다(Heller, Bond, & Braddock, 1988). 가족에 대한 설문조사의 전반적 결과는 매우 긍정적으로 나타났다. 그러나 탈시설 과정 및 결과에 관하여 몇몇 가족들이 열악하거나 개선이 필요하다고 인식한 부분이나 자신들의 경험에 대하여 언급한 '상반된 이야기(counter-story)'들은, 탈시설화 발표 이전 및 그 이후에 가족의 참여를 얻어 내기 위한 접근법에 있어 매우 귀중한 교훈을 주었다.

삶의 질

라파엘 등(Raphael, Renwick, Brown, & Rootman, 1996)은 삶의 질이란 '삶의 중요한 가능성들을 즐기는 정도'[5]라고 기술했다(p. 10). 이를 감안할 때, 가족 조사 응답자의 87%가 가

5　역자 주: 토론토 대학교 삶의 질 연구소는 삶의 질 정의에 관하여 다음과 같이 추가적 설명을 하고 있음. "여기에서 '가능성'은 각자의 삶에서의 기회와 한계에서 비롯되고 개인적 및 사회적 요소들을 반영하는 것이며, '즐거움'에는 만족의 경험이라는 요소와 어떤 종류의 소유나 성취라는 요소가 있다"(국제개발연구센터 홈페이지 https://www.gdrc.org/uem/qol-define.html 참조).

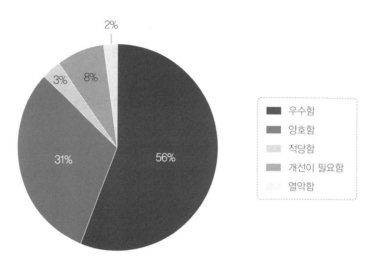

[그림 9-5] 삶의 질 평가 구분별 당사자 비율(조사대상=59명)
가족 설문—질문 17. 가족 구성원의 삶의 질을 어떻게 평가하는가?

족 구성원이 지역사회로 이주한 후 당사자의 삶의 질을 양호하거나 우수하다고 평가한 것은 고무적이다([그림 9-5] 참조). 양호 내지 우수한 삶의 질을 규정하는 변수에는 "돌보는 직원, 다양한 활동에 대한 접근성, 영양가 있는 식사, 가정적인 분위기, 그리고 가족 구성원에게서 나타난 전반적인 만족감 내지 행복감"이 포함되었다(Griffiths et al., 2015, p. 34). 이러한 결과는 가족들이 탈시설화 이후 그들 가족 구성원의 삶의 질 변화에 만족하는 경향이 있다는 다른 보고서들과 일치한다(예: Emerson & Hatton, 1996; Larson & Lakin, 1991; Tabatabainia, 2003).

대부분의 당사자에 대한 결과가 긍정적인 것으로 표현되었지만, 참여한 가정의 10%가 가족 구성원의 삶의 질을 개선이 필요하거나(8%) 열악하다고(2%) 평가한 중요한 '상반된 이야기'가 있었다. 이들의 우려는 지역사회 서비스 제공기관의 서비스 접근 방식과 관리, 그리고 지역사회 직원 교육의 품질에 집중되어 있었다. 몇몇 가족은 의료적 케어의 문제와 당사자에게 너무 많은 자율성을 제공하는 것과 관련된 우려를 언급했다(Owen et al., 2015).

요약

가족 표본으로부터 받은 피드백에 의하면, 온타리오주의 탈시설 이니셔티브는 전반적으로 당사자에게 긍정적인 결과를 산출했음을 알 수 있다. 긍정적인 결과와 관련된 요소들로는, 탈시설화 계획 과정을 안내하는 **전환 플래너**[6]와 가족 사이의 튼튼한 관계를 만들 것, 지역사회 서비스 제공기관이 당사자를 환영하고 당사자 중심의 서비스 철학과 인권에 초점을 둔 잘 훈련된 직원을 보유하고 있을 것, 적절한 지원과 서비스를 제공할 것, 당사자의 지역사회 배치 이전에 직원 교육 및 오리엔테이션을 실시할 것, 지역사회 서비스 제공기관이 가족과 밀접하게 대화하고 당사자와 긍정적인 관계를 가질 것, 그리고 지역사회 통합과 참여를 위해 노력할 것 등이 보고되었다. 탈시설화 과정 자체에 대한 가족들의 관점은 제10장에서 더 자세히 설명하고자 한다.

---

6 역자 주: 탈시설 플래너를 다르게 부른 것임.

가족의 참여 과정:
탈시설 이니셔티브 연구의 결과

도로시 그리피스(Dorothy Griffiths), 프랜시스 오웬(Frances Owen),
로즈마리 콘딜락(Rosemary A. Condillac)[1]

타바타바이니아(Tabatabainia, 2003)는 탈시설화 과정에서 가족의 태도를 이해하는 것이 더욱 성공적인 전환과 더욱 많은 성과로 이어질 수 있다고 했다. 그는 또한 '정책 입안자, 정부 및 서비스 제공자'는 가족들의 우려를 다룰 때 다음의 네 가지 원칙을 따라야 한다고 제안했다. ① 관련 이슈의 명확화(정상화, 새로운 주거 체제의 작동 방식),[2] ② 안심(그 과정에서 가족의 의견이 존중될 것이며, 가족 구성원이 새로운 체제 내에서 장기적으로 적절하게 보살핌을 받을 것이라는), ③ 교육(탈시설화가 어떻게 그들의 가족 구성원에게 이익이 되는지, 그리고 비슷한 문제가 있는 장애인들이 어떻게 성공적으로 지원을 받고 있는지에 관한), ④ 자금 조달(지역사회에 안정적이고 포괄적인 지원이 개발되었고 또 지속될 것이라고 가족에게 확신시키기 위한) 등이다. 그라임스와 비텔로(Grimes & Vitello, 1990)는 지역사회로의 전환을 준비하기 위해서뿐만 아니라 '당

---

1 저자 주: 「탈시설 이니셔티브 연구: 서비스 제공기관과 가족 설문조사에 관한 최종 보고서(2010 Facilities Initiative Study: Final Report of Agency and Family Surveys)」(Griffiths, D., Owen, F., & Condillac, R. A., with contributions from Hamelin, J., Legree, M., & Robinson, J., 미발표 원고, 온타리오주 세인트 캐서린스, 브록 대학교)에 기초함. Griffiths, Owen, & Condillac (2015)와 Owen, Griffiths, & Condillac (2015) 참조.

2 역자 주: 앞에 인용한 원문에서 타바타바이니아는 최근 연구에서 당사자의 가족들에게서 명확성이 매우 부족한 것으로 드러난 점을 지적하면서, 탈시설 전환에 관한 조치를 취하기 이전에 가족에게 탈시설화와 '정상화의 원칙'(탈시설화의 이유·과정·목적·성과), 그리고 지역사회 기반 주거 체제가 작동하는 방식(제공되는 지원과 관리 감독의 양과 질 등)과 같은 용어와 내용을 명확히 전달해야 한다고 강조하고 있음.

사자의 능력에 상응하는 자립적인 삶의 수준을 달성하도록 하려면' 교육적인 노력이 지속적인 가족 지원의 일부가 되어야 한다고 했다(p. 223).[3]

탈시설 이니셔티브에 관한 2개의 연구(가족 설문조사, 그리고 포커스 그룹 조사 및 인터뷰에 의한 연구)에서 가족의 반응을 조사해 보았다. 이 자료들은 탈시설 전환의 세 단계를 통해 가족이 경험한 일관된 이야기를 들려준다. 여기서 세 단계는 계획 과정, 계획의 실행, 그리고 계획에 따른 후속 조치와 성과이다. 그들의 피드백을 위해서 언급한 타바타바이니아(2003)의 권고 내용을 뒷받침한다.

계획 과정

가족 설문조사, 그리고 포커스 그룹 조사 및 인터뷰에 의한 연구 등 2개의 연구 모두에서, 가족들은 계획 과정이 어떻게 수행되었고 그것이 어떻게 자신과 가족 구성원에게 영향을 주었는지를 설명했다. 그들의 발언은 **사회복지부**의 탈시설 이니셔티브 발표에 대한 반응, 정부 및 지역사회 직원과의 경험, 시설 직원과의 상호작용, 그리고 전환 계획과 준비에 도움이 되었던 실천 등에 관한 내용이었다.

가족들이 계획 과정에 매우 일찍 참여할 필요가 있다는 공감대가 있었다. 가족에게 그들의 가족 구성원을 오랫동안 지원하며 관계를 맺어 온 시설이 폐쇄되는 이유에 대해 알려야 한다. 이와 더불어 전환 이주의 시간 계획을 명확하게 설정해야 한다. 탈시설 이니셔티브의 경우 941명의 당사자가 이주해야 하는데, 지역사회로 이주하는 일정이 개인마다 달랐기 때문에 **탈시설 이니셔티브**가 처음 발표되었을 때 명확한 탈시설 계획의 종료일이 요구되지는 않았다. 이것이 의미하는 바는, 몇몇 가족의 경우 당초 자신들이 예상했던 것보다 전환 이주가 더 빨리 진행될 수도 있다는 것이었다. 또한 초기에 가족 구성원을 지원할 수 있는 지역

---

3 역자 주: 앞에 인용한 원문에서 저자들은 탈시설화에 대한 가족들의 태도에 관하여 32개의 표본으로 3년부터 7년까지의 추적 연구를 실시한 결과, 탈시설화에 대한 수용과 지지의 증가와 같은 명백한 결과에도 불구하고, 가족들은 여전히 당사자가 더욱 발전할 수 있다는 것을 확신하지 못하며 이후 최소제한 환경으로 이주하는 것에 여전히 반대하고 있음을 지적함. 결국 탈시설 정책은 당사자와 가족을 위해 지역사회 전환을 준비하는 것으로 끝나서는 안 되며, 당사자가 가족의 지지를 받으며 능력에 맞는 자립을 달성하기 위해서는 전환 배치 이후에도 교육이 계속되어야 한다고 주장함.

사회 서비스의 범위에 대한 정보를 가족에게 제공해야 한다. 어떤 가족은 다음과 같이 묘사했다. "……무엇보다, 편지를 받는 게 너무 너무 힘들어요. 제 생각엔 가족들에게 편지를 보내기 전에 전화를 해 주는 게 맞을 것 같아요. 왜냐하면 50년 된 시설이 폐쇄되고 자기 가족 구성원을 이주시켜야 한다는 소식을 편지로 받는 건 모두에게 너무나 두렵고 큰 충격이니까요"(Owen, Griffiths, & Condillac, 2015, p. 7). 어느 당사자의 자매는 자기 오빠(혹은 남동생)의 이주 예정지에서 다른 가족들, 즉 그와 같은 과정을 겪고 있거나 겪었던 다른 가족들을 만날 기회를 가진 것이 큰 도움이 되었다고 이야기했다. 어느 한 플래너(planner)는 갑작스런 시설 폐쇄 발표를 이렇게 묘사했다. "……많은 가족이 갑자기 땅이 꺼지는 느낌을 받았던 것 같아요."

어떤 가족들은 탈시설 이니셔티브가 진작 있었어야 했다고 느꼈다. 어느 당사자의 어머니는 시설에 대해 이렇게 말했다.

> "요양보호[4]뿐이었어요. 제 딸이 그곳에 있는 동안(1975~2008), 저는 많은 학대와 방치, 그리고 100년 묵은 사고방식들을 목격했어요. 엄청 시끄럽게 굴지 않으면 아무것도 안 됐죠. 전반적으로 볼 때, 탈시설 전환이야말로 제일 잘된 일입니다"(Owen et al., 2015, p. 54).

그러나 어느 당사자의 자매는 당사자의 서비스 필요도가 지극히 높기 때문에 지역사회로의 전환이 불가능할 것이라며 시설 직원들이 자신을 설득했다고 말했다. 그녀는 자기 오빠(또는 남동생)가 지역사회로 이주한 후, 실제로 이러한 서비스의 필요도는 그다지 분명하게 보이지 않았다고 했다(Owen et al., 2015).

많은 가족이 처음 가족을 시설에 입소시켰을 때 그리고 나중에 시설 폐쇄를 약속한 탈시설 이니셔티브를 들었을 때, 그들이 경험한 슬픔과 고통에 대해 아주 길고 자세하게 설명했다. 가족들은 수십 년 전에 겪었던 그 감정들을 다시 경험할 수밖에 없었고 어떤 경우에는 그 결정에 의문을 제기하기도 했다. 많은 가족이 시설 입소를 결정한 이유에 대한 개인적 사

4　역자 주: 요양보호(custodial care). 일상생활이 불편한 사람에게 제공하는 식사, 목욕, 옷 갈아입기, 화장실 이용 등의 케어 서비스. 일반적으로 재가 서비스와 요양원과 같은 기관에서 제공하는 서비스를 아우르는 개념으로 사용됨. 본문에서는 시설에서 당사자에게 지원하는 서비스가 최소한의 신변처리에 불과했음을 강조하고 있음.

연을 이야기했다. 응답자들은 그 당시에는 대안이 없었다고 말했다. 시설 폐쇄 발표로 인해 그 결정을 재검토하게 되기 전까지는, 가족들은 시설이 가족 구성원에게 가장 좋은 장소라고 받아들였었다. 시설 폐쇄 발표는 많은 가족들에게 엄청난 공포를 야기시켰다. 다음은 그 것을 보여 주는 하나의 사례이다.

> 우리는 그가 시설을 떠나 이주하기 전에, 시설 밖 지역사회에서의 그의 웰빙과 안전에 대해서 매우 걱정했어요. 그는 평생을 시설에서 보냈고, 우리는 그것이 다른 어떤 곳만큼이나 안전하고 확실할 거라고 생각을 했어요. 지역사회 서비스 제공기관으로부터 받을 수 있는 서비스의 종류와 품질에 대한 건설적인 정보를 제공하는 데에 있어서 정부가 크게 실패했다고 생각해요. 우리는 그의 미래를 위해 무엇이 준비되어 있는지 전혀 알지 못했으니까요. 그 결과, 우리는 이 시설에서 이주하는 모든 당사자의 전환 배치를 통제하기 위해 정부를 고소할 수밖에 없었어요(어느 당사자 형제의 답변). (Owen et al., 2015, p. 54)

포커스 그룹 조사 및 인터뷰 연구에서 어느 가족은 가능한 한 일찍 가족들에게 새 집을 알려 주어서 그곳의 직원들을 알 수 있는 기회를 주는 것이 중요하다고 했다. "……직원들과 친해지고 직원들과 단둘이 얘기할 수 있다면 부모들이 겪는 압박감을 더는 데 큰 도움이 될 거예요. 그건 정말이지 거의 병적인 우울감이거든요." 탈시설 과정을 시작하는 데에 있어서 가족의 동의에 중점을 두는 것의 중요성, 그리고 지역사회에 어떤 서비스가 당사자를 기다리고 있는지를 가족들에게 명확히 알려야 할 필요성이 제기되었다. 가족들은 자신들에게 선택권이 있고, 플래너가 있든 없든 전환 이주 예정(후보)지들을 방문할 수 있다는 것을 알아야 한다. 일부 가족들은 지역사회에서 이용할 수 있는 서비스의 성격을 전혀 모르고 있거나, 혹은 정보에 입각한 전환 이주 결정을 내리기 전에 이미 폐기되었어야 할 잘못된 정보나 오래된 정보를 가지고 있을 수 있다. 이전의 연구에서 밝힌 바와 같이, 시설 입소 당시 그들의 결정은 일반적으로 지역사회 기관의 부족이나 가족 지원의 부족과 관련이 있었다(Sherman, 1988). 가족들이 오래전에 자녀를 시설에 수용했던 당시에는 시설 입소 이외에 대안이 거의 없었을 수도 있지만, 오늘날에는 그들의 가족 구성원이 이용할 수 있는 다양한 옵션이 있다.

가족들은 계획 과정에 관한 그들의 경험에 관해 토론했다. 일부 가족들은 "이 과정을 정부 관계 부처 직원들과의 투쟁으로 표현했고, 당사자가 어디에 배치됐는지와 당사자의 서비스 욕구가 충족됐는지 여부에 대해 플래너가 신경 쓰지 않는다는 느낌을 받았다"(Owen et al.,

2015, p. 55). 그러나 다른 가족들은 **플래너들**의 역할이 긍정적 계획 과정에 필수적이라고 했고, **플래너들**을 "일의 진행에 매우 귀중한 연결고리"라고 묘사했다(Owen et al., 2015, p. 56). 특히 어느 가족은 다음과 같이 말했다.

> 이번 전환 이주에서 가장 중요한 정책/프로그램 측면은, 정부가 전환을 자문하고 지원할 전문가를 배정한 것이었어요. 그녀는 우리와 함께 일하면서…… 가능한 장소들을 물색하고, 그곳을 방문하고, 우리의 시험 방문을 주선하고…… 우리와 시설에 대한 후속 조치를 했어요. 매우 전문적이고 헌신적인 이 전문가는 우리의 걱정을 덜어주고 긍정적 전환 과정을 만드는 데 엄청난 도움을 줬어요. 또 한 가지 유용했던 프로그램은 저의 누이가 이주하기 약 8개월 전에 오타와 지역의 모든 돌봄 제공자들이 개최한 '박람회'였어요. 제 누이가 이주해 간 그 서비스 제공기관도 거기서 처음 접촉했어요[어느 당사자 오빠(또는 남동생)의 응답]. (Owen et al., 2015, p. 56)

탈시설 이니셔티브에 참여한 가족에게 당사자의 배치에 대한 최종 결정권이 법적으로 부여되었지만, 일부의 가족들에게는 특히 시설 폐쇄의 마지막 단계에서 가능한 옵션이 거의 없었던 과정상의 현실적 한계가 있었다. 그들은 제시된 옵션들 중에서 최선의 것을 선택했지만, 그 결과에 대해 '그냥 받아들일 수밖에' 없었던 것으로 묘사하였다(Owen et al., 2015, p. 54). 몇몇 경우에는 가족 구성원의 전환 이주를 계획하는 시점에서 가능한 옵션이 단 하나밖에 없었다. 제9장에서 설명한 바와 같이 어느 한 가족은 집에서 먼 주거환경을 '받아들일 수밖에' 없었지만, 나중에 그 결정을 후회하고는 그들의 가족 구성원을 좀 더 가까운 곳으로 데려오도록 변경해 달라고 요구했다.

폐쇄 시기도 일부 가족 참가자들에게 하나의 이슈로 제기되었다. 시설의 최종 폐쇄일을 가족들이 알게 되자 일부 가족들은 그날을 당사자들이 이사하는 날짜로 추측했다고 어느 플래너는 설명하였다. 어떤 사람들은 그 과정이 서서히 점차적으로 실시되고 당사자들은 최종 폐쇄 훨씬 이전부터 시설을 떠나기 시작할 것이라는 사실을 이해하지 못하고 있었다. 이 플래너는 만약 이 과정에 가족들이 일찍부터 적극적으로 참여했다면, 지역사회 기관의 지원을 통해 당사자를 위한 계획을 수립하고, '지역사회 기관들과 관계 형성' 등을 거친 후 시설 거주인을 이주시키는 과정을 이해하는 데에 도움이 됐을 것이라고 했다. 시설 거주인과의 접촉을 유지하지 않았던 가족들을 위해, 어느 **플래너**는 방문하기 전에 서로 동영상을 교환하도록 해서 시설 거주인과 가족 모두 사전에 소개를 받을 수 있게 하자고 제안했다.

실행 과정

전환 계획의 실행에 관한 가족들의 의견에는 물리적 구조와 주택 개조, 약속한 가용 지원과 서비스, 그리고 그 과정의 개별화 등 전환의 실제 경험이 반영되었다.

앞에서 언급한 바와 같이, 대부분의 가족들은 전환이 좋았고, 잘 계획되었고, 예상보다 '쉬웠고', 결과적으로 당사자에게 긍정적인 변화가 생겼다고 응답했다. 테세브로와 룬데비(Tøssebro & Lundeby, 2006)의 연구 결과와 유사하게, 포커스 그룹 조사 및 인터뷰 연구에서 모든 가족은 아니지만 대부분의 가족, 심지어는 **탈시설 이니셔티브**에 대해 처음에는 꺼려 했던 가족들조차 그 결과에 대해 놀라울 정도로 만족했다. 일부 당사자가 기존에 있는 주택으로 이주한 반면, 다른 주택들은 의자 리프트, 엘리베이터, 개조된 욕실과 같은 맞춤형 장비를 갖추어 특별히 제작되었다. 연령, 서비스 필요도, 또는 기존의 인간관계 등에 따른 적합성을 보고 하우스메이트들이 선정되는 경우도 있었다.

포커스 그룹 조사 및 인터뷰 연구에서, 전반적으로 가족들은 지역사회 주거환경에서 직원의 전문성과 당사자에 대한 헌신의 정도에 만족한다고 보고했다. 심지어 시설 폐쇄 발표에 화가 났었고, 시설에서의 지원과 활동 및 인간관계의 상실을 계속 서글퍼했던 가족들조차도 그들 가족 구성원의 긍정적인 결과를 이야기했다. 배려심 많은 시설 직원을 잃었다고 묘사한 부모도 자기 딸이 새로운 주거환경에서 행복해한다고 하며 이렇게 말했다. "우리 아이는 직원이 하는 행동을 재미있어 하면서 엄청 웃어요." 그 부모는 자기 딸이 지역사회에서의 일상에 만족한다고 했다. 다른 한 어머니는 전환 이주가 발표되었을 때 자신과 남편이 얼마나 화가 났었는지를 얘기했다. 그들의 딸은 거의 40년 동안 시설에 살면서 행복했다고 말했다. 하지만 이 어머니는 자기 딸이 언어를 구사하지 못해 말로 듣지 못했지만, 이전에 살던 곳보다 새로운 집에서 더 행복해하는 것 같다고 말했다.

그러나 일부 가족들은 특정 서비스 기관의 직원이 의료 서비스와 도전적 행동 관리 분야에서 경험과 훈련이 부족하다며 우려를 표명했다. 이러한 서비스 기관에 따른 편차들은 직원들이 가족들과 함께 일하는 방식에서도 나타났다. 대부분의 서비스 기관은 높은 평가를 받았지만, 그렇지 않은 경우에 가족들은 다음과 같은 우려를 했다.

케어 서비스 직원과 행정 지원 등은 훌륭해요. 하지만 때때로 활동보조인[5]들이 거주인들에게

별로 관심이 없는 것 같은 느낌이 들어요(어느 당사자 자매의 답변).

최근에 담당 관리자를 바꾼 건, 말하자면 자신들의 권한에 대한 '영역 표시'를 위한 것 같아서 제게는 스트레스였어요. 저는 사흘을 울다가 그에게 이야기를 했어요. 불만을 얘기하고 싶은데 그 사람보다 높은 사람이 없어요!(어느 당사자 자매의 답변)

어떤 경우에는 서비스 기관의 철학이 원칙적으로는 훌륭하지만 기본적인 보살핌을 제공하지 못하는 것처럼 보였다. 설문조사에서 어느 가족은 거동과 시력에 장애가 있는 자기의 딸에게 지역사회 기관 직원이 좀 더 적극적으로 지도하는 역할을 해 주기를 바란다고 설명했지만, 지역사회 직원은 그것이 당사자의 개인적인 권리를 침해하는 것이 되기 때문에 거부했다고 말했다. 마찬가지로 이 어머니는 딸에 대한 개인적 케어 서비스가 늘어나기를 바랐지만, 직원들은 또한 사생활에 대한 권리를 보호해야 한다는 이유로 이를 꺼렸다. 이 어머니는 딸이 더 직접적인 보살핌을 받았다면 얼룩이 묻은 옷을 입고 있는 건 막을 수 있었으리라 생각했다.

대부분의 가족들이 당사자에 대한 전반적인 계획이 충족되었다고 했지만, 몇몇 가족들은 이 계획이 예상대로 실행되지 않았다고 보고했다.

면담 때 약속한 것에 못 미쳤어요. 제 딸은 항상 활동보조인이 일대일로 필요해요. 제 딸을 위한 법원 명령이 내려오지 않았어요(어느 당사자 어머니의 답변).

주간(낮 시간) 직원 3명을 약속했지만 2명이었고, 주말에는 단 1명으로 줄었어요. 직원 부족과 제대로 된 직원을 확보하는 것이 문제인 것 같아요(어느 당사자 어머니의 답변).

대다수의 가족들이 자극이 되는 활동에 대한 당사자의 참여가 증가했다고 말했지만, 일부 가족들은 시설에서 했던 수영하기, 매점 가기, 행사 참여하기, 여름 캠프 등을 언급하면서 당사자들이 과거 시설에서처럼 활동적이지 않다고 걱정했다.

---

5 역자 주: 활동보조인(Personal Care Workers: PCW). 서비스 제공기관의 직원과는 별도로 거동이 불편한 당사자의 개인별 지원 인력임. 한국의 장애인 활동지원서비스와 유사함.

또한 단기간 노동자, 시간제 노동자, 대체 인력과 높은 직원 이직률에 대한 우려도 또 다른 주제로 등장했다.

후속 조치와 성과

당사자에 대한 전환의 성과는 대부분의 가족들에게 핵심적 논의 영역이었다. 가족들은 탈시설 과정의 성과를 평가하는 데 있어서 다음과 같은 영역에서의 긍정적인 변화를 중요한 요소로 인식했다. 이러한 영역에는 선택, 기회, 적응행동 능력, 문제행동, 지역사회에 대한 참여, 의료적 웰빙(약물 복용, 신체적 외모, 의료적 요구 준수), 인간관계, 행복, 안전, 내 집이라는 느낌, 인격, 자극의 수준 등이 포함되었다. 앞 장의 논평과 도표들에서 설명한 바와 같이, 모든 측면에서 가족들의 전반적 평가는 대부분 매우 긍정적 내지는 놀랄 만큼 긍정적이었다.

그러나 가족들이 목격한 당사자에 대한 긍정적인 성과의 정도에는 차이가 있었다. 가장 중요한 언급 중 하나는 서비스 기관의 철학, 그리고 서비스를 지원받는 당사자에게 보여 준 서비스 기관의 접근 방식에 관한 것이었다. 긍정적인 변화를 보고한 가족들은 당사자에 대한 존중과 존엄이 있는 '진정한' 가족과 함께 '진정한 집'에 살고 있다고 언급했다. 포커스 그룹 조사 및 인터뷰 연구에 참여한 어느 가족은 지역사회 주거환경에 대해, "아름다워요. 디즈니 영화에 나오는 것 같았어요."라고 표현했다. 어느 가족은 과거에 자신의 자매와 의사소통하는 것이 얼마나 어려웠는지 설명하며, 전환 이주한 후에 그녀의 자매는 '더 개방적이고, 더 외향적'이 되었다고 했다. 또 그녀가 목소리를 낼 수는 있음에도 구어를 사용하지는 않지만, 집에 같이 사는 사람들이 그녀의 자매를 잘 알게 되어서 "……저도 그들을 통해서 의사소통하는 게 더 쉬워요."라고 했다. 그녀는 이러한 과정을 "여기서 일어나는 일은 마치 꽃들이 피어나는 것과 비슷해요."라고 묘사했다.

어떤 당사자는 다소 긴 적응 기간이 필요했고 전환 이주 후에 혼란스런 시기를 겪기도 했다. 어느 가족은 그들의 가족 구성원의 불안감이 증가했다고 지적했고, 또 다른 가족은 초기에는 당사자의 발작 행동이 증가했다고 언급했다. 한 어머니는 이렇게 말했다.

크리스마스 때 그 집은 통제 불능 상황이었지만, 서서히 나아졌어요. 새 집의 보모(house

mother)는 발목이 부러졌고, 지금은 돌아와서 파트타임으로 일하고 있어요. 그녀가 풀타임으로 다시 일하게 되면 그 집은 더 평온해지고, 반드시 정상으로 돌아올 거예요!

설문조사에 참여한 대다수의 가족이 자극이 되는 활동에 대한 당사자의 참여가 증가했다고 말했지만, 일부 가족들은 시설에서 했던 수영하기, 매점 가기, 행사 참여하기, 여름 캠프 등을 언급하면서 당사자들이 이전에 시설에서처럼 활동적이지 않다고 걱정했다. 어느 어머니와 아버지는 이렇게 썼다.

주의를 기울여야 하는 시기입니다. 하지만 종종 기본적인 욕구만 충족되고 있습니다. 많은 직원들이 상당히 빨리 지쳐 버려서 이직률이 높은 것 같습니다. 어떤 당사자는 그룹홈에서 잘 적응하지만 아주 많은 서비스를 필요로 하는 사람들은 좀 더 안전한 환경과 더 많은 직원이 필요합니다.

그 가족은 또 이렇게 썼다.

정부는 시설보다 낫거나 아니면 최소한 시설과 같은, 그리고 적절한 자금 지원을 약속했습니다. 그러나 그것은 실현되지 않았고 자금 지원은 적절하지 않습니다…….

직원들의 일이 너무 벅차고, 몇몇 주택들은 일손이 부족하다는 우려가 제기되었다. 그 결과, 가사 업무로 인해 귀중한 시간이 소모되고 있었다.

시사점

비록 전환 과정이 일부 가족들에게는 어려운 일이었을 수 있지만, 탈시설 이니셔티브의 결과에 대한 가족의 반응은, 가족의 우려가 일반적으로 탈시설 후에는 만족감으로 대체되었음을 보여 주는 다른 연구(즉, Larson & Lakin, 1991)의 결과들과 일치했다. 일부 가족들은 시설 폐쇄에 대해 알게 되었을 때 겪었던 불안감과 상실감을 토로했다. 지역사회로의 전환 이주를 논의하는 과정은 그들의 가족 구성원을 시설에 입소시키기로 결정했을 때 겪었던 고통을 상기시켰다. 어떤 이들은 시설에 입소할 때 그들이 직면했던 상황, 그리고 그곳을 '집'이라 생각하며 적응했던 과정에 대해 설명했다. 어느 당사자의 형제는 다음과 같이 말했다.

"······처음에는 그곳이 살기 좋은 곳이 아니었죠. 알다시피 옛날에는. 하지만 세월이 흐르면서 나아졌고, 물론 제 형제도 나이가 들었고, 정말로 그곳을 사랑했어요. 그리고 그곳의 모든 사람들······ 그는 직원들을 정말 좋아했어요."

일부 당사자 가족의 두려움은 지역사회에서 무슨 일이 벌어질지 모르기 때문에 겪는 두려움, 시설에서의 친구 및 직원과의 인간관계를 잃는 슬픔, 그리고 일상의 삶을 잃게 되는 슬픔과 관련이 있었다. 어떤 가족들은, 처음에는 시설 입소를 망설였음에도 불구하고, 당사자와 가족들이 오랜 세월 시설과 관계를 맺은 결과, 시설을 어느 정도 편안하게 느끼게 되었다. 또한 시설 폐쇄 발표가 있기 전에는 시간이 지날수록, 특히 거주인 숫자가 줄어들면서 시설 내 생활이 개선됐다는 지표도 있었다. 일부 가족들은 시설 직원들과 분명한 연락망이 있었고, 직원들 일부는 시설 폐쇄 후에도 이전 시설 거주인들과 계속 접촉했다. 몇몇은 가족 구성원들이 직원과 동료 관계를 모두 잃은 것에 대해 불안감을 나타냈다(Owen et al., 2015).

시설이 당사자의 집이자 생활방식이라고 여기는 일부 사람들은 수십 년에 걸친 시설 거주인들과 그들의 가족, 시설 직원들 간의 관계를 중요시했고 그 상실을 슬퍼했다. 익숙한 구조에 수년 동안 투자하다가 갑자기 정책 초점이 바뀐 듯한 것에 대한 좌절과 혼란, 그 과정에서 믿을 만한 자원을 상실했다는 우려도 있었다. 하지만 시설과의 오랜 관계가 끊어지는 것에 우려를 표시한 가족들도 새로운 지역사회 주거환경에 대한 당사자의 적응과 삶의 질에 있어서의 긍정적인 변화를 이야기했다. 가족들은 시설 거주인이었던 그들의 가족 구성원이 지역사회로 이주한 이후 뚜렷한 변화를 관찰했다고 보고했다. 새로운 지역사회 환경에서 프로그램의 개별화가 향상되었고, 당사자의 서비스 욕구에 대해서 지역사회 직원들이 더욱 잘 대응했다고 하는 가족들의 보고들도 있었다. 연구에 참여한 가족들은 탈시설화 과정을 인도한 **플래너**의 중심적인 역할에 관해서 논했다. 어느 가족은 이렇게 말했다. "처음에는 그 모든 것에 대해 매우 긴장했는데, 알고 보니 정말 좋았어요. 그리고 제가 말했던 것처럼, 그들은 당사자를 정말로 바쁘게 만들고 정말로 활동적이게 만들었어요······ 정말로 잘된 일입니다. 저는 다른 사람들에게 '플래너들이 정말 대단한 일을 해내고 있다'고 말해요."

과정에서의 가족 참여는 가족의 인식과 욕구에 적절하게 주의를 기울이는 것, 그들이 경험하는 스트레스를 완화하는 것, 전환에 대한 강한 부정적 반응을 줄이는 것 등의 핵심적 결과로 나타났다. 이것은 그리피스(1985)의 연구 결과와 일치한다. 그는 대규모 시설의 단계적 폐쇄 과정에 관계된 모든 당사자의 가족에게 시설 폐쇄 후 1년간 설문지를 보내어 58%의 가족들로부터 응답을 받았는데, 이것은 설문 회수율로는 매우 높은 것이었다.

이와 같이 가족에 대한 설문조사 연구와 포커스 그룹 조사 및 인터뷰 연구의 결과는 대체로 매우 긍정적이었다. 그러나 탈시설화 과정 및 그 결과가 열악하거나 개선이 필요하다고 인식한 일부 가족들이 보고한 '상반된 이야기'에도 배울 만한 귀중한 교훈들이 있다. 이러한 보고서들이 강조한 바는, 시설 폐쇄 발표 전에 가족을 참여시키고 계획 과정을 짜는 데에 가족이 중심이 되도록 해야 한다는 것이다. 가족 및 당사자의 계획 과정에 대한 참여 증가를 통해 탈시설 이니셔티브 과정에서 경험했던 몇 가지 어려움, 즉 전환 배치 완료 일정에 관한 문제, 이용 가능한 옵션의 부족, 지역사회 기관이 당사자를 충분히 알고 그에 맞는 적절한 직원 훈련과 지원을 제공하기 위한 준비 시간의 부족 등과 같은 문제를 줄이거나 심지어 제거하는 데에 도움이 될 수 있다(Griffiths, Owen, & Condillac, 2015; Owen et al., 2015).

연구 전반에 걸쳐, 플래너들은 가족, 과거의 시설 거주인, 시설들, 그리고 지역사회 서비스 제공기관들 사이에서 중요한 가교 역할을 하는 것으로 인식되었다. 플래너들은 자신의 역할을 수행하는(또는 수행하고자 하는) 사람들을 위하여, 당사자 중심 계획과 촉진, 협상 및 갈등 해결 기술 등에 대한 훈련의 필요성을 제안했다. 그들은 또한 슬픔에 빠진 가족에 대한 사회복지사 지원의 유용성을 제시했고, 다른 계획팀과의 협의를 통한 동료들 간의 지원이 플래너들 스스로에게도 건설적이었다고 밝혔다. 과정을 일관되고 용이하게 만들기 위해, 플래너 역할을 수행하는 사람들은 전환의 기반이 되는 원칙, 가족 지원에 대한 접근 방식, 의미 있는 필수계획(essential plan)을 완성하고 개발하기 위한 일관된 템플릿, 시설 내에서 일하기 위한 전략, 그리고 촉진과 협상 및 갈등 해결에 대한 방법에 대해 집중적인 교육을 받는 것이 도움이 될 수 있다. 가족들의 스트레스와 죄책감을 줄이는 방식으로 탈시설화 과정을 지원하는 방법에 대한 집중적이며 일관된 훈련과 협의가 플래너들에게 필요하다(Owen et al., 2015).

가족이 겪는 탈시설 과정의 트라우마를 완화하고 가족들이 전환 과정에 참여할 수 있도록 준비시키기 위해서 훨씬 더 많은 조치들이 가능했었던 것으로 보인다. 자기 가족 구성원을 시설에 입소하기로 한 결정에 대해, 그리고 그들이 아주 잘 묘사한 엄청난 두려움에 대해 다시 말할 필요성을 느낀 것을 볼 때 시설 폐쇄가 발표되기 전에 가족들을 준비시키기 위해서는 과정의 개선이 필요하다는 것을 알 수 있다. 가족들에게 지역사회에서 이용할 수 있는 서비스에 대한 정보와 다른 지역에서의 경험에 대한 정보를 시기적절하게 제공하고, 잘 훈련된 전환 플래너로 하여금 가족을 위한 연결망의 중심이 되도록 함으로써 프로세스 전반에 걸쳐 가족들이 정보를 얻고 권한을 부여받고 있다고 느끼게 할 수 있다.

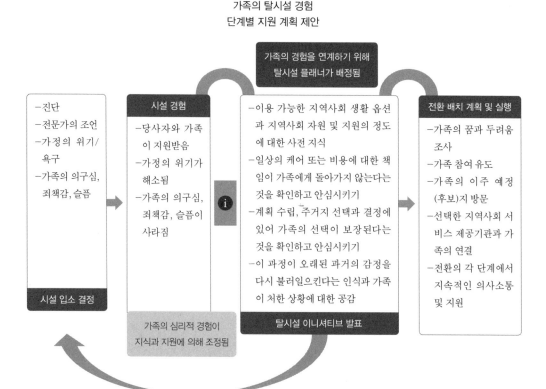

[그림 10-1] 가족의 탈시설 과정 참여를 위한 3단계 절차

탈시설 이니셔티브 연구에서 지적하는 것은, 시설 수용에 이르게 된 가족사와 그러한 삶의 중대한 변화에 직면한 가족들이 경험하는 비통한 과정에 대해 정부와 지역사회 기관들이 좀 더 깊게 이해할 필요가 있다는 것이다. 이것은 탈시설 과정에서 가족을 지원하기 위한 사전 대책을 마련해야 한다는 것을 시사한다(Owen, Griffiths, & Condillac, 2015). 이것을 그림으로 표현하면 [그림 10-1]과 같다.

3단계 절차([그림 10-1] 참조)는 가족의 두려움을 줄이고 그들이 계획 단계에서 좀 더 쉽게 참여할 수 있도록 사전 대책을 마련할 수 있도록 도와준다. 제1단계에는 가족들에게 지역사회 생활과 지원에 대하여 짧은 동영상 형태로 정보를 제공하는 것과, 이 과정을 거친 가족들의 경험담과, 지역사회 생활(가족들이 들었을 수도 있는 사실이 아닌 얘기를 포함하여)에 대한 자주 묻는 질문에 관한 소책자 제공 등이 포함된다. 제2단계는 시설 폐쇄 결정으로 다른 지방자치단체가 어떤 결과를 얻었는지를 지역사회 서비스 제공기관의 직원, 가족 및 언론에 제공하는 것이 포함된다. 제3단계는 가족과 **플래너** 사이의 튼튼한 의사소통 관계를 구축하는 것이다. **플래너**는 시설에서 지역사회로 가는 여정에서 안내자 역할을 할 수 있도록 잘 훈련 되어 있어야 하고 정보를 갖고 있어야 한다. **플래너**는 다양한 분야에서 집중적이고 일관된 훈련을 받아야 한다. 그중 가장 중요한 것은 이 과정에서 가족들이 겪는 스트레스와 죄책감 을 줄이는 방식으로 가족을 지원하는 방법, 당사자의 욕구를 정확하게 반영하는 당사자 중 심의 필수계획을 개발하는 방법, 그리고 지역사회 서비스 기관이 관련 계획을 개발하는 것을 돕고, 지역사회 및 시설 직원과 협상하는 방법 등에 관한 내용이다.

　전환 과정, 전환 계획 및 가능한 전환 배치 옵션에 대해 일관되고 정확한 정보를 제공하 기 위해 가족과 **플래너** 사이에 튼튼한 동맹을 형성하는 것이 좋다. 이 동맹은 개별적 접촉뿐 만 아니라 앞서 언급한 전략을 통해 개발된 체계적인 접근 방법에 근거해서 이루어져야 한 다. 이렇게 함으로써 가족들이 지금까지의 탈시설화에 관한 경험과 연구에 대한 정확한 정 보를 갖게 될 것이다. 또한 정보에 입각한 결정을 내릴 수 있는 근거를 제공하고, 지역사회 배치에 관해 다른 출처로부터 들었거나 들었을지 모르는 잘못된 정보와 우려들을 바로잡아 줄 것이다. 어떤 가족들은 성공적이지 못한 지역사회 전환의 경험이 있거나 이러한 경험에 대해 들어 본 적이 있을 수 있으며, 또 가족 구성원의 시설 입소 후 또는 탈시설화 초기 단계 이후 나타난 지역사회의 발전에 대해 잘 알지 못할 수 있다. 게다가 가족과 시설 종사자와의 유대가 강력할 수 있으며, 따라서 시설 직원이 가지고 있는 태도에 영향 받았을 수 있는데, 시설 직원의 태도 또한 이전의 경험에 의해 만들어지고 현재의 지역사회 상황에 대한 직접 적인 지식의 부족에 근거한 것일 수 있다. 이 장의 앞부분에서 설명한 바와 같이, 어느 당사 자의 가족은 시설 직원들로부터 그녀의 오빠(또는 남동생)가 지역사회에서 성공하지 못할 것 이라고 설득 당하지 않았다면 더 일찍 그녀의 가족 구성원을 이주시켰을 것이라고 말했다.

　탈시설 전환 후 모든 관계자의 우려를 완화하기 위해 최소 6개월, 이상적으로는 12개월 동 안 가족과 지역사회 기관 모두 동일한 **플래너**를 이용할 수 있어야 한다. 가족들은 약속된 케 어 서비스와 지원이 이루어지지 않거나 문제가 발생할 경우 어떤 절차로 누구에게 연락해야 하는지를 알아야 한다. 이러한 후속 조치와 함께 가족 및 서비스 기관에 대한 약속이 실현되 었는지 확인하는 최종 품질 보증 체계를 확인함으로써 탈시설 프로세스를 종료하게 된다.

　앞의 권고 사항들은 가족 스트레스를 줄이고 가족 참여를 증가시키기 위한 것이지만, 이 러한 접근 방식의 부수적인 이점은 가족의 저항을 줄이는 것일 수 있다. 온타리오주의 **탈시 설 이니셔티브**의 경우, 시설을 계속 유지하고 자신들의 의견을 반영시키기 위해서 가족들이 집단 소송을 제기했다. 폐쇄 결정을 막으려는 소송은 종종 그 과정에서 감정적·재정적 소모를 초래하고 당사자를 위한 계획 지연으로 인해 결국 다급한 결정으로 귀결될 수도 있다. 이 소송의 경우, 그러한 소송 건이 대개 그렇듯이, 탈시설 이니셔티브는 계속하도록 허용되었지만 가족들이 배치 결정을 승인하도록 보장했다. 처음부터 가족을 위한 지원 및 설명회를 하고, 전환 과정에서 가족의 의견을 필요로 하며 존중할 것임을 알리고 안심시킬 수 있다면, 오랜 소송이 아니라 당사자를 위한 최선의 결과를 보장하는 데에 자원을 더 잘 사용할 수 있을 것이다.

요약

탈시설화 이후 가족의 참여는 지역사회 전환 배치의 성공에 대한 하나의 예측변수이며(Causby & York, 1990), 탈시설화 과정에 대한 가족의 참여는 그 결과에 대한 가족들의 보다 긍정적인 태도와 관련이 있다(Heller, Bond, & Braddock, 1988). **탈시설 이니셔티브 연구** 전반에 걸쳐, 그리고 이전의 연구(즉, Conroy et al., 2003)와 일관되게, 당사자가 지역사회 기반 주거환경으로 이주한 후 가족 접촉의 기회와 빈도가 증가했다는 증거가 있다. 설문조사 연구의 결과는 탈시설화 이후 50%의 가족만이 접촉의 증가를 보고했던 온타리오주의 초기 연구에 근거한 기대치를 훨씬 초과했다(Griffiths, 1985). 또한 포커스 그룹 조사 및 인터뷰 연구에서, 가족 접촉 및 가족 만남의 변화에 대한 설득력 있는 설명이 있었다. 이러한 연구들이 보여 준 것은, 가족은 사랑하는 사람, 지원자, 옹호자로서 당사자의 삶에 계속해서 중요하다는 것이다. 하지만 가족들이 지속적으로 완전히 참여하기 위해서는 처음부터 그 과정에 참여해야 한다.

지역사회 서비스 제공기관의 참여 과정: 탈시설 이니셔티브 연구의 결과

도로시 그리피스(Dorothy Griffiths), 프랜시스 오웬(Frances Owen),

로즈마리 콘딜락(Rosemary A. Condillac)[1]

탈시설 이니셔티브 연구의 결과, 연구에 참여한 표본들에서 가족과 당사자와의 연결이 증가했다는 분명한 증거와 함께 탈시설 이니셔티브가 가족 관계에 매우 긍정적인 효과가 있었음이 입증되었다. 연구에 참가한 많은 당사자들에게 지역사회로의 전환은 새로운 생활환경에서 새로운 친구를 사귈 수 있는 기회로 이어졌다. 그러나 지역사회 서비스 제공기관의 관점에서 볼 때, 다음 네 가지 영역에서의 결과는 덜 성공적이었다. 첫째, 일부의 당사자들이 시설에서 알던 사람들과의 소중한 관계를 유지하고 있다는 증거가 있었지만(Owen, Griffiths, Condillac, Robinson, & Hamelin, 2011), 지역사회 서비스 제공기관들은 과거 시설 거주인들 사이의 지속적인 관계를 촉진하기 위한 정보를 제공받지 못했다고 보고했다. 둘째, 지역사회 기관들은 당사자들이 자기 기관 외부의 사람들과 관계를 맺는 경우는 거의 없다고 보고했다. 셋째, 강한 유대관계를 맺기에는 그룹홈에 거주하는 동료들 간의 관심사, 능력, 약점 등

---

1 저자 주: 「탈시설 이니셔티브 연구: 서비스 제공기관과 가족 설문조사에 관한 최종 보고서(2010 Facilities Initiative Study: Final Report of Agency and Family Surveys)」(Griffiths, D., Owen, F., & Condillac, R. A., with contributions from Hamelin, J., Legree, M., & Robinson, J., 미발표 원고, 온타리오주 세인트 캐서린스, 브록 대학교)와 「2011년 포커스 그룹 조사 및 인터뷰 연구에 관한 최종 보고서(2011 Final Report of the Focus Group and Interview Study)」(Owen, F., Griffiths, D., & Condillac, R., with contributions from Robinson, J., & Hamelin, J., 미발표 원고, 온타리오주 세인트 캐서린스, 브록 대학교)에 기초함. Griffiths, Owen, & Condillac (2015) 참조.

이 서로 잘 맞지 않았다. 넷째, 필수계획에서 확인된 지역사회 지원 및 서비스는 대체적으로 대부분의 지역사회에서 제공되고 있는 것으로 보고되었으나, 전환 이주 직후에 개선을 보인 일부 당사자들에게는 예상했던 지원이 불필요한 것으로 밝혀졌다. 주목할 점은, 연구의 모든 참가자들이 주치의(1차 진료의)에게 접근할 수 있었다는 것과, 대부분이 치과 지원을 필요로 했다는 것이다. 전문 서비스, 특히 정신 건강 문제와 행동문제가 있는 사람들을 위한 정신건강의학 분야의 지원은 보편적으로 제공되지는 않았다. 다른 전문 서비스에 대해서도 지리적 차이에 의해 접근성에 확연한 차이가 있었다.

서비스 제공기관에 대한 설문조사 결과는 적응행동 및 부적응행동, 사회성, 의사소통, 가족과의 접촉, 건강 상태, 지역사회 통합, 선택하기 등 다양한 영역에서 탈시설 당사자들에게 긍정적인 결과를 보여 주었다(Griffiths, Owen, & Condillac, 2015a). 행동 변화 측면에서, **포커스 그룹 조사 및 인터뷰 연구**에 참가한 **플래너들**과 **행동치료사들**은 지역사회 자원에 대한 자유로운 접근(예: 커피를 마시러 가거나 마음 내킬 때 야외에 나가는 것과 같은), 그리고 탈시설인이 표현한 선호도에 대해 응답해 주는 것이 (시설에서 때로는 문제가 되었던) 문제행동의 감소와 관련이 있다고 설명했다. 가족, 플래너, 행동치료사 및 지역사회 직원이 제공한 정보에서 특히 주목할 것은, 당사자가 지역사회로 이주한 후에 물리적으로 또는 약물을 사용하여 행동을 억제하는 일이 종종 극적으로 줄어들거나 중단되었다는 것이다. 어떤 경우에는 이러한 행동 개입이 아주 빨리 없어졌는데, 지역사회 주택에 도착하자마자 없어지기도 했다. 하지만 심각한 행동문제를 해결하기 위한 약물 사용 및 물리적 억제 문제는 복잡하며 연구 참가자들의 의견도 다양하다(Owen et al., 2011). **탈시설 이니셔티브** 연구 전반에 걸쳐 모든 사례에서 변화가 확인되지는 않았지만, 시설에서의 상태보다도 퇴행을 보이는 것으로 보고된 응답자는 극히 드물었다. 탈시설 당사자들은 새로운 지역사회 주택에 매우 빠르게 적응하는 것으로 보고되었으며, 대부분의 경우 전환 과정이 3개월도 채 걸리지 않았다.

긍정적인 결과와 관련이 있는 사항으로는, 가족과 플래너 사이의 돈독한 관계 형성, 당사자를 환영하는 분위기, 탈시설 당사자의 도착에 대비하여 당사자 중심 및 인권 지향적 교육을 받고 잘 훈련된 직원의 존재, 지역사회 통합과 참여를 위한 서비스 제공기관의 의지, 적절한 지원과 서비스의 이용 가능성, 서비스 제공기관과 가족 간의 의사소통, 그리고 탈시설 당사자와 지역사회 직원 간의 긍정적인 관계 등이 보고되었다(Griffiths, Owen, & Condillac, 2015b).

비록 소수였지만 결과가 덜 긍정적이었던 사례들에 주의를 기울일 필요가 있다. 문제가 있거나 덜 긍정적인 것으로 보고된 결과들은, **필수계획**이 당사자에 관한 내용을 적절하게 반영하지 못하였거나, 적절한 전환을 하기에는 지나치게 촉박한 전환 일정 시한과 그로 인해 직원이 당사자의 요구 사항을 충분히 숙지하고 특화된 교육을 받을 기회가 없었거나, 집이 과밀하거나, 주택에 너무 많은 당사자들이 살고 있거나, 외부 주간활동 프로그램이 부족하거나, 필수적인 서비스에조차 지속적인 자금의 부족과 그로 인해 인력 부족이 야기된 것 등을 포함하였다. 제한된 직원 인력은 개별화의 부족 및 적극적 지역사회 참여의 부족, 그리고/또는 가족과의 의사소통 부족의 원인이 되었으며, 가족과의 의사소통 부족은 당사자나 가족에 대한 보살핌의 부족으로 인식되는 것으로 보고되었다.

　지역사회 그룹홈의 직원들은 탈시설화 과정에서 매우 중요하지만, 종종 간과되는 연결고리이다. 지역사회 지원 인력에 대한 기대는 다면적이었다. 지원과 서비스를 제공하는 그룹홈 직원들은 일반적인 건강 관리, 케어, 당사자의 안전에 관한 욕구를 충족시키기 위한 훈련을 받았고, 당사자의 개인적 목표 달성을 지원하는 기술, 가족과 효과적으로 접촉할 수 있는 의사소통과 대인관계 기술, 당사자가 지역사회에 의미 있는 방식으로 참여할 수 있도록 하는 네트워킹 기술 등을 갖추고 있음을 가족들에게 입증했다. 이러한 직원의 특성은 지역사회 생활운동의 주춧돌이 되며, 지역사회 지원 인력의 역할 변화에 기초가 된다(Pedlar, Hutchison, Arai, & Dunn, 2000). 앞으로의 탈시설화 과정은 지역사회 지원 인력에게 강화된 교육을 제공하면서 그들의 중심적 역할을 강조할 필요가 있다. 연구 결과는 긍정적인 경향을 보였지만 현재의 지역사회 지원 체계는 품질 보증에 시사점을 주는 '혼합된 그림'을 제시하였다. 이 혼합된 그림은 탈시설화 과정의 계획, 실행 및 후속 조치 단계를 통해 지원 인력과 서비스의 일관성을 높이는 데 초점을 둔 품질 보증을 시사한다(Mansell, 2006: Griffiths, 2015a에서 인용). 각 단계는 특정한 초점을 가지고 있으며, 탈시설과 관련된 개인의 삶의 질 목표가 장기적으로 실현되기 위해서는 이 모든 단계가 다루어져야 한다. [그림 11-1]을 참조하기 바란다.

계획	실행	후속 조치
• 필수 요소 계획(essential elements plans) • 전환 준비 단계	• 이주를 위한 주거환경 및 직원 준비 • 자원과 지원 확보	• 관계 형성/가활 지원 • 지역사회 통합

[그림 11-1] 전환 과정에서의 단계

제1단계: 지역사회 서비스 제공기관의 계획 과정

지역사회 기관들은 당사자들이 시설에 살고 있는 동안 개발된 필수계획에 초점을 두었다. 이 필수계획은 플래너들이 당사자의 개인 파일 검토 및 시설 내에서의 관찰, 그리고 가족, 당사자(가능한 경우), 주치의(1차 진료의) 및 시설의 전문 직원과의 인터뷰에 근거해서 작성한 것이었다. 필수계획은 당사자에 관한 포괄적인 내용과 당사자의 전환 배치에 필요한 내용들을 제공하며, 지역사회 기관은 이를 근거로 **전환 계획**(transitional plan)을 작성했다. 각 필수계획은 생물−심리−사회적(bio-psycho-social) 접근 방식을 통해 개인의 강점, 문제점, 필요와 욕구를 훌륭하게 설명하였다. 이 계획은 당사자 중심(person-centered)이라고 보고되었는데, 그것이 의미하는 바는, 당사자 혹은 당사자에게 특별한 타인과의 인터뷰, 그리고/또는 관찰을 통해 당사자의 관점을 확인하고, 전환을 위한 권고 사항이 그러한 관점에 기초하였다는 것이다. 필수계획은 지역사회 기관들이 당사자의 필요와 욕구를 충족시키기 위한 주거 환경의 설계와 지원 계획 수립의 지침서가 되었으며, 필요한 인력, 전문적 지원, 적절한 환경의 선택과 주택 개조 등을 협상하는 데 있어서 초석이 되었다. 지역사회 기관 응답자들의 단지 28%만이 필수계획이 매우 적절하다고 했고, 59%는 약간 적절하다고 했으며, 13%는 필수계획이 전혀 적절하지 않았다고 했다. 이러한 차이는 이 장 앞부분에서 설명한 바와 같이, 가족, 플래너, 행동치료사가 보고한 전환 배치 후 개인의 때로는 극적인 변화와 관련이 있을 수 있다[2](Griffiths et al., 2015, a & b; Owen et al., 2015; Owen et al., 2011). 그러나 그것은 또한 플래너에 대한 교육의 일관성 및 계획 개발을 위한 일관되고 포괄적인 템플릿의 사용과 관련된 문제일 수도 있다.

---

2 역자 주: 당사자들이 전환한 이후 지역사회 적응이 기대했던 것보다 극적으로 빨리 이루어지고 기능이 향상되었기 때문에 필수계획에서 필요할 것으로 예상하고 권고한 서비스들이 실제 더 적게 필요하거나 필요하지 않게 되었던 것을 의미함.

제2단계: 지역사회 서비스 제공기관의 실행 과정

　　필수계획에 근거해서 서비스 기관이 제안한 **전환 계획**을 가족이 승인한 후, 각 서비스 기관은 그 계획에서 제시한 요소들을 제자리에 배치하고, 당사자를 시설에서 지역사회로 전환하는 절차에 착수했다. 그 절차는 다양했지만 일반적으로 지역사회 기관의 직원이 시설을 방문해서 당사자와 유대관계를 맺고, 당사자의 일상과 개인적 케어 서비스 지원에 대해서 알아내는 것이 포함되었다. 그다음에는 일반적으로 당사자가 이주할 새 거주지를 사전 방문하거나 어떤 경우에는 시설 직원이 지역사회를 방문하기도 했다. 여러 지역사회 기관들은 '잡 쉐도잉(job shadowing)'의 중요성을 강조했는데, 이를테면 지역사회 기관 직원들이 시설을 방문하여 당사자와 시설 직원을 만나고, 전환 배치에 관한 사전 회의를 열거나 시설 직원과 함께 새 거주지를 방문하고, 시설 직원과 통화 이후 연락을 유지하고, 전체 전환 과정 내내 동일한 직원이 역할을 유지하는 것 등이었다. 그러나 일부 지역사회 기관들은 기관 또는 시설 전반에 걸친 프로세스의 불일치라는 중요한 문제 제기를 하였는데, 여기에는 일정상의 문제와 정보 공유 부족 등의 문제가 포함되었다. 일부 지역사회 기관 직원들은 '잡 쉐도잉' 기간 동안 필요한 정보를 수집할 시간이 충분하지 않았거나 정보의 정확성이 의심스럽기도 했다고 언급했다. 또한 어떤 경우에는 입주 시한, 궁극적으로는 시설 폐쇄 시한에 맞추기 위해 전환 준비를 서둘러야만 했다(Owen et al., 2015).

　　필수계획 내용들의 실행과 관련하여, 지역사회 기관 설문조사의 응답자들은 대체로 당사자들이 권고된 지원 서비스를 받고 있다고 보고했다. 대다수의 지역사회 기관들은 당사자들의 지역사회 전환을 위해 최선의 지원을 할 수 있도록 적절한 유형과 양의 오리엔테이션과 훈련을 받았다고 했다. 지역사회 기관 설문조사 응답자의 94%는 **필수계획**이 권고하는 정도 또는 그 이상으로 당사자들이 모든 지원과 서비스를 이용할 수 있었다고 보고했다. 서비스 제공기관들은 개인의 욕구를 충족시키기 위해 필요한 전문적 및 의료적 서비스가 이용 가능하고(91%), 충분히 많으며(91%), 충분한 품질(98%)을 갖춘 것에 만족했다. 어떤 경우에는, 필요할 것으로 예상되었던 서비스가 지역사회에서 한 번도 필요하지 않았다. 예를 들어, 행동치료가 권장되었던 모든 사람들에게, 그 실제 필요도는 **필수계획**에서 예상했던 것보다 짧은 기간 동안 또는 더 적은 정도인 것으로 나타났다(Griffiths et al., 2015a).

　　당연히 의료적 케어는 계획 과정에서 특별한 관심사였다. 준종단적 연구 및 서비스 기관 설문조사 연구 등 2개의 연구에서 모든 참여 당사자에게 지역사회의 주치의가 있다는 것을 발견했다. 준종단적 연구 결과, 참가자 중 94.8%가 연례 건강검진을 받은 것으로 나타났으며, 50% 이상의 당사자들이 전년도에 5회 혹은 그 미만의 진료를 받은 반면, 나머지 참여자는 6회에서 31회의 진료를 받은 것으로 나타났다. 연례 검진 외에도, 전년도에 의사를 방문한 이유로는 급성 질환(46.8%), 문제행동(26%), 기존의 질환(32.5%), 약물 합병증(10.4%) 등이 있었다. 의사 접촉이 상당했음에도 불구하고, 권고된 예방의학[3]에 접근한 사람은 별로 없었다. PAP(자궁경부암) 검사를 받은 여성은 2명에 불과했고, 40세 이상 여성으로 유방암 검사를 받은 사람은 12명에 불과했으며, 50세 이상 남성 중 14명만이 PSA(전립선암) 검사를 받았고, 50세 이상 59명 중 18명만이 대장암 검사를 받은 것으로 나타났다(Condillac, Cox, & Ireland, 발표 준비 중).

포커스 그룹 조사 및 인터뷰 연구에서는, 시설에서 제공되는 것과 비교하여 지역사회에서의 치과를 포함한 광범위한 의료 서비스의 가용성에 대해 서로 다른 견해들이 표현되었다. 준종단적 연구는 전년도의 시설 평가에서 드러난 것(95.5%)에 비해서 지역사회에서 치과 검진을 받은 사람들이 적은 것(75.6%)을 밝혀냈다(Condillac, Frijters, Martin, & Ireland, 발표 준비 중). 지역사회 기관 설문조사 연구에서는 96%의 당사자에게 정기적인 치과 진료가 제공되고 있었고, 치아를 모두 제거한 사람에게는 가정 내에서의 잇몸 케어가 제공되고 있는 것으로 드러났다.

일부 지역사회 기관 직원은 의료 서비스를 위한 대기 상황에 대한 문제를 언급했다. 물리치료와 같은 전문 서비스들에서 탈시설인이 대기자 명단에 있는 경우 이용 가능성에 문제가 있었던 것으로 보고되었다. 포커스 그룹 조사 및 인터뷰 연구에서 어느 전직 플래너는 지역사회에 영양사가 부족하다는 점과 모든 보건 전문가가 발달장애인을 지원하는 방법에 대한 교육을 받을 필요가 있다는 점을 지적했다.

정신 건강과 문제행동을 지원하는 정신의학 영역이 일반 의료보다 그 이용 가능성이 낮았다. 준종단적 연구에 따르면, 현재 증상이 있거나 행동 및 정신 건강 문제로 약물을 복용 중인 사람의 절반 이하(40.8%)가 전년도에 정신건강의학 분야의 진료를 받은 적이 있는 것으로 나타났다. 방문의 사유로는 약물 복용에 관한 리뷰(32%), 연례 추적 관찰(28%) 또는 문

---

3 역자 주: 예방의학(preventative care). 건강검진과 예방 접종 등 예방 차원의 치료와 관리.

제행동(22%) 등이 있었다. 46.7%의 당사자가 가정의(family physician)로부터 정기적인 정신 건강 관리 모니터링 서비스를 제공받았다. 이 표본에서 향정신성 의약품 복용 비율이 높다는 것은, 정신의학과 지역사회 행동 지원을 포함한 보다 다양한 분야에 걸친 종합적 지원이 필요하다는 것을 시사한다(Condillac et al., 발표 준비 중).

지역사회 서비스 기관으로 이전한 당사자들 중 일부는 복잡한 임상 프로필을 가지고 있었다. 따라서 직원들에게 보다 정교한 기술을 제공하기 위한 전문화된 임상 서비스 제공기관이 필요했다. **사례 연구**의 한 참가자에 주목할 필요가 있다. 그녀의 지극히 심한 행동문제로 인해 지역사회 기관이 상당한 어려움을 겪었는데, 나중에 발견된 바에 의하면 그녀의 행동은 아직 진단을 받지 않은 복잡한 의료적 문제와 관련이 있었다. 그녀의 문제행동과 필요한 치료에 대해 생물-심리-사회적 평가를 제공할 자원이 부족하고, 또한 일부 의료 전문가들이 보고한 치료 제공에 대한 저항 때문에 그녀의 기저 질환은 즉시 진단되거나 치료되지 않았다. 일선에서 일하는 직원들은 지역사회 내의 정신의학적 지원이 부족한 데 대해 좌절감을 느꼈다. 그들은 그녀의 문제행동이 같이 사는 하우스메이트들에게 미치는 영향 때문에 그녀를 계속 지원하지 못할 수도 있을 것이라고 우려를 표명했다.

이 사례는 생물-심리-사회적 성격의 복잡한 문제를 다룰 수 있는 복합학문적 평가에 대한 접근성과 치료 역량을 둘러싼 특정 영역에서 서비스 격차가 있음을 보여 준다. 이것은 전환 이후의 상태를 보여 준 것이었기 때문에 **탈시설 이니셔티브**의 계획에 반영되지 않았지만 지역사회 인프라의 문제를 명확히 제기한 것이었다. 복합학문적 접근법이 없었기 때문에 서비스 기관은 당시 나타난 '도전적 행동'이 생물의학적(biomedical) 조건에 기인한 것인지, 사회적 환경 때문인지, 혹은 가활 치료를 필요로 하는 심리적 위험 요소와 연관된 것인지, 혹은 대체적으로 그렇듯이 이것들이 결합된 것인지 판단할 수 없었다.

이러한 조율의 필요성은 포커스 그룹 조사 및 인터뷰 연구에서 나타났는데, 연구의 일부 참가자들은 여러 전문분야 간 팀워크 및 서비스 유연성의 장점을 보고했다. 예를 들어, 어느 행동치료사는 시설 직원과 자문 간호사[4]가 탈시설인의 의료 기록을 검토하기 위해 당사자, 지역사회 의사 및 지역사회 기관 직원을 만나게 되는 과정을 설명했다. 이 행동치료사의 경

---

4 역자 주: 자문 간호사(nurse consultant). 간호 및 기타 의료 프로그램 등에 관한 상담 서비스를 제공하는 등록된 간호사. 임상 자문, 운영 자문, 법률 자문 등의 분야가 있음.

험에 의하면, 시설에서 받은 서비스 수준을 유지하기 위해 권장된 서비스의 90%가 지역사회에서 제공되었다. 대기자 명단에 올라 서비스를 기다릴 가능성도 있었지만, 일부 서비스는 가정에서 제공받을 수 있었다. 후자에는 발 관리와 의사의 가정 방문이 포함되었다. 또한 특별한 전문 지식을 가진 전문가들이 그들의 전문 지식을 다른 사람들과 공유함으로써 발달장애인 지원을 위한 지역사회 역량 개발에 이바지하는 경우도 있었다. 하지만 일부 지역사회 기관 직원들은 탈시설인들이 지역사회로 오는 것에 대한 지역사회 의료 종사자들의 준비가 미비했고, 시설 폐쇄로 인해 시설의 전문가들이 가지고 있었던 전문 의료 지식이 사라져 버렸다며 우려를 표했다. 어느 지역사회 기관 직원은 탈시설화 과정 초기에 의료 및 지역사회 자원에 관한 교육이 지역사회 준비의 일환이 되어야 한다고 제안했다. 또한 발달장애인의 권리에 관한 정보를 일반에게 전파하고 문제행동에 관한 잘못된 믿음을 바로잡는 일과 같은, 보다 넓은 지역사회를 준비시키는 일이 종합 계획의 일부가 되어야 한다고 지적했다.

사례 연구 분석에서 중요하지만 놀랍지 않은 관찰 중 하나는 전문적 지원과 가용 자원의 불일치였다. 일부 사례에서는, 지역사회 서비스 기관이 발달장애인 및 복합적인 의료, 행동/정신 건강 문제가 있는 사람들에 대한 지식과 경험을 가진 언어 병리학자, 의사 혹은 정신질환 전문의에게 접근할 수 없었던 것으로 보고되었다. 다른 경우에는, 문제행동에 대한 자원은 있었지만 항상 접할 수가 없어서, 비효율적인 개입의 실행으로 이어졌고 결국 더 넓은 지역사회에 대한 당사자의 접근을 제약하는 결과를 초래하게 되었다.

지역사회 배치 후 지원에 초점을 두고 시간 경과에 따른 변화를 탐구한 준종단적 연구의 결과, 대부분의 지역에 유사한 수준의 지원이 있었고, 일부 당사자의 경우 지역사회에서의 첫 번째 평가 당시에 자기관리 기술 지원(25.0%), 사회성 기술 지원(22.7%), 감각 자극 지원(13.7%)과 관련하여 상당한 감소를 보였다. 다른 당사자들의 경우, 이러한 지원 분야들이 지역사회에서의 새로운 초점이 되었다. 그 하나의 사례로서 감각 자극 지원은 표본의 35.2%에게 지역사회의 새로운 서비스로서 제공된다고 보고된 반면, 표본의 13.7%에게서 감소가 나타났다. 지원의 이러한 감소는 앞서 열거한 기능이 향상되었기 때문일 가능성이 높은 반면, 감각 자극 지원의 증가는 많은 지역사회 기관에서 이용할 수 있는 감각 자극(예: 스누젤렌실)[5]

---

5 역자 주: 스누젤렌실(Snoezelen room). 발달장애, 치매 등의 치료를 위해 조명 효과, 색상, 소리, 음악, 향기, 벽에 붙어 있는 다양한 물질의 조합 등을 이용해 다양한 감각에 자극을 전달하도록 특별히 설계된 방임. 1970년대 네덜란드에서 개발된 치료법의 일종.

의 가용성을 반영했을 가능성이 높다(Condillac et al., 발표 준비 중).

비록 일부 기관이 일부 지역의 특정 전문가에게 접근하는 데 어려움을 겪었지만, 연구의 전체적인 결과는 일반적으로 당사자가 필요한 의료적/전문적 지원과 서비스에 접근할 수 있다는 것을 보여 주었다. 지역사회가 효과적인 서비스를 제공할 수 있는 능력을 갖추기 위해서는 일부 영역에서 당사자의 어떤 욕구를 충족시킬 수 있는 자원이 일관되지 않았다는 사실과 전문화된 직원 교육의 제공이 쉽지 않았다는 사실을 깨닫는 것이 중요하다. 따라서 미래의 탈시설화 계획은 개인의 전환을 위해서 세심하게 조율된 계획을 설계할 뿐만 아니라, 직원 교육과 적절하게 훈련된 전문가 자원에 대한 보편적 접근을 제공하기 위해 지역사회에 존재하는 인프라를 조사하는 것이 좋을 것이다.

본 연구에서 지속적인 지원 서비스의 필요성을 강조하고 있지만, 이전의 연구(즉, Balogh et al., 2004; Griffiths, 1985)와는 대조적으로 적절한 서비스에 접근하는 데 있어서의 어려움은 일반적인 것이 아니라 예외적인 것으로 나타났다. 대부분의 경우, 당사자들은 **필수계획**에서 권장되는 서비스와 지원에 접근할 수 있었다.

제3단계: 후속 조치

좋은 삶의 질을 유지하기 위해서는 당사자의 변화하는 욕구에 부응하는 역동적인 지원 모델이 필요하다. 앞에 기술한 바와 같이, **탈시설 이니셔티브** 기간 동안 전환된 발달장애인들은 시설에 있을 때 예상되었던 욕구가 일단 지역사회로 이주한 후에는 역동적으로, 그리고 때로는 빠르게 변화했다. 그들의 삶은 진화했다. 계획 및 지원 시스템이 이러한 변화와 밀접한 동기성(synchrony)을 갖고 변화했을 때에 그들의 삶의 질은 유지되거나 향상됐다.

지역사회 기관은 그들이 지원하는 개인의 욕구를 정기적으로 검토해야 한다. 최근 수십 년 동안 서비스 검토 및 계획에 대한 개인별 또는 당사자 중심 접근법의 도입이 주창되어 왔다. 연구 결과에 따르면, 지역사회 기관의 지원 시스템이 당사자의 변화와 동기화되어 움직일 때에 긍정적인 결과가 발생한다(Gosse, Griffiths, Owen, & Feldman, in Press). 하지만 서비스 시스템이 진화하지 않으면, 개인에게 맞는 시스템이 아니라 개인이 시스템에 맞춰야 하는 과거의 전통적인 모델로 되돌아갈 것이다.

역동적인 전환 과정

모든 개인에 대한 계획은 시간이 지남에 따라 조정되었으며 개인의 변화에 따라 그 조정의 정도는 매우 다양했다. 탈시설 이니셔티브의 사례 연구의 일환으로 추적한 당사자들에 관한 정보를 보면, 후속 조치에 역동적인 접근 방식을 적용한 지역사회 기관이 전반적으로 더 긍정적인 결과를 만들었다는 것을 알 수 있다. 원래의 계획에 수정이 필요하다는 증거에 직면했음에도 불구하고 다소간 원래 계획을 유지했던 지역사회 기관들은 덜 긍정적인 결과를 산출했다. 결국 엄청나게 긍정적인 변화가 발생하고 지속된 사례들을 만들어 낸 특징적 요인은 변화하는 개인의 욕구에 부응하는 당사자 중심 계획 방식과 서비스 평가 방식에 대한 (지역사회 서비스 제공기관의) 조직적 헌신이었다. 지역사회로 이주한 후에 일부 당사자들이 경험한 변화는 성장을 의미하였으며, 그에 따라 서비스는 더 많은 케어에서 기회 제공의 증가로 변경되었다. 또 어떤 사람들에게는 지역사회 전환 후의 변화가 건강 상태의 변화나 행동문제의 우려와 같은 문제점으로 나타났다. 이러한 경우 서비스는 의료 및 행동 지원의 증가가 수반되는 방향으로 변경될 수 있다. 이 단계에서의 당사자의 삶의 질은, 변화의 방향이 성장이건 우려이건, 원래의 **필수계획**에서 개인의 변화를 반영하는 계획으로 바꿀 수 있는 시스템의 유연성을 필요로 했다. 지속적인 프로그램 평가 방식과 당사자 중심 접근 방식을 완

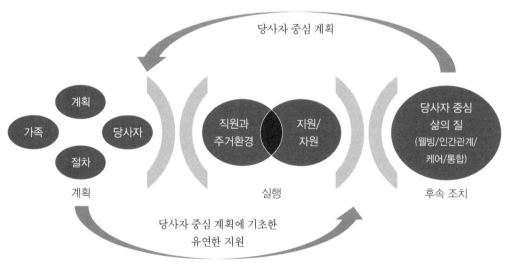

[그림 11-2] 역동적 전환 과정

전히 채택한 지역사회 기관들은 당사자 중심 계획의 기초하에 진화한 역동적이고 성찰적인 (reflexive) 실행을 할 수 있는 더 큰 역량을 입증하였다([그림 11-2] 참조).

사례 연구는 또한 이 과정에 가족을 포함시키는 것의 중요성을 보여 주었다. 역동적 모델에서는 충분한 정보를 제공받은 가족들이 지속적으로 포함되어야 하며, 그들의 참여가 당사자에게 도움이 될 수 있도록 해야 한다. 본 사례 연구에서 가족들이 때로는 보다 유익한 대안이 있거나 덜 제한적인 대안이 더 바람직하다는 사실에도 불구하고, 원래의 계획에서 벗어나기를 꺼릴 수 있다고 지적했다. 예를 들어, 어느 사례 연구에서 어떤 가족이 과거의 부정적인 경험 때문에 더 이상의 정신건강의학 분야의 상담을 꺼린 데 반해 직원들은 포괄적인 치료 평가[6]가 필요하다는 반대 의견을 가지고 있었다. 역동적이고 지속적인 계획 역량에 가족을 포함시킨다면 당사자에게 최선의 이익을 제공하기 위해 필요한 전환 후의 변경을 용이하게 수행할 수 있을 것이다.

후속 조치 검토에서 두드러지게 나타난 핵심 주제는, 당사자의 새로운 욕구에 부응하기 위한 계획 변경과 함께 당사자 중심의 관점에 입각하여 원래의 계획을 지속적으로 평가하고 반영할 수 있는 방법이 필요하다는 것이었다.

요약

탈시설 이니셔티브 연구의 결과는 역동적인 당사자 중심 관점 및 권리 기반 관점에서 탈시설화에 접근하는 것의 중요성을 강조한다. 탈시설화는 행정적으로 깔끔한 프로세스로 강제될 수 없다. 왜냐하면 당사자가 시설에 거주하는 동안 예상했던 지역사회의 지원은 일단 전환이 이루어진 후에 변화할 가능성이 높고, 또 계속 바뀔 것이기 때문이다. 행정적 관점에서 보면, 이는 지역사회 기관이 직원들에게 예상되는 필요 영역에 대한 훈련을 해야 할 뿐만 아니라, 탈시설인들의 계속 변화하는 욕구에 대응하기 위한 지속적인 훈련과 협의를 해야 한다는 것을 의미한다. 또한 포괄적인 서비스 제공을 위한 지역사회 역량 구축을 위해 지역사

---

6 역자 주: 치료 평가(Therapeutic Assessment: TA). 원서에서는 therapeutic evaluation으로 기술되어 있음. 치료 전 단계로서의 정보수집 평가라는 전통적 개념과 달리 치료의 첫 단계 또는 간단한 독립형 치료로 간주될 수 있는 치료적 평가.

회 전문가들 역시 발달장애인 서비스 전문가로부터 교육 및 상담을 받아야 한다. 자금 제공자는 욕구의 변화로 인해서 탈시설화 계획의 초기 단계에 예상했던 것보다 더 많거나 적은 수의 직원과 물리적 지원을 위한 자원의 변화에 대응할 준비가 되어 있어야 한다. 이러한 변화들에 감응하기 위해서는 지역사회 기관, 가족 및 전문 서비스 간의 지속적인 조율이 필요하다.

온타리오주 탈시설 이니셔티브 이후
당사자의 지역사회 참여

로즈마리 콘딜락(Rosemary A. Condillac), 킬리 화이트(Keeley White),
로렌 아일랜드(Lauren Ireland)

발달장애인을 시설에서 지역사회 환경으로 전환시키는 것의 이점 중 하나로 자주 언급되는 것은 시설에서 그들이 이용할 수 없었던 광범위한 지역사회 기반 활동에 참여할 수 있는 기회라는 점이다. 탈시설화가 지역사회 참여에 미치는 영향에 대해서 상당히 많은 연구가 있었다. 예를 들어, 다그난 등(Dagnan, Ruddick, & Jones, 1998)의 연구는 탈시설화 이후 지역사회 활동, 레크리에이션, 여가 활동의 증가를 보여 주었다. 이러한 증가는 평균 53개월 정도 지난 후에 끝나고 이후 변동 없이 유지되었는데, 이때에 당사자들이 원하는 참여 정도에 도달한 것이라 가정할 수 있었다. 대부분의 문헌들에서 지역사회 참여가 발전했다고(제2장 참조) 보고하고 있으나, 에머슨과 해튼(Emerson & Hatton, 1996)은 참여가 드물고 또 피상적이라고 지적했다.

지역사회 참여의 증가는 발달장애인에게 긍정적인 영향을 미치는 것으로 밝혀졌기 때문에 바람직한 것이라 할 수 있다. 커민스와 라우(Cummins & Lau, 2003)는 연구를 통해 지역사회 통합의 결과, 행동문제의 개선과 사회적 기술의 향상이 일어났다는 것을 밝혀냈다. 지역사회 통합이 발달장애 성인에게 미치는 영향을 조사한 연구에서는 지역사회 통합이 증가했을 때 적응행동과 문제행동의 영역 모두에서 개선된 결과가 나타났다(Brown & Chamove, 1993). 또 다른 연구에서, 삶의 질을 향상시키기 위해 필요한 것을 묻는 질문에 발달장애인들은 지역사회 참여를 늘리고 싶다는 욕구를 표현하였다(Kampert & Goreczny, 2007).

탈시설화 이후 지역사회 참여 수준을 파악하는 것은 탈시설 이니셔티브 연구의 준종단적 연구[1] 구성에 있어 중요한 목표였다. 안타깝게도 이 연구를 행하는 시점의 문제로 인해 시설과 지역사회 간의 참여에 대한 비교를 할 수는 없었다(자세한 내용은 제7장 참조). 그 대신, 탈시설인들이 새로운 주거환경에서 달성한 지역사회 참여의 수준을 조사하는 것을 연구의 목표로 삼았다.

이 장에는 지역사회 참여와 관련된 결과의 요약이 포함되어 있다. 우리는 특히 당사자들이 참여하고 있는 지역사회 내 활동의 범위와 참여의 빈도에 대해 관심이 있었다. 지역사회 서비스 제공기관 설문조사 연구(제8장 참조)에서와 비슷한 정도로 낮은 수준의 주간 프로그램을 예상하면서, 당사자들이 집에서 하고 있는 여가 활동과 지역사회 참여를 가로막는 장벽에 대해 알아보았다.

연구 방법과 참가자

탈시설 이니셔티브 연구의 모든 구성 요소에 대한 모집 절차는 제7장에서 기술하였다. 우리는 시설로부터 지역사회로 이주한 120명의 당사자를 모집하고 참여 동의를 얻을 수 있었다. 또한 연구 참가자들 대부분의 언어 능력에 제한이 있었기 때문에, 그들을 대신하여 질문에 답하기로 한 87명의 정보제공 지원 스태프의 참여 동의도 얻었다. 준종단적 연구에는 연구 보조원이 있어서 정보제공 지원 스태프와 함께 당사자의 집을 방문하였고, 가능하면 당사자가 참여하도록 해서 몇 가지 척도의 측정을 하였다. 이 장에서 우리는 본 연구에 사용된 두 가지 척도의 측정 결과를 검토할 것이다.

적응행동 평가 도구 SIB-R[2](Bruininks et al., 1996)은 연구에 참여한 당사자들의 적응 기술

---

1 저자 주:「탈시설 이니셔티브 연구: 준종단적 연구의 최종 보고서(2012 Facilities Initiative Study: Final Report of Quasi-Longitudinal Study)」(Condillac, Frijters, Martin, & Ireland, 2012, 미발표 원고, 온타리오주 세인트 캐서린스, 브록 대학교)에 부분적으로 기초함. Condillac, White, & Ireland (발표 준비 중).「온타리오주 탈시설화 이후 지역사회 참여(Community participation after deinstitutionalization in Ontario)」참조.
2 역자 주: SIB-R(Scales of Independent Behavior-Revised). 1996년 미국 미네소타 대학 장애인 지역사회 통합 연구소에서 브루닝스(Bruininks) 등에 의해 개발된 적응행동 평가 도구로서 적응행동 및 부적응행동에 대한 포괄적이고 규범적인 평가를 제공함. 미국 등에서 발달장애 아동 및 성인을 대상으로 보편적으로 사용되는 평가 도구 중 하나임.

과 문제행동을 모두 고려한 서비스 필요도를 설명하기 위해 사용되었다. 연구 보조원의 방문에 앞서 정보제공 지원 스태프가 이 측정을 마쳤다.

지역사회 활동, 레크리에이션, 여가 활동에 관한 인터뷰(Condillac & White, 2010)는 지난 1년 동안 각 개인이 참여했던 10개 범주의 지역사회 활동, 레크리에이션, 여가 활동에 대한 참여도를 조사하기 위해 설계되었다. 이 측정은 각 범주에서 가장 자주 행해졌던 활동 및 각 범주에서 지역사회 참여를 저해하는 장벽에 대해 더욱 심도 있게 다룬다. 연구 보조원들이 지역사회 내 당사자의 집을 방문하여 정보제공 지원 스태프와의 구조화 인터뷰[3]를 실행하였다.

본 연구에 참여한 120명의 당사자들이 지역사회에 산 기간은 평균 3.21년이었다. 연구 표본의 56.7%가 남성이었고 43.3%가 여성이었다. 참가자들의 평균 연령은 54.7세, 그 분포는 33세부터 77세까지였다. 그들이 살던 시설은 후로니아 지역센터(34.2%), 리도 지역센터(40.0%), 그리고 남서부 지역센터(25.8%)였다. 그들의 지역사회 거주 기간은 약 10개월에서 6년까지였는데, 이 편차는 시설 폐쇄의 전체적 시간 범위를 아우르는 것이었다. 연구 참가자들은 [그림 12-1]에 보이는 바와 같이 상당한 지원을 필요로 했다. 대부분의 참가자(88.5%)는 빈번하게 내지 전반적으로 지원이 필요했다. 당사자들의 64%는 현재 정신 건강/

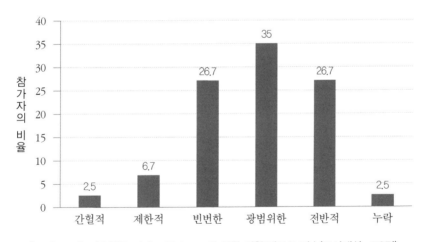

[**그림 12-1**] 적응행동 평가 도구 SIB-R에 의한 지원 필요도 점수(조사대상=118명)

---

3 역자 주: 구조화 인터뷰(structured interview). 질문 내용이나 방법 등이 표준화된 형식으로 미리 정해진 상태에서 진행되는 인터뷰. 일정한 지침이나 기준 없이 현장에서 즉흥적으로 진행되는 비구조화 인터뷰와 대비되는 방식.

행동문제가 있거나 이를 치료하기 위한 약물을 복용하고 있는 등, 정신 건강을 위한 지원이 필요한 것으로 확인되었다.

결과

지역사회 활동 참여

전년도에 당사자들이 참여한 지역사회 활동의 유형별로 정보를 수집했다([그림 12-2] 참조). 거의 모두(90~100%)가 야외 활동, 외식과 오락 여흥, 야외에서의 수동적 여가, 볼일 보기, 명소 방문 등에 참여했다. 이보다 적은 숫자의 당사자(70~75%)들이 스포츠와 레크리에이션에 참여하거나 다른 사람을 방문했다. 좀 더 적은 수의 사람(42%)들이 예배/친교 장소에 참여했다.

연구 표본의 모든 사람은 그 전년도에 최소 한 번은 야외 활동에 참여했다. 당사자들은 이 범주 내에서 평균 3.78개의 다른 활동에 참여했고, 그 분포는 1에서 9까지였다. 가장 많았던 세 가지의 활동은 지역 공원 방문(88.3%), 야외 산책(80.0%), 자연보호구역 방문(60.0%)이었다.

거의 모든 당사자들(99.2%)이 전년도 내에 적어도 한 번 이상 외식이나 오락 여흥 부문의

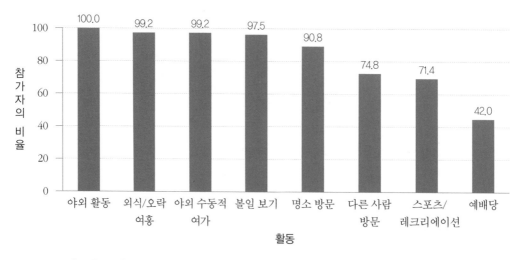

[**그림 12-2**] '가장 많이' 참여한 활동의 참여자 빈도(최소 1년에 1회 이상 참여한 활동)

활동에 참여한 적이 있었다. 평균 4군데 정도의 장소를 방문했으며 장소 분포는 0~9개까지였다. 당사자가 가장 많이 가는 장소는 식당(84.2%), 패스트푸드점(79.2%), 도넛 가게(72.5%) 등이었다. 이 연구에 참여한 거의 모든 사람들(99.2%)이 전년도에 집 밖에서의 수동적인 여가 활동에 참여했었다. 당사자들은 평균적으로 두 가지 활동에 참여했고, 일부는 6개의 활동에 참여했으며 일부는 참여하지 않았다. 가장 흔한 활동은 자동차 타기(95%)와 쇼핑몰 여행(79.2%)이었다.

대부분의 당사자들(97.5%)은 일상생활과 관련된 볼일 보기에 참여하였다. 당사자들은 1년에 최대 8개, 평균 4개에서 5개 정도의 활동에 참여했다. 참가자들에게 가장 인기 있는 활동으로는 의류 쇼핑(85.0%), 심부름하기(83.3%), 미용실 가기(76.7%) 등이 꼽혔다. 마찬가지로 표본의 90.7%가 전년도에 적어도 한 번 이상 명소를 방문한 적이 있었다. 당사자가 방문한 명소의 숫자는 평균 3~4군데였고, 적어도 한 번 이상 9개의 명소를 방문한 사람이 있는가 하면, 한 번도 방문한 적이 없는 사람도 있었다. 당사자들이 가장 많이 참석한 것은 스포츠 행사(74.2%), 콘서트(49.2%), 축제 행사(40.7%) 등이었다.

전년도의 경우, 3/4에 약간 못 미치는 당사자들(73.9%)이 그들의 집이 아닌 외부에 사는 사람들을 방문한 적이 있었다. 참여자들의 가장 흔한 방문 유형은 발달장애가 있는 친구의 집 방문(49.2%)과 직계가족 방문(34.2%)이었다. 방문 유형은 평균 한 가지를 조금 넘었는데, 아예 방문하지 않는 사람도 있고 최대 세 가지의 각기 다른 유형의 방문을 한 사람도 있었다. 조금 적은 숫자의 당사자들(71.4%)이 최소한 하나의 스포츠나 레크리에이션 활동에 참여했다. 어떤 사람은 7개의 각기 다른 활동에 참여했고, 또 어떤 사람들은 참여하지 않았다. 참여한 활동의 종류는 평균 1.54개였다. 수영(57.5%)과 볼링(43.3%)이 가장 인기가 있었다.

우리의 연구 표본 중 예배나 친교 활동에 참석한 사람들의 비율이 가장 낮았다(42%). 많은 사람들이 전혀 참석하지 않았기 때문에 평균은 1개 미만이었고, 몇몇은 3개의 각기 다른 유형의 예배에 참석했다. 참석자들 중에서 가장 많이 참석한 분야는 교회(33.3%), 소모임(10.8%), 그리고 친목회(9.2%)였다.

요약하면, 본 연구에 참여한 당사자들은 그 전년도에 지역사회에서 이용할 수 있는 다양한 유형의 활동에 참여했으며, 어떤 사람들은 모든 범주에 걸쳐 매우 다양한 활동에 참여했고 다른 사람들은 극소수의 범주 내에서 매우 적은 활동을 경험했다. 지역사회에서 이용할 수 있는 광범위한 기회에도 불구하고, 개인이 각 범주에 참여한 평균 활동의 수는 1개 미만에서 5개 미만이었다.

지역사회 활동 참여 빈도

지역사회 참여율을 조사하기 위해 정보제공 지원 스태프로 하여금 각 범주별로 당사자가 지난해 동안 가장 자주 참여했던 활동의 참여 빈도를 조사하도록 했다. 〈표 12-1〉은 이러 한 빈도 조사의 요약이다. 표의 백분율은 전체 표본의 비율이 아니라 그 활동에 참여한 사람 에 대한 비율을 나타낸다.

매일 참여하는 것으로 보고된 활동 범주는 극소수였다. 예를 들어, 집 밖에서 하는 수동 적 여가 활동은 매일 참여의 비율이 가장 높았다. 앞서 언급했듯이, 이 범주에서 가장 흔한 활동은 목적지가 없이 그냥 자동차 타기와 쇼핑이나 식사와 관련 없는 그냥 쇼핑몰 여행이 었다. 이러한 활동이 일부 개인에게는 선호되는 활동일 수 있지만, 특정 목적지로 차를 타 고 가거나 쇼핑이나 식사를 위해 쇼핑몰에 가는 것보다 덜 기능적인 것으로 간주될 수 있다. 더 적은 숫자의 사람들(23.3%)이 공원 방문이나 산책하기 등의 야외 활동을 매일 하였다. 대 부분의 지역사회에서 이러한 활동을 쉽게 이용할 수 있고, 그 비용이 아주 작거나 전혀 없기 때문에 이렇게 비율이 낮으리라고 예상하지 못했다.

매주 단위의 지역사회 활동 참여는 모든 활동 범주에서 발견되었다. 이는 예배/친교 (66%), 스포츠/레크리에이션(65.9%), 볼일 보기(57.8%), 외식/오락 여흥(44.1%) 등의 특정 범 주에서 예상할 수 있는 결과였다. 월별 참여 역시 모든 활동에서 공통적으로 이루어졌으며,

표 12-1 각 범주에서 '가장 많이 한' 활동의 빈도

범주(조사대상=120명)	매일	주간	월간	연간
명소 방문(108)		10.2%	38.0%	51.9%
볼일 보기(116)	12.9%	57.8%	28.4%	0.9%
외식/오락 여흥(118)	7.6%	44.1%	47.5%	0.8%
다른 사람 방문하기(88)	2.3%	18.2%	52.3%	27.0%
예배당(50)		66.0%	28.0%	6.0%
야외 수동적 여가(118)	39.8%	49.2%	11.0%	
야외 활동(119)	23.3%	50.8%	24.2%	1.7%
스포츠/레크리에이션(85)		65.9%	25.9%	8.2%

* 주: 백분율은 전체 표본에 대한 부분이 아닌, 활동에 참여한 사람들에 대한 비율을 나타낸다. 괄호 안의 숫자는 각 범 주의 참가자 수이다.

다른 사람 방문하기(52.3%), 외식/오락 여흥(47.5%) 등의 참여가 가장 많았다. 다른 모든 범주에도 월별 단위의 참가가 있었다. 연간 단위의 참여는 명소 방문(51.9%)과 다른 사람 방문하기(27%)가 가장 많았는데, 이는 비용이 들 수 있는 축제, 콘서트, 스포츠 행사 등과 같은 유형의 활동이나, 휴일이나 생일에 가족을 방문하는 것 등을 예상할 수 있다.

이 결과들에서 몇 가지 사실이 두드러진다. 많은 사람들(75%)이 주별 혹은 월별로 산책, 공원 탐방 등 야외 활동을 하는 것으로 나타났는데, 매일 하는 사람은 표본의 1/4도 되지 않았다. 한편, 거의 90%의 당사자들이 매일 또는 주간 단위로 수동적인 여가 활동에 참여했는데, 이는 더 많은 자원을 소비하는 반면, 건강상의 이득이 적을 수 있다. 고려해야 할 또 하나의 중요한 영역은 사회적 기회이다. 예를 들어, 다른 사람들과 함께 외출하는 것은 평소 집 안에 있는 것과는 달리 다른 사회 집단에 대한 접근을 제공할 것이다. 전년도에 당사자가 가장 자주 방문했던 방문의 유형(예: 가족 방문 또는 친구 방문)을 보면, 거의 90%가 월간 단위 혹은 연간 단위로 방문했고, 20% 미만이 주간 단위로 방문했다. 사회적 유대관계와 의미 있는 교우 관계가 부족하면 삶의 질과 정신 건강에 부정적인 영향을 미칠 수 있다(Reiss & Benson, 1985).

모든 범주 전반에 걸쳐 일 단위로 활동에 참여하는 사람이 더 적고, 주 단위 혹은 월 단위로 참여하는 사람이 더 많은 것으로 보고되었다. 지역사회에서 많은 활동을 비교적 낮은 비용으로 쉽게 접할 수 있다는 점을 감안했을 때 이것은 다소 놀라운 일이다. 일부 범주의 활동에 대한 참여도는 예상되는 수준이었다. 예를 들어, 예배당 참석은 주 단위로, 명소 방문은 연간 단위 참여가 더 많은 것으로 나타났다. 그 외의 대부분의 범주들은 주 단위 혹은 월 단위 참여가 더 많은 것으로 보고되었다. 지역사회 참여 빈도의 수준이 다양하다는 것은 많은 사람들이 그들의 집에서 대부분의 시간을 보내고 있다는 것을 암시한다.

집에서의 여가 활동과 취미

우리 연구의 표본 중 일부는 광범위한 지역사회 활동에 빈번하게 접근할 수 있었지만, 표본의 다수는 대부분의 시간을 집에서 보내는 것으로 보인다. 이는 본 연구 참여자의 30%만이 집 밖에서 주간 프로그램을 이용할 수 있었고, 70%가 집에서 낮 시간을 보냈다는 것을 발견한 준종단적 연구의 결과를 통해 확인되었다(Condillac, Frijters, Martin, & Ireland, 발표 준비 중). 따라서 우리는 사람들이 집에서 여가 시간을 어떻게 보내는지에 대해 더 많이 알아보고자 했다.

연구 표본 모두가 집에서 정해지거나 구조화되지 않은 여가 활동에 참여했고, 96.6%의 참가자는 매일 그러한 것으로 보고되었다. 가장 흔한 활동은 '그냥 놀기'(90.8%), 음악 듣기(85.0%), TV 보기(77.5%)였다. 그보다 적은 숫자의 사람들(54%)은 특정한 취미가 있었고, 이들 중 80%는 매주(44%) 혹은 매일(36%) 취미활동에 참여했다. 이러한 결과는 당사자들이 집에서 보내는 대부분의 시간을 구조화되지 않은 활동에 소비한다는 것을 시사한다.

지역사회 참여에 장벽이 되는 것으로 밝혀진 요소들

다양한 활동에 당사자들이 참여했음에도 불구하고, 본 연구의 많은 표본 당사자들의 지역사회 참여 빈도는 예상보다 낮았다. 우리는 이전에 파악된 여러 가지 장벽이 우리가 평가

표 12-2 **여러 활동 범주에서의 지역사회 참여 장벽 빈도(백분율)**

범주	장벽											
	당사자 건강	당사자 이동성	당사자 행동 문제	타인의 건강	타인의 이동성	타인의 행동 문제	편의성	교통	가용성	비용	직원의 비율	직원의 선호도
명소 방문 (108)	16.7	24.1	27.8	14.8	12.0	27.8	31.5	8.3	49.1	29.6	46.3	13.0
볼일 보기 (116)	14.7	25.9	31.0	9.5	8.6	25.9	10.3	8.6	6.0	11.2	34.5	10.3
외식/오락 여흥(118)	18.6	17.8	32.2	11.0	10.2	25.4	5.9	6.8	10.2	22.9	39.8	11.0
다른 사람 방문하기(89)	16.9	11.2	28.1	23.6	7.9	32.6	15.7	9.0	42.4	2.2	28.1	7.9
예배당(50)	22.0	8.0	36.0	12.0	8.0	28.0	12.0	4.0	36.0	4.0	30.0	12.0
야외 수동적 여가(118)	18.6	10.2	27.1	11.0	7.6	23.7	8.5	7.6	15.3	9.3	39.0	16.9
야외 활동 (120)	16.7	15.0	34.2	16.7	15.0	25.8	8.3	5.0	12.5	1.7	40.0	17.5
스포츠/ 레크리에이션 (85)	22.4	20.0	31.8	15.3	9.4	27.1	27.1	7.1	32.9	20.0	44.7	20.0

* 주: 백분율은 전체 표본에 대한 부분이 아닌, 활동에 참여한 사람들에 대한 비율을 나타낸다. 괄호 안의 숫자는 각 범주의 참가자 수이다.

한 여러 범주들의 활동에서 당사자의 접근을 얼마나 방해하는지 조사했다. 지역사회 참여에 대한 잠재적 장벽 목록을 정보제공 지원 스태프와 함께 검토했고, 그들이 지원하고 있는 당사자들이 각 범주의 지역사회 기반 활동을 하는 데에 있어서 장벽으로 작용하는지 여부를 확인하도록 요청했다.

〈표 12-2〉의 결과는 지역사회 기반 활동의 각 범주에서 장벽으로 간주되는 요소의 비율을 요약한 것이다. 표의 백분율은 전체 표본에 대한 비율이 아니라 활동에 참여한 사람들 내에서의 비율이다. 활동에 따라서 상당한 차이가 있지만, 자세히 살펴보면 몇 가지 경향성을 확인할 수 있다. 비용 문제는 명소 방문, 외식/오락 여흥, 스포츠와 같은 활동에 대한 장벽으로 가장 많이 지적되었는데, 이는 다른 연구(Beart, Hawkins, Kroese, Smithson, & Tolosa, 2001)에서도 장벽으로 판명된 바 있다. 참여율이 낮은 활동에 대한 장벽으로 편의성 문제가 가장 많이 지적되었는데, 이를테면 지역사회에서 이용이 불가능할 수 있는 명소 방문 등의 경우에 해당된다. 주목해야 할 것은, 교통 문제가 본 표본에서 외부 활동에 대한 장벽으로 지적된 경우가 드물었다는 점이다. 다른 문헌(Buttimer & Tierney, 2005; Verdonschot et al., 2009)에서 교통 문제가 지역사회 활동의 장벽으로 언급되었다는 점을 생각할 때 놀라운 일이 아닐 수 없다. 이는 아마도 탈시설인을 지역사회로 송환하는 지원 기관에 할당된 여러 가지 자금 지원 항목에 교통수단이 포함되었기 때문일 수 있기에 탈시설 이니셔티브의 산물로 볼 수 있을 것이다.

당사자 및 그의 생활환경에 있는 다른 사람들의 도전적 행동, 건강 및 이동성(mobility)이 지역사회 참여에 장벽으로 작용하는지 조사해 보았다. 당사자 자신의 도전적 행동은 25% 이상의 비율로 모든 범주의 활동에 걸쳐서 일관되게 지역사회 참여에 대한 장벽으로 묘사되었다. 다른 사람들의 도전적 행동에 대해서는 약간 낮은 비율로 보고되었다. 건강에 대해서도 유사한 경향이 발견되었다. 단 한 가지 예외가 있었는데, 다른 사람을 방문하는 데 있어서의 장벽은 당사자 자신의 건강보다는 다른 사람의 건강과 더 자주 연관이 있었다. 많은 표본 당사자들의 이동성에 어려움이 있다는 점을 감안할 때, 당사자 자신의 이동성이 장벽으로 지적된 것은 활동 전반에서 예상보다 낮은 비율이었다. 이동성은 주로 명소 방문, 볼일 보기, 스포츠/레크리에이션과 같은 활동에 영향을 미쳤는데, 이러한 장소들이 이동성에 문제가 있는 사람들에 대한 접근성이 취약했거나 이동성 문제에 대한 배려가 모자랐을 수 있다. 이것은 지역사회 참여에 있어 이동성 문제의 영향을 최소화하는 방향으로 지역사회 기관 직원들이 활동을 계획할 수 있음을 시사한다. 다른 사람들의 이동성이 다른 사람들의 건

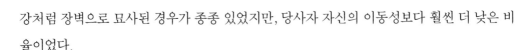

강처럼 장벽으로 묘사된 경우가 종종 있었지만, 당사자 자신의 이동성보다 훨씬 더 낮은 비율이었다.

인력 배치 비율 문제는, 서비스 기관 및 자금 제공자에게는 상당히 어려운 문제일 수 있는데, 다른 잠재적 장벽 요소들보다 더 자주 장벽으로 지적되었다. 이는 직원 비율을 개선하기 위한 창의적인 해결책을 찾음으로써 지역사회 참여를 크게 향상시킬 수 있음을 시사한다(Abbott & Mcconkey, 2006; Felce, Lowe, & Jones, 2002). 지원 담당 직원의 선호에 따른 선택은 모든 범주의 활동에 있어서 장벽으로 확인되었으며, 그중에서도 야외 활동, 스포츠/레크리에이션, 수동적 여가 활동에 가장 문제가 되는 것으로 평가되었다. 이는 지원을 필요로 하는 당사자에게 직원을 배정할 때 고려해야 할 중요한 영역을 제시한다. 당사자가 참여하는 활동을 결정할 때에는 작성되어 있는 당사자 중심 계획에 초점을 맞추어야 하며, 유급 돌봄 제공자가 선호해서 하는 선택 때문에 지장을 받아서는 안 된다.

이 연구는 현장에서 정책과 실천을 위한 정보로 쓰일 수 있는 지역사회 참여에 있어서의 잠재적인 장벽에 대한 중요한 정보를 제공해 준다. 예를 들어, 도전적 행동과 직원 비율과 같은 일부 요인들은 다른 장벽 요인들보다도 더 크게 모든 유형의 지역사회 참여에 영향을 미친다. 지원 담당 직원의 선호에 따른 선택과 같은 기타의 장벽은 방해물이 되는 것이 아니라 지역사회 참여를 증대하기 위한 참고 사항이 되어야 한다. 확인된 장벽들 중 어떤 것들은 정책 변경 및 시스템 지원(예: 인력 배치 비율)을 필요로 하며, 다른 장벽 요인은 개입(예: 당사자의 도전적 행동)을 요구하며, 또 어떤 장벽들은 직원 교육(예: 직원의 선호, 타인의 도전적 행동)이 필요하다. 집단적 케어 상황에서는 각 개인의 다양한 욕구와 필요를 충족시킬 수 있는 자원이 제한적일 수 있기 때문에 이러한 문제들에 대한 해결책은 복잡할 수 있다.

요약

지역사회 참여는 지역사회 생활의 특징이며, 전환 후에 자주 나타나는 긍정적인 결과이다(예: Dagnan, Ruddick, & Jones, 1998). 탈시설화 이후 발달장애인의 지역사회 참여는 본 연구에서 조사한 각 활동들의 범주 내에서 그리고 모든 범주들 전반에 걸쳐서 매우 다양한 양상을 보였다. 모든 참가자들은 야외 활동에 참여했으며, 거의 모두가 전년도에 외식/오락 여흥, 수동적인 지역사회 여가 활동, 그리고 볼일 보기에 참여했다. 대부분의 활동은 주간 또는 월간 단위로 이루어졌으며, 매일 혹은 연간 단위의 활동은 상당히 적었다.

본 연구의 결과가 지적하는 바는 지역사회로 이주한 발달장애인을 위한 지역사회 참여 활동의 다양성과 참여 빈도를 모두 높일 필요가 있다는 것이다. 이것은 걷기와 스포츠와 같은 신체적 · 정신적 건강에 이점이 있고 자원이 거의 필요하지 않은 활동으로 쉽게 달성할 수 있다. 이 연구에 참여한 당사자들은 대부분의 시간을 집에서 그냥 놀거나, TV를 보거나, 음악을 듣는 데 보냈다. 취미를 가진 사람은 비교적 적었고, 취미활동에 자주 참여한 사람은 더욱 적었다. 여러 가지 요인들이 지역사회 참여의 장벽으로 지적되었다. 여기에는 도전적 행동과 인력 배치 비율과 같이 예상되었던 장벽 요인이 있었고, 직원의 선호와 같이 피할 수 있는 장벽 요인도 있었다. 이러한 장벽을 완화하기 위한 해결책으로서 시스템의 변화와 직원 교육이 필요하다. 지역사회 활동에 대한 접근을 좀 더 용이하게 하고, 당사자의 선호도를 최대한 반영하여 지역사회 참여의 양과 질을 개선하기 위해서는 아직도 상당한 응용 연구 및 정책 작업이 필요하다.

성공적인 탈시설화를 위한 핵심 요소: 탈시설 이니셔티브 연구에서 얻은 교훈

도로시 그리피스(Dorothy Griffiths), 로즈마리 콘딜락(Rosemary A. Condillac),
프랜시스 오웬(Frances Owen)

모든 당사자들에게 최대한의 발달, 될 수 있는 한 정상에 가까운 삶, 지역사회에서의 존엄과 행복, 가까운 사람들 사이에서의 삶에 대한 그들의 권리를 보장하기 위해서는 지역사회 통합 운동이 반드시 성공해야 한다. 현재까지 여러 차례의 지역사회 전환이 실패한 이유는, 장애인 당사자들의 특성 때문이라기보다는 적절한 지원 시스템의 부족 및 직원 훈련의 부족과 같은 환경적 요인 때문이었다는 것이 밝혀졌다. …… 장애인 당사자, 그들의 부모, 시설의 직원, 그리고 지역사회는 지역사회 통합을 준비하고 실천하기 위한 더 많은 그리고 더 나은 계획을 세우는 데에 참여하여야 한다(Novak Amado, 1988, pp. 296-297).

발달장애 분야는, 일부 예외를 제외하고는 탈시설화의 이점에 대해 특별히 이견이 있는 것으로 보이지 않는다. 탈시설은 단순히 시설의 침대를 없애는 것이 아니다. 개인의 삶의 질 향상에 초점을 맞추면서 사려 깊고 계획적인 방식으로 진행되는 탈시설화는 만족스러운 과정과 함께 당사자의 삶의 질 유지 내지 향상으로 이어진다.

탈시설 이니셔티브 연구를 통해 지역사회에서 시간의 경과에 따른 당사자의 웰빙에 관계되는 몇 가지 요소를 파악하였다. 이러한 요소로는 전환 배치 후의 후속 조치를 포함한 일관되고 포괄적인 계획 과정, 지역사회 직원의 준비를 위한 충분한 시간과 훈련, 탈시설인의 필요와 욕구에 맞는 매칭과 지역사회 환경의 준비, 그리고 탈시설인과 지역사회 직원 및 동료 간 인간관계에서의 지지 등을 들 수 있다.

계획 과정: 일관되고 포괄적인

시설 거주인을 위한 포괄적이고 개별화된 필수계획(essential plan)은 성공적인 지역사회 전환 배치의 토대가 되었다. 이렇게 일반적으로 긍정적인 노력에도 불구하고 각각의 계획들은 다양했는데, 당사자의 성공에 부정적인 영향을 미친 포괄적인 면이 부족한 계획도 있었다. 일부 플래너들은 일관된 템플릿의 도움을 받아 당사자의 강점과 욕구를 충분히 그리고 정확히 반영한 필수계획을 세웠고, 지역사회 서비스 제공기관이 가장 적합한 배치를 선택하고 관련 지원 계획을 개발할 수 있도록 했다.

각 시설에는 플래너 팀이 있었다. 이 플래너들은 지역사회 기관과 함께 완수해야 하는 계획을 수립할 책임이 있었다. 플래너들은 가족과의 주요 연락책이었으며, 개인별 계획을 지역사회에서의 실행 계획으로 전환하는 데 중심적인 역할을 했다. 그들은 가족, 탈시설 당사자, 시설 직원, 그리고 지역사회 지원 기관들 사이에서 중요한 가교 역할을 했다.

제11장에서 논의한 바와 같이, 이 계획은 시설의 직원, 가족, 그리고 가능한 경우 당사자와 협력적인 과정을 통해 개발되었다. 이 계획은 가족, 생물의학(biomedical), 행동 및 가활에 관한 정보를 포함한 개인의 역사와 배경을 포괄하였다. 각각의 계획은 당사자의 호불호에 대한 정보를 제공했고, 지역사회 거주지에서의 성공적인 삶으로 전환하기 위해 각 개인에게 필수적이라고 여겨지는 요소들을 종합하였다. 당사자들 전체에 걸쳐 동일한 요소가 많이 있었지만, 각각의 계획은 각 개인의 성공적인 지역사회 전환을 촉진하기 위해 필요한 지원을 강조하는 방법에 있어서 상당한 차이가 있었다.

사례 연구에 참여한 지역사회 서비스 제공기관들은 지역사회 전환 배치를 위한 준비를 함에 있어 계획의 품질이 중요하다고 보고했다. 모든 계획이 당사자에게 요구되는 의학적·행동적 지원 및 이에 필요한 대응을 설명했지만, 보고서 형식과 각자의 플래너가 강조하는 내용에는 차이가 있었다. 몇몇 계획들은 당사자의 부정적인 면이나 지나치게 임상적인 면에 초점을 두어, 현장에서 일하는 직원들이 당사자의 긍정적인 특성에 대해 공란 부분을 기입해야 했다고 지역사회 기관들이 보고하기도 했다. 계획들이 언제나 일관된 지침 템플릿 양식을 따른 것은 아니었으며, 성공적 전환을 위해 정보를 수집하고 보고하는 가장 효과적인 방법에 관한 특정한 플래너 교육의 내용을 항상 따른 것도 아니었다. 지역사회 지원 기관은 탈시설인의 전환 준비에 있어 다음과 같은 요소들이 유익하다고 보고했다. ① 필요한 자원 및 지원 확인, ② 당사자의 관심과 욕구에 근거한 적절한 주거환경 묘사, ③ 당사자의 욕구에 부응하는 인력 배치와 필요한 직원 훈련 제안, ④ 적합한 하우스메이트에 대한 묘사, ⑤ 주거환경에 필요한 물리적 개조에 대한 명세, ⑥ 당사자의 관심과 욕구에 적합한 가활 활동 추천, ⑦ 계획되어야 하는 지역사회 통합 방식에 대한 묘사, ⑧ 지속되어야 하는 가족이나 다른 사람들과의 중요한 인간관계 확인 등이다.

필수계획이 개인의 기본적인 요구 사항을 파악한 것은 사실이지만, 그것은 어느 한때의 스냅 사진에 불과한 것이며 주로 시설 환경이라는 맥락에서 당사자의 행동으로부터 얻은 정보에 기반한 것이었다. 사례 연구에서 지역사회 서비스 제공기관들은 시설을 방문한 그들의 일선 직원들이 당사자가 원하는 것과 필요로 하는 것에 관한 중요한 측면을 포착할 책임이 있다고 보고했다. 그러한 초기 계획은 당사자의 호불호에 관한 지식이 늘어 감에 따라 수정되었다. 비록 전환 배치 후 주택, 하우스메이트, 직원 비율, 또는 위치에 대한 일부 개조와 조정이 있었지만, 대부분의 변경은 그것이 당사자에게 최선의 이익이라고 여겨지더라도 배치된 주거환경 자체보다는 활동이나 지역사회 접근과 같이 사소한 것에 관한 수정이었다. 일단 당사자가 지역사회로 이주한 후에는 주요한 변경이 일어날 가능성이 적기 때문에, 따라서 가장 적합한 환경으로 전환 배치가 이루어질 수 있도록 원래 계획의 세부 사항이 매우 중요했다.

직원 준비: 시간, 훈련 및 팀워크

탈시설 이니셔티브 연구 전반에 걸쳐서 그룹홈의 직원이 탈시설화 과정에서 중요한 연결고리가 된다는 일관된 관점이 있었다. 가장 긍정적인 것으로 여겨지는 전환 배치는, 그룹홈의 직원이 시설 내에서의 당사자 및 지원 네트워크에 관여할 기회가 있고, 당사자와 인간관계를 발전시키고, 당사자가 이주했을 때 그에게 요구되는 전문적인 서비스를 지원할 수 있게끔 지역사회 체제와 그들 자신을 준비할 시간이 있는 경우였다.

직원 훈련

제8장과 제11장에서 논의한 바와 같이, 지역사회 서비스 제공기관 설문조사 응답자들은

자신들의 기관으로 이주해 오는 탈시설인들을 지원할 수 있는 실력을 갖추기 위해 적절한 형태와 양의 오리엔테이션과 훈련을 제공받았다고 보고했다. 지역사회 기관의 90%가 직원을 위한 전문 교육을 수행했다고 보고한 반면, 7%는 당사자의 욕구를 충족시키기에는 훈련이 불충분했다고 보고했으며, 3%는 약간의 훈련만 받았다고 보고했다. 93%가 훈련이 올바른 유형이었다고 보고했고, 교육의 초점도 일반적으로 적절한 것으로 보였으나, 훈련이 충분했다고 보고한 것은 86%에 불과했다. 이러한 결과는 지역사회 기관 직원의 지속적인 훈련과 발전의 필요성을 시사한다.

사례 연구에 참여한 지역사회 서비스 제공기관 관리자와 직원들은 당사자의 욕구와 관련하여 주거환경의 준비와 직원 훈련이 대체적으로 적절하고 충분했다고 설명했다. 그러나 하나의 분명한 예외 사례로서, 전환 배치 전에 당사자를 지원하는 방법에 대해 더 많은 시간과 훈련이 필요했다는 풀타임 직원과 기관 관리자의 답변도 있었다. 또 다른 사례에서는, 초기 교육이 제공되었지만 지속적인 훈련이나 새로운 직원을 위한 교육의 기회가 없었다고 했다. 어느 지역사회 기관 관리자는, 훈련을 위한 보충 자금을 사용할 수 없게 된 후로는 직원 교육 예산이 매우 부족했다고 보고했다. 또한 단기, 파트타임 또는 임시직 직원에 대한 교육 문제, 그리고 이 문제가 직원의 높은 이직률에 미치는 영향에 관한 우려가 있었다.

가족 설문조사 응답자는 일반적으로 지역사회 직원의 전문성 수준에 만족했지만, 제10장에서 논한 바와 같이, 일부 가족들은 의료 및 행동 지원과 관련된 직원의 경험 및 훈련의 부족을 지적했다. 지원 기관 간의 이러한 격차는 가족과 함께 일을 진행하는 방식에서도 나타났다. 지역사회 기관 간 격차가 제시하는 바는, 특히 직원의 업무에 대한 일관된 품질 보증의 필요성이 있다는 것이다. 직원의 역량은 당연한 것으로 간주되어서는 안 되며, 시설에서 지역사회로 돌아오는 사람들의 때로는 복잡하고 변화하는 욕구를 감안할 때 지속적이고 향상된 직원 교육은 중요한 조직적 투자이다. 행동/의료/정신 문제가 있는 어느 당사자에 관한 사례 연구에서 지속적인 직원 훈련의 중요성에 관해 중요한 예를 찾을 수 있었는데, 해당 직원들은 당사자를 좀 더 효과적으로 지원하기 위해서 더 많은 훈련이 필요하다고 보고했다. 직원들이 지적한 문제 중의 하나는, 문제행동으로 보고된 당사자의 행동 중 일부는 연령과 관련된 의학적 변화에 불과한 것이었는데 직원들의 평가 역량과 훈련의 부족으로 인해 명백한 오해를 했다는 것이었다.

온타리오주 전역에 걸쳐 '전문케어 지역사회 네트워크(Community Networks of Specialized Care)'라는 지원 네트워크에서 제공하는 화상회의를 통해 특화된 훈련을 받을 수 있었지만,

모든 기관이 이러한 기회를 이용하지는 않았을 가능성이 있다. 과거 온타리오주의 **탈시설 이니셔티브**(예: 1980년대 5개년 계획)에서는 지역사회로 복귀하는 당사자의 욕구에 관련된 일반적인 전환 배치 전 교육이 제공되었다. 이번 **탈시설 이니셔티브**에서 중복장애와 고령화에 대한 전반적인 훈련이 있었더라면 특히 지역사회 지원 기관에 적절하고 유익했을 것이다. 전문분야에서의 직원 역량 개발을 위한 집중적인 훈련을 위해서는, 복잡한 욕구를 가진 중증·중복 장애인을 지원하는 지역사회 서비스를 학술 기관 또는 연구 기관과 연계할 필요가 있다. 실천 방안에 관한 지속적인 교육과 끊임없는 품질 향상을 위해서, 복잡한 욕구를 가진 사람들을 지원하기 위한 요건을 충족시키는 직원에 대한 인증 시스템을 마련하는 것도 유익한 방안이 될 수 있다.

시간적 압력

전환 과정의 속도와 절차는 중요한 요소로 지적되었다. 포커스 그룹 조사 및 인터뷰 연구, 그리고 사례 연구에서 지역사회 서비스 제공기관들이 보고한 내용은, 지역사회의 직원들이 당사자를 알아 가고 시설에서의 일상을 알아내기 위한 시간을 갖고, 시설 직원들을 만나 전환에 앞서 필요한 자원에 대한 질문을 하고 정보를 얻을 수 있는 적절한 기회를 갖는 것이 중요하다는 것이었다. 어떤 경우에는 시설 폐쇄 날짜와 관련된 타이밍이 전환 과정에 대해 시설 직원이 관여하는 성격에 영향을 미치는 하나의 요인이었다. 포커스 그룹 조사 및 인터뷰 연구 참가자들은 시설 직원과의 경험을 기술하였는데, 그 내용은 공개적 정보 공유의 어려움에서부터 정보 획득의 어려움, 시설 정보의 누락과 문서의 누락에 이르기까지 다양했다. 연구 참가자들 중 일부는 시설 직원들이 일자리를 잃거나 아니면 적어도 업무가 바뀌게 될 것이라는 맥락으로 인해서 그들과의 관계가 어렵다고 인지했다. 연구 참가자들은 시설로부터 광범위한 지원과 명확한 정보를 제공받은 사례들과 정보가 누락된 사례들을 설명했다. 전환을 받아들이는 지역사회 서비스 제공기관에 도움이 될 수 있었던 정보가 파일에 누락된 경우들이 있었는데, 이로 인해 탈시설인의 욕구를 해석하는 데 어려움을 겪게 되었다. 일부 지역사회 기관 직원들은 시간적 압력이 쌓여 가는 탈시설 이니셔티브의 마무리 무렵보다 탈시설 이니셔티브의 초기 단계의 과정이 더 낫다고 느꼈다. 과정이 막바지에 이르자 탈시설 당사자를 잘 알고 있는 많은 시설 직원들과 더 이상 상담을 할 수 없게 되었다. 일부 지역사회 기관 직원들은 시설에서 누락된 정보들이 당사자의 흥미, 선호, 인간관계 등 개인을 총체적으로 이해하는 데 도움이 될 수도 있었을 것이라며 안타까움을 표명했다. 사례 연구에서 최종 시설 폐쇄일 직전에 지역사회로 전환 이주한 어느 사례가 보고되었다. 당시 지역사회 지원 기관은 시설 직원들이 질문에 답변을 주지 않은 탓에 탈시설인들이 "그 대가를 치르게 되었다"고 말했다. 보고된 바에 의하면 시설 직원들은 가족들에게 전환에 대해 부정적인 반응을 보였는데, 지역사회 기관이 그들의 가족 구성원을 시설에서 지원했던 것만큼 지원할 수 없을 것이라고 가족들에게 말했다.

올바른 지원을 위한 팀워크

이렇게 대조적인 경험이 보여 주는 것은, 가족과 서비스 제공기관을 포함한 모든 파트너가 참여하며, 계획에 있어 포괄적이고 개방적이며 유연한 팀 방식의 접근법이 점진적 전환 배치 과정에서 핵심적 역할을 한다는 것이다(Owen, Griffiths, & Condillac, 2015). 포커스 그룹 조사 및 인터뷰 연구의 응답자들은 이러한 접근법을 강조하면서 또한 전환 배치의 초점에는 적절한 지원을 위한 사회적 자원의 가용성과 탈시설인들에게 '궁합'이 잘 맞는 주거환경을 찾는 것이 포함되어야 한다고 제안했다. 가족, 행동상담사, 플래너들이 중요시한 것은 "진정으로 당사자를 알고, 그들의 선호와 욕구에 대응하며, 안전상의 한계를 고려하면서 가능한 한 많은 선택의 자유를 제공하는 것"이었다(Owen et al., 2015, p. 56). 어느 전직 플래너가 제안했듯이, 당사자가 안심하고 이주할 수 있을 때까지 이렇게 지원하여야 한다. 또한 다른 사람은 남아 있는데 그들만 쫓겨나는 것이 아니라 시설이 전부 폐쇄되기 때문에 이주하는 것이라는 정확한 메시지를 시설 거주인들에게 주어야 한다(Owen et al., 2015).

환경: 환경의 성격과 준비

문헌에서 지적되었듯이, 환경의 구조는 개인의 삶의 질과 선택의 기회 및 자립에 중요한 역할을 한다(Hemming, Lavender, & Pill, 1981). 오닐 등(O'Neill et al., 1990)은 당사자의 삶의 질을 결정하고 그가 접할 수 있는 기회를 높이는 것은 그의 장애 정도가 아니라 프로그램의 형태이며, 규모가 더 작고 보다 정상화된 지역사회 기반 주거서비스일수록 더 큰 성공을 거두고 있다고 지적했다.

제8장에서 설명했듯이, 지역사회 서비스 제공기관 설문조사에서 보고된 당사자의 92%는 그룹홈에 살고 있었고, 그 대다수(86.7%)가 최대 7인 규모의 주택에 살고 있는 것으로 보고 되었다. 60%가 이상적인 규모로 간주되는(Young & Ashman, 2004) 5인 이하의 그룹홈에 살고 있었다. 지역사회 그룹홈의 10%는 12명 이상을 수용하고 있었고, 두 곳은 42명이었고, 120명을 수용하는 노인 요양원도 하나 있었다. 준종단적 연구에서도 유사한 연구 결과가 보고되었다. 대다수의 사람들(79.2%)은 5인 이하의 주거 체제에 살고 있었고, 20.8%는 6명 이상의 규모였으며, 가장 많게는 15명을 수용하는 곳도 있었다(Condillac, Frijters, Martin, & Ireland, 발표 준비 중). 사례 연구에서, 8명 중 7명이 사는 그룹홈의 규모는 평균 5.6명(5명에서 7명까지)이었다. 그러나 여덟 번째 당사자는 대규모 노인 요양원의 아래층에 위치한 아파트에 다른 4명과 함께 살고 있었다.

지리적 위치의 측면을 보면, 사례 연구의 8명 중 3명은 농촌 지역에 거주했으며, 2명은 주거 지역에 위치한 그룹홈에 살고 있었다. 지역사회 서비스 제공기관 직원들은 종종 시골이라는 환경을 지역사회 통합에 있어서 장벽으로 인식했다. 주간/야간 직원 비율의 범위는 1 대 1에서 2 대 5까지 있었는데, 하루 중의 시간대와 주택 내 다른 거주인들의 활동에 따라 달랐다. 당사자가 주간 프로그램에 참여하지 않거나 지역사회에 외출을 하는 경우에는 당사자들에게 낮 시간 동안 직원이 개인별로 배정되기도 했다.

주택의 크기는 다양했는데, 한 방에 여러 침대가 있는 주거환경은 시설과 유사한 환경을 제공했다. 특히 주목할 만한 것은 앞에서 설명한 노인 요양원에 배치되었던 어느 당사자의 이야기였다. 문헌들에서 확인된 바와 같이 이렇게 시설화된 주거 체제는 그 결과가 그다지 긍정적이지 않다(Mansell & Ericsson, 1996). 한 사람에 대한 관찰에 근거했을 뿐이지만, 노인 요양원은 이 사람에게 적합한 장소로 보이지 않았다. 권리옹호자들은 그러한 환경에서 발달장애인들이 재시설화되는 것에 대해 오랫동안 반대해 왔다. 이 사례는 당사자를 장애인 수용시설에서 장기요양시설로 배치하는 것을 반대하는 주장에 여섯 가지의 추가적 근거를 제공하였다.

첫째로 그리고 가장 중요하게, 노인 요양원은 발달장애를 가진 당사자가 주택 내에서 혹은 지역사회 전반에 걸쳐서 진정한 지역사회의 일원이 되는 데 필요한 적절한 지원을 제공할 수 없었다. 노인 요양원의 직원들이 최선의 노력으로 전문 인력과 소정의 활동을 제공하는 지역사회 발달장애 서비스와 연계하여 일을 한다고 해도, 주거환경 자체가 정상화된 삶을 위한 근본적인 요소를 제공할 수 없었다. 즉, 가정의 규범적이고 물리적인 요소들과 일상생활(예: 당사자가 음식을 선택, 구매, 요리 및 식사를 공유하는 일에 참여하는 것), 가정 내에서의 인간관계와 사회화의 기회, 지역사회 활동에 대한 지속적인 접근과 참여가 결여된 것이다.

둘째, 이 주거환경에 배치된 당사자는 노인 요양원 내에서 거부와 고립을 모두 경험했는데, 이는 전환 배치의 성공 여부에 있어 핵심적인 요소이다. 노인 요양원 관리자는 요양원의 다른 거주자들이 장애인 당사자와 그의 행동에 대한 수용이나 관용이 부족한 것에 대해서 놀라움을 표현했다. 노인 요양원에 살고 있는 사람들이 발달장애인과 통합된 지역사회에서 성장하지 않았던 세대라는 점을 감안할 때, 이러한 상황은 어쩌면 당연한 귀결일 수 있다. 더욱이, 요양원에 사는 노인들은 많은 서비스를 필요로 하였기 때문에 그러한 형태의 주거 체제에 살게 된 것이므로, 행동이 달라 보이거나 방해가 되거나 받아들이기 어려운 행동을 하는 다른 사람들에 대한 관용이 인색했을 수도 있다.

셋째, 노인 요양원은 장기요양시설로서 향후 개인에 대한 케어가 일정 수준 혹은 그 이상 필요할 것으로 가정하곤 한다. 그 탈시설 당사자가 노인 요양원에 배치된 이유는 그에게 임박한 의료/간호 케어의 필요성 때문이었다. 그러나 노인 요양원 관리자는 발달장애인이 이 수준의 케어를 필요로 했다고 하더라도 발달장애 서비스와 장기요양 서비스는 관할 정부 부처가 서로 다르기 때문에 자동적으로 제공되지는 않았을 것이라고 지적했다. 게다가 이런 유형의 주거환경은 장기적이라는 것을 전제로 하기 때문에, 일단 개인의 상태가 안정된 후 주거환경 배치를 재검토해서 건강한 사람의 욕구에 보다 적합한 환경으로 이동할 수 있도록 계획을 조정하는 체계가 마련되어 있지도 않았다. 이 사례는 주거환경 배치의 근본적인 전제에 결함이 있는 것으로 판명되었기 때문에, 더 많은 지역 간 서비스 조정이 필요하다는 것을 입증한다.

넷째로 그리고 매우 중요한 것으로서, 또 다른 전환에 대한 가족의 반응이다. 노인 요양원 관리자는 가족이 두 번째 이주를 승인할 것인지, 아니면 당사자의 신체 상태가 다시 악화될 경우를 대비하여 노인 요양원이 안전하다고 느낄지에 대해서 확신하지 못했다.

다섯째, 만약에 재이주를 한다면 제2차 전환 계획을 수립해야 할 것이다. 여기에는 당사자의 욕구에 맞추어 주거환경을 개조하기 위한 예산 지원 등을 포함하여 광범위한 개인별 계획이 요구된다. 그 노인 요양원에 당사자를 위한 물리적 개조 용도의 자금 지원이 있었지만 전환 후에 그중 일부는 불필요한 것으로 확인되었다.

마지막으로 여섯째는 당사자를 지역사회 체제 내에서 더 적절한 주거환경으로 쉽게 이전할 수 있는 체계적인 방법이 있는지 여부의 문제이다. 탈시설 후 지역사회 체제에 배치되었지만, 당사자를 다른 지원 기관으로 옮기려면 지원 기관들 간의 협력, 자금의 이전, 그리고 자치정부 간의 전환이 필요할 것이다. 이전하는 것이 불가능한 것은 아니지만, 예를 들어 지역사회 내 독립적인 생활환경에서 24시간 케어 체제로 전환하는 경우에 비해 더 많은 어려움에 직면할 것이다.

연구 전반에 걸친 일반적인 경향은 지역사회 주택의 성격이 물리적으로 적절하다는 것이었다. 대부분의 연구 참여자들은 지역사회 전환 배치를 긍정적으로 묘사했고, 지역사회 주거환경에 마련된 물리적 시설에 만족을 표명했다. 소수에 해당되는 한 가지 예외는 장기요양시설이었는데, 그들의 전환 배치는 문제가 있는 것으로 판명됨에 따라 이후 변경되었다.

필요한 경우 당사자의 이동성과 안전을 위해 생활환경의 물리적 개조가 이루어졌다. 이렇게 당사자의 욕구에 대응하기 위해 개조된 것들로는 맞춤형 휠체어, 주택 내 휠체어 접근성, 특수 욕조, 리프트, 트롤리 등이 있었다. 어떤 집들은 엘리베이터를 설치했고 휠체어 접근이 가능한 승합차를 이용할 수 있었다. 사례 연구의 어느 당사자의 경우를 예로 들자면, 시청각 프로그램 컨설턴트가 방문하여 주거환경을 평가하고 필요한 개조를 권고했는데, 여기에는 모서리가 둥근 가구, 싱크대 모서리에 유색 스트립, 접시 안전 거치대, 집 전체에 색깔을 사용하여 시각적 신호를 주는 것 등이 포함되었다.

어떤 경우에는 실행된 개조가 불필요한 수준인 것으로 판명되기도 했다. 예를 들어, 사례 연구의 어느 당사자를 위해 휠체어가 접근할 수 있도록 주택이 개조되었고 특수 욕조도 설치됐지만, 그녀의 이동성이 매우 크게 향상되어서 이러한 개조가 불필요하게 되었다. 다른 사례 연구에서, 권장되었던 물리적 개조 중 일부가 이루어지지 않은 경우들이 보고되었다. 예를 들어, 출입문 경보기와 뒷마당 울타리가 설치되지 않아 개인의 외출 방법이 제한적이었고, 방에 방음장치가 설치되어 있지 않아서 그녀의 비명소리가 근처 이웃에게 들릴 수가 있었고 하우스메이트들에게도 방해가 되었다.

준종단적 연구에서 대다수의 당사자들(92.2~98.7%)은 자기 방, 식사 시간에 좌석 선택, 개별 욕실, 안전한 야외 공간, 자유롭게 이용할 수 있는 여가 활동, 공동 레크리에이션 공간 등이 구비된 우수한 환경에서 살았다. 부족한 영역을 보자면, 54.5%의 당사자만이 냉장고에 자유롭게 접근할 수 있었고, 주택의 57.1%만이 두 대 이상의 텔레비전을 가지고 있는 것으로 나타났다(Condillac, Frijters, Martin, & Ireland, 발표 준비 중). 사례 연구에 참여한 모든 주택이 개별화된 환경이었지만, 각 주거환경의 가정적 특성은 상당히 다양했다. 특히 앞에서 설명한 노인 요양원에 거주하는 당사자의 경우도 있었고, 안전을 위해 가구를 바닥에 볼트로 고정시킨 경우도 있었다. 지역사회 기관 설문조사에서 한 사람을 제외한 모든 사람들이 자신의 방을 가지고 있었다. 하나의 예외 사례는 자신의 자매와 방을 같이 쓴 경우였는데, 이는 그녀의 선택에 의한 것으로 보였다.

지역사회 주거환경의 크기와 위치 및 주택 개조 정도 이외에도, 전환을 수용하는 지역사회 서비스 제공기관의 조직적 접근 방식과 직원 교육 역시 성공적 전환 배치에 있어 중요한 요소였다(Emerson & Hatton, 1994; Mansell, 2006). 사례 연구에서, 당사자 중심의 철학을 채택하는 기관들이 일반적으로 더 많은 긍정적 결과를 보고했다. 그러나 일부 부모와 플래너들은 지역사회 지원 기관들이 채택한 권리 기반 서비스 접근법이 돌봄의 책임과 균형을 이루지 못하는 경우에 대해 우려를 표명했다. 예를 들어, 어느 당사자의 어머니는 지역사회 지원 기관의 철학이 원칙적으로 칭찬받을 만하지만, 기본적인 돌봄을 제공하지 못하는 것 같다고 말했다.

> 제 딸은 뇌성마비가 있어요. 한쪽 눈은 볼 수가 없고 빛에도 예민해요. 걸음걸이가 고르지 못하고 계단을 잘 볼 수가 없어요. 턱을 넘어갈 때나 그 비슷한 경우에 직원들이 제 딸의 손을 잡아 주었으면 해요. 하지만 그러면 그녀의 권리를 침해하는 것이라며 직원들은 그렇게 하려고 하지 않아요. 제 딸도 안전할 권리가 있다고 생각해요. 결과적으로 딸의 무릎에 수많은 흉터가 생겼어요. 제 딸의 엉덩이는 항상 지저분합니다. 스스로 닦을 수가 없어요. 가끔 얼룩지고 더러운 바지를 입은 채 집 밖으로 나와요. 제가 불평을 하면 직원들은 그녀에게 사생활의 권리가 있다고 말합니다. 제 딸은 사생활이 뭔지 모릅니다! (시설에서) 그런 걸 가져 본 적이 없어요. 엉덩이가 깨끗한 게 더 위생적일 텐데(직원들은 엉덩이를 닦아 주지 않아요).

포커스 그룹 조사 및 인터뷰 연구 중에 어느 전직 플래너의 이야기에서 서비스 철학에 대한 유사한 우려가 드러났다. 어느 지역사회 기관에서 한 당사자가 익사했는데, 사생활 존중이라는 이유로 당사자 혼자 욕조에 남겨졌기 때문에 일어난 결과였다. 만약 시설이었다면 목욕하는 과정이 철저히 관리되기 때문에 그를 혼자 내버려 두지는 않았을 것이다. 여기에서의 쟁점은 당사자의 서비스 욕구에 근거한 안전 관리의 필요성과 사생활에 관한 권리 보장 사이에 균형을 맞추어야 하는 어려운 문제였다.

지역사회 환경에서 긍정적인 결과를 예측할 수 있는 다른 요소들은 가정의 일상적인 운영, 직원과 거주인 당사자 간 상호작용의 질적 수준, 그리고 당사자들이 참여하는 활동의 유형과 같은 기능적 특성과 관련이 있었다(Meador, Osborn, Owens, Smith, & Taylor, 1991). 사례 연구의 대상이었던 주거환경들은 일반적으로 학습, 자극 및 직원과의 풍부한 상호작용의 기회를 제공했다. 콘로이 등(Conroy, Efthimiou, & Lemanowicz, 1982)의 이전의 연구 결과와 마찬가지로, 사례 연구에 참여한 당사자들은 대체적으로 적응 능력의 향상을 보여 주었다. 포커스 그룹 조사 및 인터뷰 연구에 참가한 대부분은 지역사회 주거환경을 긍정적으로 묘사했으며, 어떤 가족들은 탈시설인들이 매우 '만족'하고 '행복'하다고 보고했다. 가족들은 어떻게 당사자들이 볼링, 수영 등 지역사회 레크리에이션을 즐기고, 커피숍과 동물원을 방문하고, 마을 밖으로 여행할 기회를 즐겼는지 설명했다. 연구에 참여한 어떤 가족들은 지역사회 주거환경에서 제공되는 음식의 질에 대해서 논평하기도 했다. 예를 들어, 한 응답자는 자신의 식구가 시설에서는 죽처럼 갈아진 야채 퓌레 먹기를 거부했으나 새로운 집에서는 더 이상 반유동식 식단이 필요하지 않게 되었고, 그 대신에 잘게 썬 야채를 행복하게 먹고 치킨과 피자를 잘라서 먹게 되었다고 변화를 묘사했다. 전반적으로 볼 때, 포커스 그룹 조사 및 인터뷰 연구 결과는 탈시설인들이 새로운 집에 만족하고, 가족과의 접촉 및 참여가 증가했으며, 일부 탈시설인들의 신체적ㆍ정신적 건강이 개선되었고, 삶의 질이 향상되었으며, 일부 당사자들은 좀 더 자립적인 선택의 기회를 갖게 되었다.

지원과 서비스

과거에는 탈시설화 기간 동안이나 그 이후 모두에서 서비스 접근성과 제공 분야에 대해 부정적인 결과들이 나타났었다(Roy & Cloutier, 1994). 예를 들어, 그리피스(Griffiths, 1984)는 정서적/정신적 문제가 있는 사람들은 탈시설 이후에 적절한 지원과 서비스에 접근할 수 없었다는 점을 지적했다. 탈시설 이니셔티브 연구에서도 지속적인 지원 서비스의 필요성이 강조되었지만, 종전의 연구와는 대조적으로 적절한 서비스에 대한 접근의 어려움은 일반적인 것이 아니라 예외적인 현상으로 나타났다. 대부분의 경우, 당사자들은 전환 계획에서 권장되는 서비스와 지원을 받을 수 있었다. 사례 연구에서 주목할 만한 하나의 예외적인 사례가 있었다. 어느 당사자가 탈시설 이후 수년이 지난 후에 상태가 급격히 변했는데, 그녀의 복잡한 문제를 사정하고 치료하는 데 필요한 생물-심리-사회적 서비스는 쉽게 이용할 수 없었고, 적절하거나 충분하지 않았던 것이다. 이러한 상황은 탈시설 이니셔티브의 계획 과정이 아니라 탈시설 전환 이후의 현실을 드러낸 것이었지만 지역사회 인프라의 문제점을 보여 주었다.

서비스의 공백, 특히 복잡한 욕구를 가진 사람들에게 나타난 서비스의 공백은 주로 특정한 지역에서 여러 전문영역의 사정과 치료에 접근할 수가 없었거나 이에 접근하는 방법에 대한 지식이 부족했기 때문이었다. 문제행동을 보이는 당사자에게는 그 원인과 적절한 치료를 결정하기 위해 감별 진단(differential diagnosis)과 지원 서비스가 필요했다. 여러 전문영역의 다원적 접근법 없이, 지역사회 지원 기관으로서는 이러한 문제행동이 생물의학적 조건에 기인한 것인지, 사회환경에 의해 촉발되었는지, 또는 가활 치료를 요하는 심리적 위험 요소와 관련된 것인지, 혹은 일반적으로 그러하듯이 이들 모두의 조합에 기인한 것인지 여부를 결정할 수 없었다. 가드너 등(Gardner, Griffiths, & Nugent, 1999)이 지적한 바와 같이, 심각한 문제행동이 한 가지 요인으로 인해 생기는 경우는 거의 없다. 그러한 문제가 발생, 재발 또는 증가하는 것은 일반적으로 생물의학적 문제, 심리적 요인 및/또는 사회환경적 특징과 같은 여러 요인들 사이의 상호작용의 결과이다.

전통적으로 다양한 분야의 전문가들은 다른 전문분야와의 상담이나 조율 없이 일을 하면서 자신들의 영역에서 전문성을 유지하곤 한다. 그러나 중복장애 분야는 윌리엄 가드너(William Gardner, 2002)가 개발한 것과 같은 통합된 생물−심리−사회적(복합영역) 모델을 채택했다. 이 모델을 적용하려면 다른 전문분야의 정보뿐만 아니라 각 분야의 정보를 생물의학, 심리학 및 사회적 요인과 이러한 요인들 간의 상호작용을 포함하는 통합적이고 포괄적인 계획으로 병합해야 한다. 이 모델을 통해 전문 지식의 공유 및 상호교류, 케어에 대한 총체적 조율, 전문 지식과 서비스 제공의 통합이 가능하다.

심각한 행동문제가 있는 개인의 경우, 그 치료 팀은 응용행동분석가, 내과 의사, 정신건강의학과 의사, 심리학자, 신경학자, 수면 전문가, 간호사, 작업치료사, 언어 병리학자, 물리치료사, 사회복지사 및 1차 진료의를 포함해야 하며, 이에 국한되지 않아야 한다. 팀의 일부는 지속적으로 참여하고 일부는 필요에 따라 참여할 수 있다. 그러나 팀의 모든 구성원은 지원할 당사자에 대한 총체적인 상을 갖고 팀의 다른 구성원 모두의 역할을 인식하여야 한다. 이를 위해 팀은 전문영역 간 조율을 지원하도록 구성되어야 한다. 이것은 또한 통합적 사정, 치료 및 계획을 지원하는 팀 프로세스뿐만 아니라 각 전문가의 실무 영역을 존중하는 임상 및 운영 리더십의 명확성을 요한다.

이러한 여러 전문영역 자원 팀을 풀타임 정규 직원으로 운영할 필요는 없겠지만, 현장에

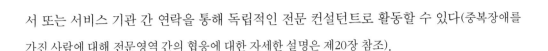

서 또는 서비스 기관 간 연락을 통해 독립적인 전문 컨설턴트로 활동할 수 있다(중복장애를 가진 사람에 대해 전문영역 간의 협응에 대한 자세한 설명은 제20장 참조).

인간관계: 직원 및 동료와의 관계

탈시설 이니셔티브 연구 전반에 걸쳐 인간관계의 중요성은 핵심 주제였다. 여기에는 시설에서 있었던 인간관계의 상실, 가족 간 상호작용의 증가 또는 갱신의 기회, 그리고 어떤 경우에는 지역사회에서 새로운 인간관계의 발전과 같은 내용이 포함되었다.

앞의 여러 장에서 논의한 바와 같이, 그리고 다른 문헌들에 기재된 바와 같이 탈시설 이니셔티브 연구는 탈시설인들의 가족 접촉의 기회와 빈도가 증가했다는 것을 보여 주었다(Conroy, Spreat, Yuskauskas, & Elks, 2003; Cummins & Dunt, 1988; Cummins, Polzin, & Theobald, 1990b; Emerson & Hatton, 1996; Spreat & Conroy, 2002). 이 연구는 당사자가 살아가는 데에 있어서 사랑하는 사람으로서, 지원자로서, 그리고 옹호자로서 가족의 중요성을 보여 주었다. 제9장에서 보고한 바와 같이, 가족 설문조사 참여자의 대다수(79%)는 새로운 지역사회 지원 기관과의 의사소통이 전반적으로 긍정적이고 건실하다고 보고했다.

연구 전반에 걸친 피드백에서, 가족들은 오랜 기간 형성된 시설과의 친숙하고 체계적이고 지원적인 인간관계를 상실하는 것에 유감을 느꼈을 수 있지만, 또 한편으로는 지역사회 체제 내에서 당사자가 받은 개별적인 관심과 배려에 대해서도 인식하고 있음을 보여 주었다. 포커스 그룹 조사 및 인터뷰 연구에서도 동료들 간 인간관계를 잃거나 얻는 것은 탈시설인과 가족, 그리고 그들을 지원하는 사람에게 특히 중요하게 인식되었다. 시설을 떠나는 과정에서 많은 관계가 깨지거나 바뀌었다. 지역사회 서비스 제공기관 설문조사의 많은 응답자들은 지역사회로의 전환 과정에서 이러한 인간관계를 유지하기 위한 방법이 제공되지 않았음을 시사했다. 그러나 몇몇 경우에는 탈시설인들이 과거 시설의 동료 및 직원과 재회할 수 있도록 하려는 노력이 있었고, 일부 탈시설인은 지역사회에서 새로운 교우 관계를 만들기도 했다.

성공적 전환을 만들어 내는 주요 변수 중 하나는 새로운 환경에서 직원 및 동료와 긍정적 인간관계의 개발이었다. 지역사회 지원 기관의 직원과 탈시설인 사이의 긍정적 인간관계의 발전은 지역사회 전환 배치의 성공에 있어서 중요한 요인이었다. 지역사회 서비스 제공기관 설문조사 응답자의 대다수(81%)가 당사자와 지역사회 직원 사이에 긍정적이고 강한 유대관계가 있다고 답했고 부정적인 관계는 확인되지 않았다. 마찬가지로 사례 연구에서도 당사자와 직원과의 관계는 일관되게 긍정적인 것으로 나타났다. 당연히 몇몇 당사자들은 자신이 좋아하는 직원과의 강한 유대감을 표명했다.

그러나 이러한 연구는 비슷한 관심사와 성격을 가진 동료와의 매칭이 얼마나 중요한지를 다시 한번 보여 주었다. 직원이 상주하는 주거 체제에서 당사자가 직원과 더 많이 어울리는 것이 일반적이지는 않다. 어떤 경우에는 관심사와 능력 및 성격이 맞지 않는 동료와 같이 사는 미스매칭 환경에서 불화가 일어나기도 했다. 이 연구에서 특히 주목할 만한 점은, 함께 사는 당사자들의 명백한 미스매칭이 여럿 있었고, 그들 사이의 상호작용이 때로 정서적 고통의 원인이 되었으며 다른 거주인들로부터 조롱을 받기도 했다는 것이다. 낯선 사람들과 함께 사는 데에는, 특히 그 사람에게 행동문제가 있을 수 있는 경우라면 어느 정도의 적응 과정이 필요하다는 것을 예상할 수 있지만 거주인들의 명백한 미스매칭 환경에서는 더 많은 문제들이 보고되었다. 예를 들어, 어느 탈시설인의 부모는 자신의 딸이 시설에서 여러 동료 거주인들과 친구처럼 지냈는데 지역사회 주택에서는 다른 거주인들과 서로 성격이 맞지 않는 것에 우려를 표했다. 그 부모는 지역사회 주택과 관리 직원에 대해서는 만족한다고 했지만, 당사자가 필요로 하는 사회적 상호작용을 제공해 줄 수 없는 사람들과 함께 그룹홈에 배치되었다고 느꼈다. 또 어떤 당사자는 부적절한 신체적 (성적) 접촉을 했던 전력이 있었는데, 그의 하우스메이트 중 일부는 그와 함께 있는 것에 대해 불편함을 드러냈다고 보고되었다.

당사자에게 적합한 하우스메이트와 물리적 주거환경 모두를 찾아 매칭하는 과정은 복잡하고 시간을 요하는 일이며, 특히 당사자들이 서로 잘 알아 갈 수 있는 기회를 필요로 한다. 그러나 어떤 환경에서든 '가정'이라는 것은 함께 살고 늘 접하는 사람과의 조화를 의미한다. 앞으로의 탈시설화 계획은 친분이 있는 사람이나 능력, 관심사, 민감성 및 취약성 등이 당사자와 잘 맞는 사람들이 있는 곳으로 당사자가 이주하도록 강조할 필요가 있다.

일부 매칭에는 문제가 있었지만 지역사회 서비스 제공기관 직원이 말한 바와 같이, 새로운 주거환경은 당사자들에게 새로운 교우 관계의 기회를 제공했다. 포커스 그룹 조사 및 인터뷰 연구에서 지역사회 기관들은 새로운 주거환경에서 당사자들의 자기표현이나 다른 사람과의 상호작용에서 변화를 목격했다고 했다. "……당사자들이 다른 거주인들과 맺은 인간관계와 우정 혹은 우정으로 보이는 것들은…… 우리가 시설에서 보던 것과는 전혀 다른 것이었어요"(Owen, Griffiths, Condillac, Robinson, & Hamelin, 2011, p. 21). 어느 탈시설 남성과 주간활동 프로그램에서 만난 어떤 여성과의 오랜 연애 관계를 설명한 플래너도 있었다. 또 다른 사례는 한 무리의 남성들이었는데 모두 탈시설인이었다. "……그들은 모두 아주 좋은 친구들입니다. 그들은 정말로 지역사회에 잘 섞였어요"(Owen et al., 2011, p. 21). 또 어떤 플래너는 이렇게 보고했다. "내가 보기에 그들이 진정으로 풍요롭고 멋진 삶을 사는 것 같아요"(Owen et al., 2011, p. 21).

제8장에서 상세히 설명한 바와 같이, 지역사회 지원 기관이 지적한 가장 어려운 영역 중 하나는 지원 기관 외부에서의 인간관계 개발이었는데, 이러한 관계가 통상 별로 없다고 답했다. 지역사회 기관이나 프로그램에 관련된 동료들 그리고 유급 직원들이 교우 관계의 대부분의 원천이었다. 어떤 사람들에게는 고립이 당사자의 선택인 것으로 파악되었다. 지역사회 기관 설문조사의 응답에서 탈시설인의 지역사회 거주지 또는 더 넓은 지역사회에서 새로운 친구를 사귀는 데 있어서 큰 편차를 보였으며, 이들 응답자의 60%가 동료 관계를 중립적 또는 제한적이라고 했다. 33%의 당사자들만이 긍정적이고 강한 동료 관계를 가진 것으로 묘사되었다.

사례 연구에서 일부 지역사회 기관이 가족은 물론 종교, 여가, 사교 모임 등에 관련된 지역사회 이웃들에게 연락해서 당사자와 지역사회 간의 개인적 인간관계를 개발할 수 있는 기회를 만들고자 하는 모습은 고무적이었다. 지역사회와의 진정한 연계는 일반적으로 생각, 계획 및 목표 없이 이루어지지 않는다. 이러한 계획이 없다면 당사자는 직원과의 관계만을 계속 유지하는 경향이 있다. 예를 들어, 사례 연구 중 하나에서 당사자가 2명의 직원을 원했기 때문에 수영장 이용이 제한되었는데, 대학생 자원봉사자들이 직원을 지원하도록 하였다면 다른 사람들에 대한 교육도 되고 동시에 지역사회 인맥을 구축할 수 있는 기회를 제공할 수 있었을 것이다.

자율성: 지역사회 참여와 선택

지역사회 서비스 제공기관은 란데스만(Landesman, 1988)이 '지역사회 내 시설 분위기'라 일컫은 환경을 조성하지 않도록 경계해야 한다. 비록 모든 당사자들이 지역사회 활동에 일정 정도 참여했지만, 지역사회의 구성원으로서 통합되고 있는지는 불명확했다. "우리의 목표는 진정한 삶의 모습을 그대로 복제하는 것이 아니라 장애를 가진 사람들이 평범하고 일반적이며 가치 있는 삶, 즉 진정한 지역사회에서 진정한 삶을 영위하도록 하는 것이어야 한다"(Reidy, 1999, p. 383)는 경고를 상기할 필요가 있다. 탈시설화의 목적은 지역사회에서 다른 사람들과 함께 생활하고 참여하는 것이다. 그러므로 집안에서 하는 프로그램들로 인해 혹은 외부 활동에 대한 접근성 부족으로 인해 지역사회 접근이 제한된다면 지역사회 주거환경에서도 여전히 격리와 고립이 발생할 수 있다. 하나의 주거환경에 많은 당사자가 밀집해 있는 경우, 직원이 많은 경우, 주택의 설계나 위치가 더 넓은 지역사회에 대한 참여를 촉진하지 못하는 경우에 고립은 강화된다. 샌드빈(Sandvin, 1996)은 서비스 체제가 탈차별화(de-differentiation)에 의존한다면(발달장애인을 노인 요양원에 배치하는 것과 같이 발달장애인에게 다른 사람들과 차별성 없이 동일한 서비스를 제공하는 것), 새로운 시설 분위기 환경 내에서 당사자의 고립이 심화될 위험이 증가한다고 지적했다. 이것은 노인 요양원에 배치되었던 발달장애인이 그곳에서 다른 사람들로부터 배척되었던 앞의 예에서 고통스러우리만치 명확하게 입증되었다. 탈시설 이니셔티브 연구 결과는 지역사회 내 고립 위험에 대한 주의 사항들과 직접적인 관련이 있다. 그다지 바람직하지 않은 결과가 나타난 경우는 지역사회에 대한 접근이 제약적인 상황, 통합을 촉진하지 않는 위치, 과밀, 그리고 주택에 많은 수의 장애인이 있을 때였다. 대다수의 지역사회 주거환경이 개별화되고 가정적인 분위기와 존중하는 분위기 등으로 대표되는 당사자 중심 접근법을 채택하는 데 반해, 앞에 열거한 조건에 해당되는 지역사회 기관들은 접근 방식에 있어서도 시설과 같은 접근 방식을 가진 것으로 나타났다.

선택하기는 당사자 중심 접근법의 핵심 요소이다. 모든 사례 연구에서 당사자들의 일상적인 생활에서의 선택이 증가한 것으로 나타났다. 선택한다는 것은 또한 "우리가 어디에서 살지, 누구와 살지, 어디에서 일할지, 우리의 여가 활동, 성생활, 그리고 친구와 지인"에 관한 결정도 포함한다(Griffiths et al., 1998, p. 125). 어떤 지역사회 지원 기관들은 당사자들에게 이러한 근본적인 영역의 선택을 제공하는 것에 대해 지극히 민감했다. 예를 들어, 어느 지원 기관은 당사자가 자매와 나누었던 긍정적인 관계에 주목하면서 그녀를 위한 주택 선정의 지침으로 삼았다. 또한 그녀의 반응에 주의를 기울이며 매일의 활동과 선택을 결정했고, 지역사회에서 물건을 골라 구매하는 법을 모델링(modeling)해 주었다. 이렇게 하여 그녀의 의사소통 및 신체적 한계에도 불구하고, 직원들이 어떤 방식으로든 도와서 그녀는 삶을 스스로 결정하게 되었다.

포커스 그룹 조사 및 인터뷰 연구에서 지역사회 기관 직원들은 당사자들이 자신의 헤어

스타일에서부터 차나 커피 만들기, 좋아하는 간식 구하기, 자기 물건 간수하기, 그리고 돈 관리와 같은 활동에 이르기까지 어떻게 더 많은 선택을 하게 되었는지 설명하였다. 어느 플래너는 그녀 자신이 지원하는 사람들에게 있어 이사하는 날은 매우 신나는 날이었는데, 가능한 경우 당사자들에게 자신의 침구와 침실 색상을 고를 기회가 제공되었다고 보고했다. 탈시설인들에게 나타난 자기효능감의 변화는 자신의 옷 선택에서 잘 나타났다. 어느 행동 치료사가 묘사한 바에 따르면, 시설에 있을 때 항상 남색 운동복 바지만을 입고 있었던 어느 당사자는 지역사회에서 직접 옷을 선택할 기회가 주어지자 "40년 만에 청바지를 입었다"(Owen et al., 2011, p. 22). 어느 당사자의 누이는 당사자가 지역사회에서 음식에 대한 더 많은 선택권을 갖게 된 것에 대해 설명했고, 어느 지역사회 기관 직원은 탈시설인이 다른 32명의 사람들과 함께 목욕하기 위해 줄을 서는 대신, 이제는 목욕을 하고 싶을 때 목욕하고 싶다고 말할 수 있게 되었다고 설명했다.

요약

탈시설 이니셔티브의 전반적인 결과는 일반적으로 매우 긍정적이었지만, 온타리오주의 경험에는 값진 교훈을 줄 수 있는 몇 가지 예외가 존재한다. 전반적인 결과에 반대되는 상반된 이야기(counter-story)들은 특히 복잡한 행동 및 정신 건강 문제가 있는 사람들에 대하여 탈시설화 과정과 결과의 참된 가치를 위협할 수 있는 요소들을 예시하고 있으며, 또한 탈시설화 과정을 수행하는 다른 자치정부들이 배워야 할 귀중한 교훈을 제공한다.

앞에서 언급했듯이 잘 짜인 계획 과정, 준비와 훈련이 잘된 직원들, 당사자의 욕구에 부합하는 환경, 그리고 직원 및 동료들과의 지속적인 관계 등은 당사자의 웰빙을 위한 주요 시스템적 요인이며 이는 지역사회 전환 배치 후 시간이 지남에 따라 변화한다. 가장 긍정적인 전환은 철저한 계획과 실행 및 후속 조치, 그리고 전환 후 당사자 중심 접근법에 입각하여 개인의 변화하는 욕구에 부합하도록 계획을 수행하고 적절히 조정한 결과물이었다.

어려움을 겪었던 사례들은 계획과 실행 과정에서의 몇 가지 요소들과 관련이 있는 것으로 보였다. 그리피스와 동료들이 1998년에 설계한 '품질 보증 질문 체크리스트'를 바탕으로, 한 사람 이상의 당사자가 전환 과정에서 어려움을 겪었던 '상반된 이야기'들에서 다음과 같은 요소를 추출할 수 있었다.

다음과 같은 경우에, 한 사람 이상의 당사자가 지역사회로 전환하는 데에 어려움을 겪었다.

1. 전환 계획이 한 인간으로서의 당사자에 관한 총체적 지식이나 그가 이주하는 지역사회 환경의 현실에 기초하지 않았다.

2. 준비 단계 계획에서 시설 직원으로부터 지역사회 직원에게 정보가 전달될 충분한 기회가 제공되지 않았거나, 가족 연락망을 알려 주지 않았거나, 전환 배치 이전에 이주할 곳을 방문할 기회가 없었거나, 시간계획표가 당사자의 욕구보다 시설의 폐쇄 완료일에 맞추어져 있었다.

3. 지역사회 주거환경이 고립되어 있거나 사회 통합이 어렵게 격리되어 있었다.

4. 생활 공간에서 사생활이 부족하거나 너무 많은 사람이 살고 있었다.

5. 환경이 가활을 하기에 부적절했다.

    1) 하우스메이트를 매칭함에 있어 능력, 성격, 상호 관심사 혹은 취약점을 고려하지 않았다.

    2) 집 안팎 모든 곳에 대해 독립적 접근이나 외출이 허용되지 않았다.

6. 지역사회 기관 직원이 당사자의 고유한 욕구에 대응할 수 있는 충분한 훈련을 받지 못했다.

7. 지역사회 기관이 당사자가 원하는 만큼 의미 있는 지역사회 통합과 완전한 시민으로서의 권리를 우선시하지 않았다.

8. 일부 지역에서는 전문 서비스 및 지원을 접하거나 사용할 수 없었고, 혹은 불충분했다.

9. 지원 시스템이 지속적으로 당사자의 삶을 역동성 있게 반영하지 못했고, 당사자의 성장을 증진하거나 변화하는 욕구를 충족시키기 위한 계획 수정을 하지 못했다.

탈시설 이니셔티브 연구는 대규모 시설에서 지역사회로 가장 마지막으로 전환한 중증·중복 발달장애인들의 성공적 전환을 만들어 낸 근본적 요소가 무엇인지 보여 주었다. 그것은 개별화되고 포괄적인 전환 과정이 잘 계획되고 실행된 점, 그리고 당사자의 개별적이고 때로는 복잡한 욕구에 부합하는 지역사회 주거환경의 매칭이라는 점이다.

제**3**부

실행: 중증·중복 발달장애인의 성공적 전환을 위한 전략의 적용

전환 계획

도로시 그리피스(Dorothy Griffiths), 프랜시스 오웬(Frances Owen)

로저의 이야기[1]

로저는 최중증 지적장애와 시각장애 판정을 받은 62세의 남성이었다. 그는 행동문제가 시작된 다섯 살 때에 시설에 수용되었다. 그의 행동문제란 음식을 거부하고, 비명을 지르고, 주먹을 깨물고, 자신의 뜻대로 되지 않으면 방바닥에 몸을 던지기 시작한 것 등이었다. 급기야 형제들에게 공격성을 보이기 시작했고, 이런 행동들은 그의 다른 형제들의 발달을 방해하기 시작했다. 지친 가족들은 결국 그를 시설에 보내기로 합의했다.

탈시설 이니셔티브로 인해 로저는 지역사회로 이주했다. 로저는 새로운 지역사회 환경에 거의 즉각적으로 적응했는데, 그를 지원하는 직원들과 가족들에게도 놀라운 일이었다. 직원들과 가족들은 모두 그가 시설에서 살았던 기간 때문에 전환이 보다 어려울 것이라고 생각했었다. 그들은 무슨 사고가 벌어질 것 같아 항상 아슬아슬하게 느꼈다고 보고하기도 했다. 실제로 로저는 이주한 지 하

---

1 저자 주: 「탈시설 이니셔티브: 최종 사례 연구 보고서(Facilities Initiative: Final Case Study Report)」(Griffiths, D., Condillac, R. A., Owen, F., Boutsis, E., Cancilla, C., Clarke, J., Ebrahami, M., …… & Waboso, K., 2012, 미출간 원고, 온타리오주 세인트 캐서린스, 브록 대학교)와 「장애학 연구 마스터(Master of Disabilities Studies)」(Cancilla, C., 2011, 미출간 연구 프로젝트, 브록 대학교), 「장애학 연구 마스터(Master of Disabilities Studies)」(Kopel, B., 2011, 미출간 연구 프로젝트)에 기초함.

루 만에 적응했다. 직원들은 품질 좋은 전환 계획 덕분에 그의 적응이 매우 쉬웠다고 보고했다.

시설에서 지역사회로의 로저의 전환은 두 단계로 진행되었다. 첫 번째 단계에서, 그의 누이가 그와 함께 전환 예정지를 방문했다. 그녀는 그곳이 그와 그의 욕구에 '가장 적합할' 것이라고 판단했다. 장소가 결정된 후, 시청각장애인 프로그램 전문가가 그 집을 방문해서 주거환경을 평가하고 필요한 주택 개조를 권고했다. 가구 모서리를 둥글게 하고, 싱크대에 다른 색깔의 페인트로 줄을 만들고, 음식 접시 테두리에 보호대를 붙이고, 또 로저가 대조되는 음영을 구분할 수 있었기 때문에 방 일부에 색을 입혀서 벽과 바닥 사이에 시각적 신호를 주는 것 등을 포함한 여러 가지의 주택 개조가 이루어졌다. 두 번째 단계인 실제 전환 과정은 약 2개월에 걸친 일정으로 이루어졌다. 지역사회 가정의 직원 3명이 시설을 여러 차례 방문해서 로저를 만나고, 그의 일상생활과 서비스 필요도를 관찰했다. 그들은 '로저의 그림자처럼 그를 따라다니도록' 훈련을 받았다.

새 집에서 로저의 개인 침실은 집 1층에 있었다. 욕실에서 복도를 따라 바로 옆방이 그의 침실이었다. 로저는 음악을 진정으로 즐겼다. 그래서 그가 볼 수 있도록 침실 벽에 선명한 흑백 대조 색상으로 음악 테마를 그림으로써 그의 개인적 특성에 맞추었다. 그가 언제나 이용할 수 있는 매우 눈에 띄는 CD 플레이어가 있었는데, 올드팝이나 개인적으로 선택한 음악을 듣곤 했다. 로저가 그의 방에서 음악을 들을 때는 온 집안에 들렸고, 그의 방을 지나칠 때면 그가 봉제 인형을 껴안고 부드럽게 앞뒤로 춤추는 것을 볼 수 있었다. 로저의 누이는 그가 시설로 이주한 후 처음으로 자기 침실을 갖게 되었다고 말했다.

로저는 시설에서 생활할 때 음악, 볼링, 교회 등 여러 가지 관심사를 가지고 있었는데 이는 지역사회 환경에서도 계속 이어졌다. 또한 물건들을 수집하는 새로운 관심사가 생기게 되었다. 그가 가장 즐기는 취미는 좋아하는 음악에 맞춰 춤추고 노래하거나 야외 그네에서 시간을 보내는 것 등이었다. 탈시설 이니셔티브 연구의 일환으로 행해진 관찰을 하는 동안 그의 모습은 조용히 웃고 콧노래를 부르며 매우 만족스러워 보였다. 로저는 자신의 소지품을 자랑스럽게 여겼고, 편안하게 쉴 수 있는 침실과 그네와 같은 자신만의 조용한 공간을 즐겼다. 시설에서 그는 16명의 다른 남성들과 함께 살았고, 3명과 침실을 같이 썼다.

그의 누이와 지역사회 지원 기관 직원들 모두 이것이 로저의 생애 최고의 삶이라고 응답했다. 그는 자신의 공간과 방, 그리고 자신의 소유물을 가진 것에 행복해했다. 그는 자신이 원할 때 밖에 나갈 수 있고 원하는 것을 할 수 있었다. 그는 자신의 하루 일과, 여가 활동, 신체 건강, 지역사회 활동에 참여하고 관여하는 것에 대해 매우 만족했다. 직원들은 그가 무엇을 하고 싶은지 일상적으로 물었다. 그가 해변에 가고 싶다고 해서 그들은 그렇게 했다. 또 그가 아이스크림 가게에 가고 싶다고 해서 거기에 갔다. 그가 보트를 타고 싶다고 했는데, 이 연구가 진행될 당시에는 아직 실행되지 않았지만, 이후에 할 계획이었다. 그는 대학교에서 뮤지컬과 연극을 관람했다. 그의 지역사회 기관 직원은 다음과 같이 보고했다. "그는 대단히 멋지고, 또 훌륭하게 지내고 있습니다."

그가 지역사회로 이주하면서 누이와의 관계도 강화되었다. 그녀는 그의 새 집에서 차로 10~15분 정도 떨어진 곳에 살았는데, 시설까지 차로 2시간을 운전해서 갔던 것과 대비된다. 또한 그녀는 직장에서 근무 시간에 여유가 생겨서 그를 더 자주 방문할 수 있었다. 그녀도 더 가까운 곳으로 이사했다. 보고된 바에 의하면, 그녀는 저녁 식사, 일요일 아침 식사, 아이스크림 먹으러, 그리고 그녀의 집에서 식사를 하기 위해 그를 데리고 나갔다. 로저가 지역사회로 옮긴 후 거의 격주로 그의 누이와 함께 시간을 보낼 수 있었다. 그녀의 말에 따르면 그들이 외출해 있는 동안, 그가 그룹홈의 이름을 말함으로써 자신이 그룹홈으로 돌아갈 준비가 됐음을 그녀에게 알려 주곤 했다.

지역사회 기관 직원은 로저의 전환 계획이 잘 짜여 있었다고 말했다. 그들은 계획에서 제시한 권고안을 매우 면밀하게 따랐고, 이로 인해 관련된 모든 사람들이 그의 지역사회 전환을 아주 원활하게 만들 수 있었다. 그 지원 기관의 관리자는 그 전환 계획이 "매우 잘 작성되어 있었고, 그와 함께 시간을 보낸 사람들만이 알 수 있는 내용들을 포착하고 있었다"라고 말했다. 전환 계획은 그들이 로저를 위해 아주 특별한 장소를 마련하는 데 도움이 되었다. 그 계획은 로저의 대인관계와 활동에 대해 매우 상세하고 민감한 설명을 해 주어서, 그의 욕구와 기호에 적합한 환경을 제공하고 불안감을 유발하는 상황을 피할 수 있도록 해 주었다. 그 지원 기관의 관리자는 로저가 적응을 쉽게 한 것은 품질 좋은 계획 덕분이었다고 했다. 그 관리자는 "이처럼 순조롭게 진행되는 전환을 본 적이 없다"고 했다. 이 계획을 설계한 사람들은 당사자를 이해하고 있었다. 지원팀 간에 상당한 정보 공유가 있었으며, 새로운 팀을 위한 전문 교육이 제공되었고, 환경을 당사자에 맞도록 개조했고, 서비스 조정을 도모하기 위해 각종 사항을 기록하고 계획을 실행하기 위한 시간이 제공되었다.

미국과 캐나다의 발달장애인을 위한 시설들은 과거 30년 이상의 기간에 걸쳐서 축소되어 왔다. 의료적·행동적 혹은 정신의학적 문제가 가장 적은 것으로 보이는 다수의 장애인들이 가장 먼저 지역사회로 전환되었다. 시간이 지남에 따라, 더 큰 문제행동을 보이는 당사자들이 지역사회로 전환되었다. 그러나 더 크거나 더 복잡한 문제가 있을 것으로 여겨지는 사람들은 지금도 여전히 시설에 남아 있으며, 어떤 사람들은 서비스 욕구가 더 큰 사람들을 위한 탈시설화의 마지막 단계가 과연 가능한가라는 의문을 제기하기도 한다.

브래독과 헬러(Braddock & Heller, 1985)는 이러한 우려에 반박하면서, "지역사회 전환의 핵심은 전환하는 거주인을 수용하는 환경의 적합성이다"라고 지적했다(p. 223). 전환은 배치의 유형(즉, 시설 또는 지역사회 기반)과 수용 환경에서 요구되는 인력과 지원 서비스의 수준에 따라서 다양하다. 브래독과 헬러는 시설 체제에서 지역사회 기반 체제로의 전환에 대한 연구에서 대체적으로 자조 능력, 사회성과 의사소통 능력의 성장과 같은 장기적인 이익이 있었다고 강조했다. 다른 저자들은 소규모의 주거 체제로 이주할 경우 친구 관계와 서비스가 유지되거나 개선되는지 여부에 따라서(Hill, Bruininks, Lakin, Hauber, & McGuire, 1985), 그리고 전환 배치 과정에 대한 적절한 계획이 있는지 여부에 따라서(Heller, 1982) 바람직하지 않은 결과를 맞을 수도 있다는 우려를 언급했다. 헬러는 시설에서보다 더 높은 삶의 질을 보장하기 위해서는 친밀한 인간관계를 유지하고 각자의 생활방식에 적합한 환경으로 당사자들을 이주하도록 하는 것이 중요하고 언급했다.

이제 질문은 복잡한 욕구를 가진 중증·중복 장애인들이 지역사회 안에서 사는 것이 '가능한가'가 아니라 모든 사람들에게 성공적인 전환을 '어떻게' 수행할 것인가이다. 제3부에서 저자들은 각 개인에 대하여 목표 달성 보장을 위한 전환 계획의 설계와 실행에 대하여 상세히 설명하고 있다.

전환 계획 과정

과거 전통적인 전환 계획은 지원 기관 중심이었고, 유사한 서비스 욕구를 가진 사람들끼리 '모여 사는 환경'을 만들거나 기존 주거 프로그램에서 공석이 생긴 곳에 배치하는 방식으로 초점이 맞추어져 있었다. 초기 전환 계획은 당사자의 결함에 초점을 두었다. 그러나 최근 수년간 서비스 계획에 대한 패러다임이 제공기관 관점 중심에서 당사자 관점 중심으로 변경되었다. 이러한 유형의 계획은 이용할 수 있는 서비스에 당사자를 끼워 넣는 것이 아니라 당사자를 중심으로 서비스와 지원을 구축한다.

오늘날 서비스 제공기관이 당사자 및 당사자 지원 네트워크의 완전한 참여와 지도가 없이 당사자를 위한 서비스 계획을 구상하는 것은 생각조차 할 수 없는 일이라고 여겨진다. 개인별 목표 설정 프로세스를 지칭하는 용어는 생활방식 계획(lifestyle planning), 개인별 미래 계획(personal futures planning), 필수 생활방식 계획(essential lifestyle planning) 등 여러 가지가 있는데, 현재 가장 흔히 사용되는 용어는 당사자 중심 계획(person-centered planning)이다(Holburn, Jacobson, Schwartz, Flory, & Vietze, 2004). 당사자 중심 계획에는 지역사회 통합과 최대한의 참여 그리고 원하는 삶의 질을 성취하는 데 필요한 목표와 결과 및 서비스 지원이 명시된 개인별로 설계된 지원이나 치료 계획을 개발하는 일 등이 포함된다(Galambos, 1995). 발달장애가 있는 사람들, 특히 의료적·행동적 또는 정신적 건강 지원이 필요한 사람들에게는 유연하고 개별적으로 설계된 접근 방식이 필수적이다.

　직원과 부모에 의해서 만들어진 전통적인 계획과는 달리, 당사자 중심의 접근 방식은 자기 주도적이며, 따라서 자기 옹호 및 자기결정과 밀접하게 관련된다. 더욱이 당사자 중심 방식은 사람을 고치는 의료적 결함 모델에 근거한 재활(rehabilitation)이 아니라, 강점과 역량을 키우는 데 초점을 둔 가활(habilitation)에 중점을 둔다. 당사자 중심의 계획은 이용 가능한 서비스에 사람을 끼워 맞추기보다는 당사자를 위주로 서비스와 지원을 구축한다. 이러한 계획 방식에서는 서비스 전문가로부터 당사자와 그의 지원 네트워크로 권한이 이동한다. 이러한 과정은 강점, 능력, 그리고 개인의 선호 및 선택에 근거한다. 현재 전환 계획은 당사자 중심 계획이라는 원칙에 기초하여 수립되고 있다.

　전환 과정에는 [그림 14-1]에서 제시하는 바와 같이 계획, 실행 그리고 후속 조치의 세 단계가 있다(Griffiths, McCarthy, Rowen, Odoardi-Pollard, Briand, Jenson, & Beland, 1998). 각 단계 및 그 하위 단계에 대해 이 장에서 자세히 설명하고자 한다.

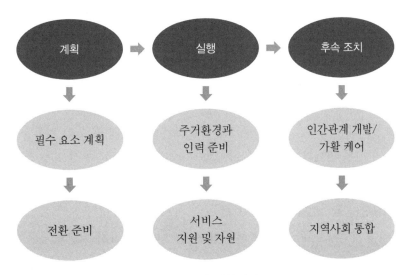

[그림 14-1] 전환 과정

계획 단계에서 각 당사자에게 전환 플래너가 배정되는데, 플래너의 역할은 포괄적인 계획을 개발하기 위해 해당 당사자에 대해 가능한 한 많이 알아 가는 것이다. 계획 단계에는 다음과 같은 하위 단계들이 포함된다. ① 시설에 있는 동안 당사자에 대해 알아 가는 것, ② 개인목표를 설정하기 위해 당사자와 만나는 것, ③ 시설의 모든 관련 직원과 대화하는 것, ④ 당사자를 현재 주거환경에서 모든 (주간, 야간) 시간대에 걸쳐 관찰하는 것, ⑤ 이용 가능한 모든 기록을 검토하는 것, ⑥ 누락된 경우 (동의를 얻어) 기록을 가져오도록 주문하는 것, ⑦ 관련된 모든 가족/친구 및 당사자를 지지하는 사람들과 상담하는 것 등이다. 전환 계획에서 고려되는 사항은 당사자가 현재 즐기고 의미 있게 여기는 일상적 일과, 현재의 인간관계와 대인관계 지원을 위해 필요한 것, 당사자의 모든 사회적 또는 발달의 역사, 의학 및 정신의학적 병력, 행동문제에 관한 고려 사항, 의사소통, 지역사회에 대한 인식, 여가 활동 및 레크리에이션에 관한 욕구, 삶의 질에 관한 요소 등이다.

계획 과정에서 또 하나의 중요한 부분은 가족들에게 이용 가능한 지역사회 서비스의 범위에 대한 정보를 제공하는 것이다. 많은 사람들이 지역사회에 이용할 수 있는 서비스가 없거나 거의 없었던 시기에 자신의 가족 구성원을 시설로 보냈기 때문이다(Owen, Griffiths, & Condillac, 2015; Sherman, 1988).

전환 계획은 당사자가 지역사회로 전환하는 데에 필요한 주거, 직장, 학교, 레크리에이션 및 전문 서비스에 관하여 당사자를 지원하는 그룹의 집단적 관점을 반영하도록 설계된다. 개인별로 수립된 지원 혹은 치료 계획은 목표와 결과를 명시하며 이를 성취하는 데에 필요한 서비스를 명시한다. 이러한 과정은 당사자의 강점, 능력, 그리고 개별적인 선호와 선택에 근거해서 이루어진다. 목표는 당사자의 삶의 질을 증진하고, 고충을 줄이고, 건강과 웰빙을 유지하며, 가정과 지역사회에서 참여의 기회를 제공하기 위해 구체적이어야 한다.

계획 단계가 끝날 무렵에는 가족과 친구들의 요구와 우려들이 당사자의 최선의 이익을 위해 어떤 방식으로든 계획에 반영되고 통합된다. 오늘날 당사자를 위한 계획을 세울 때, 당사자 및 당사자 지원 네트워크의 완전한 참여와 지시를 포함하는 것이 최상의 실천 방식으로 여겨진다. 이러한 방식의 계획에서는 전문 서비스 기관으로부터 당사자 및 그 주변의 지원 그룹으로 권한이 옮겨진다.

실행 단계에는 지역사회 주거환경과 직원의 준비, 그리고 필요한 지원과 자원의 가용성 보장이라는 두 가지 기본 단계가 있다. 적절한 주거, 직장, 그리고/혹은 학교의 환경을 확인하고, 모든 안전/보안 문제를 해결하기 위해 환경 개조를 완료한 이후 전환이 이루어진다. 탈시설 이니셔티브에 참여한 가족들에게는 가장 우수하고 적합한 주거환경 옵션이 주어졌다. 또한 가족들에게는 그들 식구의 욕구에 가장 적합하다고 느끼는 주거환경을 방문하고 선택할 수 있는 기회가 주어졌으며 또 당사자의 욕구 충족을 위해 개조되거나 새로 설치되기도 했다. 여기서 주목할 것은, 탈시설 이니셔티브에 관한 법원 판결에 의해 가족들이 당사자를 위해 선별된 주거환경에 대한 최종적인 승인 권한을 가졌다는 점이다.

일단 전환 장소가 선택되면 그 실행을 위해서 전환 준비 계획이 마련되는데, 여기에는 선정된 지역사회 주거 체제에 대한 가족과 당사자의 방문, 시설 직원과 지역사회 직원 간의 연락과 상담이 포함된다. 지역사회 직원들은 당사자가 전환하기 전에 권고된 지원 계획 및 당사자에 대해 익히는 시간을 갖게 된다. 이상적으로 여기에는 지역사회 직원이 당사자가 사는 시설에서 함께 시간을 보내는 것도 포함된다. 지역사회 기관들로서는 비용이 많이 들 수도 있지만, 이 단계에서 이 과정은 매우 유익하고 중요한 부분인 것으로 밝혀졌다(Owen et al., 2015).

실행 단계는 또한 당사자를 위해 권고된 지원 서비스 및 자원에 대한 접근성을 확인하고 보장하는 것을 포함한다. 예상되는 의료/정신/행동문제에 대한 예비 계획이 개발되며, 전환 배치 전에 지역사회 직원은 당사자의 특별한 욕구에 관한 교육을 받는다.

마지막으로, 전환 배치를 하기 전에 새로운 주거환경의 지역사회 직원이 당사자에게 접촉하고 방문을 하고, 적절한 경우 새로운 환경에서 소속감 및 환영받는 느낌을 갖기 위해서 당사자가 새로운 주거환경을 방문한다. 마찬가지로 지역사회 기관과 가족 간에 관계를 구축하여 서비스의 연속성을 제공하고 가족에게 원하는 만큼의 의사소통 및 참여를 보장한다.

후속 조치 단계에는 플래너의 검토 및 평가가 있는데, 최소 3개월에서 6개월이며 이상적으로는 더 긴 기간 동안이다. 후속 조치는 계획의 완전한 구현과 권고된 지원 및 서비스의 이용 보장을 위해 필수적이다. 또한 계획 수정이 있다면, 플래너는 그것이 당사자의 욕구에 부합하며 당사자의 욕구 변화에 근거했는지 확인할 수 있다.

이러한 단계들은 제2부에서 검토한 성과를 달성하기 위해 사용된 다음과 같은 지침에서 명백히 보인다. 계획 단계에서 전환 계획이 만들어졌고 실행 단계는 탈시설 플래너에 의해 전체적으로 조정되었다. 실행은 탈시설 플래너와 지역사회 지원 기관을 모두 포함하는 과정이었다. 이 단계에는 주거환경 및 직원을 준비시키고, 적절한 지원 및 자원을 획득하는 것이 포함되었다. 탈시설 플래너의 후속 조치는 지역사회 배치 후 3개월 뒤에 이루어지도록 예정되었다. 이 후속 조치 단계는 지역사회 기관을 기반으로 하며, 탈시설인의 인간관계의 개발,

가활과 케어의 상태, 그리고 지역사회 통합의 향상 수준에 대한 검토가 포함되어 있다.

탈시설 이니셔티브의 일부로 정확히 명시되지는 않았지만, 후속 조치 단계에서는 지원 기관의 역할이 가장 중요하다. 일단 당사자가 지역사회로 이주하면, 새로운 지원 기관은 당사자가 일상생활의 활동에 대한 선택을 할 수 있고, 개인의 선호가 존중되고, 당사자가 정기적이고 의미 있는 방식으로 지역사회에 포함되도록 보장할 책임이 있으며, 가족들이 지역사회 내 당사자의 삶에 참여하도록 권장할 책임이 있다. 지역사회 전환 배치의 성공은 전환 초기 이후에도 지속적 의미를 갖는다. 그러한 성공은 당사자의 선호를 중심으로 지속적으로 당사자의 욕구를 평가하고, 전환 배치의 결과로 인한 혹은 당사자의 사회적 욕구, 건강 및 정신 건강 욕구 등의 변화로 인한 개인의 변화에 대응하는 역동적인 계획 과정에 달려 있다. 지역사회 통합과 선택 결정의 자율성 증진이라는 목표를 위해서는, 주거 체제가 당사자의 욕구에 적극적으로 대응할 수 있도록 하고, 당사자의 성장에 기인한 것이건 문제에 기인한 것이건 간에 당사자의 새로운 욕구와 선호에 기초하여 조정할 수 있는 지속적인 계획이 필요하다. 따라서 효과적인 전환을 보장할 책임은 지역사회에 배치하는 것으로 끝나지 않는다.

발달장애인의 탈시설화는 당사자에게 다양하고도 심대한 영향을 미치는 복잡한 과정이다. 그리피스(Griffiths, 1984)는 각 당사자에게 최대의 성공과 최소의 위험을 보장하기 위해 전환 계획 과정을 매우 신중하게 수행해야 한다고 제안했다. 이 과정은 다음의 내용을 포함해야 한다.

- 삶의 질 향상에 초점을 맞추고 새로운 삶의 공간에서 당사자의 욕구를 충족시키기 위한 집중화된 가치 기반의 계획 프로세스
- 탈시설에 앞서 이용할 수 있는 자원에 대한 포괄적인 조율
- 계획, 전환 배치, 후속 조치에 이르기까지 일관된 지원을 위한 개인별 전환 계획 플래너
- 직원, 가족 및 당사자의 (직접 또는 관찰을 통해) 의미 있는 참여와 의견
- 지원 서비스를 계획에 포함(의료, 물리치료, 행동 지원 등)
- 탈시설 생활방식 전환 계획
  - 당사자에 관련된 모든 중요한 사람들의 도움을 받아 설계
  - 당사자 삶의 모든 측면에 대한 고려(주거, 주간 프로그램, 의사소통, 여가 활동, 의료 서비스, 지원 서비스 등)

- 전환 과정에서 지역사회 지원 기관과 지원 담당자가 시설을 방문하고, 당사자가 전환을 편안하게 느낄 수 있을 만큼의 빈도로 당사자와 가족 및 시설 직원의 지역사회 주거환경 방문
- 복잡한 욕구를 수용할 수 있는 유연한 서비스 및 지원
- 관련된 모든 우발 사건(예: 행동문제, 의료, 정신의학 등)에 대한 예비 계획
- 적절하고 유연하게 개인별로 결정된 예산 지원
- 전환을 수용하는 기관에서 당사자가 환영받고 있다는 확신

또한 제2부에서 논의한 바와 같이, 탈시설 이니셔티브 연구를 통해 초기 지침을 보강하는 몇 가지 핵심 영역이 추가되었다(Griffiths et al., 2012; Owen, Griffiths, & Condillac, 2015). 여기에는 다음의 내용이 포함된다.

① 사전 공지에서부터 지역사회 전환 배치까지, 서비스(사회복지사 등) 지원에 대한 접근을 포함하여 예상되는 정서적 긴장을 완화하기 위해 가족과 시기적절하고 개별적인 의사소통
② 당사자의 욕구와 새로운 환경이 최대한 부합할 수 있도록 일관되고 포괄적인 당사자 중심 전환 계획
③ 서비스 계획 및 당사자 중심 계획을 지속적으로 개선하는 것을 포함하여, 모든 필요한 영역에서 기관 직원에 대한 체계적인 훈련
④ 적절한 지역사회 주거환경의 개발(즉, 쉽게 이용할 수 있는 교통수단을 통한 물리적 접근), 주택 외부에서의 주간활동 계획, 복지와 삶의 질을 극대화하기 위해 필요하면서 동시에 선호하는 지역사회 기반 활동에의 접근
⑤ 시설에서부터의 상호 유익한 관계(친구나 이전 시설 직원)를 유지하고, 새로운 가정과 지원 기관 및 지역사회에서 사람들과 의미 있는 관계를 개발할 기회
⑥ 알려져 있거나 예상되는 발달장애인들의 욕구를 충족시키기 위한 전문적 지원 및 서비스의 가용성 내지는 개발
⑦ 향후 탈시설화 노력에 대한 연구 및 평가

이후의 장에서 탈시설 생활방식 전환 계획의 원칙과 실행에 대하여 탐구하고자 한다.

전환 계획의 원칙[1]

도로시 그리피스(Dorothy Griffiths), 프랜시스 오웬(Frances Owen)

피터의 이야기[2]

피터는 극심한 발달장애로 판정받은 47세의 남성이었다. 그는 다섯 살 때 시설에 수용되어 12명의 다른 남성들과 함께 한 병동에서 살았고 그들 중 3명과 방을 같이 썼다. 탈시설 전환 이전에 그는 동료들과는 거의 교류하지 않았지만, 직원들에게는 자신의 욕구를 알리기 위해 다가간 것으로 알려졌다. 그는 간단한 한마디의 말로 자신이 무엇을 필요로 하는지 전달하곤 했다.

피터는 자해, 공격성, 파괴적 행동, 그리고 무단 이탈의 전력이 있었다. 그는 가구를 뒤집어엎

1 저자 주: Griffiths, Gardner, & Nugent (1999)와 「어려운 꿈—그레이터 해밀턴/웬트워스 지역의 생활방식 전환 계획 워크숍(A Difficult Dream-Transitional Lifestyle Planning Workshop for and by the Greater Hamilton/ Wentworth area of Brant/Niagara and Hamilton)」(Dorothy Griffiths in association Shelly McCarthy, Mary Kate Rowen, Lea Odoardi-Pollard, George Briand, Gerri Jenson, & Isabel Beland, 1998)에서 인용.

2 저자 주: 「탈시설 이니셔티브: 최종 사례 연구 보고서(Facilities Initiative: Final Case Study Report)」(Griffiths, D., Condillac, R. A., Owen, F., Boutsis, E., Cancilla, C., Clarke, J., Ebrahami, M., …… & Waboso, K., 2012, 미출간 원고, 온타리오주 세인트 캐서린스, 브록 대학교)와 「발달장애인의 탈시설화가 사회 통합, 선택 결정, 적응 및 부적응행동에 미치는 영향: 사례 연구 분석(Deinstitutionalization and Its Effects on Social Inclusion, Choice-Making, Adaptive and Maladaptive Behavior for Individuals with Intellectual Disabilities: Case Studies Analysis)」(Waboso, K., 2013, 미출간 석사학위 논문, 브록 대학교), 「온타리오주 발달장애인의 탈시설화와 사회 통합: 사례 연구(Deinstitutionalization and Community Inclusion of Individuals with Intellectual Disabilities in Ontario: A Case Analysis)」(Ebrahimi, M., 2011, 미출간 석사학위 논문, 브록 대학교)에 기초함.

고, 창문을 부수고, 직원과 동료들에게 돌진하고, 물건들을 던졌다. 한번은 그가 유리창을 주먹으로 쳐서 그의 오른쪽 팔 동맥이 절단되었고, 그로 인해 팔과 팔꿈치에 염증이 생겼다. 그의 '극심한 방해 행동'으로 타임아웃[3]이 사용되기도 하고 사지와 몸통을 속박했다는 기록도 있었다. 그는 전환 기간 동안 소음이 커지거나 어려운 과제에 직면하거나 정해진 일과나 직원의 변화가 있을 때 어려움을 겪었다.

피터의 전환 계획은 시설 퇴소 당시의 그의 욕구에 맞춰져 있었다. 피터의 경우, 행동문제와 무단 이탈에 관한 기록으로 인해 안전과 보안이 성공적인 전환에 있어 가장 중요한 요소로 설정되었다. 개인의 자율성을 저촉하지 않으면서 안전을 유지하는 것은 시설과 지역사회 모두에게 어려운 일이었다. 피터의 경우에는 문에 경보 장치가 설치되어 있고 뒷마당이 담장으로 둘러싸인 안전한 그룹홈으로 이주했다. 피터는 그룹홈 건물의 저층에 있는 자신의 방에서 사생활을 가질 수 있었다.

그에게 초기 단계의 전환 과정은 너무나 힘들어 보였고, 상당한 불안과 심적 동요를 야기했다. 약 12개월이 지나서야 그는 새 집에 정착한 것으로 보였다. 피터가 새 집으로 이주한 전환 초기에는 시설에서 있었던 많은 문제행동들이 나타났다. 그의 문제행동은 자해, 기물 파괴, 공격성, 파괴적 행동, 그리고 무단 이탈 등이었다. 하지만 전환 초기를 지나고부터는 새로운 생활방식에 잘 적응했고, 새 집과 그곳에 같이 사는 사람들에 대해 즐거워하는 것처럼 보였다고 보고되었다. 1년 이상 심각한 문제행동이 발생하지 않자 지역사회 지원 기관은 공식적인 문제행동 프로그램을 중단했다. 하지만 비공식적으로 직원들은 피터에게 차분하고 일관된 환경을 유지해 주었다.

탈시설 전환 전에 피터는 일상생활에서 선택을 할 기회가 많지 않았다. 그의 의사결정 능력은 심각하게 손상된 것으로 평가되었으며 그가 결정을 하는 일은 거의 없었다. 시설에서 생활하는 동안 직원들은 매일 아침 정해진 시간에 피터를 깨웠다. 그가 먹는 음식에 대해서도 선택의 여지가 별로 없었다. 외출 활동을 선택할 수 있었지만, 그를 데리고 나갈 수 있는 직원이 항상 충분했던 것은 아니었다. 제한된 언어 능력으로 인해 그는 자신의 생활 형태, 하루 일과, 레크리에이션 활동, 또는 일자리 등을 바꾸고 싶은지를 묻는 물음에 대답할 수가 없었다.

지역사회에서 지원 기관 직원들은 피터에 대해 당사자 중심 접근법을 채택함으로써 당사자가 원하는 방식으로 더 많은 선택을 할 기회를 제공하는 방법을 찾아내고자 하였다. 비록 그가 의사

3 역자 주: 타임아웃(time-out). 주로 아동을 대상으로 사용되는 훈육법으로 문제행동을 일으킨 사람을 그 장소에서 분리하여 일정 시간 동안 다른 한정된 공간에 격리하여 감정을 식히도록 하는 방법.

결정을 하는 데에 약간의 관리와 도움이 필요했지만, 지역사회에서 피터의 선택 능력의 장애 정도는 매우 작은 것으로 평가되었다. 그룹홈에서 피터는 일찍 약속이 있는 경우가 아니라면 아침에 스스로 일어났다. 그는 통상 잠자리에 드는 시간을 스스로 정했다. 피터는 자신이 먹고 싶은 것과 지역사회에서 가고 싶은 곳을 선택했다. 그는 종종 일상적인 여가 활동(TV, 산책 등)과 그가 참여하고 싶은 집안일의 유형을 선택했다.

그룹홈 내에서 그는 다른 모든 곳들에 자유롭게 접근할 수 있었으며 사생활을 위한 자신의 공간을 스스로 결정했다. 하지만 자신의 신체적 건강, 위생, 그리고 몸 관리에 관한 결정 능력은 제한적이었다. 또한 지역사회에서 교육을 받거나 직장을 찾는 것, 혹은 가족이나 친구를 만나는 것 등에 대해서는 거의 선택의 여지가 없었다. 또 그의 생활 형태, 하루 일과, 레크레이션 활동, 또는 일자리 등에 대한 변화를 원하는지 여부를 묻는 질문에 대하여 그는 대답하지 못했다.

그룹홈 직원들은 지역사회 가정에 정해진 일과가 있지만 시설에 있을 때보다 당사자가 훨씬 더 많은 결정권을 가지고 있다고 지적했다. 실제 자료를 보면, 지역사회의 주거환경에서 피터의 선택의 기회는 시설에서의 수준에 비해 몇 가지 측면에서 증가한 것으로 나타났다. 그는 자신의 하루 일과, 여가 활동, 지역 나들이, 사교 활동, 그리고 집안일 등에 대해 많은 결정을 내렸다. 하지만 삶의 여러 분야에 있어서 선택의 기회는 여전히 낮았는데 생활 형태, 건강 관리, 교육, 고용 등이 그러했다. 이러한 결정들은 통상 그룹홈의 직원이나 다른 사람들이 했다.

피터의 가장 가까운 가족인 그의 사촌은 피터가 새로운 환경에서 전보다 행복하고 많은 성장을 하는 것 같다고 했다. 그는 피터의 삶의 질이 좋고 시설을 떠난 후 훨씬 향상되었다고 말했다.

성공적인 탈시설화 과정을 위한 마음가짐은 시설 폐쇄를 위한 계획이 아니라 그 시설로부터 이주하는 당사자 한 사람 한 사람의 삶의 질 향상을 위한 계획을 하는 것이다.[4]

모든 사람들의 인생에는 여러 번의 전환이 있다. 그러나 발달장애가 있는 사람들은 많은 독특한 전환을 경험하기도 할 것이다. 전형적인 전환 중 일부는 발달의 진행과 관련이 있다. 예를 들어, 어린 시절에서 청소년기로의 전환이나 학교에서 직장으로의 전환이 그러하다. 발달장애를 가진 사람들은 자신들의 삶에서 시스템에 관련된 많은 변화를 경험하게 되는데, 이것들은 주의 깊게 이루어지지 않는다면 매우 어려울 뿐 아니라 스트레스를 유발할 수 있

4 원문에서 강조됨.

다. 이러한 경험은 당사자의 스트레스 수준을 높이는 동시에 이에 대한 대처 능력에 대한 요구를 증가시킬 수 있다. 수년 동안 자기 집으로 여기던 시설에서 지역사회로 이주하는 것은 당사자에게 가장 어려운 일 가운데 하나이다.

제14장에서 논의한 바와 같이, 효과적인 탈시설화는 복잡하며 매우 신중한 계획 없이는 이루어지지 않는다. 이 계획의 궁극적인 목표는 시설의 침상을 없애거나 지역사회에 침상을 개설하는 것이 아니다. 그것은 최종적인 결과일 뿐이다. 계획의 목표는 당사자를 위해, 그리고 당사자와 함께 지역사회의 새 집에서 새롭고 더 나은 삶을 만들어 내기 위해 일하는 것이다. 성공적인 탈시설화 과정을 위한 마음가짐은 시설 폐쇄를 위한 계획이 아니라 그 시설로부터 이주하는 당사자 한 사람 한 사람의 삶의 질 향상을 위한 계획을 하는 것이다. 이 분야의 연구자들은 지역사회로의 효과적인 전환의 핵심이 개별화된 계획 과정의 구현에 있다고 의견을 모았다(Felce, 2004; Griffiths et al., 2012). 탈시설 생활방식 전환 계획은 개별화되어야 하고, 모든 주요 이해 관계자들을 포함하여야 하며, 신중하고 철저하게 설계되고 실천되어야 하며, 주의 깊게 조율되어야 하고, 적절한 자금 지원을 받아야 한다.

전환 과정은 전환하는 사람들과 그를 지원하는 사람들 모두에게 매우 어려울 수 있다. 성공적인 새로운 생활방식을 위한 개인의 잠재력을 방해하는, 예상되거나 예상치 못한 문제들이 많이 있다. 다행히도 이제 이러한 전환을 성공적으로 설계하고 수행하기 위한 방법을 모색하는 데에 도움이 되는 상당한 양의 지식이 축적되어 있다.

윌러와 인타글리아타(Willer & Intagliata, 1984)는 성공의 열쇠가 개인과 그를 맞이하는 지역사회 환경의 '적합성'에 있다고 밝혔다. 그들은 또한 각 당사자에게 적합한 환경의 여러 측면을 분리하여 조사함으로써 탈시설화 결과의 차이를 최소화할 수 있다고 제안했다. 마찬가지로 영 등(Young, Sigafoos, Suttie, Ashman, & Grevell, 1998)은 탈시설화 이후에 문제행동(문제가 있는 것으로 확인된 행동)에 나타난 변화가 비일관적인 것이 당사자의 특성과 직원 및 서비스 요인을 포함한 지역사회 주거환경과의 상호작용과 관련이 있을 수 있다고 제시했다.

그리피스 등(Griffiths et al., 1997)은 전환 계획이 개별화되어야 한다는 의견에 동의했다. 효과적인 탈시설화는 집단을 위한 계획이 아니라 개인을 위한 것이다. 생활방식 전환 계획은 당사자 중심이다. 그 계획은 당사자의 고유한 욕구와 선호에 기반한 환경을 조성하기 위해서 당사자의 목소리와 함께 당사자를 가장 잘 알고 아끼는 모든 사람들의 견해를 통합하는 작업을 포함한다. 비록 많은 경우 보통의 언어로 말하지 못하고 단어나 그림으로 표현할 수 있을지라도, 그들의 선호와 선택은 여전히 확인될 수 있다. 당사자를 가장 잘 아는 가족, 직원 및 친구들은 그 사람이 무엇을 하고 싶어 하거나 하기 싫어하는지, 누구와 함께 있는 것을 좋아하는지 혹은 기피하는지, 어떤 종류의 음식을 선호하고 그렇지 않은지 등에 대해서 아주 명확히 알고 있을 수 있다. 그들은 또한 당사자의 민감성과 특이성을 예리하게 알고 있다. 기록 및 관찰과 더불어 이러한 누적된 데이터를 통해 개인의 전환 계획에 대한 합의를 구축하기 위한 매우 강력한 포트폴리오를 작성할 수 있다.

앞 장에서 언급했듯이 전환 계획은 많은 단계를 포함한다. 당사자를 알아 가는 것, 당사자를 만나고 개인별 목표를 설정하는 것, 현재(시설) 직원 모두와 대화하는 것, 현재 생활환경에서 당사자를 다양한 시간대에 걸쳐 관찰하는 것, 누락된 기록을 요구하는 것(동의를 얻은 후), 그리고 가족/친구 및 당사자를 지원하는 사람들을 비롯한 관련된 모든 사람들과 상의하는 것 등이 포함된다. 개별화 계획은 당사자가 현재 즐기고 가치를 두고 있는 매일의 일상, 현재의 인간관계와 이에 대한 지원의 욕구, 모든 의료적 및 정신의료적 이력, 행동적 고려사항, 의사소통, 지역사회에 대한 인식, 여가 및 레크리에이션 욕구, 삶의 질에 관한 요소 등을 고려해야 한다. 지역사회에서 당사자의 삶을 설계함에 있어서, 효과적인 계획은 그 사람의 삶의 질에 관한 현재의 상황을 평가해서 긍정적인 모든 요소를 유지하고 그렇지 않은 부분을 제거하는 것이다. 전환 계획에서 확인할 내용은 다음과 같다.

- 주거: 당사자가 살 주거의 유형, 어디서 누구와, 그리고 안전과 접근성 및 당사자의 특별한 욕구를 위한 해당 주택의 개조 및 고려 사항
- 노동/교육: 당사자에게 가장 적합한 노동/교육의 유형, 누구와 어디서 이루어져야 하는지 그리고 어떤 맞춤형 수정이 필요한지(어떤 경우에는 노동이 당사자가 바라는 결과가 아닐 수 있다.)
- 여가/레크리에이션: 당사자가 관심을 가질 수 있을 만한 여가/레크리에이션 활동의 유형, 어디서 누구와 하는지, 그리고 이를 이루기 위해 요구되는 어떤 조정과 고려가 필요한지
- 대인관계/소속감: 유지되어야 하는 관계 및 그 방법, 개발해야 할 대인관계 및 그 방법, 당사자가 지속성 및 소속감을 가질 수 있는 방법
- 치료적 지원: 어떤 유형의 지원이 필요한지, 어디서 제공해야 하는지, 누가 제공해야 하는지, 그리고 누구와 그것을 조율해야 하는지

상기한 과정에 기초하여 온타리오주 사회복지부의 해밀턴 지역 사무소에서 작성한 전환 계획에서(Griffiths et al., 1997), 지정된 1명의 생활방식 전환 플래너가 해당 당사자가 전환하기 이전과 실제 전환하는 전체 과정은 물론 후속 조치를 통해 모든 품질 보증 단계가 이루어지고 유지되도록 전환 배치 후에도 최소 6개월 이상 일을 했다. 후속 조치 단계에서 그 생활방식 전환 플래너는 전환 후속 조치 보고서를 작성할 책임이 있었는데, 그 보고서에서 당사자가 달성한 성과 및 모든 차원에서 당사자의 삶의 질 변화를 평가하였다.

다음에서 효과적인 전환 계획의 기반이 되는 네 가지 기본 원칙을 설명하고자 한다.

원칙

탈시설 생활방식 전환 계획의 네 가지 원칙이다.

1. 전환 계획은 개별화되어야 한다.

각 개인에 대해 지역사회로의 전환을 설명하는 개인별 계획이 있어야 한다. 이렇게 함으로써 당사자의 욕구에 가장 잘 부응할 수 있고 실패를 피할 수 있다.

사람들을 그룹별로 계획하면 안 된다. 그룹별 계획은 대개 지역사회 지원 기관에 연락해서 그들에게 특정 연령, 기능 수준, 성별 등으로 구성된 특정 인원의 당사자를 위한 서비스를 개발하라고 말하는 식으로 진행된다. 이것은 좋은 전환 계획이 아니다. 이는 당사자 개인의 욕구를 무시하는 것이며, 장기적으로 모든 사람들에게 심각한 문제를 초래하게 된다.

2. 전환 계획은 개인의 자율성을 극대화해야 한다.

개인의 욕구와 목표에 따라서 전환 계획이 마련되어야 한다. 당사자는 능력껏 자신의 목표를 표현할 수 있는 모든 기회를 가져야 하며, 이러한 목표가 모든 계획의 기반이 되어야 한다. 지역사회에서 개발되는 새로운 지원과 서비스는 자신의 삶에 대한 통제 수준을 높이는 것이어야 하며, 일상생활 내에서 목표와 선호도를 직접 평가할 수 있는 창의적인 방안을 모색해야 한다.

3. 성과는 당사자가 느끼는 삶의 질의 향상으로 측정되어야 한다.

전환의 성공 여부를 판단하기 위해서는 당사자가 자신의 삶을 어떻게 바라보는지 알아보아야 한다. 당사자가 상황이 더 나아졌다고 말하거나 표현을 하는가? 자신의 삶을 더 충실하게, 더 만족스럽게, 혹은 더 행복하게 하는 무슨 변화를 보았거나 행동으로 나타냈는가? 삶의 질의 향상은 당사자 스스로가 규정해야 한다.

또한 전환 과정의 성공 여부를 조직적 목표만으로 측정해서는 안 된다. 시설을 폐쇄함으로써 상당한 비용을 절약한다는 것이 정부의 목표라는 것은 이해할 만하다. 그러나 그것이 탈시설인들의 삶의 질 향상이라는 우선적인 목표를 추월해서는 안 된다.

4. 성공과 실패는 계획 과정의 품질에 달려 있다.

불행하게도 전환이 성공하지 못했을 때 당사자가 종종 비난을 받는다. 우리 모두는 그 사람이 '나쁜 행동을 해서' 혹은 너무 '의학적으로 취약해서' 등의 이유로 실패했다는 따위의 이야기들을 들어 봤다. 실상은, 실패는 전환 계획이 부적절할 때 발생한다. 만약 우리가 필요한 자원을 제공하지 않고 당사자가 전환을 위해 충분히 준비하도록 하지 않으면 정말로 실패할 수 있다. 그러나 그것은 당사자의 잘못이 아니다. 성공에 대한 책임은 개인의 욕구를 충족시키는 환경을 만들고, 예상되거나 예상치 못한 욕구를 고려하여 당사자가 이러한 환경에서 성공하도록 돕는 책임을 맡은 사람들의 기술과 전문성에 달려 있다. 샬록과 버두고 (Schalock & Verdugo, 2012)가 설명했듯이, "기관의 개인별 지원 계획(individual supports plan)은 당사자와의 계약인 동시에 서비스/지원 제공 시스템의 핵심이다"(p. 91).

성공적인 선행적 전환 계획을 위한 전략

전환은 누구에게나 스트레스가 따르고 어려운 일이다. 인간은 통상 변화에 저항한다. 사람들은 미지에 대한 두려움 때문에 지금이 완벽하지 않아도 종종 현상을 고수하려 할 것이다. 그러나 이러한 스트레스를 줄이고 전환을 수월하게 하는 방법이 있다.

만약 적절한 계획 없이 전환이 행해진다면 당사자와 그를 지역사회 프로그램으로 받아들이는 지원 기관 모두에게 어려움이 생기리라는 것을 예측할 수 있다. 선행적 계획은 전환 도중에 당사자와 지원 기관에 발생할 가능성이 있는 어려움을 예측하고, 당사자와 지원 기관이 그런 사태에 대비하도록 하는 효과적인 방법이다. 선행적(proactive) 계획이란 예상되는 문제가 발생할 가능성을 줄이기 위해 미리 수행되는 조치를 의미한다. 선행적 전환 계획에는 당사자가 시설에서 지역사회로 이주할 때 발생할 수 있는 잠재적 문제들을 평가하고, 그것들을 피하거나 빈도나 크기를 줄이기 위한 계획을 수립하는 것이 포함된다.

선행적 전환 계획은 시스템 차원과 개인 차원의 두 가지 차원에서 이루어지며 각각의 차원은 다음의 내용을 통해 확장된다.

과거의 탈시설 이니셔티브에서 배운 교훈을 통해 전환 계획을 원활하게 그리고 선행적으로 수립할 수 있는 귀중한 통찰을 여러 분야에서 얻을 수 있었다.

1. 각 당사자에게 처음부터 끝까지 같은 전환 플래너가 있도록 해야 한다.

종전의 시설 폐쇄에 관한 평가들은 각 당사자에 대해 중심적인 코디네이터의 역할을 할 한 사람을 지정하도록 권고했다(Griffiths, 1985; Griffiths et al., 2010; Turner & Turner, 1985; Tutt & Osborne, 1983). 이 책의 목적을 위해서 우리는 그 사람을 전환 플래너(transitional planner)라고 불렀다. 전환 플래너는 성공적인 전환을 보장하는 데에 중요한 역할을 한다(Owen, Griffiths, & Condillac, 2015). 그들은 시설에서 지역사회로 가는 길에 안내자의 역할을 할 수 있도록 충분한 훈련을 받고 지식을 갖추고 있어야 한다. 전환 플래너는 여러 분야에 대해서 집중적이고 일관된 훈련을 받을 필요가 있다. 여기에는 전환 계획 수립의 원칙, 전환 과정에 스트레스와 죄책감을 줄이면서 가족을 지원하는 접근법, 당사자의 욕구를 정확하게 반영하고 지역사회 지원 기관으로 하여금 이에 해당되는 계획을 수립하도록 돕는 당사자 중심의 전환 계획을 수립하는 방법, 그리고 지역사회 직원 및 시설 직원과 협상하는 방법 등이 포함된다. 좋은 전환 계획을 개발하고 완성하기 위한 일관된 템플릿 양식은 각 개인의 핵심 요소를 철저히 탐구하도록 보장할 것이다(이 장 뒤에 실린 템플릿 참조).

전환 플래너는 다음과 같은 몇 가지 필수적인 직무를 수행할 책임이 있다.

- 회의, 인터뷰, 파일 검토 및 관찰 등의 광범위한 과정을 통해서 당사자에 대해 철저히 알아 가는 것

- 당사자, 가족, 시설의 직원 및 의사, 지역사회 지원 기관을 포함한 모든 관계자들과 소통하는 것
- 당사자와 이해 관계자들이 한자리에 모이도록 해서 당사자의 욕구에 관한 계획을 논의하고 성공적인 전환에 관한 목표를 설정하는 것
- 생물의학적 · 사회적 · 심리적 욕구를 고려하여 당사자의 전체적인 욕구를 반영한 개인별 전환 계획을 개발하는 것
- 계획이 당사자 및 모든 이해 관계자들의 관점과 일치하는지 확인하고 맞지 않는 부분이 있다면 이를 수용하기 위해서 모든 사람들과 소통하는 것
- 계획에 합의점을 얻어 내는 것
- 모든 요소(환경 적응, 직원 훈련, 전문적 지원의 접근성 등)가 가능하고 준비가 되어 있는지 확인하기 위해 지역사회 지원 기관과 협력하는 것
- 지역사회 지원 기관이 당사자와 충분히 친해질 수 있도록 시간적인 계획을 마련하는 것
- 제안된 지역사회 주거환경에 가족 방문을 기획하고 조율하는 것
- 제안된 지역사회 주거환경에 당사자에게 적합한 것으로 간주되는 일정으로 당사자 방문을 기획하고 조율하는 것
- 전환에 관한 세부 사항을 정리하는 것
- 후속 조치를 통해 계획된 모든 요소가 제자리에 배치되었는지, 예기치 않은 변화로 인해 계획을 조정할 필요가 없는지 확인하는 것

전환 플래너는 당사자의 최선의 이익을 보호하고 그의 권리옹호자로서 역할을 할 권한과 책임이 있다. 플래너는 계획에서부터 실행을 거쳐 후속 조치에 이르기까지 당사자와 계획을 완전히 이해하는 사람이며, 조율과 지원 및 권리옹호의 중심적 역할을 담당하는 사람이다. 이 역할은 과정에서 항상 필수적이다. 하지만 당사자가 자신의 삶 속에 가지고 있는 지원의 정도에 따라 플래너의 역할은 달라질 수 있다. 가족의 적극적인 참여가 있을 때 플래너는 가족과의 조율이 필수적이며 당사자의 최선의 이익을 보호한다는 공동의 목표를 달성하기 위해 가족과 함께 일한다. 가족이 없거나 당사자의 삶에 가족이 관여하지 않는 경우, 플래너는 당사자의 최선의 이익이 절대로 손상되지 않도록 노력하는 일관된 존재가 되어야 한다.

탈시설 이니셔티브 연구(Griffiths et al., 2010)에서 권고한 바와 같이, 전환 후 모든 관계자

들의 우려를 완화할 수 있도록 전환 후 최소 6개월간, 이상적으로는 12개월간 동일한 전환 플래너가 가족 및 기관과 함께할 수 있어야 한다. 당사자에게 약속된 돌봄과 지원이 제공되지 않거나 예상치 못한 문제가 발생할 경우 가족들은 구체적 절차나 연락할 상대가 필요하다. 더욱이 이러한 성격의 후속 조치는 가족과 지역사회 기관에 대한 약속이 제대로 이행되었는지를 평가하는 최종 품질 보증 절차를 확인함으로써 전환 과정의 종지부를 찍게 된다.

2. 전환 계획 과정에 가족이 관여하도록 해야 한다.

가족은 일반적으로 당사자에게 매우 중요하다. 그들은 대체로 무보수로 당사자에게 관여된 유일한 사람들이다. 더욱 중요한 것은 당사자에게 전환이 이루어질 때나 그 후로도 영원히 곁에서 당사자를 지원할 것이라는 점이다. 따라서 이 과정 전반에 걸쳐 가족이 관여하도록 모든 노력을 경주해야 한다(Griffiths, 1985).

시설 폐쇄가 임박했다는 발표에 대한 가족들의 반응과 관련한 기존 연구를 바탕으로, 탈시설화 정책을 채택하려는 정부는 시설 폐쇄 발표에 앞서 그 과정에 가족을 참여시키기 위한 전략적인 계획 단계를 도입하여야 한다(Griffiths et al., 2012; Owen et al., 2015).

전환 과정에 대한 가족의 두려움을 줄이고, 계획 과정에 가족이 보다 쉽게 참여할 수 있도록 돕는 세 가지 선행적 조치가 권고되었다(Griffiths et al., 2010). 첫째, 이 과정을 겪은 다른 가족들의 증언과 함께 지역사회 생활 및 지원에 관한 짧은 동영상 형식의 정확한 정보, 그리고 가족들이 들었을 수도 있는 그릇된 정보나 그들이 가지고 있을 수도 있는 오해들을 포함한 지역사회 생활에 대한 일반적인 질문들에 관한 소책자가 제공된다면 가족들에게 도움이 될 수 있을 것이다. 둘째, 가족과 지역사회 기관 직원 및 언론을 대상으로 다른 지방정부에서 시설 폐쇄 결정의 결과가 어떠했는지에 대한 설명회가 필요하며, 이미 다른 지역에서 이 과정을 시도하였고 성공적인 것으로 입증되었다는 확신을 제공할 필요가 있다. 셋째, 시설 폐쇄에 앞서 해당 당사자를 담당하게 된 전환 플래너와 가족 사이에 강력한 소통 체계와 신뢰를 구축하겠다는 의지가 필요하다.

가족과 전환 플래너 사이의 튼튼한 유대관계를 기초로 지역사회 전환 과정, 서비스 계획, 그리고 가능한 주거환경 선택지에 대해 일관되고 정확한 정보를 제공할 수 있다. 이러한 유대관계는 앞에서 언급한 소책자, 동영상, 설명회 등은 물론 전문적이고 지원적인 관계 구축을 위한 개인적인 접촉 등 체계적인 접근 방식에 기반하여 개발되어야 한다. 과거 탈시설 이니셔티브에 관여했던 사람들의 경험에 관한 연구 결과를 가족들에게 정확히 제공하여야 한다. 이것은 가족들이 올바른 정보에 입각한 결정을 내릴 수 있도록 도와주고 그들이 다른 출처를 통해 들었을 수 있는 지역사회 전환에 대한 잘못된 정보를 바로잡아 균형 잡힌 시각을 갖도록 해 줄 것이다. 어떤 가족들은 성공적이지 못한 지역사회 전환의 경험을 갖고 있거나 그런 이야기를 들었을 수도 있는데, 그들은 자신의 가족이 전환한 이후 혹은 수십 년 전 탈시설화의 아주 초기 단계 이후에 생긴 지역사회 서비스의 발전에 대해 알지 못할 수 있다. 또한 가족과 시설 직원과의 유대관계가 강할 수 있으며, 이로 인해서 가족이 시설 직원의 태도와 일치하려는 경향이 있을 수 있다는 점에 각별히 유의해야 한다. 그러한 시설 직원의 태도 역시 과거의 부정적인 지역사회 전환 배치의 경험과 현재의 지역사회 서비스 상황에 대한 직접적인 지식의 부족에 기인한 것일 수 있다. 탈시설 이니셔티브 중에 있었던 소송을 비롯한 과거의 법적 소송에서 가족은 당사자의 전환 배치를 최종 승인할 수 있는 법적 권리를 부여받았다. 따라서 그들의 참여는 원활한 계획 과정에 도움이 될 수 있으며, 그들이 참여를 꺼리는 경우 계획과 배치의 모든 면에서 걸림돌로 작용할 수 있다. 그러므로 전환 배치와 관련된 가족의 선호에 세심한 주의를 기울이는 것이 중요하다.

어떤 경우에는 당사자의 친구가 가족과 더불어, 만약 가족이 개입할 수 없는 경우에는 가족을 대신하여 이러한 역할을 수행할 수 있다.

3. 모든 이해 관계자들이 계획에 참여하도록 해야 한다.

터트와 오스본(Tutt & Osborne, 1983)은 시작 단계에서부터 당사자의 삶이나 그의 전환 계획에 관련된 모든 이해 관계자를 논의에 포함할 것을 제안했다. 전환 계획 개발에 있어 전환 플래너는 당사자, 가족, 시설에서 당사자를 가장 잘 아는 일선 직원, 이주할 지역사회 직원, 필요한 경우 시설과 지역사회의 의료 관련 직원을 포함시켜야 한다. 각 참가자는 당사자와 전환 과정에 대해 각기 다른 관점을 제시할 것이다. 아이디어의 수렴을 통해 계획에 대한 공감과 합의가 만들어지고 당사자의 욕구가 이해되고 해결될 수 있다는 믿음을 주게 된다. 다양한 아이디어는 잠재적 문제들을 탐구하고 그 문제들에 대한 대응 전략 개발의 기회를 제공한다. 모든 아이디어와 관점은 원활한 전환 계획을 수립하는 데에 있어 중요하다.

4. 개방적이고 빈번한 의사소통이 이루어져야 한다.

빈번한 의사소통의 중요성은 앞선 여러 연구에서 강조된 바 있다(Griffiths, 1985; Owen et al., 2015; Turner & Turner, 1985: Tutt & Osborne, 1983). 모든 이해 관계자 간에 긍정적인 관계를 구축하고자 한다면 그들에게 정보를 제공하고 또 서로 교환하도록 할 필요가 있다. 정보를 숨기거나 공유하기를 소홀히 한다면 실수나 단순한 오해로 인해 서로 간의 관계에 대한 신뢰가 깨지거나 전환 과정이 원활하지 못할 수 있다.

예를 들어, 어떤 정보가 지역사회 지원 기관에게 필요 없다고 생각해서 시설에서 그 정보를 무시하거나 포함하지 않기로 결정한 사례가 보고된 일이 있었다. 그러나 모든 정보가 없이는 전환을 받아들이는 지역사회 지원 기관이 제대로 준비를 갖추지 못하거나 상황에 능동적으로 대응하기 어려울 수 있다. 의사소통과 정보의 결여는 심각한 혼란과 심지어 전환 배치의 실패를 초래할 수도 있다.

5. 모든 관계자들로부터 약속을 받아내야 한다.

계획 과정에 모든 이해 관계자들을 참여시키는 핵심적 이유는 모든 관계자들이 자신들 각자에 대한 기대를 이해하고 또 그 기대를 충족시키기 위한 스스로의 다짐을 받아 내기 위함이다. 전환 과정에는 몇 가지 중대한 스트레스 지점이 있을 수 있다. 이 과정에 대한 사전 약속을 받음으로써, 어려움이 발생할 경우 문제 해결에 있어 각자의 역할을 명확히 할 수 있다.

6. 서비스 시스템 전반에 걸쳐 계획을 조율하여야 한다.

시설 내에서 개인의 욕구가 한 지붕 아래 있는 하나의 기관에 의해 해결되었던 것에 반해 지역사회에서는 당사자의 욕구를 해결하기 위해 서로 다른 서비스 부문이 관여해야 할 수 있다. 전환을 하는 발달장애인은 복잡한 신체/이동성, 의료, 정신 건강, 행동 또는 기타의 욕구가 있을 수 있기 때문에 계획 수립 시 당사자에게 필요한 모든 서비스 시스템의 대표자가 관여해야 할 수도 있다. 전환에 앞서 서비스 부문 간 조율을 통해 당사자의 욕구를 모든 관계자가 사전에 인지하도록 하며 당사자가 필요로 하는 때에 서비스를 제공할 수 있도록 보장할 수 있다. 모든 다단계 프로세스가 작동하려면 각 서비스 시스템 내에 계획 실천에 대한 분명한 책임 지점이 정해져 있어야 한다(Schalock & Verdugo, 2012).

7. 적절하고, 유연하며, 지속적인 자금 지원을 보장하여야 한다.

지역사회 지원 기관의 가장 큰 우려 중 하나는 개인의 욕구를 충족하기 위한 적절한 자금의 지원 없이 지역사회 프로그램으로 당사자들이 들어오게 되는 것이다. 적절한 자금 지원이란 다음과 같은 것을 의미한다.

- 전환을 수용하는 지역사회 지원 기관에 직접 제공하건 지정된 지역사회 서비스를 통해 간접적으로 제공하건 간에, 전환 계획에 의해 당사자에게 필요한 모든 범위의 자원을 제공할 수 있는 충분한 자금
- 상황의 변화에 따라서 당사자의 욕구를 충족시키기 위해서 다양한 방식으로 사용될 수 있는 유연한 자금
- 지원 기관으로 하여금 전환 초기부터 이후 당사자에 대한 장기적 지원 계획을 세울 수 있도록 하는 지속적인 자금

자금 제공자 측에서는 일단 당사자가 적응한 후에는 전환을 지원하기 위한 초기 자금이 줄어들 수 있다는 희망을 갖곤 한다. 하지만 이것이 사실이 아닐 수 있다는 것을 인식하여야 한다. 어떤 사람은 상당 기간 일관된 지원이 필요할 수도 있고, 또 어떤 사람은 의료적 혹은 정신 건강의 상태로 인해 다양한 지원이 필요할 수도 있고, 나이가 들면서 지원이 증가하거나 다른 지원이 요구될 수도 있다. 고려해야 할 또 다른 요점은, 지역사회에서 당사자의 삶의 향상을 목격한 이후에도 개인이 지역사회에 완전하고 의미 있게 통합되기 위해 적극적으로 자금이 지원될 수 있도록 제공되어야 한다.

8. 적절한 준비 시간을 주어야 한다.

효과적이고 포괄적이며 철저한 전환 계획은 상당한 시간이 소요되는 과정이다. 시설 퇴소 날짜 이전에 가족들도 준비가 잘 되어 있어야 하고, 정보를 수집하고 통합해야 하며, 모든 이해 관계자들과 반복적 회의를 열어야 하고, 계획을 수립해야 하며, 관계를 구축해야 하

고, 전환을 수용하는 지역사회 기관들은 직원과 주거환경을 포함한 계획을 준비할 시간이 필요하며, 물론 탈시설 당사자도 준비가 되어 있어야 한다. 탈시설 전환이 서둘러 이루어지거나, 준비가 안 된 상태에서 진행되거나, 앞에 열거한 중요 요소 중 하나 혹은 그 이상을 간과한다면 종종 어려움에 부딪히게 된다. 계획과 준비를 위한 적절한 시간은 타협해서는 안 되는 중차대한 문제이다. 불행히도 시설 폐쇄를 위한 정부의 일정표가 정해지면 비용 면에서 효과적인 방법으로 탈시설을 진행하기 위해서 지역사회 주거 배치의 할당량이 정해지곤 하는데, 이는 문제 발생의 여지가 많다. 전환을 수용하는 지역사회 기관이 필요한 주택 개조 등을 완료하는 데 어려움이 있거나 가족이 일부 분야를 불편하게 느껴서 승인을 연기하는 등의 이유로 지연되는 경우 이러한 할당량 달성에 문제가 될 수 있다. 따라서 이러한 어려움을 겪지 않기 위해서는 전환 과정을 지나치게 서두르지 않고 충분한 시간과 어느 정도의 유연성을 가져야 하며, 사전에 대비하는 선행적 계획을 세우는 데 모든 노력을 기울여야 한다.

9. 전환을 수용하는 지역사회 기관의 직원에게 적절하고 개별화된 훈련을 제공해야 한다.

많은 연구 보고서들은 당사자들이 새로운 환경으로 전환하기 전에 적절한 직원 교육을 제공하는 것의 중요성을 피력한다(Griffiths, 1984, 1985; Turner & Turner, 1985; Tutt & Osborne, 1983). 지역사회 지원 기관들은 일반적인 돌봄, 의료 지원/의약품 투여, 위기 예방 및 개입을 포함한 자체적인 통상 프로그램과 훈련을 보유하고 있다. 이와 더불어 여기에 포함되어야 할 핵심 항목은 다음과 같다.

- 전환이 개인과 가족에게 미치는 영향에 대한 이해
- 긍정적 행동 지원 방식
- 정신 건강 문제가 있는 당사자에 대한 지원
- 심한 의료적/신체적 욕구 충족 및 대응

또한 개인별 전환 계획은 특정 당사자를 위해 필요할 수 있는 다음의 전문 교육도 다루어야 한다.

- 고령자 지원
- 의사소통 및 이동을 위한 특별한 전략 혹은 이를 위한 특수 기기 사용
- 증후군별 정보와 지원 지침 시행
- 의료적 또는 신체적으로 취약한 당사자에 대한 지원
- 당사자에 관해서 직원이 알아야 할 기타 전문화된 훈련

직원 훈련은 당사자가 이주해 오기 전에 실시해야 한다. 앞서 언급한 바와 같이, 선행적 계획이란 예상된 요구가 발생하기 전에 행동함으로써 예방하는 것을 의미한다. 새로운 환경의 직원들은 당사자가 도착하기 전에 개인의 욕구를 충족시킬 수 있도록 적절하게 준비되어 있어야 한다. 또한 당사자의 욕구 변화에 따라 직원들에게 더 많은 훈련이 필요할 수도 있으며, 당사자가 지역사회 생활에서 자신의 잠재력을 최대한 발휘할 수 있도록 지속적인 직원 교육을 통해 당사자 지원에 필요한 기술을 갖추도록 하는 것이 중요하다.

10. 자원과 지원이 갖추어져 있는지 확인하여야 한다.

시설로부터 이주하는 사람들은 일반적으로 다양한 지원을 받게 되는데, 이것들은 지역사회에서 접근이 가능해야 한다. 전문적인 자원은 치과, 의료, 행동, 정신건강의학과, 심리, 물리치료, 작업치료, 언어 혹은 의사소통, 청각 혹은 시각 관련 서비스를 포함하곤 한다. 또한 신경과, 심장의료, 산부인과, 비뇨기과 등과 같은 의료 전문가에게 접근해야 할 수 있다. 예상되는 욕구는 개인별로 다를 수 있으므로 주의 깊게 검토해야 한다. 어떤 지역에서는 발달장애가 있는 사람들을 지원해 본 경험이 있는 이런 분야의 전문의를 찾는 것이 어려울 수 있으므로, 전환 계획에는 이러한 중요한 지역사회 파트너들을 위해 전문적인 상담/훈련을 제공할 수 있도록 하는 방안도 포함되어야 한다.

시설에 거주하는 사람들은 컴퓨터, 레크리에이션, 스포츠, 사교 활동과 같이 자신들이 즐기는 다양한 자원을 이용할 수 있었을 것이다. 선행적 계획에는 현재 시설에서 당사자가 받고 있는 일련의 자원 및 지원과 더불어, 현재 이용할 수 없지만 당사자를 위해 권장되는 지원에 대한 매우 면밀한 지역사회 자원 목록이 포함되어야 한다. 새로운 주거 체제는 전환 배치 이전에 필요한 서비스를 마련해야 하며, 그러한 서비스를 이용할 수 없는 경우에는 당사자가 이주해 오기 전에 서비스 개발 계획을 설계해야 한다. 어떤 경우에는 지역사회 전문가

들이 서비스 제공을 꺼리거나 제공할 수 없거나 지리적인 문제로 필요한 서비스 접근이 어려울 수도 있다. 그러나 필수 서비스는 무시되거나 간과되어서는 안 되며, 전환에 앞서 이러한 서비스 제공에 대한 약속이 우선되어야 한다. 또 원하는 서비스가 필수는 아닐지라도 삶의 질에 중요한 것일 수도 있다. 예를 들어, 어떤 특정 레크리에이션 활동에 대한 접근이 필수적인 것으로 보이지 않을 수 있지만, 그것이 당사자의 삶의 질에 중요한 요소일 수 있으므로 이러한 요소들은 원활한 전환을 위해 갖추어야 할 주요 요소로 포함시켜야 한다.

11. 예비 계획을 준비해야 한다.

아무리 계획 과정이 철저하다 해도 예상치 못한 일이나 뜻밖의 일이 일어날 위험은 항상 있다. 새로운 환경으로 전환한 후에 당사자의 특정한 욕구가 과거 시설에서와는 다르게 나타날 수 있다. 행동, 의료 또는 정신 건강 욕구가 감소될 수도 있고 어떤 영역은 악화되어 추가적인 지원이 필요할 수 있다. 가능하다면 그리고 잠정적으로 예측 가능한 경우, 이러한 상황에 대한 예비 계획을 미리 마련해 두어야 한다(Griffiths, 1984). 예를 들어, 당사자가 의료, 행동 또는 정신 건강 문제의 이력이 있는 경우, 비상사태가 발생하기 전에 만일의 경우를 위한 전략을 계획에 포함하고 필요한 경우 실행할 준비가 되어 있어야 한다.

요약

피터의 이야기가 보여 주듯이, 시설 생활에서 지역사회 삶으로의 전환은 복잡하다. 개인의 자율성과 삶의 질을 최적화하는 데에 초점을 둔 개인별 전환 계획은 탈시설인들이 지역사회에서 편안함을 느낄 수 있도록 하는 기초가 된다. 이러한 계획을 개발하고 구현하려면 당사자, 가족 및 친구, 시설과 지역사회의 돌봄 제공자들, 그리고 임상 전문가들이 프로세스를 조정하고 모니터링하는 플래너와 협력해야 한다. 이 장에서 제시한 11개의 단계는 당사자들의 필요와 욕구를 모두 충족시키기 위해 요구되는 지원과 지역사회 생활의 기회를 보장받을 수 있도록 하기 위한 과정을 안내해 준다.

전환 계획 시 의사소통에 관한 유의 사항[1]

도로시 그리피스(Dorothy Griffiths), 프랜시스 오웬(Frances Owen)

제프의 이야기[2]

제프는 49년 동안 한 시설에 거주한 55세의 남성이었다. 그는 발달장애와 경련성 이형성증(spastic dysplasia)의 중복 진단을 받았고, 보행할 때에는 바퀴가 달린 보행기를 사용해야 했다. 시설에서 제프는 다양한 장애를 가진 다른 7명의 남성들과 함께 잠금장치가 된 독채 건물에서 살았다. 그는 자신의 방을 가지고 있었고, 거기에는 DVD 플레이어, 텔레비전, 영화와 장난감 블록이 있는 휴게 공간이 있었다. 그는 자기 방에서 텔레비전을 보거나 가죽 소파에 기대어 낮잠을 자는 데 많은 시간을 보내는 것으로 기록되었다. 또한 그는 카드 놀이나 블록 놀이를 하곤 했으며 특정한 영화를 보고 싶을 때에는 방에서 소리를 지르곤 했고 누군가가 영화를 바꾸러 올 때까지 계속

---

1 저자 주: Griffiths, Gardner, & Nugent (1999)와 「어려운 꿈―그레이터 해밀턴/웬트워스 지역의 생활방식 전환 계획 워크숍(A Difficult Dream-Transitional Lifestyle Planning Workshop for and by the Greater Hamilton/ Wentworth area of Brant/Niagara and Hamilton)」(Dorothy Griffiths in association Shelly McCarthy, Mary Kate Rowen, Lea Odoardi-Pollard, George Briand, Gerri Jenson, & Isabel Beland, 1998)에서 인용.

2 저자 주: 「탈시설 이니셔티브: 최종 사례 연구 보고서(Facilities Initiative: Final Case Study Report)」(Griffiths, D., Condillac, R. A., Owen, F., Boutsis, E., Cancilla, C., Clarke, J., Ebrahami, M., …… & Waboso, K., 2012, 미출간 원고, 온타리오주 세인트 캐서린스, 브록 대학교)와 「장애학 연구 마스터(Master of Disabilities Studies)」(Clarke, J., 2011, 미출간 연구 프로젝트, 브록 대학교), 「장애학 연구 마스터(Master of Disabilities Studies)」(Bouttsis, E., 2011, 미출간 연구 프로젝트)에 기초함.

해서 소리를 질렀다.

　　몇몇 보고서들에서 제프는 특히 생활 공간 밖에서 매우 쾌활하고 행복하고 수다스럽고 아주 사교적인 사람으로 묘사되었다. 다른 보고서들은 그가 항상 심술궂거나 투덜거리거나 기분이 좋지 않은 것으로 기술했다. 때로는 불안을 보이거나 울기도 했고 또한 극도로 흥분 상태가 되기도 하고 때때로 어떤 사람들에게 짜증을 내기도 했다고 기록되었다.

　　제프는 감독 없이 방치되었을 때 도전적 행동을 보인 오랜 역사가 있었다. 직원들은 종종 그가 남성 동료들의 동의가 있건 없건 성적인 행위(다른 사람의 성기를 만지는 것과 같은)를 하는 것을 발견하곤 했다. 직원들은 그에게 물러서도록 유도하고 다른 사람을 만지지 말라고 상기시키는 방식으로 개입을 하였다. 시설에서는 넓은 판자 위에 전신을 잡아맬 수 있는 파푸스 보드[3]에 그를 결박했던 기록이 있었다. 직원들에 의하면, 제프의 부적절한 행동은 예측할 수 없이 일어났고 특정한 패턴을 보이지도 않았다. 그의 행동은 다음과 같은 요인에 대한 짜증과 관계가 있었다. 즉, 소음, 요청이나 지시를 따르는 것, 어려운 임무를 수행하는 것, 과도한 활동이 있는 경우, 다른 사람들이 자신을 놀리거나 도발하는 경우 혹은 두려운 상황, 주의가 다른 데로 쏠리거나 다른 사람이 칭찬받을 때, 혹은 그의 의사소통 노력이 무시당할 때 등이다. 그가 부정적인 반응을 나타낼 가능성이 낮은 경우는 자극적인 활동에 참여할 기회가 증가하거나 편안한 시간을 보낼 수 있도록 혼자 있게 두거나 선택권이 주어질 때였다.

　　제프는 발달장애가 있는 4명의 다른 사람들과 함께 그룹홈으로 이주했다. 그가 이주한 활짝 트인 구조의 단층집은 휠체어 접근이 가능했고 큰 뒷마당과 베란다가 있었다. 제프에게는 포스터로 장식된 자기 방이 있었다. 방에는 싱글 침대, 가죽 소파, 냉장고, 텔레비전 등이 있었고 벽에는 자동차 포스터가 붙어 있었다. 그 방에는 리프트가 장착되어 있었고 이동을 돕기 위한 안전 손잡이가 설치되어 있었다. 그의 방 벽에는 자신과 가족의 사진이 걸려 있었다. 욕실은 그의 방에 붙어 있었고 옷장의 선반은 그가 원할 때마다 물건과 옷을 꺼낼 수 있도록 낮게 설치되어 있었다. 욕실에는 걸어서 들어갈 수 있는 도어개폐 욕조와 좌식 샤워기가 있었다.

　　제프의 탈시설 전환은 어려운 사례였다. 그는 시설 직원들이 일자리를 잃고 있을 당시 가장 늦게 시설을 떠난 사람 중 1명이었다. 지역사회 지원 기관 직원들은 그 시점에 사람들을 이주하는 것이 더욱 힘들었다고 보고했다. 지역사회 직원들은 시설 직원들이 전환을 지원할 의사가 없었고 문

3　역자 주: 파푸스 보드(papoose board). 주로 의료 영역에서 안전한 치료를 위해 환자의 움직임을 제한하기 위해 사용되는 스트랩이 있는 쿠션 보드. 파푸스 보드는 특정 브랜드 이름임.

는 질문에 대답하지 않아서 결국 전환하는 탈시설인들이 그 "대가를 치르게 되었다"고 보고했다. 또 시설 직원들이 가족들에게 지역사회 지원 기관이 시설에서 지원했던 방식으로 당사자를 지원할 수 없을 것이라 말하며 부정적인 태도를 보인 것으로 알려졌다. 지역사회 직원들은 제프가 그룹홈으로 이주했을 때 자신들의 준비가 부족하다고 생각했다고 보고했다. 직원들은 그의 지원을 더 잘 준비하기 위해 제프가 그룹홈으로 이주하기 전에 더 많은 시간과 추가적 훈련이 있었어야 했다고 우려를 표명했다. 그들은 또한 제프가 이주하기 전에 그에 대해서 더 잘 알았어야 했다고 말했다.

탈시설 전환 이후, 지역사회 직원들은 제프의 돌봄에 대해 당사자 중심 접근법을 따랐다. 그들은 그의 발전에 만족했고 그를 지원하는 것이 즐거웠다고 했다. 직원들은 제프가 식사 준비와 빨래 등의 생활 능력의 향상과 함께 대화를 위해 의사소통 그림책(picture communication book)을 더 많이 사용하는 등 의사소통 능력의 향상을 목격했다고 언급했다. 또한 제프가 지역사회로 이주한 이후 지역사회 활동 참여가 증가했고, 가족들을 더욱 자주 보고 매일 전화하는 등 가족과 더욱 빈번하게 접촉했다.

비록 지역사회 직원은 현재의 주거환경이 제프에게 잘 맞는다고 느꼈지만, 그와 함께 사는 동료들의 특성으로 인해 그것이 그에게 가장 적합한 장기적 선택이 아닐 수도 있다고 지적했다. 지원 기관 운영 책임자는 직원들이 그를 새로운 집이나 아파트로 이주시키는 것에 대한 가능성을 검토하고 있다고 말했다. 그들은 제프가 사람들이 말한 것처럼 무섭지 않고 더 독립적이라고 했다.

제프가 그룹홈으로 이주했을 때 파푸스 보드도 그와 함께 보내졌다. 그러나 파푸스 보드가 시설에서 얼마나 자주 쓰였는지, 그리고 언제 쓰였는지에 대한 정보는 없었다. 억압 방식을 사용하지 않는다는 지역사회 지원 기관의 실천 기준에 의거해서 직원들은 제프에게 파푸스 보드를 사용하지 않기로 결정했다. 기관 운영 책임자는 제프의 행동에는 목적이 있다고 말했다. 그의 행동은 그가 원하는 기본적인 것들을 얻도록 하는 기능을 했다. 지원 기관 직원들은 이곳이 그의 집이며, 그의 욕구가 충족되도록 하고 그가 원하는 것을 갖도록 함으로써 이러한 방식의 개입의 필요성이 줄어들 것이라 믿었다.

시설 체제하에서 장기간 살아온 복잡한 욕구를 가진 중증·중복 장애인들을 위한 전환 계획은 직원, 가족, 그리고 지역사회로 이주하는 당사자 모두에게 어려운 일일 수 있다. 우리는 그들에게 어려운 꿈을 개발하는 데 동참해 줄 것을 요청한다.

전환 당사자를 위한 어려운 꿈

탈시설 전환이 당사자 중심이 되려면, 개인의 바람과 꿈이 그 계획의 핵심이어야 한다. 어떤 경우에는 당사자가 이주를 어디로 어떻게 해야 하는지에 대한 명확한 생각을 갖고 있을 수 있다. 나는 한 젊은 남성이 이렇게 말한 것을 기억하고 있다.

> 저는 제 친구들 몇 명과 함께 여기서 가까운 동네에 있는 집으로 이사하고 싶어요. 거기서 우리는 한 달에 한 번 외출하는 게 아니라 매일 티미(지역의 팀 홀튼 커피숍)에 가서 커피를 마실 거예요. 저는 넓은 마당을 원하고 밖에서 일할 수 있는 직장을 원해요. 제 스스로 먹을 음식을 고르고, 제 방을 갖고 싶어요(그의 말은 이 보고서를 위해서 고쳐 쓴 것이지만, 내용은 동일하다).

이 젊은이는 전에 지역사회 체제 내에서 살아 본 경험이 있어서 무슨 일이 벌어질지 알고 있었다. 그는 행동문제 때문에 시설로 돌려보내졌지만 그의 꿈은 여전히 살아 있었다.

거의 모두는 아닐지라도 이런 전환을 겪는 당사자들 중 다수는 앞에서 설명한 젊은이처럼 분명하게 자신의 꿈을 표현할 수 없는 것이 사실이다. 여기에는 다양하고 많은 이유가 있다. 어떤 당사자들은 자신이 지역사회로 이주할 때 무슨 일이 벌어질지 전혀 모를 수 있다. 사실 그 사람은 지역사회라는 게 무엇을 뜻하는지조차 모르고 있을 수 있다.

> 그 사람은 시설 내 자기 병동의 동료들 중 몇 명이 지역사회로 이주하고는 다시 돌아오지 않는 것을 보고 지역사회를 두려워했어요. 그가 새로운 주거 체제를 방문하기로 예정된 날이 점점 가까워짐에 따라 그의 행동은 점점 변덕스럽고 문제가 많아졌어요. 그가 불안해하는 이유에 대해 전환 플래너가 탐구한 결과, 그는 지역사회가 무엇을 의미하는지 몰랐던 것으로 드러났어요. 전환 플래너는 지역사회 생활이 어떤 것인지 구체적인 방식으로 그에게 설명하지 않았던 것입니다. 그래서 그 사람은 그곳이 죽으러 가는 곳이라고 생각하고 있었어요.

이는 지역사회 이주를 위한 적절한 준비가 당사자에게 제공되지 못하였고, 그 과정에 당사자의 참여가 부족했던 것을 증명하는 명백한 사례이다. 그는 자신을 지원할 지역사회 지원 기관을 부모가 선택했다는 사실도 모르고 있었다. 그의 새 집은 멋진 단층집이었는데, 볼

링장에서 멀지 않아서 그가 원할 때 친구들과 갈 수 있었다. 전환 플래너는 가족이 만족할 수 있게끔 전환을 계획했으나 당사자를 포함시키지 못했던 것이다.

미래에 자신이 선택할 수 있는 것이 무엇인지 전혀 모른다면 미래에 대해 꿈꾸는 것은 불가능하다. 진정으로 개인의 바람과 꿈에 초점을 맞춘 계획에서, 전환 플래너는 당사자의 삶에 영향을 주는 결정에 당사자의 희망과 생각이 최대한 반영될 수 있도록 당사자에게 무엇이 가능한지 알 수 있게 도와주어야 한다.

일부 당사자들은 전환 이주 과정에서 본인이 원하는 것과 그렇지 않은 것을 전환 플래너에게 말할 수 있는 대화의 기술이 없을 수도 있다. 그럼에도 불구하고, 자신의 바람을 말이나 대체 의사소통 수단을 통해 표현할 수 없다고 해도 그것이 그가 의견을 제시할 수 없다는 것을 의미하지는 않는다. 관찰을 통해 당사자가 좋아하는 것, 자신의 꿈에 포함시키고자 하는 환경, 사람들, 활동, 그리고 희망하지 않는 사람들의 유형을 파악할 수 있는 매우 중요한 정보를 얻을 수 있다.

이 주제는 탈시설 전환에 관한 인터뷰에서의 특별한 고려 사항으로, 이 장의 후반에 좀 더 자세히 다루고자 한다.

꿈에 대한 가족의 두려움

가족들은 과거 경험으로 인해서 꿈꾸는 과정이 무척 힘들 수 있다. 가족은 자기 식구를 시설에 입소시키기로 결정했을 때 크게 망설였던 경험이 있을 수도 있다. 대부분의 경우 그들의 식구에게 가장 적합한 곳이라고 어떤 시설을 추천받았는데, 그 이유는 전문가들이 그곳에서 당사자의 욕구가 가장 잘 충족되리라고 믿었기 때문이었다. 다른 경우에는, 가족들이 당사자를 집에서 돌보려고 시도해 보았지만 당사자를 부양하는 데 필요한 지원을 받을 수가 없었다.

탈시설화의 흐름 속에서 서비스 제공에 대한 철학의 변화와 정부 시책의 변화로 인해, 시설 수용이 최선의 결정이 아니라는 이야기를 가족들이 듣게 되었다. "장애가 있는 가족 구성원에 대해 하나의 관점을 수용하도록 배웠던 가족들이 이제는 다른 견해를 받아들여야 한다고 하고, 이로 인해 발생하는 스트레스를 해소할 아무런 준비나 계획이 없었다"(Imber-Black & Roberts, 1988, p. 28).

가족들은 종종 그들의 식구를 집에서 부양하기 위해 좀 더 노력했어야 했거나 좀 더 노력할 수 있었다는 죄책감을 느낀다. 그러나 가용 자원과 지원이 거의 없었던 그들의 경험은 이러한 것을 불가능하게 만들었다. 가족들은 과거에 분명한 좌절을 겪었던, 이토록 지원이 어려운 사람을 이제는 어떻게 지역사회에서 지원할 수 있을지 의문을 제기할 수 있다. 가족들은 당사자를 사랑함에도 불구하고, 그를 지역사회 집에서 살도록 하는 것에 대해 우려할 수 있다. 지역사회 지원 기관이 심지어 자신들의 가족인 당사자에 대해 잘 알지도 못하면서 어떻게 이 일을 해낼 수 있을까? 지역사회 기관도 결국 포기하지는 않을까? 당사자가 위험에 처하지는 않을까? 만약 전환 배치에 성공하지 못하면 어떻게 될까? 돌아갈 시설이 없어졌으니 가족에게로 돌려보내게 될까? 과거에 해내지 못한 일들을 어떻게 대처할 수 있을까? 이와 같은 타당한 의문점들은 종종 탈시설화에 대한 가족의 저항과 그들의 가족 구성원인 당사자를 위한 새로운 꿈을 그리지 못하게 만드는 근본 이유가 된다.

전환하는 과정에서 우리가 자주 접하는 어려운 욕구를 가진 당사자의 가족들은 지역사회에서의 미래를 꿈꾸는 것에 대해 많은 어려움이 있다. 이토록 예민하고 세심한 전환을 위해서는 그들의 심리 상태와 과거의 경험에 대한 인식을 바탕으로 안내하고 지원해야 한다.

꿈에 대한 지역사회의 주저함

지역사회 서비스는 종종 새로운 꿈에 대해 주저한다. 지역사회 기관에서 일하고 있는 많은 사람들의 입장에서는 복잡한 욕구를 가지고 있고, 또한 기존 서비스 제공 모델과 상충될 수도 있는 사람들에 대해 긍정적으로 지역사회 생활의 꿈을 꾸기 어려울 수 있다. 또한 그들 역시 과거에 어려운 상황들을 경험했을지도 모른다. 이러한 과거의 경험들은 이 '꿈'을 지지하도록 할 수도 있고, 어떤 경우에는 방해가 될 수도 있다.

꿈에 대한 시설 직원의 우려와 저항

이 책 앞부분에서 언급한 바와 같이, 시설 직원은 지역사회에 전환 배치되었다가 다시 돌아온 당사자에 대한 이전의 경험으로 인해 탈시설화의 가능성에 대해 부정적일 수 있다. 직장을 잃게 되는 개인으로서, 수년 동안 보살피고 지원해 온 사람들의 지역사회 전환 배치를 계획해야 하는 부담스러운 과제에 직면해 있기도 하다. 그들은 당사자를 지원하기 위한 지역사회의 새로운 잠재력에 대해 모르고 있을 수도 있고, 지역사회가 매우 어려운 욕구를 가진 당사자들을 자신들이 했던 것만큼 잘 지원할 것이라는 신뢰를 갖고 있지 않을 수 있다. 한 세기 이상 동안 심한 장애와 복잡한 욕구를 가진 발달장애인에게 가능한 유일한 선택지는 시설에서의 돌봄이었다. 이 직원들의 생각은 아마도 집단적 돌봄의 오랜 역사에 기인할 수도 있다. 따라서 시설을 방문하는 전환 플래너와 지역사회 직원은 시설 직원들이 직면하고 있는 딜레마를 존중하는 것이 중요하다. 그들에게 있어서 탈시설화는 사실상 그들과 그들의 일에 대한 비난으로 여겨질 수 있다.

탈시설 전환에 관한 논의에 유익한 인터뷰 전략

탈시설화 과정 중 주요 이해 관계자들로부터 정보를 수집하는 것은 각자의 목표를 명확하게 하는 데 도움이 될 뿐만 아니라 꿈꾸기를 두려워하는 사람들에게 필요한 패러다임의 전환에 도움이 될 수 있다. 전환 논의에 도움이 되는 여러 가지 인터뷰 전략이 있다. 다음과 같이 그중 몇 가지를 헤슬러(Hessler, 1992)와 가바리노 등(Garbarino, Stott, & Faculty of the Erickson Institute, 1992)으로부터 수집하여 보았다.

1. 인터뷰 시간 및 환경 설정

인터뷰 대상자에게 편리한 시간을 선택한다. 일반적으로 한 인터뷰에 1시간에서 최대 1시간 반까지를 잡는다. 인터뷰는 인터뷰 대상자에게 가장 편안한 환경에서 진행되어야 한다. 산만하거나 특별하지 않고 여유로운 환경을 고르는 것이 좋다.

2. 배경 정보

파일을 철저히 검토하는 것이 도움이 된다. 대부분의 경우, 당사자 및 직원과 서로 안면을 익힌 다음에, 심층적인 관찰이나 인터뷰를 하기 전에 기록 검토를 하는 것이 가장 좋다. 모든 배경 기록을 검토하는 타이밍을 적절하게 선택해야 하는 데에는 네 가지의 이유가 있다.

① 우선적으로 사람에게 초점을 두는 것이 중요하다. 따라서 주요 기록 검토에 앞서 소개 미팅이 진행되어야 한다.

② 기록을 일찍 검토하면 심층 인터뷰를 진행하는 동안 시간을 더욱 현명하게 사용할 수 있다. 기록에서 쉽게 찾을 수 있는 데이터를 검토하는 데 귀중한 시간을 낭비하는 대신에, 생각이나 경험을 묻고 정보를 명확히 확인할 수 있을 것이다.

③ 배경 정보에 관한 지식을 통해 인터뷰 대상자에 대해 특별한 고려가 요구되는 어떤 사건이나 경험(예: 학대, 사망)에 대해 민감하게 다룰 수 있다.

④ 당신이 이미 당사자의 특성과 어려움을 이해하고 있으며 당사자의 특별한 요구에 대해 단순하고 무디게 대처하지 않는다는 것을 보여 줄 수 있다면 쉽게 신뢰 및 라포르 (rapport) 형성이 될 것이다.

3. 라포르 형성

대부분의 사람들에게 인터뷰는 상당한 스트레스가 된다. 인터뷰어가 자신들을 판단하거나 평가하지 않을지 염려할 수도 있다. 그러므로 인터뷰의 성격과 목적에 대해 믿음을 주고, 논의하고 있는 내용의 결과가 어떤 의미일지에 대해 상호 합의를 만드는 것이 중요하다. 우선 그 미팅의 목적에 대해 논의하는 것이 중요하다. 그리고 당신이 논의하고 싶어 하는 주제를 상대방에게 알려 주고, 상대방이 의논하고 싶어 하는 주제에 대해 물어보아야 한다. 주제들을 논의할 때 섣불리 판단하지 않는 것이 중요하다. 가족이나 직원을 인터뷰할 때에, 그들이 안전하다고 느낄 수 있어야 하며 그들의 견해가 가치 있고 또 존중받고 있다고 느껴야 한다. 인터뷰를 할 때 인터뷰어는 신뢰 관계를 위협할 수 있는 거짓 약속을 하지 않도록 주의해야 한다.

4. 제어와 권위

• 질문 시에 사용하는 힘이나 권위의 정도를 '베일런스(valence)'[4]라고 한다(Garbarino et al., 1990). 지나치게 통제된 상황에서 사람들은 종종 그 구조를 너무 의식하게 되고 자

신의 안전을 위협할 수 있는 행동을 경계하며 덜 자발적으로 된다.

- 인터뷰에 응한 사람에게 익숙하지 않을 수 있는 전문적인 용어나 약어 등을 사용하면 무의식중에 권위의 불균형을 느끼게 된다. 전환 플래너는 직원에게 말할 때나 가족에게 말할 때 누구나 이해할 수 있는 일상 언어를 사용해야 하는데, 그 분야나 전문 용어에 익숙하지 않은 사람에게 소외감을 줄 수 있기 때문이다.

- 인터뷰의 목적은 지속적인 대화와 의견 교환을 유지하기 위함이다. 인터뷰는 대화와는 다르다. 대화는 서로 주고받는 것이다(내가 말하고, 상대방이 말하고, 내가 말하고 하는 식이다). 인터뷰에서는 인터뷰에 응하는 사람이 주로 얘기하기를 원한다. 인터뷰어가 인터뷰에 응하는 사람만큼 말을 많이 했다면 그것은 성공적인 면접이라고 볼 수 없다. 최고의 인터뷰에서 인터뷰어는 될 수 있는 한 말을 적게 한다.

5. 적극적 청취

인터뷰어의 역할은 열심히 경청하는 것이다. 내용, 의미, 그리고 감정에 귀를 기울여야 한다. 이렇게 하려면 완전히 주의 집중해서 경청하고, 상대방이 마음을 열도록 고무하는 방법을 사용할 수 있어야 한다. 다음은 인터뷰를 할 때 논의 분위기를 북돋기 위해 사용되는 몇 가지 전략이다.

- 지지: 지금 말하고 있는 것에 대해서 당신의 관심과 이해를 보여 준다. 고개를 끄덕거리고, 시선을 맞추고, 몸을 앞으로 숙이고, "네" "그렇군요" "이해가 됩니다" 등의 말을 한다. 지지를 하기 위해 상대방에게 동의하거나 반대할 필요는 없다. 단지 이해와 관심을 보여 주기만 하면 된다.
- 촉진: 인터뷰를 계속 이어 가기 위한 기술을 사용한다. 예를 들어, 마지막으로 한 말을 반복하거나, 고개를 끄덕이는 등의 비언어적 신호, 혹은 "금방 뭐라고 하셨죠?" "아, 그래서요?" 등의 어구를 사용한다.

---

4 역자 주: 베일런스(valence). 원자가 다른 원자와 결합할 수 있는 능력을 나타내는 화학 용어인 '원자가'에서 유래한 것으로, 심리학에서는 특정 자극이나 사건이 개인에게 미치는 정서적 영향을 나타냄. '유인성' 등으로 번역됨.

- **침묵**: 우리는 종종 대화가 즉각적으로 이루어지지 않을 때 질문을 다시 말하거나 다른 질문을 하는 식으로 끼어드는 경향이 있는데, 상대방이 생각하고 대답할 시간을 주어야 한다. 약 5초간 조용히 있으면 상대방은 아마도 어떤 반응을 할 것이다. 침묵이 편안하지는 않다. 하지만 당신이 그 침묵을 메우려고 뛰어들지 않으면, 상대방이 그렇게 할 가능성이 더 높아질 것이다.

- **요약**: 설명이 필요하거나 주제를 더 확장시킬 필요성이 있다고 느낀다면, 상대방이 지금까지 한 말을 당신이 이해한 대로 요약하는 것이 도움이 된다. 분명한 이해에 도움이 되고, 오해를 풀 수 있으며, 내용의 확장을 용이하게 할 것이다.

- **탐색**: 대화를 통해 자연스럽게 답을 얻을 수 없는 경우, 인터뷰 전에 배경 정보를 알고 있을 것이므로 탐색하고 싶은 질문을 미리 준비해 둔다. 질문 목록을 사용하면 필요한 주제를 검토하고 중요한 문제를 놓치지 않도록 대화를 유도할 수 있다.

- **직면**: 직면(confrontation)은 사용하기에 가장 어려운 전략 중 하나이다. 이 방법은 내켜하지 않는 사람이나 심지어 적대적 감정을 가진 사람을 인터뷰하는 경우에 채용할 수 있다. 가능한 방법 중 하나는 당신이 본 것에 대해 토의하는 것인데, 예를 들면 이렇게 말하는 것이다. "당신은 지금 이 과정을 별로 탐탁하게 생각하지 않는 것같이 보입니다." 이때 중요한 것은 당신의 의제를 접어 두고, 인터뷰 대상자의 욕구에 대응해야 한다는 점이다. 이것이 잘 된다면, 인터뷰 대상자들은 자신들의 의견을 당신이 중요하게 여기고 있으며 당신이 진심으로 그들의 관점에 관심을 갖고 있음을 알게 될 것이다. 퀸 패튼(Quinn Patton, 2002)이 강조한 바와 같이, 중요한 것은 인터뷰어가 인터뷰 과정이 가진 힘을 인지하고 있어야 하며, "인터뷰어는 응답자의 잠재적 고통과 잠재적 응답의 가치 사이에서 균형을 유지해야 한다"(p. 415). 퀸 패튼은 응답자들에게 그들이 편하게 말하고 싶은 것만을 얘기하도록 고무할 것을 제안한다.

열린 대화에 방해가 되는 전략

페이버와 매즐리쉬(Faber & Mazlich, 1980)는 청년들과의 의사소통에 있어 몇 가지 조심할 점을 제시했는데, 그것은 탈시설화 과정 중에 있을 수 있는 감정적인 논의에도 해당된다. 그들은 우리가 토론 중 자연스럽게 하는 많은 것들이 종종 의사소통을 저해한다고 주장한다.

인터뷰어가 자주 쓰는 말 중에 "걱정하지 말아요. 잘될 거예요"(감정이나 두려움을 무시), "당신이 해야 할 일은……"(바라지 않는 충고), "왜 그러지 않았어요?"(질문과 뒤늦은 비판), "그런 뜻이 아니었을 거예요"(응답자를 불쾌하게 하거나 화나게 한 사람을 옹호), "가엾어라"(공감이 아닌 연민) 혹은 자기 철학을 늘어놓거나 아마추어 심리학자 흉내를 내는 것 등이 이에 해당한다고 지적한다.

인터뷰 상황에서 필요한 것은, 동정이나 교정할 목적이 아닌 공감을 하면서 들어 주는 사람이다. 공감은 다른 사람의 입장을 판단하지 않고 들어 주고 이해하는 것을 포함한다.

전환을 계획 중인 당사자 인터뷰를 위한 특별 고려 사항

이러한 인터뷰의 성격은 주로 전환 플래너의 의사소통 능력에 크게 좌우된다. 보트와 에버슨(Boat & Everson, 1986)은 제한적 의사소통 능력을 가진 당사자들을 위한 몇 가지 전략을 제안했다. 만약 당사자가 구어를 구사할 수 있는 사람이라면, 전환 플래너는 그가 사용하는 말보다 세 단어에서 다섯 단어 이상 더 긴 문장을 사용하지 말도록 주의해야 한다. 당사자의 대화가 제한적이라면, 대명사 대신에 이름을 사용하고 당사자가 사용하는 용어를 쓰도록 한다. 당사자에게 이해했는지 물어보는 대신에, 반복하도록 요청해서 이해 여부를 확인하는 것이 좋다. 가능하다면 언제든지 질문을 반복하는 대신에, 다른 말로 바꾸어 질문한다. 당사자가 답변할 때마다 다른 질문을 계속하지 말고 그 대신에, 당사자가 한 답변을 요약하는 방식으로 상대방을 인정해 준다. 이는 당사자로 하여금 자신의 답변을 더 확장하도록 격려하기 위함이다. 당사자가 보완대체 의사소통[5] 수단을 사용하는 사람이라면 인터뷰에 직원의 도움을 얻거나 당사자의 이해 능력에 상응하는 의사소통 수준을 모델링할 필요가 있을 수 있다.

당사자가 편하게 느끼는 사람의 존재는 인터뷰에 도움이 되기도 하지만, 어떤 상황에서는 다른 사람의 존재가 대화를 방해할 수 있다. 일례로 존의 사례가 있다. 존은 앞으로 있을

---

5 역자 주: 보완대체 의사소통(Augmentative and Alternative Communication: AAC). 말과 글로 언어를 구사하거나 이해하는 데 장애가 있는 사람을 위해 도구나 다른 방법을 사용하여 말과 글을 보완하거나 대체하여 의사소통을 하는 것을 의미함. 그림이나 기호를 이용한 의사소통 카드에서 음성 합성기 등 다양한 특수 컴퓨터 소프트웨어에 이르기까지 다양함.

자신의 지역사회 전환 배치에 관해서 시설의 직원과 함께 인터뷰를 하고 있었다. 시설 직원이 방을 떠날 때까지 그는 전환 이주에 대해 모호한 태도를 보이더니, 그 직원이 방에서 나가자마자 전환 플래너를 향해 "당신이 나를 여기서 나가게 해 줄 사람인가요? 빨리 좀 나가게 해 주세요"라고 했다. 어떤 경우에는 당사자가 그 자리에 있는 사람들을 염두에 두고 답변할 수도 있어서, 사실을 재확인할 기회가 있을 때까지 그의 답변을 과도하게 해석하지 않는 것이 중요하다.

또한 당사자에게 제시된 선택의 경험에 따라 임박한 지역사회로의 전환 이주에 관한 자신의 생각과 감정을 표현할 수 있는 능력이 제한될 수 있다는 사실을 기억해야 한다. 당사자가 어떤 것을 선호하고 다른 것을 기피할 수 있는데, 이는 어쩌면 지식이나 다른 사람으로부터 받은 정보의 부족 때문일 수 있고, 혹은 유일한 경험이거나 미지의 것에 대한 두려움에 기인한 것일 수도 있다. 그러므로 당사자가 정보에 입각한 결정을 내릴 수 있도록 지원하기 위해 지역사회 배치에 관해서 그들이 이해할 수 있는 방식으로 교육하는 것이 중요하다. 어느 창의적인 탈시설 플래너는 당사자의 가족이 방문하고 승인한 주거환경의 사진을 찍었다. 이 플래너는 당사자에게 그곳 직원들의 사진과 그곳에 사는 사람들의 사진 그리고 사람들이 지역사회 활동에 참여한 모습을 담은 사진들을 보여 주었다. 주택을 방문했을 때 찍은 당사자의 어머니와 아버지의 사진도 있었다. 그 사진들을 보자 당사자는 훨씬 편안한 마음으로 지역사회 주거환경을 직접 보기 위해 방문하였고, 시설로 돌아와서는 이사를 위해 짐을 싸기 시작했다.

요약

지역사회로의 여정에 대한 제프의 이야기는 오랜 기간 시설에서 살다 지역사회로 이주하고자 하는 사람들에 대한 적절한 지원 계획 수립을 위해 필요한 정보를 수집하려 할 때 당면하게 되는 몇 가지 복잡한 문제들을 보여 준다. 시설 직원, 가족 및 시설에 거주하는 당사자들은 두려움, 상실감 및 지역사회 서비스에 대한 인식 때문에 시설 폐쇄를 반대할 수 있다. 때문에 전환 플래너는 이러한 감정들에 대한 민감성을 견지하고 체계적인 방법으로 의사소통을 해야 한다. 정보를 수집하는 것 이외에도 전환 플래너는 또한 당사자와 그 가족이 정보에 입각한 전환 배치 결정을 할 수 있도록 지역사회 자원에 대한 정보를 공유해야 한다.

제 17 장

중증 · 중복 발달장애인을 위한
탈시설 전환 계획에 관한 정보의 수집과 통합[1]

도로시 그리피스(Dorothy Griffiths), 프랜시스 오웬(Frances Owen)

마거릿의 이야기[2]

마거릿은 다운 증후군과 중등도의 발달장애를 가진 58세의 여성으로, 의료 문제로 인해 다섯 살 때 어느 지방 시설에 입소했다. 그녀는 백내장, 양쪽 청력 상실, 척추 측만증, 봉와직염, 심장질환, 골다공증, 뇌전증 등의 진단을 받았다. 의료 보고서에는 그녀가 시설 내에서 빈번하게 귀, 가슴, 코, 목 등에 질환을 겪은 것으로 기록되어 있었다. 그녀는 다진 음식을 섭취해야 했다. 그녀의 신체적 이동 활동은 줄어들고 있었고, 머지않아 화장실을 가기 위해 보행기나 리프트가 필요할 것으로 예상되었다.

---

1 저자 주: Griffiths, Gardner, & Nugent (1999)와 「어려운 꿈−그레이터 해밀턴/웬트워스 지역의 생활방식 전환 계획 워크숍(A Difficult Dream-Transitional Lifestyle Planning Workshop for and by the Greater Hamilton/ Wentworth area of Brant/Niagara and Hamilton)」(Dorothy Griffiths in association Shelly McCarthy, Mary Kate Rowen, Lea Odoardi-Pollard, George Briand, Gerri Jenson, & Isabel Beland, 1998)에서 인용.
2 저자 주: 「탈시설 이니셔티브: 최종 사례 연구 보고서(Facilities Initiative: Final Case Study Report)」(Griffiths, D., Condillac, R. A., Owen, F., Boutsis, E., Cancilla, C., Clarke, J., Ebrahami, M., …… & Waboso, K., 2012, 미출간 원고, 온타리오주 세인트 캐서린스, 브록 대학교)와 「온타리오주의 탈시설 계획 기간 동안 거주인의 지역사회 재진입을 위한 개인별 계획의 효과성(Effectiveness of Personal for Residents Re-entering the Community During the Facilities Initiative in Ontario)」(Jansz, C., 2011, 미출간 석사학위 논문, 브록 대학교)에 기초함.

그녀는 과도한 신체적 활동이나 일, 새로운 과제 등을 좋아하지 않는 것으로 기록되어 있었고 무기력한 사람으로 묘사되었다. 반면 직원들의 관심, TV 보기, 화장하기, 머리 손질 등을 즐긴다고 보고되었다. 볼링과 수영 등 몇 가지 지역사회 활동에 참여하였지만 그녀가 더 선호했던 것은 시설 내의 '사무실 공간'에서 색칠을 하거나 혼자 시간을 보내는 것이었다.

마거릿이 많은 양의 화장지를 가져가곤 했고 그래서 화장실 감시가 필요했다고 파일들에 기록되어 있었다. 그녀는 감시가 없을 때에는 화장지를 옷 주머니에 넣고 침실에 숨기곤 했다. 이런 행동에 관한 공식적 데이터나 행동 개입의 기록은 없었다. 시설 내에서 그녀는 타인에 대한 신체적 학대 및 자해 경향이 있는 것으로 간주되었다.

마거릿은 2층짜리 개방형 주택으로 이사했다. 그녀의 침실은 사진, 곰 인형을 비롯한 선물들 등 개인적 물건들로 장식되어 있었고, 벽에는 친구들, 가족, 그리고 그녀가 좋아하는 다양한 종의 강아지들 사진이 걸려 있었다. 방과 벽 곳곳에 예술 작품도 전시되어 있었다.

시설에서처럼 마거릿은 신체 활동을 계속 기피했지만, 취미생활을 즐겼다. 그녀는 강한 소속감을 드러냈고, 일과가 자신의 희망과 흥미에 부합하는 것에 대해 만족을 표현했다. 집 안에서는 게임, 미술, 공예 등의 여가 활동이 있었고, 그녀는 레크리에이션과 여가에 기반을 둔 주간활동 프로그램에 참여했다. 관찰을 시작한 첫날 마거릿이 프로그램을 마치고 집으로 돌아왔을 때, 케어 담당 직원은, 그녀가 '일을 좀 하러' 사무실로 갔다고 보고했다. 마거릿의 사무실은 시설 직원의 권유로 그녀를 위해 마련된 공간이었다. 시설 직원은 그녀의 침실 외부에 그녀를 위한 개인적 공간을 마련해 줄 것을 제안했고, 그녀는 새 집의 새 사무실에서 그녀가 좋아하는 일들을 계속하게 되었다.

마거릿은 가끔 짜증 난 기색을 보였는데, 그녀가 '발끈하면' 화장지를 자기 침실이나 바닥에 뿌렸다. 직원들이 이를 심각한 문제행동으로 여긴 것은 아니었으나 행동치료사와 상담을 했고, 행동치료사는 그녀에게 화장지를 제한하지 말고 오히려 그녀가 화장지를 수집할 수 있도록 특별한 상자를 주도록 제안했다. 그녀는 직접적 혹은 간접적 행동 개입이 요구될 만한 행동을 보이지는 않았다.

마거릿은 지역사회로 이주한 이후로 매우 행복해 보였다. 탈시설 전환 계획이 정확히 지켜졌고, 그녀는 새로운 환경에 매우 빠르게 잘 적응했다. 비록 마거릿의 전반적인 웰빙과 적응 능력은 시설에서나 지역사회에서나 큰 변화가 없어 보였지만, 시간이 지남에 따라 건강과 식사의 자립성에는 두드러진 차이가 있었다. 그녀가 스스로 음식을 자르고 먹기 시작했기 때문에 더 이상 탈시설 전환 계획에서 권고했던 다진 음식으로 된 식단을 필요로 하지 않게 된 것이다. 게다가 그녀의 계획서에는 그녀가 탈시설 전환을 하고 나서 1년 이내에 보행기가 필요할 것이라 예상했지만, 그녀의 이동 능력은 더 이상 물리치료가 필요하지 않을 정도로 향상되었고 심지어 계단도 독립적으로 이동할 수 있었다. 그녀의 욕실에 설치된 리프트는 전혀 사용되지 않았다.

탈시설 전과 후를 비교 평가한 결과, 양쪽 모두 대체로 쾌활하고 행복한 것으로 평가되었지만, 그녀의 시설 기록에는 슬프거나, 걱정하거나, 울거나, 불만 또는 우려를 표시하거나, 부정적인 발언을 하는 경우가 더 많이 나타난 반면에, 지역사회에서는 그녀가 자주 긍정적인 발언을 했다는 것이 드러났다. 또한 시설 내에 있는 동안 그녀가 반복적으로 건강 문제에 대해 불평을 제기한 데 비해 지역사회로 이주한 이후로 건강에 관한 문제가 줄어들었다. 시설에서 마거릿은 여러 차례 타인에 대한 신체적 학대 또는 자해의 기록을 가지고 있었지만, 지역사회에서 자해는 줄어들었고 타인에 대한 학대는 없었다. 그녀는 가끔 약한 수준의 분노를 표출했는데, 지역사회의 개입이 필요하다고 생각될 정도로 심각한 것은 없었다.

마거릿의 탈시설 전환 계획은 '목표를 세우고 개인의 미래를 예측하는 넓은 비전'으로 설계되었다. 그것은 기록에 대한 면밀한 검토와 가족 및 시설 직원들과의 인터뷰를 바탕으로 한 것이었다. 마거릿의 가족은 탈시설 전환이 마거릿의 건강에 미치는 효과에 대해 매우 걱정했었기 때문에 전환 계획에서 잠재적인 욕구에 대비하려 노력했는데, 그중 일부는 필요하지 않았다. 전환 계획의 초점은 그녀의 욕구와 관심사, 희망, 능력에 맞는 생활방식을 지원할 수 있는 지역사회와 환경을 개발하는 데 있었다. 전환 계획의 도입부는, 시간이 지나고 마거릿의 욕구와 선택이 바뀜에 따라 계획 역시 진화하여야 하며, 가족과 직원들은 본 계획서의 내용을 계속 추가하고 보강해야 한다는 지침으로 마무리되었다. 즉, 마거릿의 인생 여정이 계속되는 한, 계획은 그 여정을 계속 따라가야 한다고 기록하고 있다.

기획 과정에서 당사자 중심 접근법을 얼마나 잘 반영했느냐는 질문에 대해 담당자는, "당사자 중심적이라고 할 수 있을지 잘 모르겠습니다. 시설에서 그녀를 지켜보면서 만든 거라 편향되어 있어요. 탈시설 플래너로서는 자신이 가진 것들로 나름의 최선을 다한 거겠죠"라고 답했다. 계획은 매우 상세했지만, 마거릿의 가족과 시설 직원들의 우려 해소를 위해 의료 문제에 초점을 맞춘 것이었다. 이 계획에서 마거릿은 '매우 아픈 사람'으로 묘사되었다. 그녀가 시설에 있는 동안 건강 문제로 더 많이 씨름했던 것처럼 보이긴 했지만, 전환 계획은 건강 문제에 대한 예상과 관련해서는 유익한 것이었다. 이러한 준비들로 인해 탈시설 전환은 상당한 성공으로 인정받았으며, 지역사회 서비스 제공기관은 의료적 문제가 불거질 경우에 대응할 준비가 되어 있었다.

탈시설 전환의 성공을 위해 지역사회 서비스 제공기관은 그녀의 호불호, 관심, 선호도에 대한 세부 사항들을 바탕으로 그녀의 일상을 계획하였는데, 마거릿은 직원들이 기대했던 것보다 훨씬 더 모험적이었다. 그럼에도 불구하고, 그 지역사회 기관과 거주 공간의 직원들은 마거릿이 가지고 있는 어떤 욕구에도 대처할 충분한 준비가 되어 있다고 느꼈다. 그들은 마거릿을 처음 만난 순간 부터 그녀를 성공적으로 지원할 수 있으리라 확신했다고 말했다. 그들은 그녀의 탈시설 전환이 순 조롭다고 묘사했다.

탈시설 전환을 하고 있는 당사자는 삶의 역사에서, 가족에서 서비스 제공기관으로, 기관에서 기관으로, 그리고 기관 내에서의 전환 등 많은 전환을 경험했을 것이다. 또한 프로그램 및 환경의 변화뿐만 아니라 가족과의 관계, 직원 및 동료와의 관계에서도 여러 번의 변화를 경험했을 가능성이 높다. 당사자가 이러한 변화에 어떻게 경험하고 반응했는지 안다면 성공적인 생활방식을 계획하는 방법에 더 가까이 갈 수 있을 것이다.

당사자 또는 의사결정 대리인의 동의하에 여러 출처에서 배경 정보를 수집할 수 있다. 이 부분에서도 당사자가 중요하지만, 어떤 경우에는 당사자가 관련 배경 정보나 자신의 새로운 삶에 대한 열망이나 포부를 공유할 수 있을 만큼의 의사소통 기술을 가지고 있지 않을 수 있다. 그 사람이 과거와 현재의 환경, 상호작용, 경험 등에 대응하는 방식을 보면 그 사람이 무엇을 즐기는지, 무엇이 어려운지, 무슨 지원이 필요한지 등에 대해 많은 것을 알 수 있다. 당사자뿐만 아니라 현재 직원 및 탈시설 전환 플래너가 이러한 정보의 출처가 될 수 있다. 핵심은 시설 거주인으로서의 그 사람을 잘 아는 사람이 아니라, 한 사람으로서의 당사자를 가장 잘 아는 사람들로부터 정보를 수집하는 것이다.

이 책의 앞부분에서 언급했듯이, 각 개인에 대해 개별화된 전환 계획을 갖는 것이 절대적으로 중요하다. 이 계획은 그 사람이 한 인간으로서 어떤 사람이며 지역사회로 성공적으로 전환하기 위해 어떤 일이 일어나야 하는지를 설명한다.

당사자의 목표에서 시작하라

좋은 전환 계획은 그 사람의 삶의 목표를 이해함으로써 시작된다. 이 목표는 계획의 여러 부분들의 기초가 되어야 한다. 만약 당사자가 자신이 바라는 바를 표현할 수 있다면 당사자로부터 직접 정보를 얻기 위해 모든 노력을 기울여야 하며, 그렇지 않다면 세심한 관찰 또는 그 사람을 가장 잘 아는 사람들과 대리 인터뷰를 통해 간접적으로 정보를 구해야 한다. 자신이 삶에서 바라는 바와 간직하고 싶은 것, 그리고 싫어하는 것과 바꾸고 싶은 것을 고민할 수 있도록 당사자에게 충분한 시간을 주는 것이 중요하다. 또한 시설 생활에서는 선택할 수 있는 범위라는 것을 접해 보지 못했을 수 있기 때문에 가능한 선택지를 이해시킬 필요가 있다. 제16장에서 논한 바와 같이, 계획 입안자가 당사자로부터 정보를 수집하는 과정에 사용할 수 있는 효과적인 의사소통 전략이 있다.

일반적으로 계획 과정의 첫 번째 질문은 당사자가 살고 싶어 하는 지역을 특정하는 것이다. 전통적으로 탈시설 전환은 원래 거주하던 동네나 출신지로의 복귀를 고려한다. 이것은 종종 관할권으로 인한 행정적 이유나 가족과 더 가까운 곳으로 보내기 위해 행해진다. 그러나 그 사람이 지역사회를 떠난 지 수십 년이 지났을 수도 있고, 그 지역에 가족이 살고 있지 않을 수도 있으며, 혹은 가족이 당사자의 삶에 관여하고 있지 않을 수도 있다. 이렇게 다시 연결될 가족이 없는 경우라면 출신 지역으로 이주하는 것이 당사자의 고립을 의미할 수도 있다. 따라서 출신 지역으로의 이주가 당사자가 원하는 것이 아닐 수도 있고, 그 사람에게 최선의 이익이 아닐 수도 있다. 아마도 당사자는 시설에서 다른 장소로 이주하는 친구들과 함께 배치되기를 원할 것이다. 또한 시설에서 최선을 다해 지역사회 연결을 위해 노력한 경우라면 당사자가 시설 인근의 지역사회와 일정 정도 관계를 갖고 있을 가능성도 있다. 라파엘 등(Raphael, Brown, Renwick, & Rootman, 1996)의 삶의 질 측정에 따르면, 소속감은 삶의 질을 결정하는 핵심 요소이다. 따라서 지리적 특성은 당사자가 주변 환경 및 사람들과 어떻게 연결될지 결정짓는 매우 중요한 요소이다.

포괄적으로 배경 정보를 수집하라

탈시설 전환 계획이 성공하려면 양질의 정보가 필요하다. 전환 계획의 질은 포함된 정보의 질에 따라 달라진다. 정보는 다음과 같아야 한다.

- 솔직
- 철저
- 최신

- 모든 가능한 출처 및 환경에서 수집 및 완성되었을 것
- 모든 이해 관계자가 쉽게 이해할 수 있는 언어로 표현되었을 것

전환 플래너가 당사자를 알기 위해 따라야 할 세 가지 주요 단계가 있다.

① 전환 플래너는 일상생활의 모든 측면에서 당사자와 함께 시간을 보내야 한다. 이렇게 함으로써 전환 플래너는 당사자가 일상생활의 어떤 요소들을 좋아하고 잘 반응하는지, 그리고 어떤 요소들을 좋아하지 않거나 심지어 싫어하는지 확인할 수 있다. 이는 기초적 권고 사항이지만 과거의 생활환경과 새로운 환경 간에 차이를 평가하는 데 도움이 되기도 한다. 이러한 정보는 새로운 생활환경에서 당사자가 가장 좋아하는 사람과 활동, 그리고 피해야 할 요소들을 식별하는 데 사용될 수 있다. 이 분석을 통해 전환 플래너는 당사자에게 가장 적합한 생활환경을 제시하고 또 당사자에게 더욱 잘 부합하도록 개선이 필요한 사항을 권고할 수 있다.

② 전환 플래너는 당사자와 함께 일하는 모든 주요 직원 및 전문 서비스 직원들과 대화를 하여 당사자의 호불호와 성격 및 특별한 욕구를 파악하고, 당사자를 가장 효과적으로 지원하는 방법을 알아내는 데 시간을 할애해야 한다. 당사자에 대한 직원의 인식은 개인적 관계에 따라 서로 상당히 다른 경우도 있다. 전환 플래너는 정보를 듣고, 관찰하고, 그 정보를 삼각측정하여 가장 일치되거나 일관된 의견을 종합해 내어야 한다. 본 저자가 관여한 탈시설화 과정 중 하나에서, 전환 플래너들은 주말을 포함한 모든 교대 근무조와 함께하며 당사자와 시간을 보내면서 당사자의 하루/주간 일과를 세심하게 파악하고 계획 수립 방식에 관한 다양한 의견을 수집했다. 근무 시간대의 변화를 통해 종종 주간 근무 시간에 방문하는 것만으로는 얻을 수 없는 중요한 정보를 얻을 수 있다.

③ 전환 플래너는 당사자에 대해 이용 가능한 모든 기록을 검토하고, 필요한 경우 과거의 거주시설에서 평가 및 기록을 가져오도록 동의를 획득해야 한다. 임상 기록은 당사자의 삶의 경험을 시기 순으로 알려 주고 현재와 과거 기억의 세부 사항을 연결해 주는 매우 귀중한 정보의 원천이다. 이러한 임상 기록은 그 정보가 현재 계획과 얼마나 관련이 있는지, 그리고 그 정보를 어떻게 사용할 것인지 등의 요인에 따라 그 유용성이 달라질 수 있다. 어떤 기록은 보석처럼 귀중한 정보일 것이며, 또 어떤 기록은 현재의 계획과 거의 관련이 없을 수도 있다.

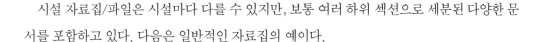

시설 자료집/파일은 시설마다 다를 수 있지만, 보통 여러 하위 섹션으로 세분된 다양한 문서를 포함하고 있다. 다음은 일반적인 자료집의 예이다.

- 첫 번째 섹션에서는 일반적으로 사진 자료(속표지)와 시설 입·퇴소 요약 자료, 그리고 성년후견 관련 증명서와 같은 법적 문서와 동의서가 포함된다.
- 대부분의 자료집에서 그 주요 부분은 일반적으로 건강 및 의료 보고서가 차지한다. 여기에는 모든 실험실 검사, 예방 접종, 의료 관련 통신문, 입원 기록 및 의료 경과 기록 등이 포함된다. 일반적으로 이 섹션에는 다수의 의료 진단서가 있으며, 주거환경 배치와 관련이 있는 내용(예: 정신과 질환, 진행 중인 또는 만성적 의료 문제)도 있고, 일부는 일시적인 것(예: 독감)일 수 있다.
- 또 다른 섹션은 일반적으로 학교 보고서, 주거 보고서, 회의 보고서 및 개발된 개인별 계획에 대한 정보를 제공한다. 여기에는 종종 심리적·발달적·행동적 평가뿐만 아니라 사건 보고서 또는 행동 개입 과정에 대한 기록도 포함된다.

개인 파일 읽기

자료집/파일에는 상당한 양의 정보가 있으며, 어떤 것들은 전환과 관련이 있을 것이고 또 어떤 것들은 보다 행정적인 자료일 것이다. 전환 플래너는 파일을 검토한 후 미래에 당사자의 전환에 영향을 미칠 수 있는 영역을 뽑아내야 한다. 특히 당사자의 웰빙을 위해 계획이 필요한 부분을 파악해야 한다. 특별히 중요한 영역들은 다음과 같다.

① 의료 및 정신과 진단을 포함한 치료 및 약물치료 이력이다. 중요한 의학적 처방/진단, 치료 및 후속 조치의 시기와 상황 등을 문서화하는 것이 중요하다. 이 정보는 당사자에게 필요한 지원 및 현재와 미래의 웰빙을 결정하는 데 특히 중요하다.
② 시기별 생활환경 목록(주거, 학력, 정신의학, 직업)은 당사자의 삶의 안정성을 상세히 기술하는 데 도움이 된다. 다양한 생활환경에 대해 개인이 어떻게 반응했는지에 주목할 필요가 있다.
③ 가족에 관한 역사(상호작용, 경험, 의학)는 매우 귀중한 자료이다. 가족 간 긴밀한 유대관

계를 유지하는 것은 명백히 중요하다. 알코올중독 같은 가족 내 문제, 조현병이나 우울 증 같은 가족력은 모두 임상적으로 중요한 자료이다.

④ 장애의 성격과 원인에 관한 문서는 이후에 의사결정 및 계획 수립을 위해 매우 중요할 수 있다.

⑤ 과거의 **프로그램/치료 프로그램**, 그리고 그것의 상대적 효과성에 주목할 필요가 있다.

⑥ 당사자에게 중요하고 지속되어야 하는 **인간관계**에 주목해야 한다.

⑦ 당사자가 가장 즐기는 **활동들**은 새로운 생활방식 계획에 포함되어야 하며, 또한 당사 자의 삶에서 피해야 할 활동과 상호작용도 가능한 한 기록해야 한다.

⑧ 당사자 또는 타인을 위험에 빠뜨릴 수 있는 **보호 또는 안전 문제**에 주목해야 한다.

기록들을 검토하면서 의문이 생기거나 탈시설 전환에 '위험신호'가 될 수 있는 정보를 발 견할 수 있을 것이다.

첫째, 보고서 파일에 불일치가 존재하거나 그렇게 보일 수 있다. 이러한 현상은 여러 곳 에서 발생할 수 있다. 정보를 작성하는 사람들 간에 의견 차이가 나타날 수 있고, 또는 시간 이 경과함에 따라 사람들이 더 많은 정보를 수집했거나, 더 광범위하게 당사자와 작업을 했 거나, 과학과 지식의 변화에 따라 진단이나 개입 방식이 바뀌었을 수도 있다. 많은 사람들이 수십 년 동안 시설에서 살았으며 그 기간 동안 현장도 변했다는 사실을 기억해야 한다. 따라 서 기록들은 쓰인 시기에 대한 인식의 바탕하에 읽어야 한다.

예를 들어, 전환 플래너가 검토하던 어느 보고서에 당사자의 정신의학적 상태에 대한 몇 가지 명백하게 상반된 진단이 나타난 일이 있었다. 이 진단들은 여러 의사의 다른 의견이 반 영된 것으로 보였는데, 또한 서로 다른 시기에 작성된 것이었다. 따라서 그것이 의견의 차이 인지, 그 사람의 상태에 대한 이해의 변화인지, 또는 현장에서 중복장애에 대한 인식이 바뀐 것인지 불분명했다. 이 경우 개인에 대한 다른 진단이 파일에 존재한다는 것을 보고서에 기 록하는 것이 가장 좋으며 추후에 설명이 필요할 수 있다.

둘째, 임상 기록은 역사적 문서이다. 그만큼 개인의 삶 속에서 어떤 일이 벌어졌는지뿐만 아니라 당시 현장에서 어떤 일이 벌어졌는지를 반영한다. 최근의 사례를 예로 들자면, 어느 심리학자가 발달장애인 시설 내에서 성범죄 전력이 있는 남성에 대한 치료가 적절하게 수 행되었는지 평가해 달라는 요청을 받은 일이 있었다. 그 남성은 1965년부터 이 문제를 보였 지만 1987년이 되어서야 치료가 시작되었다. 이것은 시설 측의 방치일까? 만약 그때 치료를 시작했다면 이 남자는 더욱 제약적인 환경에서 살았을까? 얼핏 생각하면, 이런 추측들이 가능할 것이다. 그러나 1965년 '현장'에서 '좋은 관행'으로 여겨졌던 것을 생각해 보면, 일부 제한적 행동 관리 프로그램을 제외하고는 그 당시 현장에서 이 문제를 다루기 위한 조치는 거의 없었다. 따라서 1965년의 행동 개입 계획에 대해 오늘날의 표준을 적용하는 것은 불공평할 것이다. 한 사람의 임상 파일로 문서화되었을 수 있는 모든 접근 방식들은, 개인의 경험이자 이 분야의 역사를 모두 반영하는 것이라는 점에서 이 사례의 중요성을 이해할 수 있다. 오늘날 우리가 가지고 있는 지식으로 과거에 대해 비판적이 되는 것은 쉽지만, 당시 사용할 수 없었던 오늘날의 실천과 지식을 기준으로 과거를 평가할 수는 없다.

　개인, 가족 또는 다른 전문가의 과거를 취재하는 기자의 입장에서 역사를 주관적 해석 없이 객관적으로 기록하는 것이 중요하다. 전환 플래너의 역할은 포괄적 전환 계획에 반드시 포함되어야 할 모든 내용을 명시하는 것이지 과거를 판단하는 것이 아니다.

관찰하기

　헤슬러(Hessler, 1992)는 관찰을 실시할 때 인터뷰 진행자가 다음의 두 가지 질문을 스스로에게 던져야 한다고 하였다. 우리가 알 수 있는 것은 무엇인가? 그 정보를 얻을 수 있는 가장 좋은 방법은 무엇인가?

　관찰자로서, 전환 플래너의 역할은 가능한 한 자연스럽게 참여자가 되는 것이다. 이것은 전환 플래너로 하여금 최대한 실제 그 생활환경에서 살고 일하는 사람들의 관점에서 볼 수 있게 하기 위한 것이다.

　관찰자는 관찰 대상이 처한 현실적 상황을 이해하기 위해 그 사람의 낮과 밤, 일상의 자연스런 흐름을 따라 자연주의적 패러다임을 사용하여 이상적 관찰을 수행할 수 있다. 효과적인 전환 플래너는 개인, 시설, 가족 및 지역사회 서비스 제공기관으로부터 받아들여져야 한다. 전환 플래너는 당사자의 생활환경의 일과에 최대한 동화되어야 하며 가능한 한 모든 일정에 맞출 수 있어야 한다. 전체 일정을 동행하면서 당사자와 자연스럽게 교류하고 이러한 상호작용의 맥락에서 질문을 할 수 있다는 큰 이점이 있지만, 관찰자의 존재는 여전히 부자연스럽고 방해가 되는 것으로 여겨질 수 있다. 전환 플래너가 상호작용을 자연스럽게 이끌어 내기 위해 사용할 수 있는 방법이 있다. 예를 들어, 식사 시간을 관찰할 때 관찰자는 직원을 도와 식사를 나눠 줄 수 있으며, 그렇게 함으로써 당사자가 먹는 음식의 유형, 필요한 지원의 유형 또는 식사 시간 동안 발생하는 상호작용을 관찰할 수 있다. 이때 그 사람에 대한 질문을 다른 사람에게 하지 말고 당사자에게 질문하는 것이 중요하다. 예를 들어, 폴 씨가 가장 좋아하는 음식에 대해 알고 싶다면, 직원이 아닌 폴 씨에게 질문을 하라는 것이다. 당사자에 대한 질문을 직원들에게 해야 하는 경우라면, 당사자가 없거나 들을 수 있는 거리에 있지 않을 때 해야 한다.

다른 일상, 예를 들어 위생 및 취침 전 행동과 같은 일상도 유사한 방식으로 관찰할 수 있겠지만, 전환 플래너가 그 시설에서 교육을 받지 않은 데다가 당사자와의 관계가 개인의 위생이나 사생활을 지원하거나 관찰할 정도가 아닌 탓에 이런 영역에서는 직원을 도우면서 수행하기 어려울 수 있다.

좋은 관찰자가 되기 위한 조건 중 하나는, 지식을 공유해 주는 사람들의 의견에 우호적이고 개방적이 되는 것이다. 관찰하는 동안 제시된 모든 관점은 판단 없이 수용되어야 한다. 그들은 당사자의 최선의 이익을 위해 정보를 공유해 주는 것이다. 시설 직원이라면 함께 일했던 당사자를 위해, 가족이라면 사랑하는 식구를 위해 그렇게 하고 있는 것이다. 전환 플래너는 그 사람의 의견이 가치 있고 높이 평가되고 있다는 것을 보여 줄 필요가 있다. 주의 깊게 경청한다면 상대방으로 하여금 자신의 말이 소중하게 받아들여지고 있다고 느끼게 할 수 있다(제16장 참조). 다양한 관점들의 축적은 많은 정보를 담은 계획으로 이어질 것이다.

전환 플래너가 공식 인터뷰를 진행하는 경우 앞의 전략 중 일부는 불가능할 수 있다. 그럼에도 불구하고, 전환 플래너의 존재에 대해 관찰 또는 인터뷰의 대상이 반드시 편안하게 느껴야 하며, 반드시 참여에 대해 동의를 얻은 후 진행해야 한다.

관찰하는 동안, 전환 플래너는 당사자의 생활방식 계획과 개요를 작성하기 위해 정보를 수집할 것이다. 그러나 클립보드를 들고 직원들과 거주인의 모든 활동을 기록하고 다니는 것이 최선의 전략은 아니다. 분명히 약간의 노트 필기가 필요할 수도 있는데, 그 사람에게 "당신이 말하고 있는 내용은 매우 중요하고 그 어떤 것도 잊어버리고 싶지 않아서" 몇 가지 메모를 해도 "괜찮은가요?"라고 묻고 허락을 받아야 한다. 관찰 직후에 기록을 작성하는 것이 일반적이지만, 광범위한 기록을 해야 하거나 전환 플래너가 정보들을 기억하기 어려운 경우에는 양해를 구해서 관찰하는 기간 동안 기록을 작성할 수 있는 별도의 공간을 찾는 것이 좋다.

관찰 중에 작성된 기록은 가능한 한 구체적이어야 하며 날짜순으로 쓰여야 한다. 기록은 사건 또는 대화의 관찰을 묘사해야 하며, 각 관찰의 구체적 특징을 기술해야 한다(Hessler, 1992). 정확히 인용해야 할 코멘트가 있다면 그 단어들을 인용 부호에 넣어야 한다. 그러나 대부분의 사람들은 관찰과 인터뷰를 할 때 사전 동의를 한 이후라도 인용되는 것을 불편하게 여기기 때문에 절대적으로 중요한 경우에만 인용을 해야 한다.

관찰된 사실들과 기록된 대화들 이외에도 과거 기록을 검색해야 한다거나 전환 계획에 포함되어야 할 내용 등과 같이 미래의 연구를 위한 아이디어를 삽입하는 것이 도움이 된다. 괄호 안에 이렇게 스스로를 위한 '셀프 메모'를 추가할 수 있다.

제16장에서 다룬 바와 같이 당사자와 시설 직원이 긍정적인 탈시설 전환을 시각화하는 데 어려움을 겪을 수 있음을 상기하자. 제16장에서 묘사한 전략은, 전환 플래너가 세심하고 상대방을 존중하는 방식으로 이러한 문제를 다루는 데 도움이 될 것이다.

가족과 만나기

전환 플래너는 일반적으로 당사자나 직원보다는 가족과 상호작용하는 시간이 훨씬 적으며, 대개의 경우 그 상호작용은 더 형식적이다. 종종 인터뷰는 가족들의 생활 공간에서 이루어지며 시간이 정해져 있을 것이다. 예를 들어, 가족들은 전환 플래너와의 대화를 위해 한 시간을 할애했을 수 있다. 그러나 가족들의 이야기는 예상보다 시간이 더 많이 걸리기 일쑤이다. 시간이 더 필요하고 전환 플래너가 가족의 생활 공간을 다시 방문하기가 여의치 않거나 그다지 실용적이지 못한 경우, 동의를 구해 전화상으로 추가 정보를 공유할 수 있다. 그러나 가족 구성원의 탈시설화로 인한 스트레스 상황을 감안하면, 이것은 최초의 대면을 통해 가족과 신뢰 관계를 구축한 이후에만 성공할 수 있는 방법이다.

대부분의 경우 전환 플래너가 인터뷰를 진행하겠지만, 앞에서 논의한 전략 중 일부는 가족의 걱정을 덜기 위해 사용할 수 있으며, 가능하면 플래너는 일상의 자연스러운 분위기를 만들도록 유연해야 한다. 예를 들어, 만약 상대방이 설거지를 하고 있다면 플래너는 부엌에 앉아서 이야기를 하자고 제안할 수 있다. 가족이 커피를 마시고 싶다면 플래너도 커피를 마시자고 할 수 있다. 하지만 가정 내의 산만함이 대화를 방해하지 않도록 하는 것이 중요하다. 대부분의 경우 가족들은 전환 플래너의 방문이 편안하게 느껴질 때 더 많은 정보를 제공한다.

시설에서 인터뷰가 이루어지는 경우, 전환 플래너는 대회의실처럼 크고 격식을 갖춘 방보다는 작은 회의실에서 차를 마시며 긴장 완화를 시도할 수 있다.

가족들은 여러 가지 걱정이 있을 가능성이 높고, 불안해하며 적극적으로 전환에 반대할 수도 있다. 전환 플래너는 이러한 일이 발생할 수 있다고 예상해야 하며, 탈시설 전환의 성공을 시각화하기 어려운 상황에 대처하기 위해 제16장에서 권장한 전략에 주목해야 한다.

관찰 내용 종합하기

관측치의 신뢰도는 다음 세 가지에 달려 있다. 전환 플래너의 존재가 관찰에 어떤 영향을 미쳤는가? 전환 플래너의 편향 또는 선입견이 관찰에 어떤 영향을 미쳤는가? 정보들이 충분히 유효하다고 확신할 만큼 다른 출처에서 얻은 정보들과 관찰한 내용이 융합되었는가?

전환 플래너의 존재는 생활환경 내에서 당사자가 상호작용하는 방식에 영향을 미칠 수 있다. 첫째, 생활 공간 또는 방 안에 새로운 사람이 있으면 관찰 대상의 반응과 상호작용 방식에 변화가 생길 것이다. 낯선 사람의 존재는 관찰의 이유를 모르는 사람들에게 호기심을 불러일으킨다. 또한 전환 플래너의 역할을 알고 있는 사람들은 자신과 자신의 행동을 가장 긍정적인 방식으로 표현하고자 할 수 있다. 잘 보이고 싶어 하는 것은 자연스러운 일이다. 제16장의 사례에서 시설 거주인이 지역사회로 가는 것을 죽는 것이라 생각했던 사람을 생각해 보자. 이 사람에게 전환 플래너의 존재는 사형 선고를 의미할 수 있을 것이다. 이와 같이 관측에 있어 전환 플래너의 영향으로 상호작용이 바뀌게 되는데, 이것을 완전히 예방할 수는 없으며 최대한 자연스럽게 눈에 띄지 않음으로써 최소화될 수 있을 뿐이다.

둘째, 전환 플래너는 스스로 시설에 대해, 그곳에서 일하는 직원 및 그곳에 거주하는 사람에 대한 편견과 선입견을 갖고 있을 수 있다는 것을 알아야 한다. 이러한 선입견들은 매우 긍정적이거나, 매우 부정적이거나, 이상주의적이거나, 현실적인 것일 수 있지만, 어쨌거나 그것들은 존재할 것이다. 더욱이 전환 플래너는 탈시설 전환의 분위기 속에서 시설의 폐쇄 또는 축소 과정을 둘러싼 긴장, 갈등, 분노 등의 상황을 관찰할 수 있다. 전환 플래너의 감정이나 정서가 평가를 왜곡시키지 않기 위해서는 자신의 편견을 성찰하고 그것이 보고 내용에 과도한 영향을 끼치지 않았는지 숙고하는 노력이 중요하다.

셋째, 전환 플래너는 기록, 인터뷰, 관찰 등의 다양한 자료에서 새롭게 부각되는 주제들과 추세들을 발견할 것이다. 이것들이 수렴되는 지점은 정보의 일관성과 유효성에 대한 확신을 더해 줄 것이다. 일관성이 없거나 상이한 정보들은 추가 조사 또는 후속 작업을 위한 영역으로 구분해야 한다.

전환 프로필 만들기

이제 전환 플래너는 프로필과 전환 계획의 기초가 될 관찰, 인터뷰, 기록 검토 내용 등 광범위한 자료를 갖고 있을 것이다. 이러한 정보에 기초하여 당사자의 종합적 프로필을 개발할 수 있다. 이 프로필은 앞의 모든 항목을 포함하여 당사자에 대한 세부적 배경 정보를 담게 된다. 또한 삶의 목표와 성격, 호불호, 특별한 관심사와 같은 심리사회적 요소들도 제공하며, 당사자가 한 인간으로서 어떤 사람인지에 대한 청사진을 제공해야 한다.

프로필에는 적어도 다음과 같은 일반적 배경 정보가 포함되어야 한다. 일반적인 느낌과 인상, 의료 및 정신의학 관련 이력과 욕구, 사회적 이력(가족, 교육, 직업, 주거환경), 성격, 호불호, 일상생활 기능 및 욕구, 교육 또는 직업 기능 및 욕구, 인간관계 기능 및 욕구, 의사소통 기능 및 욕구, 지역사회 인식과 여가 활동 기능 및 욕구, 행동 관련 고려 사항, 과거에 성공적이었던 긍정적 개입 방식, 현재 생활환경에서 요구되는 기능과 지역사회에서 요구되는 기능 간에 예상되는 차이 등이 그것이며 이에 국한되어서는 안 된다. 프로필은 지역사회로의 전환을 통해 당사자의 삶의 질이 시설에서의 그것과 같거나 더욱 좋은 것이 되도록 당사자의 욕구, 선택 및 기능에 맞추어 당사자의 생활방식에 대한 조감도를 그려 내야 한다.

탈시설 전환 프로필은 적응에 도움이 되는 내용이라면 당사자의 과거 사건을 최대한 구체적으로 기술해야 한다. 예를 들어, 존이라는 사람은 아침형 인간이 아니었고 하루 중 대부분 유쾌했지만 그의 기록을 보면 아침에 일어나자마자 문제행동의 패턴이 명백히 나타났다. 존의 전환 계획에는 그가 아침에 일어나는 것을 돕기 위해 필요한 것들이 선명하게 묘사되어 있다. 이 정보에는 문제행동을 유발할 수 있는 상호작용에 대한 자세한 설명이 포함되어 있었고, 또한 성공적으로 아침에 일어나도록 하기 위한 접근 방식도 서술되어 있었다. 프로필은 새로운 주거환경의 직원들에게 아침에 존을 깨울 때 해야 할 일뿐만 아니라 하지 말아야 할 일에 대한 단계별 계획을 제공함으로써 존의 성공적 전환과 예측 가능한 문제 예방을 돕도록 하였다. 전환 플래너가 탐구해야 하는 일련의 질문들은 뒤에 첨부한 템플릿에 포함되어 있다.

기밀 유지의 윤리

전환 플래너는 전환을 계획하기 위해 당사자의 삶 속으로 뛰어들었다. 모든 이해 관계자들은 정보가 해당 목적만을 위해서 수집된다는 신뢰를 바탕으로 이러한 상호작용을 시작한다. 따라서 누군가 수집된 정보를 어떤 다른 목적으로 사용하는 것은 비윤리적이다. 전환 플래너는 그 신뢰를 저버리지 않도록 철저하게 지켜야 한다.

기밀 유지는 당사자의 권리뿐만 아니라 직원과 가족의 권리도 보호하는 것이다. 가능성이 낮지만 이에 대한 명백한 예외라면, 예를 들면 학대와 같이 플래너가 법적으로나 윤리적으로나 보고할 가치를 느끼는 문제를 발견한 경우인데, 이 경우에도 문제 대응에 적합한 사람에게만 보고가 되어야 한다.

질문 예시 템플릿

탈시설 전환을 진행 중인 개인의 프로필을 개발하는 데 사용할 수 있는 질문 예시 템플릿을 뒤에 첨부하였다. 이 프로필은 전환 계획의 기초를 형성하며 당사자를 받아들이는 지역사회 서비스 제공기관으로 하여금 당사자가 어떤 사람인지, 현재 주거환경에서 어떻게 살고 있는지, 당사자의 삶의 질에 관한 요소들을 최적화하고 새로운 생활환경을 만드는 것에 대해 시설 직원들이 어떻게 생각하는지 등 당사자에 대한 모든 측면을 알게 해 준다. 템플릿에서의 예시는 자주 탐구되는 영역을 다루지만 완전한 것은 아니다. 그러므로 당사자의 욕구를 바탕으로 플래너가 추가할 필요가 있는 다른 요소들이 있을 수 있다.

요약

전환 플래너가 적절하고 효과적인 전환 계획을 개발하기 위해 필요한 정보를 획득하는 과정은 복잡하다. 이를 위해서 플래너는 자신의 개인적 편견을 알고 자기성찰을 하는 실무자가 되어야 하며, 주관적 판단을 배제한 중립적 입장에서 당사자와 주요 이해 관계자들을 관찰하고 인터뷰하여야 한다. 전환 플래너의 가장 중요한 초점은 시설을 떠나는 당사자를 주거서비스 대상자로서가 아니라 한 사람의 인간으로서 온전히 아는 것이어야 한다. 전환 플래너의 주요 업무는 당사자에 대하여 역사적 상황과 현재 상황을 총망라한 종합적인 정보를 수집하고, 동향을 분석하고, 관련자들로 하여금 지역사회에서 살아갈 새로운 주민의 삶의 질을 위해 풍부한 정보에 입각한 지원 계획을 수립하고 실행할 수 있도록 돕는 것이다.

전환 계획 프로필 작성을 위한 질문 예시 템플릿

전환 당사자:

현재 주거:

생년월일:

현재 주거에 입소한 날짜:

성별:

입소 동의서 작성자:

가장 가까운 친척:

1. 생활방식 계획 인터뷰에 참여한 사람은 누구인가?

2. 당사자가 곧 있을 탈시설 전환에 대해 알고 있는가? 당사자는 지역사회에 산다는 것이 어떤 것이라 생각하고 있는가?

3. 당사자는 이상적인 집이 어떤 것이라 생각하는가?

4. 새로운 집, 직업, 지역사회로 이동함에 있어서 당사자가 구체적인 희망 사항이나 기대를 가지고 있는가?

5. 전환을 계획함에 있어서 직원들이 가장 중요하게 생각하는 당사자의 성격, 욕구, 호불호의 요소들은 무엇인가?

6. 전환을 계획함에 있어서 가족들이 가장 중요하게 생각하는 당사자의 성격, 욕구, 호불호의 요소들은 무엇인가?

사회적 이력

1. 당사자의 시설 거주 이력은?

2. 당사자의 교육 이력은?

3. 당사자의 일, 직업적 이력이나 경험은? 당사자는 어떤 측면을 좋아하거나 싫어했는가?

인간관계 기능 및 욕구

1. 가족 참여의 성격은 어떠한가? 누가, 어떻게, 얼마나 자주 참여하는가? 당사자와 가족에게 어떤 방식의 상호작용이 바람직한가? 그것은 어떻게 성취할 수 있는가?

2. 시설에서의 인간관계 중 지역사회 전환 후에도 계속 유지되어야 하는 관계가 있는가? 있다면 구체적으로 무엇인가? (하우스메이트, 친구 방문 등)

3. 당사자에게 중요하고 지역사회에서도 관계를 유지해야 할 중요한 시설 직원이 있는가?

4. 당사자가 연애에 대한 욕구를 표현하는가? 탈시설 전환 후에 그 커플은 어떻게 관계를 유지할 수 있는가?

5. 당사자가 자주 가는 장소들에 얼마나 많은 사람이 있는가?

6. 당사자가 소음과 군중에 어떻게 반응하는가?

7. 당사자가 어떤 유형의 사람들과 함께 시간을 보내는 것을 좋아하는가?

8. 당사자가 어떤 유형의 직원에게 가장 잘 반응하는가? 또는 덜 호의적으로 반응하는가? (성별, 나이, 성격, 목소리, 체격 등을 고려)

9. 당사자를 지원하기 위해 필요한 특정한 인력 배치 비율이 있는가? 있다면 어떤 활동을 위해, 그리고 얼마의 기간 동안 필요한가?

10. 당사자가 어떤 유형의 사람과 함께 거주하는 것이 가장 좋은가? 아니면 피해야 하는가? (소음, 활동, 성별, 성격, 연령 등을 고려)

11. 가정에서의 이상적인 상호작용 규모는? 2~3명? 최대 5명?

12. 당사자와 어울리지 않는 유형의 하우스메이트는?

13. 당사자와 어울리지 않는 유형의 직원은?

14. 당사자가 긍정적 또는 부정적으로 반응을 보이는 특정한 대인관계 또는 상호작용 요인이 있는가?

15. 당사자가 함께 살기에 이상적인 인원은 몇 명인가? 왜인가? (안전, 사회 참여 증가, 신체적 케어의 증가 고려)

의료 및 정신의학 관련 이력

1. 어떤 의료적 또는 정신의학적 진단(증후군 포함)이 있는가?
2. 당사자의 의학적 상태는 어떠하며, 그것이 어떤 영향을 미치는가? 알레르기가 있는가? 있다면 어떤 것이고 어떤 약이 사용되었는가?
3. 당사자는 어떤 약을 얼마나 복용하고 있는가? 그 약은 어떤 목적으로 얼마 동안 사용되는가?
4. 당사자는 왜 약을 먹는지 알고 있는가? 스스로 약을 먹을 수 있는가?
5. 약물 알레르기나 민감증이 있는가?
6. 관련 병력(입원 등)이 있는가?
7. 시설에서 당사자는 어떤 의료 전문가를 얼마나 자주, 왜 만나는가?
8. 당사자의 특별한 식이요법이나 식사 관련 욕구가 있는가?
9. 당사자의 수면 패턴을 묘사하라.

행동 관련 고려 사항

1. 당사자가 어떤 상황에 대처하는 데 어려움을 겪는가? 그렇다면, 어떻게 표현되는가?
2. 문제행동과 연관된 시간, 상황, 과제 및/또는 사람 등이 확인되었는가? 그렇다면 어떻게 연관되었는가?
3. 문제행동이 일어나지 않는 시간, 활동 또는 인간관계가 있는가? 그렇다면, 자세히 기술하라.
4. 당사자가 긴장을 풀거나 진정하기 위해 사용하는 기술은 무엇인가?
5. 당사자가 어려움을 극복하는 데 도움이 될 수 있는 극복 전략들은 무엇인가?

의사소통

1. 당사자의 일반적인 의사소통 전략은 무엇인가? 통신 기기 또는 다른 방식(신호, 블리스,[3] 사진 등)을 사용하는가?

2. 당사자는 특정 행동을 통해 의사소통을 하는가? 어떤 행동인가? (예: 화가 났을 때 머리 찧기) 그 행동은 어떤 기능을 수행하는가? (예: 활동이나 프로그램이 중지되는 등)

3. 당사자는 신체적인 욕구(불편함, 화장실, 배고픔 등)를 알릴 수 있는가? 그렇다면 어떻게 알리는가?

4. 당사자는 자신의 감정을 알릴 수 있는가? 그렇다면 어떻게 알리는가?

5. 당사자는 선호와 선택(예, 아니요 등)을 전달할 수 있는가? 어떻게 알리는가?

6. 당사자가 도움을 요청할 수 있는가?

7. 당사자는 요청된 내용을 이해하고 간단한 지시를 따르는가?

8. 특별한 의사소통 관련 욕구가 있는가?

9. 청력이나 시력에 문제가 있는가?

일상활동

하루 일과

당사자의 전형적인 일과와 특별히 고려해야 할 사항을 자세히 설명한다.

시간	활동/환경	고려 사항

---

3 역자 주: 블리스(BLISS). 블리스 상징 등으로 불리는 상징 체계. 언어장애가 있는 사람을 위해 사용되는 보완대체 의사소통 수단의 하나로서, 시각적 상징 체계를 사용하여 감정과 동작뿐만 아니라 논리적 표현도 가능함.

1. 당사자의 하루 또는 주간 일과는 얼마나 예측 가능한가? 예측 가능성이 당사자에게 얼마나 중요한가?
2. 당사자에게 가장 잘 맞는 생활 리듬이 있는가?
3. 하루 일과의 어떤 부분이 당사자에게 가장 중요한가? 왜인가?
   1) 활동
   2) 음식
   3) 물건
   4) 사람
4. 일과에 포함시켜야 할 특별히 중요한 일상생활의 활동(예: 추가적 목욕 시간)이 있는가?
5. 일상생활의 어떤 측면에 부정적인 반응을 보이는가? 그 이유는 무엇인가?
   1) 활동
   2) 음식
   3) 물건
   4) 사람
6. 당사자에게 어려운 활동(식사 시간, 목욕 시간, 아침 기상 등)이 있는가? 어려움을 덜어 주는 방법으로 확인된 것이 있는가?
7. 새로운 주거환경에 제안할 일과의 변화는 무엇인가?
8. 당사자가 일과에서 어떤 선택을 하는가? 이런 선택은 당사자에게 중요한 것인가?
9. 당사자가 최대한 자립적으로 살 수 있도록 하기 위해서 어떤 물리적 환경의 (이동, 안전, 사생활 등) 개조가 필요한가?

지역사회 인식과 통합

1. 당사자는 지역사회를 어떻게 생각하는가?
2. 당사자는 지역사회를 어떻게 접하고 있는가?
3. 당사자는 어떤 지역사회 활동을 즐기는가?
4. 현재 어떤 지역사회 활동에 어려움을 겪고 있는가? 왜인가?
5. 지역사회에서 당사자가 필요로 하는 인력 지원 방식은 무엇인가?
6. 지역사회에서 문제가 될 수 있는 특정한 행동이 있는가?

7. 지역사회에서 당사자의 안전에 대해 고려할 것은 무엇인가?

8. 새로운 지역사회 활동(교회, 모임 참가 등) 중 어떤 것을 가장 즐길 것인가? 또는 싫어할 것인가?

9. 다양한 활동에 있어서 당사자의 지역사회 통합을 위해 필요한 것은 무엇인가? (예: 당사자 대 직원 비율, 교통, 지역사회 연락)

여가와 레크리에이션 욕구, 교육적 또는 직업적 관심사

1. 확인된 당사자의 관심사, 취미 또는 스포츠 활동이 있는가?

2. 당사자가 원하는 것을 할 수 있도록 허용한다면, 당사자는 무엇을 할 것으로 보이는가?

3. 탈시설 전환 후 어떤 유형의 레크리에이션 활동을 즐길 것인가? 또는 싫어할 것인가?

4. 탈시설 전환 후 어떤 교육 또는 직업활동을 즐길 것인가? 또는 싫어할 것인가?

정신적 욕구

1. 당사자는 종교 활동에 참여하는가? 구체적으로 기술하라.

2. 당사자가 지켜야 하는 특별한 날(크리스마스, 유대교 축제 하누카, 무슬림 휴일 이드 알피트르, 생일 등)은 언제인가?

3. 휴일과 특별한 날의 어떤 측면이 당사자에게 중요한가?

4. 당사자는 특별한 날을 어떻게 보내거나 축하하기를 기대하는가?

삶의 질 요소

1. 당사자의 삶의 질에 필수적인(희망하고 선호하는) 요소는 무엇인가?

2. 이런 것들이 어떻게 지역사회에서 만들어질 수 있는가?

3. 현재 당사자의 삶의 질에서 어떤 면을 계속 유지해야 하는가?

미래의 주거환경

1. 당사자가 이주하기에 가장 바람직한 지리적 위치는 어디인가? 왜인가?
2. 어떤 유형의 생활환경(도시 또는 시골)이 가장 바람직한가? 왜인가?
3. 공간에 대한 당사자의 욕구는 무엇인가? (예: 1인실, 공예 활동이나 물리치료를 위한 공간 등)
4. 어떤 물리적 주거환경을 제공해야 하는가? (예: 단층집 또는 엘리베이터가 있는 집, 넓은 마당 또는 공원 접근성, 외부에서의 접근성 등)
5. 주거환경에 어떤 개조가 필요한가? (휠체어, 경사로, 리프트, 출입자 경보기 등)

자원 및 지원

1. 당사자에게 필요한 의료 자원(가정의, 치과의, 정형외과의, 심장 전문의, 신경 전문의, 신장 전문의 등)은 무엇이며, 왜인가?
2. 당사자에게 필요한 임상 치료(행동치료, 정신의학, 심리치료, 상담, 물리치료, 작업치료, 언어 또는 의사소통 등)는 무엇이며, 왜인가?
3. 당사자에게 유익한 다른 자원이나 지원이 있는가?

제18장

복잡한 욕구에 대응하기 위한 통합적 전환 계획 만들기[1]

도로시 그리피스(Dorothy Griffiths), 프랜시스 오웬(Frances Owen)

데이비드의 이야기[2]

데이비드는 음악과 사람들을 좋아하고 외향적이며 때로는 거침없이 말하는 63세의 남자였다. 14세에 시설에 입소하였다. 그는 중증의 발달장애, 양극성 기분장애(조울증), 선천성 흉골 돌출(새가슴), 흉추 후만증, 정체성 피부염, 궤양 및 우측 흉막 삼출증 진단을 받았다. 그는 시설을 떠나기 전에 뇌졸중처럼 묘사된 증상을 겪었고, 이로 인해 신체 우측 기능의 약화와 보행에 어려움이 생

---

1 저자 주: 「어려운 꿈—그레이터 해밀턴/웬트워스 지역의 생활방식 전환 계획 워크숍(A Difficult Dream-Transitional Lifestyle Planning Workshop for and by the Greater Hamilton/Wentworth Area of Brant/Niagara and Hamilton)」(Dorothy Griffiths in association Shelly McCarthy, Mary Kate Rowen, Lea Odoardi-Pollard, George Briand, Gerri Jenson, & Isabel Beland, 1997)에서 인용.

2 저자 주: 「탈시설 이니셔티브: 최종 사례 연구 보고서(Facilities Initiative: Final Case Study Report)」(Griffiths, D., Condillac, R. A., Owen, F., Boutsis, E., Cancilla, C., Clarke, J., Ebrahami, M., …… & Waboso, K., 2012, 미출간 원고, 온타리오주 세인트 캐서린스, 브록 대학교)와 「온타리오주의 탈시설 계획 기간 동안 거주인의 지역사회 재진입을 위한 개인별 계획의 효과성(Effectiveness of Personal for Residents Re-entering the Community During the Facilities Initiative in Ontario)」(Jansz, C., 2011, 미출간 석사학위 논문, 브록 대학교), 「발달장애인의 탈시설화가 사회 통합, 선택 결정, 적응 및 부적응행동에 미치는 영향: 사례 연구 분석(Deinstitutionalization and Its Effects on Social Inclusion, Choice-making, Adaptive and Maladaptive Behavior for Individuals with Intellectual Disabilities: Case Studies Analysis)」(Waboso, K., 2013, 미출간 석사학위 논문, 브록 대학교)에 기초함.

겼다. 데이비드는 그 뇌졸중처럼 보이는 증상을 겪은 이후 휠체어를 사용하고 있었다.

전환하기 전의 행동 보고서에 따르면 데이비드에게는 한결같은 직원, 직원의 관심, 그리고 사적 공간 등이 보장된 스트레스 없는 주거환경이 필요하다고 제시되었고, 조용하지만 사회적 사교 활동이 가능한 생활환경을 원하는 것으로 묘사되었다.

데이비드는 대규모 노인 요양원 내에 있는 휠체어 접근이 용이한 소형 맞춤형 주택으로 이주했는데, 이는 임박한 의료 서비스 지원을 고려한 것이다. 그는 다른 2명의 남자와 1명의 여자와 함께 살았다. 이 주택은 가정형 주택의 특성을 반영한 것이 아니라 시설 환경에 더 흡사했다. 그의 가족은 전환 플래너의 추천으로 데이비드를 위해 그곳을 선택한 것이었다. 탈시설 전환 과정이 시작되기 몇 년 전에 데이비드는 폐종양 가능성을 진단받고, 완화 치료 계획이 마련되었다. 시설에 거주하는 동안 그의 상태가 그런 수준의 치료가 필요하지 않을 정도로 개선되고 안정되었지만, 데이비드에 대한 전환 계획은 매우 높은 수준의 의료 서비스와 가까운 미래에 완화 치료의 필요성에 대한 예상에 기초하여 계속 진행되었다. 노인 요양원은 그가 시설에서 퇴소할 때 곧바로 필요할 것으로 예상되던 의사, 치과 의사, 간호 직원에 대한 현장 접근을 포함한 다양한 의료 서비스를 제공할 수 있는 곳이었다. 전환 플래너는 데이비드의 예상되는 의료 서비스 욕구 때문에 노인 요양원이 그에게 적합하다고 보고했다. 플래너는 또한 데이비드가 필요로 할 때 현장에서 지원이 가능한 이 계획에 대해 가족이 만족했다고 보고했다.

직원들은 데이비드가 탈시설 전환 후 6개월 이내에 환경에 적응했다고 보고했다. 그의 적응 기능은 전환 이후 대체로 변하지 않았다. 그의 도전적 행동은 계속되었지만 기분에 따라 변동이 심했다. 그는 때때로 직원의 지원에 비협조적이거나 저항하곤 했다. 뇌졸중으로 생각되는 증상이 있기 전에 그는 자립적인 사람이었다. 뇌졸중 이후 그는 사람들이 자기 신체의 은밀한 부위에 접촉이 포함되는 옷 입히기, 화장실 지원, 개인 위생 지원 등을 좋아하지 않았다. 이런 때에 그는 언어적으로 그리고 물리적으로 공격적이곤 했다.

최초 계획에서는 데이비드가 노인 요양원의 다른 사람들과 교류할 것을 요구했었다. 그러나 다른 거주인들은 데이비드를 좋게 받아들이지 않았다. 다른 거주인들은 데이비드가 너무 시끄럽다는 이유로 그를 식당에 오지 못하게 해 달라는 탄원서에 서명했다. 새로운 시도의 필요성을 느낀 직원들이 데이비드에 대한 행동 개입 프로그램을 시도하였지만 그는 매우 부정적인 반응을 보였다. 결국 직원들은 데이비드를 노인 요양원에서 완전히 분리시키고 다른 기회를 찾아야 했다. 그 결과, 데이비드는 반드시 직원과 함께 엘리베이터를 타고 식당으로 올라가서 식사를 받도록 허용되었고, 그러고 나서 자신의 주택으로 돌아와서 식사를 하였다. 또 그는 교회에 나가는 것이 허락

되지 않았지만 예배실을 방문할 수는 있었다. 노인 요양원 거주인들은 마침내 그가 티타임과 같은 사교 활동에 참여할 수 있도록 허락했는데, 이는 식사가 필요 기반인 데 반해 사회 활동은 선택 기반이기 때문이었다. 즉, 그러한 사교 활동 중에 그가 너무 시끄럽게 군다면 다른 거주자들이 그곳을 떠날 선택지가 있었던 것이다.

노인 요양원 내의 공간과 활동에서 공공연하게 환영받지 못했기 때문에 데이비드는 전체 시설 단지 내에서 다른 사람들로부터 고립되었다. 그의 주택은 독립된 공동체가 되었고, 그곳의 직원들과 거주인들은 데이비드의 사회적 통로 혹은 분출구가 되었다. 데이비드는 그곳에 좋아하는 직원이 있어서 포옹이나 악수를 청하기도 했지만, 다른 거주인들과는 잘 맞지 않았다. 그들은 비슷한 관심사가 있지도 않았고, 그의 의사소통 능력과 부합하지도 않았다.

주택의 동료 거주인들과의 관계와는 대조적으로, 주간활동 프로그램 참여자들은 그를 환영했고 함께 대화를 나누었다. 그곳에서 그는 친절하고 호감을 주는 사람이었으며 친구와 포옹을 나누기까지 했다. 주간활동 프로그램의 직원들은 그에게 매우 친절했고 진심 어린 애정을 표현했다. 그들은 친근한 태도로 그가 좋아하는 주제의 대화에 그를 참여시켰다. 그가 이 프로그램을 떠나 자신의 주택으로 돌아가고 싶어 하지 않았다고 직원들이 기록할 정도로 데이비드가 주간활동 프로그램에서 다른 사람들과 있는 시간을 즐겼던 것은 분명해 보인다. 직원들은 그가 주간활동 프로그램을 떠나서 주택으로 복귀할 때 도전적 행동을 자주 보였고 때로는 공격적 행동을 했다고 보고했다.

처음에 데이비드는 자신의 주택을 자주 떠나지 않았다. 전환 플래너는 외출을 하면 데이비드가 너무 지칠 수 있으며 세심한 관찰이 필요하다고 보건 상담 간호사가 분명히 말한 것을 상기하였다. 시간이 흐름에 따라 일선 직원들은 데이비드가 지역사회에서 산발적 활동을 할 수 있도록 몇 가지 목표를 세웠다. 직원들은 데이비드가 외출하는 것을 즐겼고 지역사회에 참여할 더 많은 기회를 반길 것이라 여겼지만, 그가 개인적 발전을 가져올 수 있는 활동에 별로 참여할 수 없었다고 기록했다. 그것은 교통과 지원 인력의 제약이라는 장벽 때문이었다.

직원들은 데이비드가 전환에 적응했다고 생각했지만, 야외 활동이나 주간활동 프로그램에 참석한 후 자신의 주택으로 복귀하는 것에 대한 저항으로 알 수 있듯이, 종종 자신의 거주 환경에 대한 노골적인 불만을 표시했다고 보고했다. 그의 불만 표시에는 욕설, 몸짓의 변화, 표정 찡그리기, 휠체어를 밀고 있는 직원 때리기 등이 포함되었다. 반대로 주택에서 지역사회로 이동할 때 그는 웃음, 미소, 노래하기, 행복한 표정 등을 보였다.

데이비드의 탈시설 전환 계획은 출생의 세부 사항에서부터 그의 병력에 대한 매우 길고 상세한 보고서를 담고 있었지만, 이것은 전환 이주를 16개월 앞둔, 즉 그의 병세가 말기 상태로 여겨졌던 시점을 바탕으로 한 것이었다. 그 진단은 지역사회 전환 무렵에 뒤집혔지만 금방이라도 악화될 수 있다는 우려 때문에 계획은 수정되지 않았다. 계획에는 장문의 행동 상담 보고서가 포함되어 있었는데, 그것은 보고서 작성일 2년 전에 있었던 단 한 건의 규정 불이행과 공격성 사례에 관한 것이었다.

서비스 제공기관 운영자는 그 계획이 데이비드의 서비스 욕구를 예상한 만큼 반영하지 않았지만 '개인화'에 대비되는 개념으로,[3] 대단히 개별화된 계획이라 생각한다고 밝혔다. 목욕과 식사에 관한 권고 사항은 탈시설 전환 이후에 그가 필요로 하는 수준과 일치하지 않았다. 제공기관 운영자는 이러한 권고 사항을 작성할 때 전환 플래너가 "당사자의 실제 매일의 일과를 잘 알지 못했을 가능성이 높으며, 특수 욕조 '같은 것'을 제안했지만 실제로 그것이 어떤 모양일지는 알지 못했던 것 같다"(제공기관 운영자)라고 추측했다. 개인별 계획 수립에 관한 질문에 대해 서비스 제공기관 직원들은 전환 플래너들이 애초에 무엇이 적절한지 몰랐던 게 분명하다고 응답했다. 예를 들어, 제공기관 직원들은 데이비드를 욕조에 담는 대신, 노인용 의료장비인 아르조(ARJO) 욕조의 보드 위에서 목욕을 시켜야 한다고 제안했다.

계획과 현실 사이의 두 가지 주요 불일치는 그의 건강과 노인 요양원에서의 고립이었다. 첫째, 그의 건강이 점차 나빠진 것이 아니라 데이비드의 건강은 오히려 좋아졌고 예상했던 수준의 돌봄이 필요하지 않았다. 둘째, 탈시설 전환 계획은 그가 '노인 커뮤니티의 (그리고 발달장애인 서비스에서 제공하는) 사회적 활동에 참여할 기회를 가질 것'으로 기대하였다. 하지만 불행하게도 전자의 경우 그를 극도로 환영하지 않는 것으로 판명되었기 때문에 이러한 사회적 지원을 이용할 수가 없었다.

데이비드가 보인 이례적인 어려움에 관하여 서비스 제공기관 직원들은, 그 건물의 노인들이 회의를 열어 요양원 커뮤니티에서 그를 배척하기로 낙인을 찍을 줄은 몰랐다고 토로했다. 그들은 다른 거주인들이 배척의 성격을 띤 우려를 제기하고 부정적 태도를 보이는 것에 소름이 끼칠 정도로 경악했다고 보고했다. 직원들은 노인들이 표현하는 태도가, 욕설들이 두드러진 측면이 분명하

---

3 역자 주: 개별화(individualized)와 개인화(personalized). 집단에 대비하여 개인에게 초점을 둔다는 점에서 두 용어를 동일한 의미로 사용하는 경우가 매우 일반적이지만, 이 문장에서는 교육이나 마케팅 영역에서의 구분과 같이 동일한 목표를 개별적인 경로로 구현한다는 의미에서의 개별화를 성취 목표 설정 자체를 달리하는 개인화에 대비하고 있음.

긴 하지만, 발달장애인의 사회 통합을 지지하지 않고 시설에 격리시키는 것을 선호하는 그들 세대 구성원들의 생각과 관련이 있을 수 있다고 보았다.

데이비드의 경우 후속 조치는 이뤄지지 않았다. 만약 있었다면 아마도 불일치 지점들을 평가하고 주거환경 변경을 추천했을 것이다. 서비스 제공기관 운영자는 데이비드가 보다 활동적인 주거환경에 보다 적절하게 배치될 수도 있었을 것이라 지적했지만, 가족이 동의하리라 생각하지 않았다. 그래서 서비스 제공기관은 단지 그를 활동적으로 만들 방법을 모색했을 뿐이었다.

전환 계획은 이해 관계자들이 프로필 정보를 성공적 전환의 청사진으로 변환하는 데 도움을 줄 수 있어야 한다. 당사자에게는 최상의 삶의 질을 보장하기 위한 생활환경, 인간관계, 활동 및 상호작용 방식 등이 제공될 것이라는 명확한 메시지를 주어야 한다. 가족들에게는 그들의 걱정을 이해하고 선행적으로 대비했다는 확신을 주어야 한다. 시설 직원과 전문가들에게는 당사자에 대한 대우와 돌봄의 지침이 지역사회의 실행 계획으로 이행되었음을 입증해야 한다. 지역사회 서비스 제공기관에게는 제공해야 할 생활환경, 필요한 서비스 인력의 특성, 필요한 의료 및 임상 지원, 유지 및 육성되어야 하는 인간관계, 당사자가 소중하게 여기는 일상활동과 지역사회 참여 활동, 그리고 가장 중요하게는 한 인간으로서 그가 어떤 사람인지에 대한 선명한 안내와 기대되는 바를 제시해야 한다.

탈시설 이니셔티브에서는 지역사회 서비스 제공기관들이 전환을 준비하는 데 있어 다음과 같은 요소가 중요하다고 보고했다(Griffiths et al., 2010).

① 필요한 자원 및 지원의 파악
② 당사자의 이익과 욕구에 기초한 적절한 주거 위치에 대한 설명
③ 당사자의 욕구에 부응하는 적합한 지원 인력 및 직원 교육에 대한 제안
④ 하우스메이트의 적절한 매칭에 대한 설명
⑤ 주거환경에 필요한 물리적 개조
⑥ 개인의 관심과 욕구에 맞는 가활 활동
⑦ 계획되어야 하는 지역사회 통합의 형태
⑧ 유지되어야 하는 가족 및 다른 사람들과의 중요한 인간관계

환경에 대한 욕구 파악하기

좋은 전환의 기초는 당사자에게 적합한 환경을 설계하는 데 있다. 이를 위한 하나의 논리적 방법은 현재 환경을 평가하여 당사자에게 어떤 측면이 바람직하고 어떤 측면이 효과가 없는지를 알아보는 것이다. 예를 들어, 시설에서 당사자가 수영이나 볼링과 같은 신체 활동을 즐겼다면 새로운 환경에서도 당사자에게 이전만큼 또는 그 이상으로 이러한 활동들에 참여할 수 있는 기회가 있는지 확인하고 당사자에게 즐거움을 줄 수 있는 새로운 신체 활동의 시도가 보장되어야 한다. 만약 당사자가 소음과 활동을 싫어한다면 일상생활에 이러한 요소들이 없는 환경에 당사자를 배치하는 것이 중요하다. 그러므로 환경은 개인의 특성과 욕구에 부합할 것으로 예상되는 활동과 상호작용으로 당사자의 삶을 채우고, 개인의 욕구와 특성에 부합하지 않는 상호작용과 활동을 줄이는 것이어야 한다.

환경은 여러 측면에서 다양하다. 시설은 많은 사람들을 수용하지만 넓은 공간을 차지하고 있다. 관찰을 통해 당사자가 그 공간에서 사람들을 찾는지 아니면 군중으로부터 자신을 고립시키려고 하는지 알 수 있을 것이다. 하지만 그룹홈은 집단 안에서 불편을 느끼는 사람을 위한 공간을 거의 제공하지 않는다. 따라서 그룹홈 내 인원수와 사람들의 성격이 당사자의 욕구에 부합하도록 하는 것이 중요하다. 공간은 탈시설 전환 과정에서 가장 자주 간과되는 영역 중 하나이다. 어떤 사람들은 비좁거나 제한된 공간에 배치되었을 때 불편함을 드러내며 돌아다닐 수 있는 공간이 요구된다. 시설은 다인 침실 구조지만 지역사회 그룹홈보다 훨씬 큰 공간을 제공하는 경우가 많으며, 실내 또는 실외 공간이 제한된 주거환경에 배치되었을 때 도전적 행동이 자주 일어날 수 있다. 그러므로 공간에 대한 개인의 욕구를 고려하는 것은 탐구해야 할 중요한 요소이다. 이와는 대조적으로, 어떤 사람들은 다양한 이유로 혼자만의 시간을 필요로 한다. 대부분의 그룹홈에는 개인이 집단이나 활동으로부터 벗어나 휴식의 공간으로 사용할 수 있는 침실이 포함된 거실이 있다.

환경의 또 다른 두드러진 특징은 가정에서의 활동 수준이다. 시설은 보통 개인이 참여할 수 있는 활동 일정표가 있지만 많은 시간 동안 활동이 없는 경우도 종종 있다. 지역사회로 이주하는 일부 당사자들에게 일상생활에서 풍부한 활동 계획을 제공하지 않는다면 활동 스케줄의 부족으로 지루함을 초래할 수 있다. 하지만 또 다른 사람들은 그들이 익숙한 것보다 지역사회 주거환경에서 활동 시간이 더 많아져서 과도한 자극을 경험할 수 있다. 여기서 핵심은 개인에게 어느 수준의 활동이 가장 적합한지 파악하고 개별화된 일정을 개발하는 것이다.

　이 분야에서 진행 중인 논쟁 중 하나는 나이가 들거나 병든 발달장애인을 위해 노인 요양원이나 너싱홈(nursing home)이 적합한지 여부이다. 나이가 들거나 집중적인 의료 서비스를 필요로 하는 사람들을 대응하는 데 적합하다는 이유로 이러한 주거환경에 배치하는 것이 당연하다는 입장을 고수하는 사람들이 있지만, 권리옹호자들은 한 시설에서 다른 유형의 시설로 당사자를 이주시키는 것으로는 어떠한 진전도 없을 것이라 주장해 왔다. 노화와 병약화 등에 따른 서비스 욕구는 해결할 수 있겠지만 발달에 관한 욕구 또는 사회적 욕구는 그렇지 못할 것이다. 탈시설 이니셔티브는 이러한 주거환경에 대해 추가적인 우려를 제기하였다. 데이비드의 경우, 노인 요양원의 다른 거주인들은 데이비드가 그곳의 활동에 참여하는 것에 반대하였고 결국 그를 격리하도록 탄원을 하였다(Griffiths et al., 2010). 데이비드의 입장에서는 자신을 받아들였던 시설 환경을 나와서 사회적으로 심하게 고립된 시설로 이주한 것이었다. 그곳에 거주하는 노인들은 발달장애를 가진 사람을 공동체에 받아들이는 것에 익숙하지 않았을 가능성이 크다. 그들의 인생에서 자신의 욕구에 가장 집중하고 있는 시기에 상이한 욕구를 가진 어떤 사람, 게다가 자신들의 욕구를 방해할 수도 있는 욕구를 가진 사람을 받아들이는 것에 개방적이지 않았던 것이다. 데이비드와 주거환경과의 적합성에 대한 고려는 그의 전환 계획에서 가장 중요한 것이 아니었고, 잠재적인 의료 서비스의 욕구가 그의 전환 계획을 주도한 것으로 보인다. 노인 요양원으로의 전환은 분명히 그에게 부정적 영향을 끼쳤고 또 그의 존재로 인해 스트레스를 받은 거주인들에게도 그러했다. 본 사례는 발달장애가 있는 당사자를 노인 요양원으로 재수용 혹은 재시설화할 때의 영향을 신중하게 고려할 필요가 있다는 것을 보여 준다. 이 영역에 대하여는 여전히 많은 연구와 고민이 필요하다.

새로운 주거환경을 자기 집으로 만들기

　몇 년 전, 이 장의 저자 중 1명이 어느 당사자를 위한 지역사회 전환을 계획하고 있는 한 기관을 방문한 적이 있었다. 그 지역사회 기관은 새로 입주할 사람이 그곳을 자기 집으로 여기게끔 하는 것의 중요성을 일깨워 준 대단한 작업을 수행하였다. 그 기관은 '집'이란 당사자가 원하고, 아끼고, 안전하고, 특별하다고 느낄 수 있는 곳이어야 한다고 이해했다. 지역사회 기관 직원들은 환경 매칭 및 자원 계획의 모든 요소들을 관리하였을 뿐만 아니라 당사자가 그곳에 소속감을 느낄 수 있도록 하기 위해 한 단계 더 나아갔다.

> 도착한 날 그는 그 집의 직원들로부터 따뜻한 환영을 받았다. 이미 직원들이 여러 번 방문하였기 때문에 직원들을 알 기회가 많이 있었고, 그 역시 이미 그 집을 알고 있었다. 전에 집을 방문한 것은 물론이거니와 그를 위해 제작된 방문 사진첩도 가지고 있었다. 사진첩에는 그 집에 있는 모든 사람들과 모든 방과 마당이 묘사되어 있었다. 그는 지난 몇 주 동안 계속해서 사진첩을 보았고 모든 사람의 이름을 알고 있었다.
>
> 직원은 짐을 풀기 위해 그의 방으로 그를 데려갔다. 그의 방은 그가 원하는 대로 꾸며져 있었다. 그가 선택한 진한 파란색으로 칠해져 있었고 그가 카탈로그에서 고른 새 침구가 놓여 있었다. 벽 전체에는 말 그림이 멋지게 장식되어 있었는데 그가 어렸을 때 말 농장에서 살았고 말을 사랑했기 때문이었다. 자신의 방을 만드는 과정은 그에게 시설과 지역사회라는 두 환경 사이에서 매우 훌륭한 가교가 되었을 뿐 아니라 그의 집을 아주 개인적인 요소들로 채울 수 있게 해 주었다.
>
> 그의 부모가 준 텔레비전과 라디오를 시설에서 옮겨와 집에 설치하였다. 그를 위한 직원들의 환영 선물도 기다리고 있었는데, DVD 플레이어와 그가 가장 좋아하는 서부극 영화 DVD 등이었다.
>
> 직원들은 저녁 식사로 그가 가장 좋아하는 음식을 제공했고, 후식으로는 "새로운 집에 오신 것을 환영합니다"라고 쓰인 케이크를 준비해서 그에게 읽어 주었다.
>
> 모든 것이 그가 좋아하는 그대로였다. 그가 도착하기 전부터 그들은 마치 그를 알고 있는 것 같았다. 그리고 그들은 실천했다! 그를 이 집으로 이주시키려는 계획이 개발된 순간부터 이 기관은 성공적인 탈시설 전환의 열쇠는 이 젊은 당사자가 편안하게 느끼도록 하는 것임을 알고 있었던 것이다. 이 첫날은 새로운 집에서 새로운 그의 삶의 시작이었다.

힝스버거(Hingsburger, 1985)는 당사자들이 지역사회로 전환 이주할 때 지역사회 서비스 제공기관이 때때로 당사자들에게 감사 표시에 대한 부담을 준다고 했다. 전환하는 당사자가 새로운 주거환경에 받아들여지는 것에 대해 감사해야 한다는 무언의 메시지가 종종 있다. 그러나 이러한 전환 이주는 당사자가 선택한 것이 아니거나 당사자에게 스트레스와 두려움을 주는 것일 수도 있다. 심지어 삶의 터전에서 뿌리 뽑힌 채 새로운 장소에서 모르는 사람들과 살게 된 것에 대해 분개하는 사람들도 있을 것이다. 개인이 새로운 주거환경을 긍정적이고 매력적으로 경험하도록 하는 것은 전환을 받아들이는 서비스 제공기관의 책임이다. 이와 같은 전환은 누구에게나 어려울 것이다. 살던 곳을 떠나는 건 힘든 일이다. 다른 사람들을 받아들이는 것과 주거환경에서 환영받는 것은 모든 탈시설 전환 계획의 공식적인 부분이 되어야 한다.

많은 연구 보고서에서 전환하기 전에 주거환경을 방문하는 것이 과도기적 스트레스 완화에 유용하다고 언급했다(Griffiths, 1984; Griffiths, 1985; Turner & Turner, 1985; Tutt & Osborne, 1983). 지역사회 직원들은 일반적으로 시설에서 여러 날을 보내면서 당사자와 그의 일상을 파악하거나 시설 직원 및 가족과 대화하곤 하는데, 그와는 별개로 당사자가 새로운 주거환경을 방문하도록 하면 다음과 같은 많은 이점을 얻을 수 있다.

① 당사자가 곧 이주할 지역사회에 익숙해질 수 있다.
② 당사자와 새로운 직원이 서로를 알고 관계를 발전시킨다.
③ 지역사회 방문에 동행하는 시설 직원은 개인의 호불호, 희망, 관심, 욕구 등에 대한 정보를 지역사회 직원과 공유할 수 있다.
④ 모든 사람들이 각자 서로에게 편안함을 느끼기 시작할 수 있다.
⑤ 당사자가 그 집에 살고 있는 다른 사람들을 만날 수 있다.
⑥ 새로운 주거환경의 직원은 당사자에 대해 배우고, 새로운 환경을 당사자가 살고 싶어 하는 매력적인 장소로 만들기 위해 준비하는 방법을 배울 수 있다.
⑦ 직원은 당사자가 어떻게 적응하는지 관찰하고 방문에서 얻은 정보를 사용하여 탈시설 전환 계획을 수정할 수 있다.
⑧ 당사자가 이 환경에 대해 소속감을 갖기 시작할 수 있다.

앞의 전략은 많은 당사자들에게 이상적이지만, 시설 직원들은 일부의 당사자들에게 이러한 유형의 전환이 적절하지 않다고 생각했기 때문에 전환 전 당사자의 지역사회 방문 대신에 지역사회 직원의 시설 방문을 늘이거나 당사자가 새 집을 익히도록 비디오나 사진들을 사용하는 방식으로 대체되곤 했다. 따라서 지역사회 방문이 이루어질 수 없더라도 당사자에게 새 집에 대한 정보를 공유하고, 당사자에 대한 정보를 수집하고, 탈시설 전환에 대한 스트레스를 해소하기 위해 당사자가 새 집에서 최대한 환영받을 수 있도록 준비하겠다는 의지가 변함없이 있어야 한다.

전환 계획에서의 어려운 과제 파악하기

앞서 언급한 바와 같이 탈시설화의 초기 단계에 지역사회로 돌아온 최초의 사람들은 경중 또는 중등도의 발달장애가 있는 것으로 분류된 사람들이었고 신체적 · 의료적 · 정신적 · 행동적 문제가 크지 않았다. 오늘날 탈시설 전환을 하는 사람들은 더 복잡한 욕구를 가지고 있기 때문에 전환 과정에서 어려움이 발생할 가능성이 큰 경향이 있다. 당사자들은 더 고령일 수 있고 장애가 더 심할 수 있고 여러 어려운 문제가 결합되어 있거나 공존하고 있을 수 있으며, 그 어려움들 중 다수는 지속적인 것일 수 있다. 탈시설 전환 계획에서 이러한 욕구들이 적절하게 다루어지지 않으면 당사자가 위험에 처할 수 있다.

지역사회 서비스가 직면하는 가장 일반적이고 중요한 어려움은 도전적 행동이다. 발달장애인의 30~50%가 공격성, 자해, 기물 파괴 등과 같은 행동장애 혹은 정신장애를 경험하는 것으로 추정되곤 한다(Bouras & Drummond, 1992).

지역사회로의 전환이 행동문제를 해결할 것이라는 신화적 믿음이 현장에 있었다. 이러한 신화는 도전적 행동의 책임이 오직 환경에 있으며, 개인의 욕구에 적합한 환경으로 전환하면 문제가 즉시 감소할 것이라는 믿음에 기반한 것이다. 이러한 일이 발생한 사례가 존재하지만 실제로는 드문 경우이다. 문제행동이 그냥 사라지는 경우는 거의 없다. 잘못된 신화는 두 가지 가정에 기초하고 있다. 첫째는 지역사회 주거환경에서의 매칭은 항상 적합하게 될 것이라는 가정이고, 둘째는 모든 도전적 행동이 부적절한 환경의 결과라는 것이다. 다음에서 설명하는 바와 같이 대부분의 지속적인 행동적 · 정신적 문제는 복잡한 생물심리사회적 상호작용의 산물이다. 환경의 작용이 중요하지만 독점적 역할을 하는 것은 아니다.

- **생물의학**(biomedical): 도전적 행동은 신체적 질환(예: 편두통, 치과 문제, 션트 막힘)의 발현이나, 증후군의 특성(예: 레쉬-니한 증후군 환자의 자해), 의학적 반응(예: 독성, 부작용 또는 금단 효과) 또는 정신적/정서적 문제(예: 외상 후 스트레스, 우울증 등)와 관련된 것으로 설명될 수 있다. 도전적 행동과 관련된 생물의학적 상태가 있다는 사실이 그것들의 인과관계를 입증하는 것은 아니지만, 그 사람이 생물의학적인 고통을 겪을 때 도전적 행동을 보일 가능성이 더 높다는 것을 시사할 수는 있다. 전환 플래너가 프로필에서 이러한 요소들을 식별하고 고려해서 계획을 세우는 것이 중요하다.

- **사회환경적**(social-environmental): 도전적 행동은 그것을 둘러싼 요소들에 대한 반응일 수 있다. 물리적 공간과 환경적 특성에 의해 도전적 행동이 유발될 수 있다는 것(Boe, 1977; Rago, Parker & Cleland, 1978)은 오래전부터 알려진 사실이다. 자신과 타인 또는 기물에 대한 공격은 종종 자극을 증가시키고 환경 변화를 일으키기 위한 적응적 수단이 될 수 있다. 또한 주의(attention) 수준(Carr & Durand, 1985), 불만 수준(Mace, Page, Ivanic, & O'Brien, 1986), 요구 수준(Carr et al., 1980) 등을 포함한 돌봄 접근법은 동료들과의 부정적 상호작용(Talkington & Altman, 1973; Cole, Gardner, & Karen, 1985)과 마찬가지로 도전적 행동과 직접적으로 관련이 있는 것으로 나타났다. 철저한 기능 평가를 하는 것이 전환 플래너의 역할은 아니지만, 사회적 환경과 도전적 행동의 알려진 연관성을 파악하는 것이 중요하다.
- **심리적**(psychological): 고전적 연구 결과에 따르면 도전적 행동은 심리적 강화(Lovaas, Frietag, Gold, & Kassorla, 1965), 자극의 증대(Rincover, Cook, Peoples, & Packard, 1979), 불쾌한 상황으로부터의 회피나 탈출(Carr, 1977), 불편함의 감소(Levy & McLeod, 1977), 의사소통(Carr & Durand, 1985) 등 다섯 가지의 기본적 기능을 제공한다. 도전적 행동을 보이는 당사자에 대한 탈시설 전환 계획을 개발할 때, 상호작용을 관리하는 데 있어서 도전적 행동의 알려진 기능을 파악하는 것은 물론, 당사자가 원하는 결과를 얻을 수 있는 다른 대안을 가르치기 위한 아이디어를 고안해 내는 것이 중요하다.

종합적인 행동 평가 또는 행동 계획을 수행하는 것은 전환 플래너가 아니라 시설과 지역사회의 행동 전문가들의 역할이다. 하지만 전환 플래너가 앞에 제시한 알려진 요소들을 파악하여 당사자를 받아들일 지역사회 서비스 제공기관에 중요한 배경 정보를 전달하고, 지역사회 기관이 당사자의 욕구에 가장 적합한 주거환경 및 일과를 설계하고 도전적 행동을 유발할 가능성이 있는 요인들을 피하도록 하는 것이 중요하다.

탈시설 전환 계획의 요소

탈시설 전환 계획은 역동적이고 살아 있는 문서여야 한다. 당사자를 위해 가능한 최선의 계획을 설명하는 것으로 시작하여야 하며, 또한 당사자의 필요와 욕구와 개성에 맞는 서비스와 지원을 통해 최상의 삶의 질을 제공할 수 있도록 미래의 지역사회 서비스 제공기관이 당사자를 위한 계획을 시작하는 방법을 다루어야 한다.

계획은 당사자에게 최선의 삶의 질을 제공하기 위한 집, 일/교육 또는 일상의 의미 있는 활동, 취미/여가 활동, 지원 및 자원, 인간관계, 지역사회 통합 등에 관해 **최소한의** 지침을 지역사회 기관에 제공해야 한다.

탈시설 전환 계획을 수립할 때 전환 플래너는 잠재적 주거환경, 활동 및 프로그램, 인간관계, 지원 및 자원 등에 관한 질문에 답해야 한다. 그 질문들은 다음과 같다.

탈시설 전환 계획 템플릿 예시

이름:

생년월일:

이 사람은 누구인가?

첫째, 이 사람이 누구인지 묘사하라. 이 사람의 특성은 무엇인가? 이 사람의 성격은 어떠한가? 이 사람에게 기쁨과 의미를 주는 것은 무엇인가?

둘째, 이 사람의 전환에 필수적인 요소를 식별하라. 예를 들어, 뇌성마비로 인해 존은 휠체어 접근이 가능한 주거환경과 일상생활을 위한 치료 및 보조 기구들이 필요할 것이다. 이 계획은 대부분의 경우처럼 존의 장애 여부나 장애의 목록을 확인하는 것이 아니라, 장애로 인한 그의 욕구를 설명해야 한다. 존에게 필요한 것은 명확한 지원 계획이다(Schalock & Verdugo, 2012).

이 부분은 과거의 장애 진단 이력이나 프로그램 목록을 나열하는 것이 아니라 독자에게 개인의 특성에 대한 분명한 그림을 제공해야 한다. 또한 이러한 정보들은 당사자의 필요와 욕구에 대한 설명에 전체적으로 녹아들어 있어야 한다.

이 사람에게 바람직한 집은 어떤 모습이고 그 집의 가장 핵심적인 질적 요소는 무엇인가?

당사자에게 가장 바람직한 주택 유형을 설명하라(그룹홈, 아파트, 제휴가정 주택 등). 지리적으로 어디에 위치해야 하며 그 이유는 무엇인가(즉, 가족 주변, 시골, 연고가 있는 지역, 특정 지역으로 이주하는 친구들과 함께)? 당사자가 어떤 사람과 함께 살아야 하는가(즉, 조용한 사람, 젊고 활동적인 사람 또는 특정한 친구들, 혹은 당사자와 잘 어울리지 않는 특정한 사람이나 특정한 유형의 사람이 있는가)? 집에 몇 사람이 있어야 하는가? 집에 얼마의 비율로 직원이 있어야 하는가? 집에 필수적인 조건은 무엇인가(즉, 넓은 마당, 공원 접근성, 개인실, 계단이 없고 엘리베이터가 있을 것 등)? 접근성과 안전 또는 당사자의 특별한 이익을 위해 어떤 개조가 필요한가?

이 사람에게 일상생활의 어떤 일/교육 또는 의미 있는 활동이 유익한가?

당사자가 즐거움과 보람을 느낄 수 있는 일/교육 또는 의미 있는 활동의 유형은 무엇인가? 피해야 할 일/교육/훈련/일상활동의 유형이 있는가? 선호하는 활동은 어디에서 이루어져야 하는가? 누가 이 일/교육/훈련/활동에 참여해야 하는가(즉, 어떤 유형의 사람, 포함되거나 제외되어야 할 사람의 인원수)? 일/교육/훈련/활동에 필수적인 조건이 있는가(즉, 접근성, 인력 지원, 안전 관련 욕구)? 접근성/안전 또는 당사자의 특별한 이익을 도모하기 위해 필요한 개조나 조정이 있는가?

이 사람이 최선의 신체적 · 정신적 건강을 유지하기 위해 어떤 요소들이 필수적인가?

당사자의 의료적 및 정신적 건강 문제가 설명되어야 한다. 이 영역은 약물 관리, 건강 증진 및 예방(즉, 정기 검진, 운동), 식단 관리와 제한 등에 관한 문제를 다루어야 하지만, 최선의 정신 건강 유지와 관련된 문제도 언급해야 한다. 예를 들어, 외상 후 스트레스에 관련된 기억의 재현(flashback)을 방지하기 위해 피해야 할 환경 요인의 유형을 언급하거나 우울증에 도움이 되는 신체 운동 또는 자극에 관한 언급이 여기에 포함될 수 있다.

도전적 행동의 위험을 줄이기 위해 어떤 요소를 도입할 수 있는가?

당사자에게서 나타난 도전적 행동들을 설명하고, 그 행동과 관련하여 알려진 생물심리사회적 내용들의 상관관계를 제시한다. 여기에서는 생물의학적 문제(즉, 신체적 또는 정서적 사건, 약물치료, 정신질환 또는 불안/스트레스)에 대한 도전적 행동의 알려진 상관관계를 식별하는 것이 중요하다. 예를 들어, 진단받은 증후군과 관련된 행동을 식별해야 한다. 도전적 행동과 관련이 있는 것으로 알려진 사회적/환경적 조건뿐만 아니라 도전적 행동이 없는 것으로 알려진 사회적/환경적 조건도 상세히 설명해야 한다. 이러한 정보는 당사자를 받아들이는 지역사회 기관으로 하여금 도전적 행동의 촉발 요인을 최소화하고 편안함을 유도하는 사회적 환경 요인을 극대화하기 위한 지식을 제공한다. 마지막으로, 알려진 경우 도전적 행동의 기능을 설명해야 한다(예: 주목받기 또는 환경/상호작용의 변화와 같은 심리적 강화, 탈출 또는 회피, 과도한 자극과 같은 고통으로부터의 완화, 자극의 증대, 그리고/또는 의사소통). 이러한 기능적 조건은 당사자를 받아들이는 지역사회 기관으로 하여금 당사자가 도전적 행동을 통해 통제하고자 하는 조건을 이해하고 사전 대응뿐만 아니라 당사자에게 원하는 결과를 얻기 위한 다른 대안적 방법을 가르치는 프로그램 개발의 촉매제로 활용될 수 있다. 도전적 행동을 그 사람이 통제하기 어렵다는 의미가 아니라, 그 사람이 자신의 삶에 개인적 통제력을 가지려는 수단으로 표현하는 것이 중요하다.

만약 행동 지원에 관한 계획이 시설에서 활성화되어 있고 지역사회에서 계속 이어지도록 제안된 경우라면, 해당 계획은 탈시설 전환 계획에 첨부되어야 한다. 시설에서 설계된 모든 계획이 지역사회 기관으로 손쉽게 이전되는 것은 아니라는 점에 유의해야 한다. 정책과 관행은 주거환경에 따라 크게 다를 수 있다. 불일치가 있는 경우, 전환 플래너는 종종 시설 및 지역사회의 행동 전문가와 협력하여 상호 합의 가능한 계획을 만들 수 있다. 심각한 어려움을 보이는 사람에게는 행동 개입 계획뿐만 아니라 위기관리 계획도 포함될 수 있다. 행동 개입 계획은 문제를 유발하는 조건에 대한 개인의 반응을 바꾸고 도전적 행동을 대체할 적절한 기술을 가르치기 위해 고안된 것이며, 위기관리 계획은 행동이 통제 불능일 때 일시적으로 개입하거나 도전적 행동이 발생하지 않도록 선제적으로 대응하기 위한 수단이다. 그러나 후자는 당사자에게 스스로 행동을 관리할 수 있는 새로운 기술을 제공하지 않는다. 위기관리 전략에 도전적 행동의 촉발을 줄이기 위한 환경 변화가 포함되는 경우가 많지만, 응급 상황에 대응하기 위한 전략이 포함될 수 있다.

지역사회에서 당사자의 욕구를 충족시키기 위해 필요한 지원 및 자원은 무엇인가? 어떻게 제공할 것인가?

당사자가 최상의 삶의 질을 유지하는 데 필수적인 모든 지원과 자원을 파악하고 지원의 이유와 필요한 지원의 수준을 설명한다. 여기에는 당사자의 건강 상태로 인해 요구되는 일반 개업의, 치과의, 전문의(예: 심장학, 신경학, 비뇨기과, 산부인과), 의사소통 및 언어 전문가, 직업 또는 물리치료사, 정신건강의학과 의사 및 행동치료사가 포함되며 이에 국한되지 않는다.

당사자가 유지해야 할 중요한 인간관계가 무엇이며, 미래의 인간관계 개발을 위한 최선의 상호작용은 무엇인가?

일반적으로 개인을 위해 첫 번째로 중요하게 유지되어야 하는 관계는 가족과의 관계이다. 시설에 수용된 다수의 사람들은 가족이 없거나 가족과의 교류가 거의 없거나 전혀 없다. 그러나 가족이 있는 사람들에게 이것은 종종 고려해야 할 가장 중요한 요소 중 하나이다. 탈시설 전환은 종종 지리적으로 또 실질적으로 서로를 더 가깝게 만들고 접촉과 교류를 증가시킨다(Griffiths, Owen, & Condillac, 2015). 많은 사람들에게 이것은 지역사회에서의 행복에 결정적 요소이다. 전환 계획은 당사자의 삶에 누가 관여했는지, 그리고 이 관계가 어떻게 지속되고 발전될 수 있을지를 밝혀야 한다.

또한 관련된 모든 사람들이 동의한다면, 그 사람과 함께 살았던 사람이 누구이며 누구와 관계를 유지하고 싶어 하는지를 파악하는 것이 중요하다. 또 관련된 사람이 없는 경우에는 가족을 대신하여 친구 또는 옹호자로서 계속 관여를 원하는 시설 직원이 누구인지 파악해야 한다. 이러한 관계는 개인에게 매우 중요할 수 있으며, 가능한 경우 그리고 모두 동의하는 경우 전환 계획은 이러한 관계를 유지할 수 있는 방법을 제시할 수 있다. 앞서 언급한 관계는 개인의 삶에서 정서적 지지의 연속성을 만든다는 측면에서 설명할 수 있다.

마지막으로, 당사자가 어떤 유형의 사람과 새로운 관계를 발전시킬 가능성이 있을지 묘사하라. 이것은 당사자가 새로운 교우 관계나 인간관계를 개발할 수 있는 사회적 기회를 제공하는 데 중요한 요소이다. 특히 함께 살거나 일할 사람을 매칭하거나 혹은 지속적인 활동에 참여할 사람을 매칭하는 데 있어 더욱 중요하다. 많은 시간을 함께 보낼 사람과의 부조화는 당사자의 삶의 질에 큰 영향을 미치며 사회적 소속감의 달성을 크게 저해할 수 있다.

당사자가 새로운 주거환경에 적응하거나 지역사회 생활에 더욱 충실하게 참여하는 데 도움이 되는 새로운 기술이 있는가?

당사자의 현재와 미래의 주거환경 사이에는 불일치가 있을 수 있으며 적응을 위해 당사자에게 새로운 기술의 습득이 요구될 수 있다. 예를 들어, 시설에서는 욕실 문이 없었기 때문에 욕실 문을 적절하게 닫는 것이 당사자가 배워야 할 기술임을 전환 계획에 적시하는 것이 중요할 수 있다. 시설에서 당사자가 사생활이라는 개념을 배우지 않았다면 시간이 좀 걸릴 수 있다. 시설의 문들이 모두 미닫이문이었기 때문에 어떤 이들에게는 문 손잡이를 사용하는 것이 새로운 경험이 될 수도 있다. 이러한 지식은 지역사회 기관으로 하여금 당사자가 문 손잡이 사용법을 가르치는 프로그램을 개발하도록 만들 수 있으며, 만약 손 기능의 문제라면 주거환경을 개조하도록 이끌 수 있다.

어떻게 지역사회 통합을 이룰 수 있는가?

어떤 지역사회 활동들은 지역사회에 살았던 과거의 경험이나 시설에서 사는 동안의 지역사회 외출 경험으로 인해 당사자에게 이미 친숙하거나 희망하는 바일 수 있다. 이러한 활동들은 지역사회 통합의 출발점으로 강조하기 좋다. 당사자가 시설에서 즐겼던 종교 행사, 수영, 볼링, 영화 등의 활동은 살펴보아야 할 중요한 영역일 수 있다. 당사자에게 이미 친숙하고 희망하는 영역을 활용한 활동들은 지역사회 통합의 중요한 첫 단계가 될 수 있다. 그러나 예를 들면, 동물이나 자동차 또는 요리에 대한 열정과 같이 새로운 기회로 이어질 수 있는 당사자의 다른 관심사도 파악해야 한다. 과거의 관심사에만 의존하는 것은 당사자가 새로운 기술을 개발할 수 있는 활동의 범위를 인위적으로 제한할 수 있다.

요약

데이비드의 전환에 관한 불편한 이야기는 전환 계획이 철저할 뿐만 아니라 역동적이어야 한다는 경고이다. 전환 계획은 당사자의 과거 역사와 계획 수립 당시의 욕구를 존중해야 하지만, 변화하는 개인의 상황 및 새로운 지역사회 주거에 대한 반응에 관련된 변화에 비추어 수정할 수 있도록 정기적으로 재검토되어야 한다. 그렇지 않으면 마치 우리가 고등학교 졸업식 때 세워진 인생 계획에 기반하여 평생을 사는 것과 같다. 그때 중요했던 것들은 현재 우리의 삶과 거의 관련이 없을 것이다. 데이비드도 마찬가지였다. 그의 의료적 예후의 변화와 노인 요양원에서 제공하는 환경과의 부조화에도 불구하고 전환 계획은 고수되었다. 앞에 간략히 제시한 계획 수립 절차는 사려 깊고 당사자를 존중하는 철저한 계획을 수립하기 위한 지침을 제공한다. 그러나 개인의 욕구, 선호, 기능, 관계는 변하기 때문에 정기적으로 재검토해야 한다.

제19장

생활방식 전환 계획의 수립에서 구현까지

도로시 그리피스(Dorothy Griffiths), 프랜시스 오웬(Frances Owen)

앤지의 이야기[1]

앤지는 54세의 여성으로 네 살 때 시설에 입소했다. 그녀는 레트 증후군 진단을 받았고, 중증의 발달장애를 가지고 있으며 머리 받침대와 안전벨트가 달린 틸트/리클라이닝 휠체어로 이동하였는데, 옮길 때는 리프트와 슬링을 사용하였다.

그녀는 '천사 같고 유쾌한 기질'을 지녔고 함께 있는 사람을 즐겁게 만드는 매력적인 눈빛을 가진 사람으로 묘사되었다. 그녀는 얼굴 표정을 통해 자신을 표현했다. 시설에서 직원들은 그녀의 선택 능력에 심각한 장애가 있는 것으로 파악되었다고 보고했다.

앤지는 2008년에 새 집으로 이사했다. 그녀는 이사하기 전에 그 집을 방문하지 않았고 그녀의

---

1 저자 주: 「탈시설 이니셔티브: 최종 사례 연구 보고서(Facilities Initiative: Final Case Study Report)」(Griffiths, D., Condillac, R. A., Owen, F., Boutsis, E., Cancilla, C., Clarke, J., Ebrahami, M., …… & Waboso, K., 2012, 미출간 원고, 온타리오주 세인트 캐서린스, 브록 대학교)와 「발달장애인의 탈시설화가 사회 통합, 선택 결정, 적응 및 부적응행동에 미치는 영향: 사례 연구 분석(Deinstitutionalization and Its Effects on Social Inclusion, Choice-making, Adaptive and Maladaptive Behavior for Individuals with Intellectual Disabilities: Case Studies Analysis)」(Waboso, K., 2013, 미출간 석사학위 논문, 브록 대학교), 「온타리오주 발달장애인의 탈시설화와 사회 통합: 사례 연구(Deinstitutionalization and Community Inclusion of Individuals with Intellectual Disabilities in Ontario: A Case Analysis)」(Ebrahimi, M., 2011, 미출간 석사학위 논문, 브록 대학교)에 기초함.

하우스메이트들을 아무도 알지 못했다. 그녀는 자신의 집 선정에 참여하지 않았지만, 그녀의 언니 (또는 여동생)와 그녀를 잘 아는 시설 직원들이 이주에 관여했다. 전환 초기에 그녀는 다소 힘겨워 했지만, 새 집에서 몇 달 동안 지낸 후 새로운 생활방식에 적응하기 시작했고 그 생활을 즐기는 것처럼 보였다. 그녀의 전환에 도움이 되었을 수 있는 요인 중 하나는 시설 직원이 전환 이후에도 계속 이어진 것이었다. 시설 직원 중 몇 명은 그녀와 함께 그룹홈으로 전환하여 지역사회 서비스 제공기관에 안정적인 지원 인력으로 고용되었다. 직원에 대한 의존성이 있었던 그녀였기 때문에, 익숙함과 신뢰는 그녀가 안심할 수 있는 중요한 요소였다고 보고되었다.

앤지는 넓은 시골 부지에 있는 완전히 접근 가능한 개방형 그룹홈으로 이사했다. 그 집에는 차고와 아래층을 드나들 수 있는 엘리베이터가 설치되어 있었다. 앤지의 전환을 수용하기 위해 맞춤형 휠체어와 욕조, 그리고 직원들이 그녀를 휠체어에서 들어 올리거나 휠체어에 타는 것을 돕는 천장 장착 장비를 포함한 보조 장치들이 설치되었다. 그녀의 침대 바로 위에는 기계식 리프트가 있었다. 이러한 것들은 그녀의 안전과 돌봄을 극대화하기 위해 마련된 것이었다.

세 평 남짓한 앤지의 방은 큰 창문과 목재로 된 바닥, 그리고 여기에 어울리는 가구가 있었다. 앤지는 빨간모자 클럽[2]의 회원이었기 때문에 방의 벽 선반에는 박쥐와 같은 장식품이 있었다. 그녀의 방은 사진, 박제 동물, 벽 장식물과 같은 개인 소지품으로 가득 차 있었고, 침실 문에는 그녀의 이름과 함께 그녀가 좋아하는 것과 싫어하는 것의 목록이 붙어 있었다. 그녀의 개인 침실에는 큰 창문이 있어서 방을 매우 밝게 만들어 주었다.

초기에 그녀의 적응행동은 시설에서와 별 차이가 없었지만, 시간이 지날수록 그녀가 눈 맞춤, 미소, 얼굴 표정을 통해 자신을 이해시키는 것이 관찰되었다. 그녀의 수용언어[3]도 증가했고, 다른 사람들과 의사소통하는 동안 대부분의 메시지를 이해했음을 보여 주었는데, 그룹 모임에 그녀가 참여하는 수준을 보면 이를 알 수 있다.

---

2 역자 주: 빨간모자 클럽(Red Hat Society: RHS). 1998년 미국에서 만들어진 여성단체로, "할머니가 되면 난 어울리지도 않는 보라색 옷을 입고 빨간 모자도 쓸 거야"라는 영국 시인 제니 조셉(Jenny Joseph)의 시 구절에 영감을 받은 미국의 예술가 수 엘런 쿠퍼(Sue Ellen Cooper)가 1997년 친구의 55번째 생일에 빨간 모자를 선물한 것을 계기로 중장년 여성의 활달함과 즐거움, 우정과 연대 등의 상징으로 사회적으로 확산되었음. 1년 만에 회원이 25,000명이 넘었고 2011년에는 최소 27개국에 지역 클럽이 만들어졌음. 창립 당시에는 50세 이상 여성들만 가입할 수 있었으나 현재는 50세 생일 이전까지는 핑크 모자 회원이 될 수 있음.
3 역자 주: 수용언어(receptive language). 말이나 소리, 움직임, 기호 등과 같이 다양한 방법으로 제공되는 언어 정보에 대한 이해, 즉 말소리의 의미를 이해하는 것을 일컫는 말. 말소리로 표현하는 표현언어, 말을 상황에 맞게 사용하는 화용언어 등과 대비됨.

　　그녀의 의사결정은 초기에는 전무한 상태였다가 지역사회에서의 시간이 경과하면서 선호하는 사람이나 선호하는 음식 등에 대한 몇 가지 결정을 내리는 것으로 증가했다. 앤지는 아침에 일어나고 싶을 때 일어났고, 밤에는 안절부절못하거나, 울거나, 의자에 앉아서 잠이 들거나 하면서 취침 시간을 시작했다. 직원들은 아침에 약속이 있을 때만 그녀를 깨웠다. 그녀는 음식에 대한 선택의 기회가 약간 있었는데, 그녀를 지원하는 직원들은 그녀가 다른 음식들을 좋아하는지 여부를 알기 위해 새로운 식단 조합을 시도하곤 했다. 또한 그녀는 자신의 취미, 여가 활동, 지역사회에서 방문하고자 하는 장소를 결정을 내릴 기회도 있었다. 물리적 제약으로 인해 주택의 편의시설에 대한 자유로운 접근에는 제한이 있었지만, 직원들은 그녀가 자신의 삶을 관리할 수 있도록 두 가지 선택지를 제공하고 얼굴 표정으로 자신의 선택을 알리도록 하였다. 직원들은 시행착오를 거듭하며 앤지에게 선택의 기회를 증대하고자 노력하였다.

　　앤지의 부모는 돌아가셨기 때문에 그녀의 가장 가까운 가족은 그녀의 자매였다. 앤지와 그녀의 자매는 강하고 협력적인 관계를 유지했다. 그녀의 자매는 앤지의 전환 계획 과정에 참여하였다. 그녀는 앤지가 입주하기 전에 집을 방문하였고 새로운 주거환경에 상당히 만족했다. 앤지의 자매는 앤지가 시설에 있을 때에 비해 그룹홈으로 이주한 이후 지역사회 참여가 더 많아졌다고 말했다. 그녀는 또한 가정 내 일상활동에서 앤지가 더 많은 관심을 받고 더 많이 참여하고 있다고 말했다. 비록 앤지 스스로가 가족 방문에 관한 결정을 하지는 않았지만, 앤지는 자매와 가까워지고 가족과 함께 많은 시간을 보낼 수 있게 된 것에 대해 매우 기뻐했다고 보고되었다. 가족과의 접촉 빈도는 전환 이주 직후 조금 늘었다가 시간이 지나면서 줄어든 것으로 나타났다. 앤지의 자매는 새로운 집에서 그녀의 돌봄에 대해 걱정할 필요를 못 느낀다고 했다.

　　앤지가 매일 외출하지는 않았지만, 직원들은 그녀의 사회적 관심사를 넓히려는 공동의 목표를 위해 일하고 있었다. 시설에 있을 때 그녀는 교회에 가고, 특별한 파티에 참석하고, 활동센터에서 여가 시간을 보내고, 시설 안에서 산책도 하였는데, 지속적 관심을 갖고 참여하는 사회 활동은 없었다. 전환 이후 지역사회에서 그녀는 빨간모자 클럽, 프라임타임 펠로우십(기독교인 모임), 교회, 론 볼링,[4] 도서관 · 경마장 · 카지노 등의 방문, 쇼핑 · 식사 · 미용실 등을 포함한 일상적인 일들에 참여했다. 그녀의 또 다른 선호 활동으로는 춤추기, 음악 듣기, 종교 활동 참석, 휠체어로 공원 산

4　역자 주: 론 볼링(lawn bowling). 잔디 볼링이라고도 불림. 자신의 수구를 잭(jack)이라 불리는 표적구에 가까이 굴려 득점하는 경기. 12세기부터 있었던 오랜 역사를 가진 스포츠로서 1960년대부터는 장애인스포츠에 도입되어 확산되었음.

책, 그리고 텔레비전 시청 등이 있었다. 앤지는 이러한 활동들이 제공하는 상호작용과 사회적 에너지 발산을 소중히 여기고 즐기는 것처럼 보였다. 그녀는 또한 가정 내 주간 프로그램에 참여했고 예술과 공예, 정원 가꾸기, 음악 듣기, TV 시청 그리고 야외 산책 등에 참여했다. 직원들은 앤지의 사회적 참여 범위를 넓히고 더 많은 지역사회 참여 기회를 제공하는 것이 자신들의 목표였다고 보고했다.

시설에 비해 앤지의 지역사회 기반 사회 서비스 및 의료 서비스에 대한 접근성이 높아졌다. 그러나 지방에 위치한 주거환경으로 인해 대중교통을 이용할 수 없어서 지역사회 통합에는 어느 정도 제약이 있었다. 지역사회 여가 활동이나 사회 활동에 대한 접근은 도시에 비해 다소 제한적이고 불편했는데, 앤지를 지역사회의 공원이나 다른 장소로 이동시키기 위해서는 직원들이 종종 장거리 운전을 해야 했다.

탈시설 전환 계획은 그 이행 과정이 지켜질 때에만 의미를 갖는다. 효과적인 전환 계획은 개별화된 계획의 실현, 즉 필요한 모든 요소들이 잘 배치되도록 하고 진행 과정의 모든 단계에서 품질 보증이 되도록 하는 데 달려 있다. 탈시설 전환 계획의 이행에는 당사자의 욕구와 관심에 맞춘 주거환경의 준비, 계획 수립 과정에 당사자와 가족을 포함시키는 것, 그리고 직원들이 당사자의 욕구에 부응하도록 정보를 얻고 훈련을 받도록 준비하는 등과 같은 많은 단계가 포함된다. 계획의 이행은 또한 이주하기 전에 모든 자원과 지원에 대한 접근을 확보했음을 의미한다. 마지막으로, 당사자와 주거환경, 인력 및 자원이 충분히 준비된 경우에만 이주하도록 전환을 진행해야 한다.

그리피스 등(Griffiths et al., 1997)은 전환 플래너들이 과정의 시작 전과 과정 전반에 걸쳐 모니터링을 해야 하는 품질 보증에 관한 12가지 질문을 제시하였다.

품질 보증을 위한 12가지 질문

1. 적절한 가정, 직장 및/또는 학교 환경이 구축되었는가? 그것들이 당사자의 욕구를 어떻게 충족시키는가?

전환에 앞서 당사자가 이주하게 될 곳의 모든 주요 환경이 전환 계획에 명시된 당사자의 욕구를 충족시키기에 적합한지 평가하는 것이 중요하다. 당사자의 가족이 참여한 경우라면 가족이 주거지에 방문하여 당사자에게 적합한 주거환경이라는 승인을 받아야 한다. 전환 플래너와 서비스 제공기관은 선택된 주거환경을 평가하고 계획과 환경 간 격차 분석[5]을 수행하여 당사자에게 필요한 모든 필수 요소가 해당 주거환경과 일치하는지 여부를 확인하고, 전환 이전에 개조되거나 추가될 부분이 있는지 확인을 해야 한다.

2. 주거환경이 개조되었는가? 왜 그리고 어떻게?

주거환경의 준비란, 주로 선택된 지역사회 주거환경이 당사자에게 잘 부합하는지 확인하고 당사자의 개별적 욕구를 충족시키기 위해 필요한 조정이 이루어지도록 하는 것을 의미한다. 종종 주거환경의 준비는 안전성과 접근성을 보장하기 위한 물리적 개조에 중점을 둔다. 하지만 주택 내부 및 외부에서 사회 통합을 보장하기 위한 조정 역시 중요한 고려 사항이다.

전환 계획에 제시된 당사자의 욕구와 주거환경 사이의 불일치가 파악되어 개조의 필요성이 확인된 경우, 입주 전에 개조가 이루어져야 한다. 왜 개조가 필요한지 그리고 개인의 욕구를 충족하기 위해서 어떻게 개조가 이루어져야 하는지 모든 관계자가 이해하는 것이 중요하다. 이러한 개조에는 펜스를 설치하는 것, 욕실 접근성 개선이나 리프트 설치, 경사로 또는 엘리베이터 설치, 문에 보안경보기 설치, 안전성 개선 또는 휠체어 사용자를 위한 부엌 개조 등이 포함될 수 있다.

3. 모든 안전/보호 문제들은 해결되었는가? 구체적으로 설명하라.

가장 중요한 것은 당사자를 위해 필요하다고 제시된 모든 안전 및 보호에 관한 사항들에 대해 평가하는 것이다. 그중 일부는 주거환경에 대한 개조를 통해 해결되겠지만, 다른 문제들은 하우스메이트의 적합성(즉, 공격적이거나 성적인 위협을 보이는 사람으로부터의 보호), 주

---

5 역자 주: 격차 분석(discrepancy analysis). 요구 분석의 한 방법으로서 바람직한 상태와 현재의 상태 간 격차를 파악하고 그 원인을 점검하고 해결 방안을 모색하는 체계적 활동. 차이 분석, 불일치 분석 등의 용어가 유사한 의미로 사용됨.

택 내 혹은 지역사회 통합을 위해 다양한 시간대에 따라 요구되는 직원의 수, 그리고 위기 예방, 약물 투여, 의료적 욕구에 대한 직원 교육 등과 관련이 있을 수 있다.

4. 모든 자원과 지원이 적절히 배치되었는가? 구체적으로 설명하라.

전환에 앞서 당사자에게 필요한 자원을 평가하고 이러한 자원을 제공할 책임과 자격이 있는 사람을 파악해야 한다. 지정된 주치의와 치과 의사는 모든 당사자에게 필수적이다. 전환 계획에서 당사자의 정신 건강 문제 또는 행동문제가 확인되는 경우 지정된 정신건강의학과 의사와 행동치료사가 전환 이전에 합류해야 한다. 심각한 정신 건강 문제 또는 행동문제가 있는 사람에 대한 특별 고려 사항은 다음 장에서 더 충실히 다루겠지만, 이 경우 전환이 실행될 때까지 기다리기보다는 전환 지원팀의 일부로서 전문가들의 역할이 매우 중요하다.

또한 필요한 경우 신경과, 심장학, 물리치료, 작업치료, 언어/음성 병리학 전문의에 의뢰를 하여야 하며, 최초 진료 일정을 확정해야 한다. 자원의 격차를 파악하고 쉽게 이용할 수 없는 자원에 대한 접근 계획을 수립해야 한다.

탈시설 이니셔티브(제2부)에서 배운 놀랍지는 않지만 중요한 교훈 중 하나는 지역에 따라 발달장애인이 이용할 수 있는 전문적 지원과 자원은 종종 차이가 있다는 것이다. 일부 지역에서는 복잡한 의료적 문제 또는 행동/정신 건강 문제가 있는 발달장애인과 함께 일한 경험과 지식을 가진 특정 전문가, 예를 들면 언어/음성 병리학 전문의, 내과 의사와 정신건강의학과 의사 등에 대한 접근이 안 될 수 있다. 지역사회 서비스 제공기관은 발달장애와 행동 또는 정신 건강 문제가 있는 사람에 대한 보호, 지원, 인력 배치, 환경공학 측면에서 특별한 어려움을 경험할 수 있으며, 따라서 신중한 계획과 창의적 자원 활용이 요구될 수 있다.

중복장애에 대한 인식과 교육이 급격히 증가하고 적절한 서비스에 대한 접근성이 크게 향상되었지만 제인의 사례(제20장)처럼 아직 편차가 존재한다. 앞서 언급한 진보에도 불구하고 다음 장의 도입부에 설명된 제인의 사례는 ① 적절한 서비스에 대한 접근의 일관성, ② 최첨단의 생물심리사회적(BPS) 사정(assessment)과 치료 권고를 할 수 있는 전문가들로 구성된 전문팀에 대한 보편적 접근에 관한 서비스 시스템의 공백이 여전히 남아 있음을 보여 준다.

5. 전환을 수용하는 지역사회 직원은 당사자의 필요와 희망에 부합하는 삶을 만들 수 있을 만큼 당사자를 잘 알고 있는가? 그것은 어떻게 증명되는가?

가족이 주거환경을 승인하고 모든 관계자가 전환에 동의하면 지역사회 직원들은 정기적 시설 방문을 시작하여 ① 시설 직원으로부터 배우고, ② 당사자에게 익숙한 하루/주간 일과를 이해하고 새로운 주거환경의 차이점, 그리고 지역사회 주거환경의 어떤 영역을 개조하거나 변경할지 혹은 기대치의 변화가 필요한지 등을 파악하고, ③ 당사자를 알아 가기 시작해야 한다. 후자의 단계는 매우 중요한데, 직원들이 당사자와 충분히 익숙해짐으로써 당사자가 입주했을 때 적절한 물품과 활동이 배치되어 있고 친숙한 사람들로부터 환영받는 환경을 만들 수 있다(제18장 '새로운 주거환경을 자기 집으로 만들기'에서 설명한 사례 참조).

모든 경우에 있어서 지역사회 서비스 제공기관 직원이 시설을 방문하여 시설 직원과 이야기를 나누고 시설에 있는 당사자와 친해지는 것이 중요하다. 이 단계를 통해 지역사회 직원들은 당사자의 일과가 어떠한지 다른 사람에게 어떻게 반응하는지 목격할 수 있다. 어떤 경우에는 방문을 통해 시설 직원으로부터 당사자의 특성에 대한 중요한 통찰을 배울 수 있다. 지역사회 직원이 시설에서 당사자와 함께 시간을 보냄으로써 당사자에 대해 배우는 방식은 탈시설 전환 후에 당사자가 더욱 편안함을 느끼고 스트레스를 줄일 수 있게 해 줄 것이다.

6. 모든 직원들은 당사자의 욕구를 효과적으로 지원하는 데 필요한 교육을 충분히 받았는가?

직원 오리엔테이션 및 직원 교육의 중요성은 과소평가 되어서는 안 된다. 의료 준비와 돌봄에 관한 문제 역시 해결해야 할 핵심 영역에 속하겠지만, 아직 시설에 있는 장애인에 관하여 더욱 필요성이 대두되고 있는 교육은 고령자와 중복장애(행동 또는 정신 건강 문제)를 가진 사람들의 욕구에 대한 부분이다.

① **고령자**: 시설 거주 인구의 고령화를 감안하면 직원들이 고령자들의 특별한 돌봄 욕구에 대해 교육을 받도록 하는 것이 중요하다.
② **중복장애**: 행동에 관한 상담도 가능하지만, 정신 건강 문제가 있는 사람들의 복잡한 문

제에 효과적으로 개입하기 위해서 직원들에게 더욱 정교한 기술 교육이 요구되는 경우가 많다.

시설에서 지역사회로 돌아오는 당사자에게는 저마다의 고유한 욕구가 있다. 이 욕구들은 진단받은 증후군의 특성이나 장애로 인해 결정된 것일 수 있다. 당사자의 발달장애와 관련된 장애의 상태를 이해하고, 그러한 관점에서 당사자를 가장 잘 지원하는 방법을 아는 것은 매우 중요하다. 많은 경우 당사자의 의료적, 정신의학적, 행동 또는 신체적 욕구에 관한 전문화된 교육이 필요하다. 여기에는 발작과 같은 의학적 문제에 관한 교육, 양극성 장애와 같은 정신장애의 이해, 또는 도전적 행동의 기능, 청각 · 시각 또는 이동에 장애가 있는 사람을 위한 편의시설에 관한 교육이 포함될 수 있다. 각 직원은 전반적 내용에 관한 일반 교육뿐만 아니라 당사자가 새로운 주거환경에 입주하기 전에 각 개인의 욕구에 관한 특정한 교육을 받아야 한다.

7. 지역사회 기관은 전환 계획 과정에 가족을 참여시키고, 소통하고 안심시켰는가?

전환 과정의 계획 및 준비에 있어 또 하나의 중대한 요소는 가족 역할의 중요성을 인식하는 것이다. 앞서 언급했듯이, 모든 당사자가 자신의 삶에 관여하는 가족을 둔 것은 아니다. 그러나 당사자의 삶의 일부로 존재하는 가족 구성원들이 있다면, 지역사회 기관은 전환 과정에 그들을 기꺼이 참여시켜야 한다. 앞에서 여러 차례 자세히 설명했듯이, 일반적으로 가족들은 당사자의 지역사회 전환과 관련하여 굉장한 스트레스를 경험한다. 그들은 지역사회 기관과 접촉이 없었을 수도 있고 아마도 지역사회에서 뭐가 가능한지 생소할 수 있다. 예를 들어, 일부 가족들은 지역사회 기관이 매일 24시간 전문적 지원을 제공한다는 사실을 이해하지 못할 수 있다. 어떤 가족들은 자기 식구에 대한 책임을 다시 지게 될까 봐 두려워하거나 자신들의 나이나 역량 때문에 더욱 부담을 느낄 수 있다. 따라서 전환 과정에서 가족을 안심시키고 정보를 제공하는 것은 필수적인 요소이다. 그러나 가족의 입장에서 신뢰할 수 있는 증거는, 당사자가 지역사회에서 새로운 삶을 시작할 수 있도록 약속한 지원을 지역사회 기관이 얼마나 잘 제공하는지 여부이다. 오랜 세월 자신의 가족을 보살펴 왔던 시설 직원에 대한 신뢰와 연대가 새로운 지역사회 기관의 직원에게 옮겨 가려면 다소 시간이 걸릴 수 있다.

8. 가족들이 선정된 지역사회 기관과 주거환경을 방문하고 알아 갈 기회가 있었는가?

가족들이 새로운 주거환경에 관여할 수 있는 가장 좋은 방법 중 하나는 다양한 곳을 방문하여 그곳에서 제공되는 서비스와 지원의 유형에 익숙해지는 것이다. 가능하다면 추천된 집, 경우에 따라서는 여러 집을 방문하여 당사자에게 적합한 주거환경을 결정할 수 있는 기회를 가족에게 제공해야 한다. 어떤 가족들은 전환 과정에 관여하지 않기로 선택할 수 있지만, 또 어떤 가족들은 모든 단계에서 큰 관심을 기울일 수 있다. 가족들이 당사자의 지역사회 전환을 주저하다 전환이 늦어져 나중에 급히 이주해야 하는 경우도 있을 수 있다. 가족의 역할은 성공적 전환의 핵심적 연결고리로 인식되고 있다.

대부분의 탈시설화 과정에서 가족이 주거환경에 대한 최종 결정을 내린다. 따라서 그들이 새로운 지역사회 기관, 주택과 그곳의 직업/교육 환경, 직원, 이용 가능한 지원 등에 친숙할수록 더욱 편안하게 최종 선택을 할 수 있을 것이다. 대개 지역사회 기관들은 가족들이 주거환경을 둘러보고 다양한 장소를 방문하여 식사를 하거나 차를 마시게 할 것이다. 이미 그 기관으로부터 지원을 받고 있는 다른 당사자들과 이야기를 나누고, 혹은 그 사람들의 가족들과 이야기를 나눔으로써 전환을 위해 노력하는 가족들은 당사자가 관계 맺을 새로운 기관에 대한 이해를 높일 수 있다.

탈시설 이니셔티브 설문조사 연구(Griffiths, Owen, & Condillac, 2011)에서 언급했듯이, 탈시설 과정 속에서 가족을 효과적으로 지원하려면 교육, 연락, 계획 공유, 가족 참여가 필요하다. 가족들이 충분한 정보를 바탕으로 결정을 내리기 위해서는 가능한 선택지에 대한 교육이 필요하다. 탈시설 이니셔티브에서는 가족에게 제공되는 정보의 품질이 주거환경 결정의 중요한 요소로 확인되었다.

9. 당사자의 최선의 이익을 위해 가족과 친구들의 욕구와 우려를 경청하고 계획에 포함하였는가? 구체적으로 설명하라.

가족들과 존중을 바탕으로 한 협력적 관계를 만드는 데 있어 중요한 요소는 탈시설 전환 이전부터 이후까지 그들이 표현한 우려들을 진정성 있고 소중하게 다루는 것이다. 하지만 지역사회 기관은 결정에 있어 언제나 가장 중요한 것은 당사자의 최선의 이익임을 분명히

해야 한다. 가족들은 자신들의 두려움 때문에 당사자가 원하는 기회를 막으려 할 수 있다. 가족들로 하여금 시설이라는 피난처를 찾도록 자극했을 우려들은 당사자의 희망 및 지역사회 기관의 이해, 즉 위험으로부터의 보호와 위험의 존엄성[6] 사이의 균형에 대한 기관의 이해와 상충되는 것처럼 보일 수 있다. 이에 대한 해결책은 인내심과 이해, 그리고 가족들에게 알리고 변화를 위한 충분한 시간을 주는 것이다.

10. 당사자는 적절한 방식으로 주택을 방문하고 그리고/또는 새로운 주거환경에 익숙해질 기회를 가졌는가?

전환 과정에서 당사자가 선정된 주택을 여러 번 방문할 기회를 갖는 것이 중요하다. 대부분의 경우, 가족들이 이주 위치를 선택 및/또는 승인한다. 그러나 당사자에게 최대한 많은 정보를 주고, 또 가능하다면 당사자의 목소리를 최우선하는 것이 중요하다.

사람을 새로운 환경에 적응시키는 과정은 다양할 수 있다. 입주 전에 당사자가 지역사회 주택을 방문할지 여부, 그리고 다양한 상황에서 얼마나 자주 방문할지는 종종 시설 직원과 가족에 의해 결정된다. 많은 사람들에게 입주하기 전 방문은 적절하고 유익하다. 어떤 경우에는 입주 전 방문이 당사자에게 혼란이나 고통을 초래할 수 있다고 가족이나 시설 직원이 충고할 수 있다. 개인별 계획의 특성에 따라 준비 과정 중에서 이 단계에 대한 수정이 필요할 수도 있다. 그러나 입주 전 방문을 하지 않기로 하는 결정은 시설 폐쇄와 관련된 실용주의에 기반한 것이어서는 안 되며, 당사자의 욕구에 근거한 것이어야 한다.

일반적으로 몇 차례의 짧은 방문은 당사자가 주거환경 및 그곳의 사람들과 익숙해질 시간을 주고, 개인의 방이 어떻게 배치되고 장식될지에 대한 정보를 제공하기 위해 마련된다. 종종 전환 플래너들은 지역사회 주택과 그곳 사람들의 사진을 담은 앨범을 만들어 당사자가 시설에서 다른 이들과 공유할 수 있도록 하였다. 이것은 두 주거환경 사이를 잇는 가교 역할을 하며 친근감을 높여 준다. 어떤 전환 플래너는 당사자가 시설에서 반복해서 볼 수 있도록 당사자의 주택 방문 모습을 담은 비디오테이프를 제작하여 주거환경에 대한 친근감을 강화

---

6 역자 주: 위험의 존엄성(dignity of risk). 합리적인 위험을 감수할 수 있는 권리. 돌봄 제공자들의 과잉보호적 의견이 당사자의 자기결정권을 침해해서는 안 된다는 입장에 기초한 개념으로 1972년 로버트 퍼스키(Robert Perske)에 의해 처음 제시됨.

하고자 하였다. 전환 플래너는 종종 소셜 스토리[7]를 사용하여 당사자가 새로운 주거환경과 그곳에서의 일상이 시설과 어떻게 다를지 배우도록 할 수 있다. 예를 들어, 어느 전환 플래너는 일주일 동안 당사자와 일상생활을 함께했다. 하루에 한두 번 그 플래너는 당사자에게 새로운 집이 어떻게 다를지 말하곤 했다. 플래너는 당사자에게 새 집에서는 지금 시설에서와 같이 일찍 일어나지 않아도 될 거라고 말했는데, 이 말은 아침형 인간이 아니었던 당사자를 기쁘게 했다. 또한 그 플래너는 당사자가 직원들을 도와 샌드위치 만드는 것을 좋아하고 음식 고르기에 관심이 매우 많다는 것을 알아내고는, 새로운 집에서는 매주 직원과 함께 식료품점에 갈 수 있다고도 말해 주었다.

　방문의 횟수 또는 당사자와 새로운 주거환경을 연결시키기 위한 창의적 접근 방식과는 별개로, 이 단계는 전환 과정에서 새로운 주거환경에 대한 스트레스를 줄이고 친근감과 편안함을 높이기 위한 것이다. 드문 경우이긴 하지만, 시설 직원과 가족이 이러한 방문을 부적절하다고 생각하여 제한되기도 하였다. 불편함을 줄이는 것이 목표임을 감안하면 그 실행 경로는 개인에 맞추어 다양화되어야 할 것이다.

11. 예상할 수 있는 의료적/정신건강의학적/행동적 문제에 대한 예비 계획이 있는가? 구체적으로 설명하라.

　만일의 사태에 대비하라! 탈시설 이니셔티브에서 시행된 일부 계획과 주택 개조는 불필요한 것이었다(Griffiths et al., 2010). 그러나 예상할 수 있는 모든 의료적/정신건강의학적/행동적 문제에 대해 계획이 수립되어 있어야 하며, 효과적으로 상황을 처리할 수 있도록 직원들이 교육을 받고 준비되어 있어야 하며, 상황에 능동적으로 대처할 수 있는 자원이 배치되어 있어야 하며, 또 가능하다면 위기 상황에 이르지 않도록 계획하고 준비하고 선행 조치를 하는 것이 최선이다. 불필요한 예비 계획은 그 기관이 위기를 훌륭히 예방했다는 증명이다.

7　역자 주: 소셜 스토리(social story). 1990년에 캐롤 그레이(Carol Gray)가 개발한 자폐성 장애를 가진 사람들의 의사소통을 지원하기 위해 사용되는 내러티브 방식. 주로 짧고 단순하며 삽화를 통해 시각적 단서를 제공함.

12. 당사자가 새로운 상황에서 소속감과 환영받는 느낌을 가질 수 있도록 새로운 주거환경 및 직원들과 충분히 접촉하고 방문을 했는가? 어떻게 했는가?

탈시설화는 종종 일정과 기한에 의거하여 행정적으로 조직된다. 그러나 현실은 계획과 같이 순조롭게 진행되는 경우가 거의 없다. 앞서 제시한 모든 단계를 따랐더라도 다음과 같은 다양한 이유로 일정이 지연될 수 있다.

- 의료적·정신건강의학적·행동적 영역에서 예기치 않은 질병이 발생하거나 악화될 수 있다.
- 주택에 예상치 못한 혼란이 생길 수 있다(즉, 주요 직원의 변경 또는 거주인 변경).
- 예정된 주택 개조 또는 교육이 지연될 수 있다.
- 입주 예정일까지 자원 또는 예비 자원을 배치할 수 없다.
- 시설 직원이 지역사회 직원을 만날 수 없거나 만날 의향이 없을 수 있다. 지역사회 직원에 대한 오리엔테이션 제공, 지역사회 직원의 시설 방문, 당사자의 지역사회 방문 일정 마련 등이 어려울 수 있다.
- 가족이 생각이 바뀌어 전환 이주를 중단하거나 연기하기로 결정할 수 있다.

안타깝게도 이러한 문제가 하나라도 발생할 때, 관리자들은 밀어붙이려는 자연스런 경향이 있다. 하지만 이것은 일반적으로 당사자의 최선의 이익이 아니며 모두에게 회복하기 어려운 전환 과정을 만들어 버리곤 한다. 전환의 실행에 대한 기본 원칙은, 전환 계획의 모든 요소들이 마련되고 지역사회 지원 기관 및 당사자가 적절하게 준비되기 전에는 이주하면 안 된다는 것이다.

요약

전환 계획의 이행에는 단계별 준비가 필요하다. 여기에는 시설과 지역사회 기관, 가족과 지역사회 기관, 당사자와 지역사회 기관 사이를 연결하는 것이 포함된다. 또한 적절한 분위기 및 그 발전을 위한 일정표를 제공해야 한다. 개인 및 시간적 상황의 다양성으로 인해 개인에 대한 준비는 언제나 차이가 있지만, 그럼에도 불구하고 당사자의 최선의 이익을 위해 앞에서 설명한 각 단계를 해결하는 것은 매우 중요하다.

제20장

발달장애 및 행동/정신 건강 욕구(중복장애)가 있는 사람들의 전환을 위한 모범 실행 지침

도로시 그리피스(Dorothy Griffiths), 수잔 모리스(Susan Morris),
제이 라오(Jay Rao)[1]

제인의 이야기[2]

제인은 64세이며 심각한 발달장애, 양극성 장애, 오른쪽 눈 외사시, 백조목 변형[3] 및 관절염 진단을 받았다. 그녀는 7세 때부터 지방 시설에서 살았다.

제인은 음악과 노래하기, 춤추기, 산책하기, 그리고 차분하고 편안한 교류를 좋아했지만 혼자 있을 때 가장 만족스러워 보였다. 그녀는 모든 필요한 기능적 활동을 직원에게 의존했고 짧은 문장이나 그림판을 사용하거나 혹은 행동으로 의사소통을 했지만 다른 사람들이 항상 그녀를 이해

---

1 저자 주: 「심각한 도전적 행동을 보이는 사람들의 탈시설 전환에 대한 패널 리뷰(Review Panel for Persons with Severe Challenging Behavior in Transition)」(Griffiths, D. M., Morris, S., & Rao, J., 2006, 미출간 원고, 온타리오주 사회복지부, 런던 지역 사무소)에서 인용.

2 저자 주: 「탈시설 이니셔티브: 최종 사례 연구 보고서(Facilities Initiative: Final Case Study Report)」(Griffiths, D., Condillac, R. A., Owen, F., Boutsis, E., Cancilla, C., Clarke, J., Ebrahami, M., …… & Waboso, K., 2012, 미출간 원고, 온타리오주 세인트 캐서린스, 브록 대학교)와 「발달장애인의 탈시설화가 사회 통합, 선택 결정, 적응 및 부적응행동에 미치는 영향: 사례 연구 분석(Deinstitutionalization and Its Effects on Social Inclusion, Choice-making, Adaptive and Maladaptive Behavior for Individuals with Intellectual Disabilities: Case Studies Analysis)」(Waboso, K., 2013, 미출간 석사학위 논문, 브록 대학교), 「온타리오주 발달장애인의 탈시설화와 사회 통합: 사례 연구(Deinstitutionalization and Community Inclusion of Individuals with Intellectual Disabilities in Ontario: A Case Analysis)」(Ebrahimi, M., 2011, 미출간 석사학위 논문, 브록 대학교)에 기초함.

3 역자 주: 백조목 변형(swan neck deformity). 손가락이 백조의 목과 같은 모양으로 구부러지는 변형.

한 것은 아니었다.

제인은 머리를 치고, 비명을 지르고, 깨물고, 다른 사람을 머리로 들이박는 등 다양한 도전적 행동의 이력을 갖고 있었다. 시설에서 그녀는 침대에 사지를 결박당하거나 타임아웃 프로그램으로 감금되기도 했다. 그녀는 하나의 활동에서 다른 활동으로 전환하는 것에 어려움이 있으며 충분한 정보제공이 필요하다고 보고되었다.

제인은 5명의 다른 거주인이 있는 지역사회 그룹홈으로 이주하였는데, 그들 모두 갖가지 유형의 자폐 스펙트럼을 갖고 있었다. 제인의 집은 소박했다. 최소한의 가구가 있었고, 거실 탁자와 의자들은 바닥에 나사로 고정되어 있었다. 그녀는 1층에 자신의 개인 침실을 가지고 있었고, 그녀가 안락하게 느끼도록 시설에서 쓰던 침대를 새 집으로 가져왔다. 직원 비율은 주간에는 거주인 6명에 직원 3명, 야간에는 거주인 6명에 직원 1명이었다. 제인의 전환 계획에서는 그녀의 도주를 막기 위해 문에 경보기를 설치하거나 마당에 펜스를 설치하는 것, 그리고 그녀의 비명소리로 인해 침실 방음이 필요할 것이라 제안하였는데, 이러한 조치들은 시행되지 않았다.

일상에 적응하기 전까지 처음 1년 동안 상당히 많이 울거나 성질부리는 행동을 보였지만 그녀의 지역사회로의 전환은 잘 진행되었다. 행동 관련 계획을 검토하기 위해 행동상담사가 격주로 직원을 교육하고 지원했다. 전환 후 1년 반이 지난 시점에서는 시설에서 그녀의 몸을 묶는 데 사용했던 결박의자가 더 이상 필요하지 않은 것으로 결정할 정도로 그녀의 도전적 행동 빈도가 감소하였다. 그녀의 행동이 덜 문제시되면서 그녀의 지역사회 활동 참여가 증가했는데, 현장 직원들은 만약 가용 자원이 더 있었다면 더 많은 활동에 참여했을 것이라 말했다. 지역사회에서의 첫 4년을 보낸 후 제인의 삶의 질은 여러 측면에서 개선된 것으로 보였다.

4년째 되던 해에 제인의 상황은 극적으로 변했다. 도전적 행동이 증가하였고 그 결과는 지역사회 통합의 감소와 하우스메이트들의 고통으로 이어졌다. 이웃들은 그녀가 비명을 지르는 것에 대해 불평했다.

제인은 머리와 몸 깨물기, 공격적인 행동, 물건 던지기, 배설물 문지르기, 반추[4] 및 구토, 자기 몸 꼬집기 등 여러 가지 복잡한 행동을 하기 시작했다. 또한 그녀는 자주 자기 몸 안에 손가락을 삽입하고는 소위 '통제된 낙상'[5]이라 불리는 행동을 보였다. 또한 그녀는 다른 사람들을 밀치고, 때리고, 붙잡고, 발로 차는 등 괴롭힘 행동을 보였다. 이러한 행동들은 며칠에서 몇 주까지, 그리고

---

4 역자 주: 삼킨 음식을 다시 역류해서 그 음식을 뱉거나 씹는 행동.
5 역자 주: 쓰러지거나 기절할 때 예방적으로 몸을 기울여 다치지 않게 넘어지는 것.

약간 심한 정도에서 매우 심각한 정도까지 다양하게 일어났다. 제인의 파괴적 행동 중에는 사람들 앞에서 옷을 벗거나 우는 행동도 포함되었는데, 약간 심한 정도의 심각성을 가지고 자주 일어나는 일이었다. 그녀는 신체적·언어적으로 폭력적이고, 옷을 벗는 등 성적으로 부적절한 행동을 한다고 기록되었다.

제인은 슬픈 표정, 울음, 사회적 관심의 감소, 이전에 즐겼던 활동에 대한 흥미 부족, 에너지 저하, 동기부여 부족, 과민 반응, 도전적 행동으로 이어질 수 있는 부정적 자기표현, 죄책감과 수치심의 표현, 정동둔마,[6] 유동적 정동[7] 등 다양하고 의학적으로 중요한 기분 관련 행동을 보였다. 직원들은 또한 그녀가 환각을 경험했다고 말했다. 그녀는 망상, 두려움, 침투사고,[8] 강박 행동, 공황 삽화(panic episode), 불만이나 걱정의 반복 등 불안 관련 문제들을 보였다. 더욱이 그녀는 자신의 건강에 대해 반복적으로 불만을 표했고, 자기 자신과 다른 이들에 대해 끊임없이 분노를 드러냈다.

일선 직원들은 지역사회의 의료 및 정신과 지원이 부족한 것이 아닌지 의문을 제기하면서 그녀의 행동이 동료들에게 미치는 영향 때문에 그룹홈에서 그녀를 지원하지 못하게 될 수도 있다고 우려했다. 지역사회 기관은 정신건강의학과 전문의로부터 종합 상담을 받을 수 있었고 의약품 변경이 이루어졌지만 소용이 없었다. 제인은 진단 없이 필요시 처방할 수 있도록 추가적인 PRN 처방과 통증 약을 투여받았다. 후속 조치는 없었고 그 기관은 새로운 정신건강의학과 의사를 만날 수 없었다. 직원들은 의약품 변경에 대처하기 위해 장기간 제인에게 더 많이 집중할 수 있고 발달 장애에 대한 전문 지식을 갖춘 정신건강의학과 의사가 시급히 필요하다고 말했다. 제인을 담당한 일반의는 그녀의 향정신성 의약품에 대해 정통하지 못했다. 그녀의 담당 의사는 더 이상 그녀를 치료하려 하지 않았고 다른 어떤 의사도 그녀를 환자로 받아들이려 하지 않았다.

도전적 행동의 결과로 그녀는 병원 응급실로 후송되었는데, 그곳에서 요로감염과 질염 진단을 받아 치료를 받았고, 또 대상포진에 걸렸다는 사실도 밝혀졌다. 또한 제인이 야간에 옷을 벗는 행동이 성적인 것이 아니라 폐경기의 체열 때문일 가능성이 높다는 것이 명백해졌다. 의학적 치료와 일과에서의 변화가 생기자 그녀의 도전적 행동은 이전 수준으로 돌아갔고 그녀는 다시 더욱 긍정

---

6 역자 주: 정동둔마(blunted affect). 정서적 표현이 결여된 상태.
7 역자 주: 유동적 정동(역변성 정동, labile affect). 외부 자극에 상관없이 정동(감정의 상태)의 표현이 빠르고 급격하게 변하는 상태.
8 역자 주: 침투적 사고(intrusive thought). 의도와 무관하게 불쾌한 생각이 반복적으로 떠오르는 인지적 현상.

적인 삶을 시작하였다.

돌이켜 보면, 주택의 규모, 직원 비율, 하우스메이트 매칭에 대한 문제 제기가 있었지만, 애초에 직원들은 지역사회의 정신과 지원이 부족한 것에 의문을 제기하고 있었고, 제인의 행동이 그곳의 거주인들에게 미치는 영향 때문에 미래에 그녀를 지원할 수 없을지도 모른다고 우려를 표명했었다. 제인이 대도시 인근에 위치해 있음에도 불구하고, 지역사회 기관은 중복장애에 숙달된 정신건강의학과 의사나 일반의의 지속적 지원을 유지하기 위해 고군분투했다. 직원들은 탈시설화 당시 지역사회 내의 자원에 대한 내용이 충분히 다루어지지 않았다고 말했다. 관리직 직원은, 비록 직원들이 지속적이고 광범위한 교육을 받았지만 제인이 겪고 있는 것과 같은 복잡한 의료 및 정신 건강 문제를 지원하는 방법에 대한 지식은 여전히 크게 부족했다고 지적했다. 노화로 인해 예상되는 변화는 다루어지지 않았다. 제인의 경우, 온전한 생물심리사회적 사정을 받을 수 없었다. 많은 의료적 우려들이 결국 해결되었고 일상에서의 기능적 변화를 구현하기 위해 행동 평가가 이루어졌다는 사실에도 불구하고, 평가와 치료 서비스의 조율이 부족한 탓에 미래의 사건을 대비하고 예방하기 위한 능동적 진행 계획서의 사용에 있어 긍정적 사례가 되지 못했다.

제3부의 다른 장들은 발달장애가 있는 모든 당사자가 시설에서 지역사회로 이전하는 전환 계획 과정에 보다 광범위한 초점을 두고 작성되었다. 이 장에서는 발달장애 및 정신 건강 문제 또는 심각한 도전적 행동이 있는 당사자의 특별한 욕구들이 전환 과정에서 적절하게 다루어지도록 하기 위해 보다 임상적으로 제시된 정보를 제공하고자 한다. 이러한 사람들에게도 이전 장들에서 제시한 단계들을 적용하는 것이 여전히 중요하지만, 이렇게 중복장애를 가진 사람들의 성공적인 전환을 보장하기 위해 추가적인 단계가 필요할 수 있다.

중복장애를 가진 사람들의 전환을 위한 다섯 가지 핵심 지침

① 정신 건강 문제 및/또는 심각한 도전적 행동이 있는 사람은 종합적인 생물심리사회적 사정, 치료 및 계획이 필요하다.
② 정신 건강 문제 또는 심각한 도전적 행동이 있는 사람은 전문분야 간 협업팀에서 설계하고 조정한 통합적 계획이 필요하다.
③ 발달장애를 가진 사람들의 지역사회 복귀를 위한 주거환경은 가활에 적합해야 한다.

④ 정신 건강 문제 및/또는 심각한 도전적 행동이 있는 사람과 함께 일하는 직원들은 중복
장애에 대한 특화된 교육이 필요하다.

⑤ 전환에 앞서 정신 건강 문제 및/또는 심각한 도전적 행동이 있는 모든 사람에 대한 위
기 예방 및 관리 계획을 가지고 있어야 한다.

1. 복잡한 욕구를 가진 사람은 종합적인 생물심리사회적 사정, 치료 및 계획이 필요하다.

중복장애(정신 건강 문제 및 발달장애) 영역의 모든 모범 실행 지침들은 총체적이고 다차원
적인 계획을 필요로 한다. 개인은 가정, 학교, 일터, 지역사회와 같은 여러 요소들과 가족,
친구 및 기타 공식 및 비공식 인간관계와 같은 사회적 네트워크를 포함하는 환경의 맥락 내
에서 존재하고 기능한다. 발달장애인에게서 나타나는 도전적 행동들은 종종 이런 시스템의
복잡성과 상호관계에 의해 영향을 받는다(Rao, 2011). 따라서 이러한 당사자들을 사정하고
치료하는 데 있어서 의료팀 직원은, 복잡한 방식으로 상호작용하면서 부적응행동을 유발하
거나 유지시킬 가능성이 있는 모든 요인들을 고려해야 한다.

이러한 복합요인의 사정 도구가 개발되었는데 이것은 행동 개입 계획에 도움을 제공할
수 있다(Rao, 2014). 라오(Rao)가 개발한 도구에서는 생물의학 영역, 정신의학 문제, 신경발
달의 영향, 말/언어 능력, 기능적 행동, 환경적 · 감정적 · 감각적 조절 문제 등 여덟 가지 요
인이 다양한 수준에서 개인의 행동과 적응에 영향을 미치는 것으로 보고 있다. 이러한 요인
들에 대한 세심한 사정으로 당사자의 행동에 가장 강력하게 영향을 끼치는 요인들에 대한
프로필을 얻을 수 있다. 그런 다음 이 프로필을 사용하여 전문분야 간 협업팀이 당사자에 대
한 지원 계획을 수립하도록 할 수 있다.

또한 두뇌 '회로'의 특성이 행동과 감정 조절 영역뿐만 아니라 정신적 태세를 전환하는 능
력과 문제 해결 능력에 문제를 일으킬 수 있다는 사실이 점차 인식되고 있다. 최근 조사에
따르면 중복장애인의 70%에서 80%가 자신들의 장애 진단과 상관없이 실행기능 장애[9]를 갖
고 있다(Rao, 2014). 이것은 도전적 행동에 대한 전략, 약리학적 접근, 당사자에 대한 그날그

---

9 역자 주: 실행기능 장애(executive dysfunction). 주로 뇌의 전두엽 손상 등으로 인해 발생하며 문제 해결, 의사
결정, 감정 조절, 충동 억제 등과 같은 인지적 · 행동적 · 정서적 어려움에 관련되는 뇌기능 장애.

날의 일상적 지원을 계획하고 실행하는 데 중요한 영향을 미친다. 따라서 직원과 중재자에게 자폐와 같은 발달장애의 신경생물학적 측면에 대한 교육이 필수적이다.

라오(2011)는 유해 요인에 대한 다원적 파악은 다면적 치료 접근법으로 이어지기 때문에 중요하다고 말한다. 예를 들어, 의사소통 능력의 강화, 감각 조절 문제의 대응, 의학적 질병 및 신경발달 문제에 대응하는 것은 치료적 개입에 더 큰 성공을 가져올 수 있다. 체계적인 다원적 접근법은 보다 합리적이고 사려 깊고 과학적인 임상 접근 방식의 개발뿐 아니라 생산적인 전문가들 사이의 협업으로도 이어질 것이다. 전형적으로 이러한 다원적 사정은 당사자 중심 접근법이다. 당사자는 '진단'이 아닌 '주목'을 받고, 행동 개입은 '일반적'이 아닌 '구체적'인 것이 되고, '집단적'이기보다 '개별적' 접근 방식을 택해야 한다.[10] 각 개인마다 어떤 특정 요인이 주된 우려의 지점이거나 가장 강력한 영향을 미칠 수 있지만, 다른 모든 요인들도 질병과 문제행동을 지속시키며 회복을 방해하는 데 기여한다(Rao, 2011). 행동문제에 대한 전통적 접근 방식에서는 직접적으로 보이지 않는 근본 원인이나 관여하는 조건을 다루지 않았다. 예를 들어, 학대로 인한 불안과 관련된 행동문제를 다룰 때 불안은 행동적 증상으로 드러나지만 그 불안을 촉발한 학대는 다루어지지 않았을 것이다. 그러나 만약 불안이 명백히 표현되는 형태가 공격성과 같은 비특이성 행동뿐이라면 공격성이 변화의 대상이 될 것이고 학대나 불안 문제는 다루어지지 않을 수 있다.

정신 건강 문제가 있는 발달장애인을 대상으로 한 현재의 실행 방식은 전체적으로 다원적 접근법을 취하고 있지만, 그렇다고 해서 포괄적인 행동 평가의 가치를 과소평가해서는 안 된다. 도전적 행동이 발생할 가능성이 다소 높은 조건, 도전적 행동의 기능, 도전적 행동을 유지하게 하는 요인들을 이해하기 위해 포괄적 행동 평가가 필수적이다.

베이커 등(Baker, Blumberg, & Freeman, 2002)은 정신질환과 같은 생물의학적 요소들이 도전적 행동을 일으키는 데 어떤 역할을 하는지 평가하기 위해 기존의 행동 평가를 조정해서 맞추어야 한다고 제안한다. 예를 들어, 그들은 생리적 흥분을 도전적 행동의 선행 사건으로 볼 수 있다고 말한다. 그러나 가드너와 소브너(Gardner & Sovner, 1994)는 신체적 · 정신적 또는 생리적 문제들은 일반적으로 도전적 행동을 촉발하는 것이 아니라 다른 환경적 혹은 사회적 계기가 존재하는 상황에서 도전적 행동의 발생에 기여할 수 있는 위험성이 있다고 경고한

---

10 원문에서 강조됨.

다. 일반적으로 **기능 평가**는 이러한 문제를 직접 다루지 않는다. 그러나 베이커 등(2001)이 제안한 바와 같이, 전통적인 행동 평가의 조정을 통해 불안 홍분과 같은 영역으로 관찰을 확장할 수 있으며, 이는 치료에서 다루어야 할 내재적 취약성에 대한 단서를 제공할 수 있다.

많은 생물의학적 조건들이 도전적 행동을 유발하거나 유발에 관여할 수 있다. 이것은 변비, 요로감염, 뇌전증과 같은 가장 흔한 질병에서부터 일부 유전적 조건과 관련된 특정 행동 표현형[11]까지 다양할 수 있다. 예를 들어, 윌리엄스 증후군[12]이 있는 사람은 심각한 불안장애가 발생할 수 있고, 코넬리아드랑게 증후군[13]이 있는 사람은 다수의 의학적 질환과 감각 및 의사소통 장애(시각장애, 청각장애)로 인해 공격적이고 자해적인 행동을 보일 수 있다. 프래더윌리 증후군[14]이 있는 사람은 끊임없는 식욕에 이끌려 강박적으로 변할 수 있다.

지적장애 및 발달장애가 있는 사람들의 건강 지원 욕구 충족에 대한 네브래스카 연구(Ramadan & Nielsen, 2012)는 높은 의료적 욕구, 간호의 수준, 의료계 역량, 자금 지원이 당사자 중심의 통합적 건강 관리를 제공하는 데 있어 어려운 문제였다고 결론지었다. 이 연구에 참여한 사람들 중 90%가 변비, 뇌전증, 위식도 역류질환(GERD) 등 세 가지 이상의 동반질환을 가지고 있었다. 연구에서는 강화된 교육, 보건 및 지원 활동의 표준화 및 지침 제공, 구체적 의료 욕구에 기반한 보건 지원 자금 배정, 정기적 모니터링과 지속적 품질 개선 등을 권고했다.

14개 EU 국가를 대상으로 한 최근 유럽의 연구(Martinez-Leal et al., 2011)에서 탈시설화 초기의 발달장애인에게서 심장마비, 만성 기관지염, 골다공증, 위궤양, 십이지장궤양의 발생률이 현저히 높은 것으로 나타났다. 당사자의 거주 이전이 있을 때마다 예방 접종, 암검진, 건강검진 등의 의료적 건강 증진 조치들로 예방 검진 프로그램을 선제적으로 구축할 필요가 있다. 시설에서 지역사회의 소규모 단위로 전환하는 당사자의 가활에 관련된 모든 실행 계

---

11 역자 주: 표현형(phenotype). DNA 유전정보에 의해 결정되는 형질인 유전자형(genotype)에 대비되는 개념으로 주어진 환경하에서 각각의 생물 개체에 실제로 나타나는 형질. 즉, 유전자와 환경의 영향에 의해 형성된 생물의 형질로서 발현 형질로 불리기도 함.

12 역자 주: 윌리엄스 증후군(Williams syndrome). 7번 염색체의 일부가 결실되어 특징적인 외모와 함께 심장질환과 지적장애 등의 증상이 나타나는 증후군.

13 역자 주: 코넬리아드랑게 증후군(Cornelia de Lange syndrome). 성장 지연, 지적장애, 다모증, 골격 및 외모 이상과 같은 증상이 나타나는 희귀 유전 질환.

14 역자 주: 프래더윌리 증후군(Prader-Willi syndrome). 15번 염색체 이상 질환으로 지적장애, 저신장, 비만, 과도한 식욕, 성기능 장애, 근긴장 저하 등이 나타나는 증후군.

획에서 의료의 연속성을 잃기 쉽다는 점에 유의해야 한다.

영국의 한 연구(Bhaumik, Tyrer et al., 2008)에서 발달장애를 가진 성인 집단에서 거의 34% 가 정신질환을 가지고 있었고, 60%는 뇌전증이 있었고 일반 정신 건강 서비스가 아닌 전문 의로부터 서비스를 이용했다. 이것은 전문의에서 일반 진료로(일반의 및 지역사회 기반 일반 정신건강의학과 의사) 또는 그 반대로 환자를 이전하기 위해 전문화된 교육, 자원의 통합 및 명확한 진료 경로 수립의 필요성을 강력히 입증한다.

또한 병리학적 근거는 도전적 행동 및/또는 행동 개입의 특성에 관한 귀중한 정보를 제공 할 수 있다. 『지적장애 및 발달장애 저널(Journal of Intellectual and Developmental Disabilities)』 (2010)의 사설에서는 해거먼 등(Hagerman, River, & Hagerman, 2008)의 연구를 언급하면서 "이러한 또는 다른 유전적 조건과 관련된 행동 표현형에 대한 연구는 기초적인 신경병리학 적 메커니즘에 대한 중요한 발견을 가능하게 했으며, 이를 통해 잠재적인 약리학적 치료 목 표를 도출할 수 있었다"고 언급했다(pp. iii-iv). 행동 표현형에 대한 새로운 연구에 대응하여, 그리피스 등(Griffiths, Condillac, & Legree, 2014)은 그들의 저서 『유전적 증후군 및 응용행동 분석(Genetic Syndromes and Applied Behaviour Analysis)』에서 유전적 증후군에 관한 정보가 개인에 대한 임상적 이해와 행동 개입 방식을 어떻게 변화시킬 수 있는지 탐구했다.

포괄적 복합양식의 공식화

그리피스 등(Griffiths, Gardner, & Nugent, 1999)은 모든 측면에 대한 완전한 조사를 보장하 기 위해 다음과 같은 내용을 공식화할 것을 제안한다.

생물의학적 내용의 공식화

어떤 생물의학적 조건이 어떤 방식으로 현재 행동을 유발하거나 관여하는 것으로 보이는 지 설명하라. 사전 검토에 기초하여 권장할 만한 추가적 조사가 있는지 확인하라. 당사자의 특별한 생물의학적 욕구를 충족하기 위해 필요한 환경/기대의 변화가 있는지 명시하라. 관 련된 측정 가능한 계획 목표와 각각에 대한 개입과 함께 의료 가설 목록을 첨부하라.

심리학적 내용의 공식화

당사자가 원하는 것을 적절히 습득하도록 당사자에게 가르칠 수 있는 기술(의사소통이나 사회적 기술 교육 등)을 설명하라. 다음과 같이 개발할 수 있는 기술이 있는지 확인하라.

① 도전적 행동에 대응하거나 도전적 행동이 발생하지 않도록 환경을 바꾸도록 지원하는 기술(예: 여가 활동 기술, 선택하기 기술)

② 상황에 대처하거나 당사자가 바꿀 수 없는 상황을 수용하도록 돕는 기술. 그러나 불합리하거나 어떤 방식으로든 합리적으로 바꿀 수 있는 상황을 수용하도록 가르쳐서는 안 된다는 점에 유의해야 한다(용납할 수 없는 환경이나 상호작용을 수용하도록 가르쳐서는 안 되지만, 약 먹기를 싫어할지라도 약물을 복용하도록 가르칠 수는 있다).

마지막으로 삶의 질 영역에서, 당사자가 새로운 사회화 기술을 유지할 수 있도록 하기 위해 향상되어야 할 내용에 대한 설명이 있어야 한다. 각각의 심리적 문제 혹은 과정상의 주요 문제에 대해 가설이 있어야 하며, 관련 계획 목표와 개입에 관한 내용이 있어야 한다.

사회환경적 내용의 공식화

도전적 행동을 예방하고 사회성 향상 및 양질의 상호작용을 촉진하기 위해 하루 일과를 어떻게 설정해야 하는지 설명하라. 문제를 방지하고 사회적 상호작용을 촉진하기 위해 어떤 상호작용이 권장되고 또 무엇이 권장되지 않는지 파악하라. 예를 들어, 요청이나 과제를 제시하는 방법, 사회적 상호작용을 강화하기 위한 선택 사항을 제공하는 방법, 문제를 방지하고 긍정적이고 능동적인 기회를 창출하기 위해 개인의 환경을 어떻게 설정해야 하는지 명시하라. 보고서는 그 사람에게 기본적인 강화[15]의 기회를 어떻게 제공해야 하는지를 명시해야 한다(즉, 강화를 위해 당사자와 사회적 상호작용을 할 수 있는 사람을 배치하는 것 등). 문제가 되는 행동과 동일한 기능을 수행할 수 있는 다른 행동들 중에서 권장되고 강화되어야 하는 상호작용의 유형을 제시하라. 또한 강화되어서는 안 되는 행동이 있는지, 다른 사람들이 그 행동에 어떻게 반응해야 하는지(즉, 적절한 방식의 행동으로 전환하도록 제시하고 강화될 수 있도록) 설명하라. 위기관리 계획이 필요한 도전적 행동이 있는지, 있다면 어떤 것인지 명시

---

15 역자 주: 강화(reinforcement). 행동 심리학에서 어떤 작동이 일어날 확률을 증가시키는 자극을 지칭하는 말. 긍정적 자극을 보상으로 주어 행동을 강화하는 것을 정적(긍정적) 강화, 부정적 자극을 제거해서 행동을 강화하는 것을 부적(부정적) 강화라 함.

하라. 각각의 사회환경적 내용에 대해 가설과 관련 계획 목표 및 개입에 관한 내용이 있어야 한다.

현재의 지식 체계는 생물심리사회적 모델을 오늘날의 표준적 관행으로 제시하고 있지만, 가드너(Gardner, 1999)는 생물의학적 · 심리학적 · 사회적 요인들을 따로 분리해서 조사하는 것만으로는 충분하지 않다고 경고한다. 그는 일반적으로 "중복장애를 가진 사람들의 가장 도전적인 행동의 발생, 변동, 심각성 및 지속성"은 많은 요인들의 상호작용으로 설명해야 한다고 제안한다(Gardner, 1999, p. 63). 요인들의 상호작용을 이해하는 것은 장기적이고 효과적인 개입을 위해 필수적이다. 따라서 당사자를 중심으로 작업하는 전문분야 간 협업팀의 구조와 과정은 상호작용이 적절히 수행되도록 하는 데 중추적인 역할을 한다.

2. 심각한 도전적 행동이 있는 사람은 전문분야 간 협업팀에서 설계하고 조정한 통합적 계획이 필요하다.

앞에서 언급한 바와 같이, 중복장애 분야의 표준은 윌리엄 가드너(William Gardner, 2002)가 개발한 것과 같은 통합적인 생물심리사회적 (복합양식) 모델이다. 이 모델을 적용하는 것은 단순히 각 전문분야별 내용의 입력을 의미하는 데 그치는 것이 아니다. 오히려 다양한 전문분야에 대한 지식을 생물의학적 · 심리적 · 사회적 요인과 각 요인의 상호작용을 포함하는 하나의 포괄적 계획으로 통합시킬 것을 요구한다. 이 모델을 통해 전문 지식의 공유와 상호 수정, 돌봄에 대한 총체적 방식의 조율, 그리고 전문 지식과 서비스 제공의 통합이 가능하다.

종종 한 공간에서 서로 다른 전문가들이 상호 협의나 조정 없이 각자 단일 전문분야로서 독자적으로 일한다. 전문성은 여전히 전문가들의 격납고 내에서 유지되고 있으며 전문분야 간 또는 전문가 간 협업은 거의 없어 보인다. 여기서 '전문분야 간'이라는 용어와 '전문가 간'이라는 용어는 서로 교환이 가능하다.

심각한 도전적 행동이 있는 사람에 대해 의료팀은 최소한 1차 케어 제공자(예: 일반 의사, 간호사, 응용행동분석가, 정신건강의학과 의사, 신경과 의사, 간호 전문가, 직업치료사, 의사소통치료사, 물리치료사, 사회복지사)를 포함해야 하며, 이에 국한되지 않는다. 팀의 일부 구성원은 지속적으로 참여하고 다른 일부는 필요에 따라 참여할 수 있다. 그러나 팀의 구성원을 참여시키는 것은 당사자를 총체적으로 인식하고 다른 팀 구성원 모두의 역할을 이해하는 데 기여하는 것이어야 한다.

전문가 간 협업과 팀워크의 중심에 다음의 세 가지 원칙이 있다. 이 원칙들에 근거해서 팀 구조와 절차를 구축해야 한다.

- 관계 중심적 실천: 각 참여자 간 관계의 중요성을 인식하고 이러한 관계가 양질의 케어를 지원하는 데 핵심적이라고 간주한다.
- 그룹 역학: 촉진적 리더십[16]과 임파워링 리더십[17]을 강조한다(역할의 명확성, 과제와 절차의 균형, 그리고 바람직한 갈등 해결법 등).
- 프로그램 이행: '강점 기반' 문제 해결을 최적화하는 과정. 전반적인 목표를 구상하기 위한 전략으로 질문을 사용하는 것, 지속 가능한 과정과 절차 및 경로를 구축하는 것 (EHPIC, 2009).

이러한 원칙을 기반으로 팀을 구성하면 다양한 직원들에 걸쳐 일관된 서비스를 제공할 수 있다. 이는 또한 직원들이 안전을 보장하고, 서로를 돌보고, 지식과 기술 및 실천이 증거 정보에 입각하거나 모범 사례에 기반한 것이 되도록 보장하고 또 그것을 유지할 수 있도록 서로 책임을 공유한다는 것을 의미한다.

지역사회 핵심팀을 설립함으로써 의료팀과 지역사회 직접 케어 제공자 기능의 통합을 지원할 수 있다. 참여자는 다음과 같다.

- 주거/주간활동 지원: 각 서비스 이용자에 대해 선임 직원이 지정된다. 그 직원이 일상적 질문이나 우려 사항에 대해 가족과 연락하는 담당자이다. 여러 직원 및 교대 근무자 간의 의사소통에 주도적 역할을 하며, 또한 가능한 경우 주거 및 주간활동의 관리자 및 상급 책임자 등과 함께 주치의, 정신건강의학과 의사 및 다른 전문가와의 만남에 참가한다.

---

16 역자 주: 촉진적 리더십(facilitative leadership). 의사결정 단계에서 구성원들을 참여시키고 프로세스를 구조화하여 각자의 역할을 지원하도록 촉진하는 리더십 전략.

17 역자 주: 임파워링 리더십(empowering leadership). 구성원에게 명확한 목표, 권한, 책임을 부여하여 주인의식을 강화하는 리더십 전략.

- **주거/주간활동 관리자/상급 책임자:** 이 역할의 담당자는 치료 및 케어 계획의 일상적 실행을 감독하고 계획과의 격차를(이를테면, 교육이나 자원 부족으로 인한) 파악하며, 필요한 경우 의료팀과 연락하여 문제를 확인하고 해결하도록 감독하며, 주택 지원을 관리 감독하고, 일상적인 질문이나 우려 사항에 관해 가족과 기본 직원의 연락을 지원할 책임이 있다.
- 의료 서비스 제공자
    - 일반 개업의, 아마도 수석 임상의(lead clinician)
    - 당사자를 매주 또는 필요하거나 케어 계획에 따라 방문할 수 있는 간호사/임상 간호사(nurse practitioner)
    - 개인적 케어를 위한 활동보조인과 같은 기타 지역사회 건강 관리 서비스 제공자
- 응용행동분석가 및/또는 심리학자: 당사자의 주거지를 전담하는 수석 임상의
- 정신건강의학과 의사: 상황의 복잡성에 따라 수석 임상의 역할을 할 수 있다. 약물 부작용을 모니터링하고 변경 사항을 조정하기 위해 의료 서비스 제공자와의 협력이 중요하다.

전환 계획에 따라 팀의 추가 구성원으로 다음의 사람들이 포함될 수 있다.

- 신경과 의사
- 자폐 전문가
- 유전학자
- 직업치료사
- 언어치료사
- 물리치료사
- 수면 전문가
- 특정 분야에 보충 또는 전문 지식을 제공하는 기타 상담 전문가(예: 사회복지, 위기 예방, 행동 개입 상담 등)

전문분야 간 협업 및 조정을 이루기 위한 지원 구조에는 임상과 행정 리더십 사이의 역할과 기능의 명확화, 그리고 예를 들어 간호사와 의사 또는 행동분석가와 주택/일상활동 지원 직원과 같이 중복될 수 있는 실무 범위에 대한 이해가 포함된다. 팀 내에서의 명확하고 단순

한 케어 서비스 경로(팀 구성원 간에 케어 서비스를 이전해야 하는 경우), 그리고 조직화된 팀 업무 과정의 재구성이나 업데이트를 위한 임상 회의는 통합된 생물심리사회적 케어 제공이라는 초점을 유지하는 데 유익할 것이다.

팀의 각 구성원은 특정한 대학 또는 인증 기관이 있다면 그 기관에 의해 정해진 범위 내에서 업무를 수행해야 한다. 또한 팀의 임상적 리더십과 책임 역시 명확해야 한다. 이 분야에서는 심리학자와 정신건강의학과 의사가 임상적 의사결정을 주도하는 것이 관례이다(주로 의료의 법적 책임으로 인해 케어 서비스와 치료 계획의 임상 방향에 대한 최종 권한을 갖는다). 동시에 이것은 당사자의 케어를 담당하고 있는 주관 단체의 행정 리더십과 가장 잘 균형을 이룬다. 경우에 따라 관리자가 참여할 수 있지만, 임상 책임자와 정기적으로 점검하거나 관리자가 문제를 해결하도록 돕기 위해 대표자 급이 참여함으로써 조직 내에서 일관된 절차를 수립하고 지역사회 핵심팀 내의 역할과 책임을 명확히 할 수 있다.

지역사회 **핵심팀**의 초기 회의는 지침 1에 따라 생물심리사회적 방식을 통해 당사자에 대한 공통된 이해를 달성하는 데 초점을 맞출 것이다. 정신 건강 문제 또는 심각한 도전적 행동이 있는 당사자에게 요구되는 지원의 강도로 인해, 지역사회 핵심팀은 특히 전환의 초기 단계에서 아마도 전환 이후 6개월 또는 12개월까지 적극적 케어 모델을 가정해야 한다. 이는 전체 핵심팀의 빈번하고 정기적인(매주) 회의를 의미하며, 필요에 따라 초기에는 팀 구성원 중 일부(예: 간호사, 행동분석가, 심리학자)가 일주일에 2~3회 또는 그 이상의 방문을 할 가능성이 높다. 이것은 개인의 욕구와 케어 계획의 실행에 대한 세심한 주의를 위한 것일 뿐만 아니라, 생물심리사회적 요소에 관하여, 특히 직접적인 케어를 담당하는 직원 혹은 서비스 제공자에 대한 지원, 상담 및 조언과 관련하여 전문분야 간 협업팀의 효과적인 운영을 촉진할 것이다.

모든 지역사회 핵심팀 구성원은 전환에 앞서 준비가 되어 있어야 하며 이주하기 전에 당사자의 삶에 능동적으로 참여해야 한다. 그들 중 수석 임상의를 비롯한 일부는 처음부터 전환 계획팀의 적극적인 구성원이 될 것이다. 게다가 사례를 다룰 응용행동분석가는 자격이 있는 전문가이거나 그 지시에 따라 일해야 하며, 관계를 발전시키기 위해 당사자와 상당한 시간을 함께 보내고 당사자의 생활 일과가 어떠하며 그 일과에 당사자가 어떻게 반응하는지 파악하고, 당사자에게 효과적인 접근 방식과 그렇지 않은 접근 방식을 파악하고, 모든 촉발 요인과 패턴을 이해하여야 한다. 적절한 가활 환경 그리고 직원의 선발 및 교육은 이 정보를 기반으로 한다.

물리적 이동에 앞서 지역사회에서 당사자를 지원할 직원들은 당사자가 새로운 환경으로 이전할 수 있도록 관계를 충분히 형성해야 한다. 일부 당사자의 경우 이 작업에 수개월이 걸리고 교대 근무가 필요할 수 있다. 이렇게 전환 계획에서 직접 케어하는 직원과 핵심 구성원들이 필요로 하는 시간을 확보하려면 자금이 배정되어야 한다.

3. 도전적 행동이 있는 발달장애인의 지역사회 복귀를 위한 주거환경은 가활에 적합해야 한다.

시설에서 지역사회로의 전환에 관련된 긍정적 성과는 단순히 당사자를 지역사회 주소지로 이주시키는 것만으로 직접적으로 얻어지는 것이 아니다. 긍정적 결과는 대체로 당사자를 위해 설정된 지역사회 주거환경의 특성과 관련이 있지만 독점적 요인은 아니다. 긍정적인 결과를 가져오는 주거환경의 특징은 구조적 요소(즉, 위치, 공간, 거주하는 장애인의 적절한 수)와 기능적 요소(즉, 긍정적인 사회적 상호작용, 개인적으로 의미 있는 일상활동, 가능한 경우 자기 주도적 활동과 상호작용 및 케어의 선택)를 모두 포함한다. 가활에 적합한 주거환경을 위해서는 이러한 요소들의 조합이 필요하다.

심각한 도전적 행동을 보이는 발달장애인은 모든 서비스 제공자에게 보호, 지원, 인력 배치 및 환경공학 측면에서 특별한 어려움으로 다가올 수 있다. 도전적 행동을 보이는 발달장애인은 재활(rehabilitation)이 아니라 가활(habilitation)이 필요하다. 가활은 당사자들이 효과적으로 기능하고 참여할 수 있도록 하는 기술 습득의 기회이다. 가활 프로그램의 수립을 위해서는 개인화(personalization), 사회화(socialization), 그리고 정상화(normalization)가 요구된다(Gunzberg, 1973). 발달장애 그리고/또는 심각한 행동문제가 있는 사람이 특정한 주거환경에 더 많이 모여 있을수록 이를 달성할 가능성은 낮아진다.

집단적 주거환경은 일반적으로 시설로 간주되지만, 지역사회 주거 역시 개인 공간과 자연스럽고 긍정적인 상호작용, 학습의 기회, 그리고 실질적이고 의미 있는 일상활동을 경험할 수 있는 기회가 부족한 환경을 조성할 수 있다. 엄격한 규칙이 부가되고 지역사회 통합과 사회화가 불충분하게 제공되거나(Landesman, 1988), 또는 직원과 거주인 간 상호작용의 품질이 낮은 경우(Meador et al., 1991) 지역사회 주거환경이라도 시설화될 수 있으므로 주의해야 한다.

4. 정신 건강 문제 및/또는 심각한 도전적 행동이 있는 사람과 함께 일하는 직원들은 중복장애에 대한 특화된 교육이 필요하다.

지역사회 프로그램으로 전환하는 사람들은 의학적·행동적·정서적·정신적 문제를 비롯하여 점점 더 복잡한 의료적 이력을 가지고 있다. 따라서 지역사회 서비스 제공자는 직원들에게 이런 복잡한 문제에 효과적으로 개입할 수 있는 보다 정교한 기술을 제공해야 한다. 직접 케어 서비스 제공 직원을 능숙하게 교육하는 것은 지역사회로 이전하는 심각한 도전적 행동이 있는 당사자의 안전과 웰빙을 위해 필수적이다.

베이커 등(Baker et al., 2001)은 중복장애를 가진 사람과 함께 일하기를 원하는 발달장애 서비스 분야의 임상 의사는 정신장애에 대한 사정 및 개입에 관한 문헌을 숙지해야 한다고 강조한다. 최근의 연구에 따르면 발달장애 성인들 사이에서 가장 흔한 만성 질환은 정신 건강/정신의학적 질환으로서 전체 집단의 거의 절반에 가까운 사람들에게서 발생하였다(Lunsky et al., 2013). 시설이 아닌 주거환경에서 항정신병 약물의 사용은 높은 비율로 지속되고 있으며, 동시에 두 가지 이상의 약물이 처방되는 경우도 빈번하다(Lunsky et al., 2013). 하지만 실행 지침에서는 항정신병 약물을 더 이상 문제행동에 대한 허용 가능한 일상적 치료로 보아서는 안 된다고 권고한다(Sullivan et al., 2011). 보다 구체적으로는, 처방된 항정신병 약물에 대한 정기적인 검토에는 도전적 행동에 대한 전문분야 간 협의와 함께 기능 평가(응용행동분석가 또는 심리학자가 수행)가 포함되어야 한다(캐나다 Primary Care Guidelines, 2011). 따라서 의료팀은 개별 당사자의 욕구에 따라 자폐나 유전적 증후군 등의 특정 분야에 대한 교육뿐만 아니라 중복장애와 관련된 일반적 기술에 대해 교육을 받는 것이 중요하며, 이 교육은 전환에 앞서 제공되도록 해야 한다. 앞에서 언급한 바와 같이 지역사회 핵심팀의 모든 구성원은 전문가 간 협업에 관한 교육도 받아야 한다.

당사자의 행동 프로필에 설명된 당사자의 욕구에 맞게(즉, 당사자가 어떤 유형의 사람에게 잘 반응하고 필요한 직원의 역량은 어떤 것인가) 직원을 신중하게 선발하는 것이 중요하다. 직원을 고용한 후에 일부 교육을 실시할 수 있지만 직원의 기본 특성이 당사자의 욕구에 부합해야 한다. 지역사회 직원이 당사자와 진정한 관계를 형성하도록 하기에는 교육만으로는 불충분하다.

주거 지원 인력의 교육은 의료팀이 하는 것이 가장 좋다. 지역사회 기관들은 일반적으로 위기 예방 및 개입에 대한 정기적인 교육을 제공하지만, 어떤 당사자에 대해서는 위기 예방에 관한 전문 강사가 집중 훈련을 하는 것이 유익할 수도 있다. 시설에 사는 많은 사람들은 도전적 행동의 완화 및 예방을 위한 기존의 프로토콜을 갖고 있을 것이다. 이러한 프로토콜이 지역사회로 전환하는 당사자들에게 적용되는 경우, 당사자를 지원하는 팀과 일선 직원에 대해 상담과 교육을 수행할 것을 권장한다.

지역사회 기관이 응급 상황의 경우에 대비해서 정책적으로 모든 직원이 수동 억제[18] 절차의 사용에 대한 교육을 받도록 하는 것이 일반적이지만, 심각한 도전적 행동의 이력이 있는 당사자를 수용하는 기관은 안전한 환경을 만들고 유지하기 위해 더욱 집중적인 교육이 필요하다. 교육 내용에는 도전적 행동이 발생할 가능성을 줄이거나 사전에 해결될 수 있는 환경과 관계를 설정하는 것, 대안적 행동을 가르치는 것, 그리고 도전적 행동이 증폭되기 전에 관리하는 것과 같은 긍정적 예방 방법이 포함되어야 한다.

특정 당사자 지원을 위한 직원 교육에는 다음과 같은 내용이 포함된다. 당사자가 어떻게 의사소통하는지, 무엇을 하기를 좋아하는지, 당사자가 어떻게 배우는지, 당사자의 감정을 이해하고 이에 반응하는 방법, 도전적 행동의 징후나 사전 경고 신호를 아는 방법, 도전적 행동에 관한 지침에 따라 가장 덜 제약적인 방식으로 개입하는 방법 등이다. 서비스 이용자에 대한 지식을 가진 특정 시설 직원이 개인 차원에서 이 교육에 참여할 수 있다. 지침 1과 지침 2에 명시된 바와 같이 의료적·정신적, 그리고 돌봄 서비스의 욕구에 관한 훈련 등이 다루어져야 한다. 어떤 경우에는, 예를 들어 심리평가가 10~15년 전에 된 것이라면, 앞의 영역과 관련하여 개인의 강점과 어려움에 대한 현재 상태를 이해하기 위해 평가를 갱신하는 것이 유익할 수 있다.

당사자가 지역사회로 전환한 후에도, 깊은 헌신과 튼튼한 인간관계를 만들어 온 시설 직원이 특정 당사자와 함께 일하기를 계속 원할 수 있다. 이러한 직원들은 당사자에 대해 상당한 지식과 풍부한 경험을 보유하고 있는 경우가 많은데, 이는 전환 과정에서 매우 귀중한 것이다. 만약 현재 시설 직원이 지역사회 기관으로 이전하는 데 관심을 보일 경우, 그에게 전환 계획팀에 참여할 수 있는 기회를 주는 것이 좋다. 그럼으로써 그가 다른 지역사회 프로그램들을 견학하고, 다른 지역사회 서비스 제공자들과 함께 다양한 워크숍과 교육 과정에 참

---

18 역자 주: 수동 억제(manual restraint). 손이나 몸을 사용하여 (상해의 가능성이 있는) 힘으로 개인의 몸 전체나 부분의 움직임 또는 기능을 제한하여 행동을 제어하는 방법.

석하고, 그리고 자신의 전문성을 지역사회 서비스 제공자들과 공유할 뿐만 아니라 전문성을 확장할 수 있을 것이다. 예를 들어, 어떤 시설 직원이 자폐가 있는 특정 당사자와 계속 일하고자 하는 경우, 이 직원이 지역사회 주거환경의 당사자들과 함께하는 지역사회 프로그램들을 방문하게끔 노력해야 한다. 그리고 당사자에 대한 지식과 기술을 지역사회 환경에서 적용할 수 있도록 지역사회의 철학과 접근 방식을 지향하는 워크숍에 참석하도록 해야 한다. 이렇게 직원이 이전하기 위해서는 전환을 수용하는 지역사회 기관 내에서 약간의 조정이 필요할 수 있지만 어떤 경우에는 당사자에게 매우 큰 도움이 될 수 있다. 마찬가지로, 이전하는 직원으로서도 생물심리사회적 또는 복합양식(multimodal)의 사정 및 개입 등에 대한 직원 개발 기회를 갖게 된다는 면에서 커다란 이점이 있다.

전문 교육은 고정된 것이 아니다. 모든 지역사회 핵심팀 구성원들을 위해 지속되어야 하며 프로그램의 필수 자원의 일부로 계획되어야 한다. 이를 지원하기 위해, 심각한 도전적 행동이 있는 당사자를 위한 지역사회 서비스를 학술 기관 및/또는 연구 기관과 연계하여 모범 사례에 대한 지속적인 교육 및 지속적인 품질 향상을 지원하는 방안을 고려해야 한다.

5. 전환에 앞서 정신 건강 문제 및/또는 심각한 도전적 행동이 있는 모든 사람에 대한 위기 예방 및 관리 계획을 가지고 있어야 한다.

지역사회로 전환하는 모든 정신 건강 문제 및/또는 심각한 도전적 행동이 있는 사람은 전환 계획의 일부분으로서 다음 세 단계의 지침을 필요로 한다.

- 문제행동의 예방
- 발생 초기 단계에서 도전적 행동을 감소시키기 위한 개입
- 도전적 행동에 대한 가장 덜 간섭적이고 가장 효과적인 개입 방법을 기반으로 하는 대응 지침

도전적 행동에 대응하기 위해 시설에서 적용되던 절차가 지역사회 환경에서는 일반적으로 사용되지 않는다. 전환을 위해 개발된 지침은 지역사회 환경에서의 구현을 위해 적절하게 설계되어야 하며, 이 지침을 지역사회에서 사용하는 경우 정확하고 일관되게 구현할 수 있도록 모든 직원이 철저하게 교육을 받아야 한다. 지침의 적용에 대해 주거환경과 관련된

응용행동분석가 및/또는 심리학자가 세심하게 모니터링할 것이다. 지역사회 조직 내 책임자와의 긴밀한 연락도 필요하다.

전환 계획서는 가능한 모든 곳에서 위기를 예방하도록 설계되었지만, 위기가 발생했을 때를 대비하여 명확하게 설계된 계획을 갖는 것도 중요하다. 탈시설화 이후 건강 및 정신 건강의 문제로 발달장애인의 응급실 이용이 증가한 것은 중대한 우려의 지점이다. 위기 대응 계획이 없는 사람은 계획이 있는 사람보다 응급실을 방문할 가능성이 두 배 더 높다(Lunsky, Balogh, & Cairney, 2012). 따라서 위기 예방 및 관리 계획에서 위기가 전개될 때 당사자, 가족, 케어 서비스 제공자가 따라야 할 전략을 명확하게 설명하는 것이 중요하다. 이것은 '가정 내' 행동 지침과 별개이며 외부 서비스 및 지원이 필요할 때 분명한 역할과 책임을 명시한다(Beasley, 1999). 이것은 지역사회 주거환경에서 당사자와 직원의 안전을 위해 특히 중요하다.

일반적으로 위기 예방 및 관리 계획은 지역사회 위기 서비스, 응급실 사회복지사 및/또는 경찰을 포함하여 위기 시에 필요할 수 있는 예비 지원뿐만 아니라 시설에서부터 당사자를 알고 있는 사람과 전환을 수용하는 지역사회 서비스 제공기관의 직원 등이 참여하는 협업 과정을 통해 개발된다. 이러한 계획을 개발하는 과정은 도전적 행동의 각 단계에서 당사자 및 당사자의 장애와 서비스 욕구에 대한 공통된 이해를 만드는 역할을 한다. 작성된 문서는 당사자에 대하여 다음과 같은 최신의 정보를 제공한다.

- 현재 건강, 정신 건강에 대한 진단, 기능 수준, 의약품
- 강점, 선호, 의사소통 방식
- 위기 및/또는 위기 확대의 예상 가능한 원인(촉발 계기)과 패턴
- 행동 단계에 따른 개입의 사전 협상, 위기 계획 실행 시 당사자/서비스 제공자의 역할, 예를 들어 PRN(필요시 처방) 도입 시기, 지역사회 위기 대응 또는 병원 응급실과 같은 예비 서비스에 접근하는 시기와 방법
- 비상 대응 인력이 연락해야 할 대상

궁극적으로 위기 대응 계획의 목적은 시스템이 당사자와 동시에 위기에 빠지는 것을 방지하고 응급 서비스에 대한 접근을 단순화하는 것이다. 모든 응급부서 방문 또는 지역사회에서의 사건 발생 이후에 전문분야 간 협업팀과 임상 책임자의 후속 조치는 매우 중요

하며, 과정의 지속적인 이해와 연속성을 보장하기 위해 6개월에서 12개월마다 계획을 업데이트해야 한다(샘플 계획은 http://www.surreyplace.on.ca/Primary-Care/Pages/Tools-for-primary-care-providers.aspx 참조). 응급실 방문 시, 병원 직원이 당사자의 욕구를 이해할 수 있도록 돕기 위해 '의료 여권(Health Care Passport)'을 미리 작성할 수 있다(샘플 도구는 http://knowledgex.camh.net/hcardd/resources/Pages/DevelopmentalDisability.aspx 참조).

요약

이 장에서는 중복장애를 가진 사람의 지역사회 전환을 위한 모범 실행 지침을 제안하였다. 우리는 이러한 당사자들을 사정하고 치료하기 위해 전문화된 교육, 사전 예방적 의료 계획 및 전문분야 간 협업팀 모델에 기반한 건강 관리와 케어 서비스 지원의 중요성을 강조할 뿐만 아니라 포괄적이고 다원적인 접근의 필요성을 설명하였다. 개별화되고 가활에 적합한 환경의 구조적 및 기능적 요소는 물론, 필요한 경우 지역사회를 뒷받침하는 위기 예방 및 관리 계획의 역할에 대해 논하였다.

제21장

지역사회에서의 삶의 질 보장

도로시 그리피스(Dorothy Griffiths), 프랜시스 오웬(Frances Owen)

헤더의 이야기[1]

헤더는 5세 때 시설에 입소한 55세 여성이었다. 그녀는 발달장애를 가진 3남매 중 1명이었는데, 그중 1명은 어렸을 때 죽었다. 헤더는 심각한 발달장애와 경련성 사지마비라는 진단을 받았다. 또한 만성 폐쇄성 폐질환으로 호흡기 감염에 취약했다. 그녀는 간단한 블리스 상징과 고개를 끄덕이는 것으로 의사소통을 했다.

헤더는 그룹홈으로 이주하여 다른 4명의 발달장애를 가진 여성과 함께 살게 되었다. 그 집은 그녀가 언니(또는 여동생)와 함께 살 수 있도록 선택된 것이었다. 이들 자매는 탈시설 전환 과정을 통해 더욱 강력한 애정으로 연결되어 있었다.

그녀의 집은 아름답고, 현대적이고, 넓고, 깨끗하다고 묘사되어 있었고, 따뜻하고 실제적인 가정환경을 제공했다. 식당, 거실, 부엌은 모두가 집에 있을 때에도 개방되어 쉽게 접근할 수 있었다.

---

1 저자 주: 「탈시설 이니셔티브: 최종 사례 연구 보고서(Facilities Initiative: Final Case Study Report)」(Griffiths, D., Condillac, R. A., Owen, F., Boutsis, E., Cancilla, C., Clarke, J., Ebrahami, M., …… & Waboso, K., 2012, 미출간 원고, 온타리오주 세인트 캐서린스, 브록 대학교)와 「온타리오주의 탈시설 계획 기간 동안 거주인의 지역사회 재진입을 위한 개인별 계획의 효과성(Effectiveness of Personal for Residents Re-entering the Community During the Facilities Initiative in Ontario)」(Jansz, C., 2011, 미출간 석사학위 논문, 브록 대학교)에 기초함.

헤더는 원할 때면 언제이건 냉장고, 뒷마당, 텔레비전을 사용할 수 있었다. 그 집의 모든 거주인들은 자신의 취향에 따라 뚜렷하게 꾸며진 침실을 갖고 있었다. 각자는 자신만의 테마, 색상 및 장식 스타일을 선택했다. 헤더 자매는 큰 방을 함께 썼는데, 각자 자신의 가구와 큰 옷장이 있었다. 침대 덮개까지 모든 것이 개인에 맞춰져 있었다.

집의 복도에는 오두막집에서의 휴가, 토론토의 오페라, 시카고의 수족관, 테네시의 산을 비롯하여 그들이 경험한 많은 여행 사진이 전시되어 있었다. 그들은 심지어 자동차 범퍼에 스티커를 붙이기도 했다. 그녀는 배와 비행기를 타고 여행한 경험이 있었고, 디즈니 유람선을 타고 바하마로 여행을 계획 중이었다.

지역사회로 전환하기 전, 헤더는 관심받기를 즐기는 매력적이고 명랑한 여성으로 묘사되었다. 전환 이후 그녀의 성향은 극도로 긍정적이었다. 좋아하는 방문객이 떠날 때 슬픔을 보이거나 우는 일이 자주 있었지만, 그룹홈 직원들은 그녀가 대부분 쾌활하고 행복한 표정을 짓고 있다고 말했다. 그녀는 시설 내에서 도움을 요청하는 말을 반복적으로 하고 수면에 어려움이 있었던 것으로 보고되었지만, 이러한 문제들은 지역사회에서 더 이상 존재하지 않았다.

직원들은 전환 이후 헤더를 지원하는 데 있어 가장 큰 변화는 건강이었다고 보고했는데, 이는 음식물 공급과 흡인 과정에서의 의학적 취약성 때문이었다. 직원들은 심폐 물리치료 타진[2] 및 압박, 체위배액,[3] 압점[4]을 피하고 매일 스트레칭 운동을 할 수 있는 자세 변경, 그리고 거의 농축 유동식[5] 식단을 섭취하도록 돕는 절차 등에 대한 훈련을 받았다. 휠체어의 특수 시트, 폐 분비물 배출을 위해 기울어지고 젖혀지는 병원용 침대 겸용 소파, 모든 이동을 위한 의료용 리프트를 포함하여 전환 계획의 모든 요소들이 해결되었다. 처음에 그녀는 많은 진료 예약을 하였으나 상태가 안정되면서 진료 예약 횟수가 줄어들었다. 담당 직원은 헤더의 건강이 지역사회의 새 집으로 이사한 후 좋아졌다고 보고했다. 담당 의사는 그녀가 의존하던 약물을 줄여 식욕을 개선하고 낮 시간의 각성도를 향상시켰다.

헤더는 주로 미소와 눈으로 의사소통했다. 지역사회로 전환하기 전에 직원들은 그녀가 원하는 것이 무엇인지 거의 이해하지 못했으며 그녀가 다른 사람을 이해하지 못한다고 말했다. 하지만 그

---

2 역자 주: 신체 표면을 두들겨 내부 장기의 상태나 흉강과 복강 속의 가스 혹은 액체의 유무를 알아내는 방법.
3 역자 주: 체위를 변경하여 기도 내 분비물을 효율적으로 객출하는 것.
4 역자 주: 피부에 가해지는 압력을 느끼는 감각점.
5 역자 주: 씹지 않고 삼킬 수 있도록 만든 음식.

룹홈의 일선 직원들은 이제 그녀를 상당히 이해하고 있으며 그녀가 다른 사람을 이해하고 있다는 분명한 징후를 보인다고 말했다. 마지막으로 방문했을 때 직원들은 그녀의 의사소통을 더욱 향상시키기 위해 아이패드(iPad)를 사용하는 것에 관해 의사소통 전문가와 상담할 수 있도록 준비하고 있었다.

헤더는 지역사회 속에서 많은 시간을 보냈다. 그녀의 월간 일정표는 식당, 술집, 쇼핑몰, 시장, 친구 집, 요리 교실 등의 방문과 일상적 심부름과 같은 활동들로 가득 차 있었다. 그녀는 식당에서 자주 식사를 했고, 친구의 방문이나 전화를 받았고, 친구를 방문하였고, 산책, 영화 관람, 쇼핑, 콘서트, 스포츠 경기, 볼링장 등을 갔다. 그녀는 동네 술집의 단골이었는데, 그곳은 많은 사람들이 저녁 식사와 노래방을 즐기기 위해 모이는 곳이었다. 관리자, 직접 케어 서비스를 제공하는 직원, 친구와 가족, 그리고 지역사회의 다른 사람들이 그녀와 함께 이런 활동들을 했다. 그녀는 자주 동네를 돌아다녔고 이웃들은 그녀와 짧은 대화를 나누곤 했다. 헤더는 지역사회의 다른 사람들과 함께 할 수 있도록 지원과 지지를 받았고, 사람들은 그녀와 다양한 개인적 관계를 맺고 그녀의 삶을 지지하였다. 케어 서비스 제공 직원들은 매달 사우나 데이와 생일, 명절 등 테마 파티를 기획했다. 케어 서비스 제공 직원들의 지원으로 헤더 자매는 그들의 집에서 주최하는 월간 사교 클럽을 시작했다. 그녀가 적극적인 지역사회 구성원이 된 것은 명백했다.

지역사회 직원은 헤더에게 선택의 기회를 제공하기 위해 모든 노력을 기울였다. 시설 내에서 그녀의 자기결정 능력에 심한 장애가 있는 것으로 보고되었지만, 그룹홈 내에서는 단지 아주 약간의 장애가 있는 것으로 평가되었다. 그녀가 좋아하는 물건들과 그림으로 채워진 침실, 그리고 직원들이 그녀의 선택을 제안하고 방향을 제시한 방식에서 볼 수 있듯이 그룹홈의 직원들은 당사자 중심 접근법을 따랐다. 그녀가 "아니요"라고 말하면 직원들은 그녀의 선택을 존중하고 요청이나 활동을 철회하였다. 처음에 그녀는 두 가지 선택지 중 하나를 선택할 수 있었지만, 직원들은 그녀가 나중에는 최대 여섯 가지 선택지 목록 중에서 고르는 법을 배웠다고 보고했다. 그녀는 자신이 먹고 싶은 것, 입고 싶은 것, 언제 잠자리에 들고 일어날지, 하루 종일 어떻게 시간을 보낼지 등을 선택했다. 쇼핑을 할 때, 매장의 판매원들은 직원의 안내에 따라 헤더에게 사고 싶은 것에 대한 선택권을 주는 법을 배웠다. 판매원들은 직원들이 그녀를 대신해서 말하는 것이 아니라 '예' '아니요'라는 그녀의 대답을 지켜보는 법을 배운 것이다.

헤더의 상황은 독특했다. 그녀의 자매가 이미 거주하고 있는 그룹홈으로 이주한 것이다. 관찰 결과, 그녀가 늘 미소 짓고 웃는 사람이라는 것이 명확히 드러났다. 헤더는 지역사회에서 활발하고 새로운 삶을 즐기고 있음이 분명했다.

　　성공적으로 설계된 전환 계획을 구현한 결과는 인간관계, 성장, 의미 있는 삶의 질을 촉진하는 적절한 주거환경이다. 이는 시설에서 생활할 때와 같거나 그 이상이며 지역사회 통합을 향상시킨다. 전환을 통해 그녀는 새 집에서 최적의 삶의 질을 달성했다. 품질을 보장하는 단계는 종종 파악에 어려움이 있지만, 다음의 내용은 독자들이 고려해야 할 영역을 검토하는 데 도움이 될 수 있을 것이다.

최적의 삶의 질 보장

　　누군가를 새로운 주거환경으로 이주시키고 삶의 질이 나아지기를 바라는 것만으로는 충분하지 않다. 전환을 수용하는 지역사회 기관은 각 당사자의 삶의 질을 최대한 증진시키기 위해 최선을 다해야 한다. 최초의 탈시설화 물결 이후 무엇이 좋은 삶의 질을 구성하는지에 관한 중요한 연구가 있었다. 전환 계획을 위해 라파엘 등(Raphael, Brown, Renwick, & Rootman, 1996)이 개발한 모델은 훌륭한 토대를 제공한다. 그들은 삶의 질에는 '존재감' '소속감' '성장'[6]의 세 가지 주요 요소가 있다고 제안한다.

존재감

　　'존재감'에는 웰빙의 세 가지 영역이 포함된다. 신체적 웰빙은 최적의 건강/이동성/체력/영양 및 외모를 달성하는 것을 포함한다. 심리적 웰빙은 자존감, 대처 능력과 긍정적 행동을 포함한다. 영적인(spiritual) 웰빙[7]은 의미 있는 것에 대한 기념과 개인적 가치의 존중을 포함한다.

　　신체적 웰빙은 아마도 지역사회 기관이 해결해야 할 가장 분명한 요소 중 하나일 것이다. 당사자가 가능한 최상의 영양을 섭취하고 있는가? 일상적으로 그리고 문제가 있을 때 필요

---

6 역자 주: 존재감(being), 소속감(belonging), 성장(becoming). 개인의 전반적인 발달과 웰빙을 설명하는 세 가지 중요한 측면. 캐나다 보건복지연구소가 1996년에 발표한 「The Wellness Continuum」이라는 보고서에서 처음 소개된 개념으로 주로 사회복지, 교육, 심리학 등에서 사용됨.

7 역자 주: 영적인 웰빙이란 삶의 의미와 목적, 내적 평화 등 개인의 정신적 · 정서적 건강과 관련된 개념으로, 1980년대 제임스 엘러(James E. Ellor) 등에 의해 이론화됨. 종교적인 것에 국한되지는 않음.

한 의료 전문가에게 접근하고 있는가? 신선한 공기와 운동의 기회가 제공되는가? 이동성을 지원하는 보조기구 또는 치료가 제공되는가? 적절한 위생과 개인 복장에 대한 적절한 케어가 제공되고 있는가?

　심리적 웰빙은 그 사람의 행복감과 관련이 있다. 아마도 이 장의 저자 중 한 사람의 경험에서 나온 다음의 사례를 통해 가장 잘 설명될 것이다.

> 　　초기 시설 중 한 곳에는 그 시설의 비공식적인 주인이자 집배원으로 수년간 활동해 온 중년의 남성이 있었다. 하루 중 특정 시간에 그는 방문객을 맞이하기 위해 정문에서 기다렸다. 그는 또한 정기적으로 전체 시설을 순회하며 사무실 간에 메모를 전달하고 만나는 모든 사람과 친근한 대화를 나누었다. 그는 자신의 역할에 대한 엄청난 자부심이 있었다. 그래서 지역사회로의 이동은 그의 자존감에 있어 큰 상실을 의미할 수 있었다. 그의 전환에 있어서 자아의 상실을 보상하기 위한 새로운 책임을 그에게 부여하는 것이 중요했다. 새로운 주거환경에서 지역사회 기관은 그에게 사무실의 안내원 일을 맡겼다. 그는 문 앞에서 사람들을 맞이하고 복사기 사용법을 배우고 사무실의 모든 사람에게 사무실 간 우편물을 배달했다. 또한 그는 운전기사를 동반하여 각 그룹홈과 작업장에 편지와 소포를 배달했다. 그는 곧 시설에서 그랬던 것처럼 새로운 조직의 중요한 일원이 되었다.

　이렇게 심리적 웰빙은 다른 사람들과 함께하는 긍정적인 행동을 포함하며, 이를 통해 목적의식과 자존감을 창출할 수 있다. 어떤 경우에는 복사기 조작과 같은 새로운 기술을 배우는 것이 포함될 수 있고, 또 어떤 경우에는 주거환경들 사이에 존재하는 차이점에 대처하는 방법을 배우는 것을 의미할 수 있다. 앞의 헤더의 이야기에서 그녀의 목적의식과 자존감을 강화하기 위해 상호작용이 어떻게 촉진되었는지에 대한 많은 사례를 발견할 수 있다. 지역사회에 대해 주목할 만한 한 가지 사례는 직원들이 지역사회에 함께함으로써 점원들이 그들의 행동을 본떠서 가게에서 헤더 스스로 선택할 수 있게 되었다는 것이다.

　영적인 웰빙에는 당사자가 선택한 종교와 관련된 예배 및 관련 활동에 참여할 수 있는 기회를 제공하는 것이 포함될 수 있고, 일부 당사자에게는 음식을 제공하는 것이거나 그의 신념에 부합하는 특별한 행사에 참여하는 것일 수 있다. 서로 다른 신앙을 가진 사람들을 지원하거나 직원들이 특정 신앙이나 신앙 활동을 알지 못할 때 종종 어려움이 생긴다. 당사자에게 중요한 것이라면 직원들이 이러한 영적인 욕구를 존중할 수 있는 방법을 찾는 것이 중요하다. 가족이나 신앙인은 종종 그들의 행사에 당사자를 포함시키거나 정보를 제공하려 할수 있다. 하지만 많은 사람들에게 있어 영적인 웰빙은 종교적 명칭을 공식적으로 수반하는 것이 아니라 특별한 명절과 생일 등의 행사를 기념하는 것에 더욱 가까울 것이다.

소속감

소속감에는 물리적 소속감(가정환경과 재산, 안전함을 느끼고 사생활을 갖는 것), 사회적 환경(의미 있는 관계), 지역사회에 대한 소속감(지역사회 접근 및 통합)이 포함된다.

물리적 소속감에 대해 살펴보면, 앞 장에서 새로운 주거환경을 자기 집으로 만드는 것의 중요성에 대해 이미 논의한 바 있다. 그러나 그 정의에는 집뿐만 아니라 재산도 포함된다. 야외 활동에 익숙한 당사자는 야외 활동에 안전하게 접근할 수 있는 주거환경이 필요할 수 있다. 이를 위해서는 안전 울타리, 경사로, 특수한 가구, 당사자가 독립적으로 사용하여도 안전한 경우에는 문 손잡이 교체, 당사자가 밖에 나가기를 원할 때 직원에게 신호하는 방법, 예를 들어 출입문 벨을 누르거나 직원에게 신호를 보내는 방법을 가르치는 것 등이 요구될 수 있다. 당사자의 안전 문제를 존중하여 적절하게 계획된다면 야외 활동 능력은 당사자에게 매우 중요한 부분일 수 있다.

당사자가 집에 적절하게 접근할 수 있도록 하는 데 있어 집 안팎의 안전이 무엇보다 중요하다(필요한 경우 계단, 전등 스위치, 난간 등). 하지만 안전의 의미에는 다른 사람들과 함께 있을 때 안전하다고 느끼는 것도 포함된다. 발달장애가 있는 사람은 삶에서 학대를 경험할 가능성이 다른 일반 인구보다 두 배 더 높다(Sobsey, 1994). 학대는 다양한 방식으로 다양한 곳에서 발생할 수 있다. 폭력적이거나 공격적인 사람들과 함께 사는 것은 당사자의 물리적 소속감을 위태롭게 할 수 있다. 이것은 시설에서 너무 많은 사람들이 겪었던 흔한 경험이다. 하지만 학대는 또한 당사자를 돌보기 위해 돈을 받는 사람들에 의해 일어날 수 있다. 당사자를 수용하는 지역사회 기관은 학대를 예방하고 확실히 근절하기 위해 신중한 선별과 직원 교육이 필수적이다.

물리적 소속감의 목록 중 마지막은 사생활의 욕구이다. 앞서 언급한 바와 같이 대부분의 지역사회 기관들은 개인 침실을 제공해 왔는데, 아마도 시설에서 이런 것은 불가능한 사치로 간주되었을 것이다. 사생활은 하루 중 일부분의 시간에 대해 조용하거나 비사교적인 시간의 필요성, 혼자서 활동이나 공예를 할 수 있는 장소, 또는 성적인 욕구와 관련될 수 있다.

사회적 소속감이란 의미 있는 관계를 갖는 것을 뜻한다. 우리들 대부분을 지탱하는 삶의 요소 중 하나는, 특히 스트레스와 변화를 겪는 시기에는 더욱 그러하지만, 의미 있고 지지받는 관계를 갖는 것이다. 시설에서 지역사회로 전환하는 사람들에게 이것은 시설에서의 친구나 직원들과의 접촉을 유지하는 것, 가족과의 관계를 유지 또는 재정립하는 것, 그리고 지역사회의 사람들과 직원, 하우스메이트 등과 새로운 관계를 구축하는 것을 의미할 수 있다.

전환 과정에서 시설에서 존재했던 의미 있는 관계를 상실하는 경우가 매우 많다. 그 사람은 시설에서 수십 년 동안 특정한 사람과 함께 살았을 테고 밀접한 개인적 유대가 존재할 수 있다. 그것들을 인식하지 못하고 그러한 관계를 유지하려고 시도하지 않는 것은 다른 이들의 삶에 존재했을 수 있는 가치를 무시하는 것이며 어떤 경우에는 큰 상실감을 유발할 수 있다. 예를 들어, 파인리지 시설 폐쇄 과정에서 그 시설에서 나온 사람들에게 다시 시설로 돌아가고 싶은지 물어봤을 때 일부 당사자들은 그렇다고 답했다(Griffiths, 1985). 그곳에서 살기 위해서가 아니라 오랜 친구와 직원들을 만나기 위해 그렇다고 당사자들이 설명한 후에야 놀라움이 진정될 수 있었다.

탈시설 이니셔티브 연구의 한 사례에서 이 부분이 더욱 잘 드러난다.

> 새로운 주거환경으로 이주한 그 남성은, 다른 사람들과 어울리는 데 관심이 없고 시큰둥한 것으로 묘사된 사람이었다. 그러던 중 우연히 커피숍에서 예전 친구들을 만났는데, 거기서 그는 사교적이고 활기를 띠었고 그 만남에 큰 만족감을 보였다. 그의 전환 계획은 이러한 관계를 파악하지 못했기 때문에 그가 이주할 때 이러한 관계가 유지되지 못했다(Griffiths et al., 2012).

전환 과정에서 친밀한 인간관계의 가치가 간과되거나 폐기되어서는 안 된다. 과거에 탈시설 전환을 했던 사람들 중 많은 이들은 자신들의 삶에서 중요한 사람들, 오랜 세월을 함께 했던 사람들과의 연락이 끊길 수밖에 없었다. 그러나 탈시설 이니셔티브에서는 일부 관계를 유지하기 위한 노력이 이루어졌다. 한 전환 플래너는 어떻게 한 남성을 다른 지역사회로 이주한 여자 친구와 재회할 수 있도록 도왔는지 설명했다. "언젠가 그들이 재회하기를 바란다는 가족의 바람이 그 남성의 개인별 계획에 적혀 있었다. 그래서 그의 가족이 여기에 대한 책임을 내게 물은 것이다"(Owen, Griffiths, & Condillac, 2011).

시설의 직원들 또한 자신들이 수십 년 동안 지원했던 사람들에게 매우 깊은 감정을 가지고 있을 수 있으며 당사자들도 마찬가지로 직원에 대한 친근감이 있을 수 있다. 저자들이 참여한 몇몇 시설 폐쇄 과정에서, 이전에 자신이 지원했던 당사자와 일하기 위해 시설 직원들이 지역사회 그룹홈으로 이전하는 사례들이 있었다. 그들 중 일부는 자신들이 지원한 당사자의 주요 옹호자가 되었으며 그 관계는 서로에게 유익했다.

탈시설 전환에서 고려해야 할 또 하나의 핵심적 인간관계는 가족과의 관계이다. 탈시설 전환은 종종 지리적·사회적으로 가족들을 더 가깝게 만든다. 제2부에서 언급한 바와 같이 가족들이 더 자주 방문하고, 당사자가 가족을 더 많이 방문하고, 더 자주 연락한다. 가족이 재회하는 이야기, 결혼식 등의 가족 행사에 당사자가 처음으로 가족의 일원으로서 참여한 이야기, 때로는 처음으로 친척을 만나는 당사자의 이야기 등은 탈시설화의 핵심이다. 모든 당사자가 접촉할 수 있는 가족을 가진 것은 아니지만, 가능한 경우 가족의 재회는 많은 이들에게 의미 있고 중요한 인간관계이다.

마지막으로, 새로운 관계를 구축해야 한다. 전환 후 직원과의 관계는 일반적으로 긍정적인 것으로 보고되었다. 그러나 슬프게도, 제2부에서 언급했듯이 새 집에서의 인간관계가 항상 좋았던 것은 아니다. 당사자가 좋아하는 사람들, 공통의 관심사를 가진 사람들, 성격과 생활방식이 유사한 사람들과 함께 당사자를 이주시키도록 모든 노력을 기울이는 것은 전환계획 과정의 필수적인 부분이다. 때때로 이것은, 만약 그들의 희망대로라면 시설에서 나와 당사자들이 하나의 그룹으로 함께 살도록 하는 것을 의미할 수도 있다. 더 많은 경우 이것은, 당사자가 새로운 집에 살고 있는 다른 사람들과 최대한 잘 어울리면서 명백한 갈등 영역이 없도록 매칭하는 것이다. 시끄럽고 공격적인 사람은 온순하고 조용한 사람과 잘 맞지 않을 수 있고 안전이나 보안의 문제가 발생할 수 있다. 그러나 많은 경우 매칭에 관한 문제는 아주 미묘하고, 공통의 관심사나 원하는 활동이 부족하거나 서로 공존할 수 없는 경우에는 한 사람 이상의 욕구가 덜 충족될 수 있음을 의미하기도 한다.

그러나 새로운 관계는 지역사회와의 연결과도 관련이 있다. 일부 지역사회 기관이 성공했지만 다수가 실패한 영역 중 하나는 지역사회에서 당사자를 위한 의미 있는 관계를 구축하는 것이다.

지역사회 소속감에 대해 살펴보면, 지역사회로 전환한 후 일반적으로 당사자들은 가게 가기, 차 마시러 나가기, 미용실/이발소 가기, 산책하기 또는 자동차 타기와 같은 다양한 기능적 지역사회 활동에 더 많이 참여한다. 활동의 유형은 다양할 수 있으며 여러 가지 여가, 레크리에이션 및 스포츠 활동에 참여할 수 있다. 참여 빈도는 대개 다음과 같은 몇 가지 요인에 의해 결정된다.

① 당사자의 관심과 선호

② 직원의 가용성 여부

③ 필요한 경우, 교통수단 가용성 여부

④ 특정 활동에 참여하기 위한 자금 지원

⑤ 당사자의 행동적 또는 신체적 서비스 필요도

그러나 다인실 주거환경에서는 당사자의 관심과 선호가 다른 실제적 요인들에 비해 부차적인 경우가 많다. 지역사회 참여에 있어서도 당사자의 관심이나 선호와는 일치하지 않는 그룹 활동을 고려해야 할 수 있다. 집단 생활의 실용주의는 이해할 수 있지만, 당사자의 관심과 선호를 더 잘 충족시키는 방법으로 지역사회 참여를 촉진할 수 있는 대안이 있는지 창의적으로 검토할 필요가 있다. 예를 들어, 한 그룹홈에서 어떤 사람이 다른 하우스메이트들과는 다른 형태의 예배를 선호했는데, 인력과 교통 문제 때문에 처음에는 모두 같은 예배 장소에 참석했다. 그러나 직원들은 이 당사자가 선호하는 예배와 관련된 지역사회 사람들과 관계를 개발하기 시작했고, 시간이 지남에 따라 지역의 자원봉사자와 함께 당사자가 선호하는 예배에 참석하도록 주선할 수 있었다. 이것은 당사자의 개인적 이익을 존중한 것이었을 뿐만 아니라 지역사회에 대한 더욱 통합적 참여와 새로운 관계의 형성으로 이어졌다.

지역사회에 있다는 것이 지역사회의 일부가 되는 것을 의미하지 않는다는 것은 우리의 항시적 우려이다. 당사자가 원하는 수준으로 활동에 참여할 수 없다면 단지 지역사회에 존재하고 지역사회 활동에 참여하고 있다는 것만으로는 충분하지 않다. 진정한 지역사회 소속감은 당사자가 지역사회의 다른 사람들과 진정으로 관계를 맺을 때 비로소 생기게 될 것이다.

성장

삶의 질을 구성하는 이 요소는 각 개인이 성장 잠재력을 가지고 있다는 생각에 기초한다. 즉, 목적이 있는 일상활동 속에서 '실제적 성장'이 된다는 개념이다. 이러한 활동에는 직업, 여가, 취미, 휴가, 그리고 성장과 학습과 변화를 위한 기회 제공 등이 포함될 수 있다. 지역사회로의 전환은 현상 유지가 아니라 개인이 보다 의미 있는 방식으로 일상활동에 참여할 수 있는 새로운 기회를 제공하는 것이다. 예를 들어, 시설에서 그랬던 것처럼 구내식당에서 혹은 식판으로 식사를 제공하는 대신, 이제 지역사회의 집에서는 당사자가 식사 선택, 쇼핑, 심지어 식사 준비 및 서빙에 참여할 기회를 가질 수 있다. 물론 예배 참석, 수영, 볼링, 산책 등과 같이 시설에서 즐기던 활동을 유지하는 것이 중요하지만, 지역사회 생활은 또한 개인에게 다양한 새로운 환경, 활동, 레저 또는 스포츠 행사, 문화 및 레크리에이션, 그리고 지역사회 모임들을 '체험'해 볼 기회를 제공해야 한다. '체험'해 보거나 여러 번 시도할 기회를 얻기 전까지는 자신이 무엇을 하고 싶은지 모를 수 있다. 당사자가 좋아하는 특정 활동들은 계속 진행하고, 덜 선호하는 것들은 중단할 수 있다. 여기서 핵심은 당사자에게 새로운 즐거움이 될 수 있는 것을 알아보기 위해 천천히 새로운 것들을 시도해 보도록 격려하는 것이다. 또한 지역사회는 그 사람이 변화하고 성장할 수 있도록 선택권을 제공해야 한다. 이것은 새로운 기술(예: 요리, 스크랩북 만들기, 개인적 성장과 변화를 가져오는 활동들)을 배우는 것을 의미할 수 있다.

요약

탈시설화의 궁극적 목표는 과거 시설 거주인들 개인에게 최적의 삶의 질을 제공하는 것이다. 헤더의 지역사회 전환에 관여한 사람들은 신체적 지원과 의료적 지원을 통해 '존재감'의 영역에서 그녀의 삶의 질 향상을 위해 노력했으며, 쇼핑할 때 자립적으로 선택할 수 있도록 하는 등 의미 있는 활동에 참여할 많은 기회를 제공함으로써 심리적 웰빙을 지원했다. '소속감'에 대한 헤더의 욕구는 자매와 함께 생활하고 자신들의 취향에 따라 꾸며진 환경을 마련함으로써 충족되었다. 그녀는 또한 다양한 사회적 관계를 가지고 있었고, 그 관계는 계속 발전하고 있는 것으로 보였다. 마지막으로 헤더는 여행자로서 '성장'하고 있었고, 지역사회 활동에 점점 더 많이 참여했으며, 점점 더 많은 선택 능력을 보여 주었다.

기여자 소개

로즈마리 콘딜락(Rosemary A. Condillac, PhD, C. Psych., BCBA−D)
온타리오주 세인트 캐서린스의 브록 대학교 응용장애연구센터의 부교수이자 심리학자

모리스 펠드먼(Maurice Feldman, PhD, C. Psych., BCBA−D)
온타리오주 세인트 캐서린스의 브록 대학교 응용장애연구센터 교수이자 책임자

얀 프리지터스(Jan Frijters, PhD)
온타리오주 세인트 캐서린스의 브록 대학교 아동청소년학과 부교수

도로시 그리피스(Dorothy Griffiths, CM, O.Ont, PhD)
온타리오주 세인트 캐서린스의 브록 대학교 아동청소년학과 및 응용장애연구센터 교수

제프리 하멜린(Jeffery Hamelin, MA, PhD)
뉴욕 퀸즈 칼리지에서 박사학위 마지막 단계에 있었다. (사후 학위 수여됨)

로렌 아일랜드(Lauren Ireland, MA, BCBA)
온타리오주 배리의 맥켄지 행동건강과학센터의 행동 컨설턴트

수잔 모리스(Susan Morris, MSW, RSW)
발달장애와 보건 및 정신 건강 분야의 전략 개발과 실행 및 연구에 대한 컨설팅 서비스 제공자

프랜시스 오웬(Frances Owen, PhD, C. Psych)
온타리오주 세인트 캐서린스의 브록 대학교 아동청소년학과 및 응용장애연구센터 교수

제이 라오(Jay Rao, MB, BS, DPM, MRCPsych−UK, FRCP−C)
웨스턴 대학교 부교수이자 온타리오주 발달장애 부서의 책임자

킬리 화이트(Keeley White, MA)
퀘벡주 몬트리올의 맥길 대학교 교육상담심리학과의 박사학위 지원자

역자 소개

전현일(Juhn Hyunil)

서울대학교 농과대학을 졸업하고 미국 텍사스 주립대학교에서 식품학을 전공한 후 50여 년간 미국 시카고 지역에 거주하고 있다. 자폐성 장애가 있는 딸을 키우면서 발달장애인들을 위한 교육과 정책 등에 관심을 갖게 되었고, 2003년에 '국제발달장애인협회(International Friends for the Developmentally Disabled: IFDD)'를 설립하여 발달장애인의 삶을 증진하기 위한 활동을 하고 있다.

남병준(Nam Byungjun)

대학교에서는 일본학, 대학원에서는 한국학을 전공하였다. 노동운동단체 '일하는 사람들'과 '서울의류업노동조합' 등에서 활동하던 중 2004년 '정립회관 민주화투쟁'과 2006년 '장애인 활동보조인서비스 제도화투쟁'을 계기로 장애인운동에 참여하였고, 이후 '전국장애인차별철폐연대'에서 정책실장으로 활동하였다.

기획자 소개

장애와인권발바닥행동

2005년 설립된 한국사회 최초의 장애인 탈시설 운동 NGO로, '가난하거나 장애가 있는 사람들은 왜 시설에서 살아야 하는가?'라는 질문에서 출발했다. 사회복지법인의 인권침해와 각종 비리에 맞서 투쟁을 조직하고, 그와 더불어 탈시설하는 사람들을 지원해 왔다. 시설에 거주하는 사람이 탈시설해 자신의 삶을 되찾을 수 있도록, 나아가 더 이상 시설로 보내지는 이들이 발생하지 않도록 꾸준히 활동을 이어 가고 있다.

www.footact.org

어려운 꿈

−중증·중복 발달장애인의 시설 수용 끝내기−

A Difficult Dream: Ending Institutionalization for Persons with
Intellectual Disabilities with Complex Needs

2024년 10월 15일 1판 1쇄 인쇄
2024년 10월 25일 1판 1쇄 발행

엮은이 • Dorothy Griffiths · Frances Owen · Rosemary A. Condillac
옮긴이 • 전현일 · 남병준
펴낸이 • 김진환
펴낸곳 • ㈜**학지사**

04031 서울특별시 마포구 양화로 15길 20 마인드월드빌딩
대표전화 • 02-330-5114   팩스 • 02-324-2345
등록번호 • 제313-2006-000265호

홈페이지 • http://www.hakjisa.co.kr
인스타그램 • https://www.instagram.com/hakjisabook

ISBN 978-89-997-3252-2 93370

정가 22,000원

출판미디어기업 **학지사**

간호보건의학출판 **학지사메디컬** www.hakjisamd.co.kr
심리검사연구소 **인싸이트** www.inpsyt.co.kr
학술논문서비스 **뉴논문** www.newnonmun.com
교육연수원 **카운피아** www.counpia.com
대학교재전자책플랫폼 **캠퍼스북** www.campusbook.co.kr